Z-335

(Verw:
As-G-II

Geographisches Institut
der Universität Kiel
ausgesonderte Dublette

Geographisches Institut
der Universität Kiel

Inv.-Nr. A23037

KIELER GEOGRAPHISCHE SCHRIFTEN

Begründet von Oskar Schmieder

Herausgegeben vom Geographischen Institut der Universität Kiel
durch J. Bähr, H. Klug und R. Stewig

Schriftleitung: S. Busch

Band 96

REINHARD STEWIG

Entstehung der Industriegesellschaft in der Türkei

Teil 1: Entwicklung bis 1950

KIEL 1998

IM SELBSTVERLAG DES GEOGRAPHISCHEN INSTITUTS
DER UNIVERSITÄT KIEL

ISSN 0723 - 9874

ISBN 3-923887-38-8

Die Deutsche Bibliothek — CIP - Einheitsaufnahme

Stewig, Reinhard.:
Entstehung der Industriegesellschaft in der Türkei.
Teil 1: Entwicklung bis 1950 / Reinhard Stewig.
Geographisches Institut der Universität Kiel. - Kiel :
Geographisches Inst., 1998
  (Kieler geographische Schriften ; Bd. 96)
  ISBN 3-923887-38-8

©
Alle Rechte vorbehalten

VORWORT

Die Entwicklung der Menschheit, von den frühen Wildbeutern bis zur hochdifferenzierten Industriegesellschaft, ist grundlegend durch zunehmende Arbeitsteilung und Spezialisierung gekennzeichnet.

Während bei den Wildbeutern die Arbeitsteilung gering gewesen sein dürfte, überwiegend durch die biologischen Unterschiede von Mann und Frau bedingt war, trat mit der Entwicklung zu Sammlern, Jägern und Fischern vermehrt Arbeitsteilung auf.

Orientiert man sich an den Gliederungen der gesellschaftlichen Entwicklung von H. BOBEK (1952) und W. W. ROSTOW (1960), so ergab sich auf der nächsten Entwicklungsstufe durch die Entstehung der Seßhaftigkeit und den planmäßigen Anbau im Verlauf der sog. neolithischen Revolution, die sicher eine Evolution war, die Herausbildung des primären Wirtschaftssektors, zu dem sich bald der handwerklich-sekundäre Sektor gesellte; damit wurde ein weiterer, höherer Grad von Arbeitsteilung erreicht.

Nach ersten Anfängen des tertiären Sektors in Gestalt der Ausübung von weltlicher und geistlicher Herrschaft - bereits auf den frühesten Entwicklungsstufen der Menschheit - waren auf der Stufe der traditionellen Agrargesellschaft mit der Entstehung des Städtewesens alle drei Wirtschaftssektoren - in einfacher Form - ausgeprägt vorhanden; dadurch kam es auch zur räumlichen, funktionalen Arbeitsteilung zwischen Stadt und Land: der ländliche Raum wurde Standort des primären, die Stadt Standort des handwerklich-sekundären und des tertiären Sektors.

Mit dem Aufkommen des industriell-sekundären Sektors auf der vorläufig letzten, sich weiter differenzierenden Stufe der Entwicklung der Menschheit vervielfältigte sich die Arbeitsteilung und Spezialisierung innerhalb der drei Wirtschaftssektoren mit entsprechenden Folgen für den sozialen Bereich zur Unüberschaubarkeit, die heute in der unendlichen Zahl der Berufe in der Industriegesellschaft sinnbildlich ihren Ausdruck findet.

Auch im Räumlichen schlug sich die Differenziertheit der Industriegesellschaft nieder: sowohl in den Städten als auch im ländlichen Raum bildeten sich spezialisierte, ökonomisch und sozial bestimmte Funktionsräume und -viertel heraus.

Angesichts der hochgradigen Differenziertheit und Komplexität der Industriegesellschaft droht jedem einzelnen Mitglied durch seine Einbindung in Arbeitsteilung und Spezialisierung der Verlust an Durchblick und Überblick, bedarf es der Sinnstiftung um des Selbstverständnisses des Individuums willen.

Parallel zu dem Vorgang der sich steigernden Arbeitsteilung und Spezialisierung im sozio-ökonomischen Bereich verlief ein anderer Prozeß, mit einem etwas anderen Rhythmus: die Entwicklung der Beschreibung, Erklärung und Deutung der Welt.

In der Frühzeit der Entwicklung der Menschheit fand die geistige Durchdringung des Lebensraumes der Menschen im Rahmen von sinnstiftenden Naturreligionen statt - auf einer Stufe, die über mehrere Stufen der sozio-ökonomischen Entwicklung anhielt.

Mit der Ablösung der Natur- durch Offenbarungsreligionen war die Differenzierung in zahlreiche Weltreligionen verbunden, die jüdische, die christliche, die islamische - um nur diese zu nennen -, die konkurrierend Anspruch auf alleinige und einheitliche Weltsicht und -deutung erhoben.

Nach Vordenkern der traditionellen Agrargesellschaftsstufe in der Antike entstand die moderne Wissenschaft weitgehend parallel zur Entstehung und Entwicklung der modernen Industriegesellschaft. Die Wissenschaft brachte nicht nur eine neue Weltsicht, es kam auch in der Wissenschaft zu Arbeitsteilung und Spezialisierung, zur Reduzierung der Größenordnung der Arbeits- und Fachgebiete bei gleichzeitiger Potenzierung ihrer Anzahl. Dies war die notwendige Folge der Komplexität der untersuchten Gegenstände, die sich beim Eindringen in die Tiefe ihrer Strukturen offenbarte.

Auch für den hochgradig spezialisierten Wissenschaftler stellt sich heute die Frage nach der Einordnung seiner Tätigkeit in größere Zusammenhänge.

Aus den vorangegangenen Überlegungen ergibt sich die Forderung, nicht gegen, sondern neben die notwendige Spezialisierung in den Wissenschaften etwas anderes zu setzen: das ebenso notwendige Bemühen um Synthese im größeren Rahmen, im Sachlichen wie im Räumlichen, um dem einzelnen Forscher den Stellenwert seines Tuns zuzuordnen und der interessierten Öffentlichkeit ein sinnstiftendes Orientierungswissen bereitzustellen.

Wer sich mit gesellschaftlicher Entwicklung beschäftigt, für den läuft die Forderung nach Synthese im größeren Rahmen auf vergleichende, interdisziplinäre Entwicklungsprozeßforschung und -darstellung in Industrie- und Entwicklungsländern hinaus.

Seite

INHALTSVERZEICHNIS

Vorwort	III
Inhaltsverzeichnis	V
(Sonder-)Inhaltsverzeichnis	VIII
Verzeichnis der Abbildungen	IX
Verzeichnis der Graphiken	XIII
Verzeichnis der Tabellen	XIV
Verzeichnis der Listen	XV

I. VORKLÄRUNGEN

1. Begriffsbestimmung: Industriegesellschaft	1
- Literatur	8
2. Überlegungen zur Methode: das Problem der Länderkunde	9
- Literatur	6
3. Überlegungen zum Inhalt: die Entwicklungsproblematik	18
- Literatur	25
4. Beurteilungsmaßstab: die Entstehung der Industriegesellschaft auf den Britischen Inseln	27
- Literatur	37
5. Klärung geographischer und historischer Grundbegriffe: Türkei, Anatolien, Kleinasien, Osmanisches Reich, prä-osmanische Agrargesellschaften	39
- Literatur	56
- Atlanten	58
- Karten	58

II. ENTSTEHUNG DER INDUSTRIEGESELLSCHAFT IN DER TÜRKEI

	60
TEIL 1: ENTWICKLUNG BIS 1950	60
1. Die traditional society im Osmanischen Reich: Herausbildung und Hochzeit der osmanisch-türkisch-islamischen Agrargesellschaft (1300-1600)	60

Seite

a) militärisch-politisch-administrative Verhältnisse 61
b) religiös-geistig-kulturelle Verhältnisse 74
c) Bevölkerungs- und Sozialstruktur 78
d) Agrarverfassung, Agrarwirtschaft, ländlicher Raum 84
e) Handel, Handwerk, städtische Siedlungen 89
f) Verkehr und Verkehrswege, Infrastruktur 102
g) Wertung des gesellschaftlichen Entwicklungsstandes: Gleichwertigkeit und Überlegenheit, verglichen mit kontemporären Agrargesellschaften 107
- Literatur 112
- Atlanten 116
- Karten 117

2. Negative und positive pre-conditions for take-off in der Spätzeit des Osmanischen Reiches: Persistenz und Wandel der osmanisch-türkisch-islamischen Agrargesellschaft (1800-1920) 118

a) militärisch-politisch-administrative Verhältnisse 119
b) religiös-geistig-kulturelle Verhältnisse 132
c) Bevölkerungs- und Sozialstruktur 137
d) Agrarverfassung, Agrarwirtschaft, ländlicher Raum 153
e) Handel, Handwerk, Industrie, städtische Siedlungen 167
f) Verkehr, Verkehrswege, Infrastruktur 186
g) Wertung des gesellschaftlichen Entwicklungsstandes: Entstehung von Unterentwicklung als Entwicklungsrückstand 198
- Literatur 204
- Atlanten 211
- Karten 212

Seite

3. Die Türkei in der ersten Phase des take-off: Entstehung der türkisch-islamischen Industriegesellschaft (1920-1950)   213

a) miliärisch-politisch-administrative Verhältnisse   215
b) religiös-geistig-kulturelle Verhältnisse   223
c) Bevölkerungs- und Sozialstruktur   230
d) Agrarverfassung, Agrarwirtschaft, ländlicher Raum   249
e) Industrie, Handwerk, Handel, städtische Siedlungen   272
f) Verkehr und Verkehrswege, Infrastruktur   312
g) Wertung des gesellschaftlichen Entwicklungsstandes: Entstehung des industriell-sekundären Sektors trotz gesellschaftlich ungünstiger Ausgangslage   317
- Literatur   325
- Atlanten   345
- Karten   345

Nachwort   347

(SONDER-) Inhaltsverzeichnis:

Entstehung der Industriegesellschaft in der Türkei (in Längsschnitten)

TEIL 1: ENTWICKLUNG BIS 1950

	Seite
a) militärisch-politisch-administrative Verhältnisse	
1300 - 1600	61
1800 - 1920	119
1920 - 1950	215
b) religiös-geistig-kulturelle Verhältnisse	
1300 - 1600	74
1800 - 1920	132
1920 - 1950	223
c) Bevölkerungs- und Sozialstruktur	
1300 - 1600	78
1800 - 1920	137
1920 - 1950	230
d) Agrarverfassung, Agrarwirtschaft, ländlicher Raum	
1300 - 1600	84
1800 - 1920	153
1920 - 1950	249
e) Handel, Handwerk (Industrie), städtische Siedlungen	
1300 - 1600	89
1800 - 1920	167
1920 - 1950	272
f) Verkehr und Verkehrswege, Infrastruktur	
1300 - 1600	102
1800 - 1920	186
1920 - 1950	312
g) Wertung des gesellschaftlichen Entwicklungsstandes	
1300 - 1600	107
1800 - 1920	198
1920 - 1950	317

VERZEICHNIS DER ABBILDUNGEN

Seite

Abb. 1: Gliederung Anatoliens in antike Landschaften
(Quelle: W.-D. HÜTTEROTH 1982, S. 182)   40

Abb. 2: Gliederung der Türkei in sieben (große) Teilräume
(Quelle: O. EROL 1983, S. 243)   42

Abb. 3: Gliederung der Türkei in natürliche Vegetationsgebiete nach H. LOUIS 1939
(Quelle: O. EROL 1983, S. 239)   44

Abb. 4: Die Anfänge des Osmanischen Reiches
(Quelle: R. MANTRAN 1989, S. 16)   62

Abb. 5: Das Osmanische Reich zur Zeit Murats I. (1360-1389) und Bayezits I. (1389-1402)
(Quelle: R. MANTRAN 1989, S. 40)   63

Abb. 6: Anatolien (und Rumelien) nach 1402
(Quelle: R. MANTRAN 1989, S. 58)   64

Abb. 7: Das Osmanische Reich vor der Eroberung von Konstantinopel 1451
(Quelle: R. MANTRAN 1989, S. 82)   65

Abb. 8: Das Osmanische Reich zur Zeit Mehmets II. (1451-1481) und Bayezits II. (1481-1512)
(Quelle: R. MANTRAN 1989, S. 108)   66

Abb. 9: Das Osmanische Reich im 16. Jahrhundert
(Quelle: R. MANTRAN 1989, S. 140)   67

Abb. 10: Die städtischen Siedlungen in Anatolien in der 2. Hälfte des 16. Jahrhunderts
(Quelle: L.T. ERDER, S. FAROQHI 1980, S. 273)   99

		Seite
Abb. 11:	Das anatolische Wegenetz in der 1. Hälfte des 17. Jahrhunderts (Quelle: R. STEWIG 1968, S. 102, nach F. TAESCHNER 1924, Karte und Text)	106
Abb. 12:	Das Osmanische Reich im 17. und 18. Jahrhundert (Quelle: R. MANTRAN 1989, S. 266)	120
Abb. 13:	Das Osmanische Reich gegen Ende des 19. Jahrhunderts (Quelle: R. MANTRAN 1989, S. 524)	121
Abb. 14:	Das Osmanische Reich zu Anfang des 20. Jahrhunderts (Quelle: R. MANTRAN 1989, S. 605)	122
Abb. 15:	Anatolien nach dem Vertrag von Sèvres 1920 (Quelle: J. MATUZ 1990, S. 331)	123
Abb. 16:	Die Bevölkerungsdichte in den Provinzen Anatoliens um 1900 (Quelle: A. BIRKEN 1976, Karte 5)	139
Abb. 17:	Nationalitäten in Anatolien gegen Ende des 19. JahrhundertS: Türken und Türkmenen (in %) (Quelle: A. BIRKEN 1976, Karte 6)	142
Abb. 18:	Nationalitäten in Anatolien gegen Ende des 19. Jahrhunderts: Armenier (in %) (Quelle: A. BIRKEN 1976, Karte 6)	143
Abb. 19:	Nationalitäten in Anatolien gegen Ende des 19. Jahrhunderts: Griechen (in %) (Quelle: A. BIRKEN 1976, Karte 6)	144
Abb. 20:	Nationalitäten in Anatolien gegen Ende des 19. Jahrhunderts: Kurden (in %) (Quelle: A. BIRKEN 1978, Karte 6)	145

		Seite
Abb. 21:	Die städtischen Siedlungen in Anatolien gegen Ende des 19. Jahrhunderts (Quelle: L.T. ERDER, S. FAROQHI 1980, S. 290)	183
Abb. 22:	Das anatolische Wegenetz in der 1.Hälfte des 19. Jahrhunderts (Quelle: R. STEWIG 1968, S. 102, nach F. TAESCHNER 1926, Karten S. 44-61)	188
Abb. 23:	Eisenbahnbau in Anatolien, 1866-1900 (Quelle: R. STEWIG 1964, Abb. 9, S. 34)	193
Abb. 24:	Bevölkerungsdichte in der Türkei 1927 (Quelle: Th. LEFEBVRE 1928, S. 523)	232
Abb. 25:	Bevölkerungsveränderung in der Türkei 1914-1927 (Quelle: Th. LEFEBVRE 1928, S. 523)	233
Abb. 26:	Potentielle natürliche Vegetation Anatoliens, schematisiert (Quelle: R. STEWIG 1977, S.57, nach H. LOUIS 1939)	252
Abb. 27:	Verbreitung des Anbaus von Weizen, Gerste, Roggen, Mais, Hafer, Hülsenfrüchten, Kartoffeln, Baumwolle, Zuckerrüben, Wein, Zitrusfrüchten, Oliven, Tabak und Haselnüssen in der Türkei, um 1950 (Quelle: S. ERINÇ ,N. TUNÇDILEK 1952, S. 182)	255
Abb. 28:	Entwicklung des Zuckerrübenanbaus und der Zuckerfabriken in der Türkei, 1926-1970 (Quelle: G. KORTUM 1982, S. 27)	258
Abb. 29:	Prinzipskizze der Verbreitung von Subsistenz- und marktorientierter Landwirtschaft in der Türkei (Quelle: R. STEWIG 1977, S. 114)	269
Abb. 30:	Industriebeschäftigte und Industriebetriebe mit motorischer Antriebskraft in der Türkei 1950 a) Industriebeschäftigte b) Industriebetriebe mit motorischer Antriebskraft (Quelle: E. TÜMERTEKIN 1960, S. 63 f.)	274

			Seite
Abb. 31:	Elektrizitätswirtschaft in der Türkei, Stand und Planung 1950 (Quelle: W. LAUERSEN et alii 1959, Karte 1)		285
Abb. 32:	Eisen- und Stahlindustrie, Erz- und Kohlevorkommen und Eisenbahnlinien in der Türkei um 1950 (Quelle: W. LAUERSEN et alii 1959, Karte 3)		294
Abb. 33:	Staatliche Industriebetriebe in der Türkei 1950 (Quelle: M. D. RIVKIN 1965, S. 71)		297
Abb. 34:	Städte und Eisenbahnlinien in der Türkei 1927 (Quelle: M. D. RIVKIN 1965, S. 39; teilweise - Grenzen, Bahnlinien - inkorrekt)		302
Abb. 35:	Städte und Eisenbahnlinien in der Türkei 1950 (Quelle: M. D. RIVKIN 1965, S. 86)		303

Seite

VERZEICHNIS DER GRAPHIKEN

Graphik 1: Rang-Größen-Verteilung der Städte in Anatolien in
der 2. Hälfte des 16. Jahrhunderts 101
(Quelle: L.T. ERDER, S. FAROQHI 1980, S. 294)

Graphik 2: Rang-Größen-Verteilung der Städte in Anatolien
gegen Ende des 19. Jahrhunderts 184
(Quelle: L.T. ERDER, S. FAROQHI 1980, S .297)

Graphik 3: Geburten- und Sterberate in der Türkei, 1935-1965 237
(Quelle: F. C. SHORTER, B. TEKÇE in
P. BENEDICT, E. TÜMERTEKIN, F. MANSUR
1974, S. 282)

Graphik 4: Altersstruktur der Bevölkerung in der Türkei,
1935 und 1960 239
(Quelle: F. CHRISTIANSEN-WENIGER 1965, S. 145)

Seite

VERZEICHNIS DER TABELLEN

Tab. 1: Die Entwicklung der Einwohnerzahlen ausgewählter
Teilräume Anatoliens, 1520/1535 und 1570/1580 81
(Quelle: Ö. L. BARKAN 1958, S. 30)

Tab. 2: Die Entwicklung der Einwohnerzahlen ausgewählter
Städte Anatoliens, 1520-1580 82
(Quelle: Ö. L. BARKAN 1958, S. 27)

Tab. 3: (Gesamt-)Einwohnerzahl der Provinzen (und Distrikte)
des Osmanischen Reiches im Gebiet der heutigen Türkei
nach der Volkszählung von 1893 138
(zusammengestellt von K. H. KARPAT 1978, S. 258-274)

Tab. 4: Einwohnerzahlen der Städte des Osmanischen Reiches im
Gebiet der heutigen Türkei, 1890, 1912 181
(Quelle: Ch. ISSAWI 1980, S. 34/35)

Tab. 5: Entwicklung der Einwohnerzahl der städtischen Siedlungen
in der Türkei 1927-1950 (Siedlungen mit mindestens
10.000 Einwohnern 1950) 309
(Quelle: GENEL NÜFUS SAYIMI - Recensement Géneral
de la Population, Ankara 1950, S. 30-32)

Seite

VERZEICHNIS DER LISTEN

Liste 1:   Seldschukische Straßen mit Karawansereien in Anatolien   54
           (Quelle: T. T. RICE 1963, S. 169/170)

Liste 2:   Die osmanischen Sultane 1280-1603   60
           (Quelle: J. MATUZ 1990, S. 312/313; R. MANTRAN
           1989, S. 733)

Liste 3:   Die osmanischen Sultane 1603-1922   118
           (Quelle: J. MATUZ 1990, S. 312/313; R. MANTRAN
           1989, S. 733)

Liste 4:   Die Verwaltungseinheiten des Osmanischen Reiches
           um 1900   130
           (nach: V. CUINET 1890-1894; A. BIRKEN 1976)

I. VORKLÄRUNGEN

1. Begriffsbestimmung: Industriegesellschaft

Wer den Titel der vorliegenden Veröffentlichung liest, wird sich möglicherweise zwei Fragen stellen; zunächst: Industriegesellschaft in der Türkei - ist es denn dort schon so weit? In den nachfolgenden Ausführungen soll dargelegt werden, ob dies der Fall ist. Die zweite Frage mag lauten: ist der Begriff Industriegesellschaft nicht überholt; sind wir - in den hochindustrialisierten Ländern - nicht schon darüber hinaus? Viele alternative Bezeichnungen für Industriegesellschaft werden derzeit verwendet. Auf diese Frage soll sogleich eingegangen werden.

In der Tat kursieren heute Begriffe wie: Wegwerfgesellschaft, Abfallgesellschaft, Konsumgesellschaft, Luxusgesellschaft (H. M. Enzensberger), Dienstleistungsgesellschaft, Tertiärgesellschaft, Freizeitgesellschaft, Erlebnisgesellschaft (G. Schulze), Informationsgesellschaft (B. Gates), Weltgesellschaft (Globalgesellschaft), Weltbürgergesellschaft, Risikogesellschaft, multikulturelle Gesellschaft, Zivilgesellschaft, postindustrielle Gesellschaft (D. Bell) zur Kennzeichnung des gegenwärtigen gesellschaftlichen Entwicklungsstandes oder des eingeschlagenen Weges in die Zukunft der Industriegesellschaft.

Die Tendenz, bereits die heutigen Verhältnisse - mindestens potentiell - als postindustriell anzusehen, wurde vor einer Reihe von Jahren durch den nordamerikanischen Soziologen D. Bell (1973) eingeleitet, der vor einem Vierteljahrhundert „The Coming of Post-Industrial Society" prognostizierte. Von den aufgelisteten Bindestrich-Begriffen kamen zahlreiche in der Weise zustande, daß einzelne gesellschaftliche Sachverhalte herausgegriffen, in die gesellschaftliche Zukunft projiziert und für dominant erklärt wurden.

Das gilt für die Erscheinung des massenhaften, überquellenden Warenangebots im Einzelhandel, besonders der großen Städte, was den Eindruck von Überfluß und Luxus suggeriert. Das gilt für die Berge von Abfall und Sperrmüll in den Straßen der großen Städte, die für die Wegwerfmentalität der Verbraucher sprechen und den Eindruck des Überflusses noch unterstreichen.

Die verbreitete Erscheinung der De-Industrialisierung in den hochentwickelten Industriegesellschaften, der Abbau der im industriell-sekundären Sektor Beschäftigten - nachdem die Zahl der im primären Sektor Beschäftigten bereits drastisch zurückgegangen ist - und der - mäßige - Anstieg der im tertiären Sektor Beschäftigten, verhilft zu der Prognose, daß die Dienstleistungsgesellschaft zukünftig dominieren wird.

Der langfristig angelegte Rückgang der Arbeitszeit bei gleichzeitiger Zunahme der Verfügungs- und Freizeit läßt - nicht ganz unberechtigt - vermuten, daß sich die Industriegesellschaft zu einer Freizeitgesellschaft entwickeln wird.

Das allgemeine hohe und relativ nivellierte Einkommensniveau in der Industriegesellschaft erlaubt im Rahmen der sozialen Schichtung eine Neu-Strukturierung in Form von Lebensstilgruppen, die durch ihre unterschiedlichen kulturellen Niveaus und Milieus (Hochkultur, Trivialkultur, Popkultur) eine Erlebnisgesellschaft entstehen lassen (G. Schulze).

Die Reizüberflutung der Angehörigen der modernen Industriegesellschaft, nicht nur bei einem Gang durch die Einkaufsstraßen, sondern vor allem durch die Print-, Audio- und visuellen Medien, noch gesteigert durch die Entstehung von weltumspannenden Computernetzen, bewirkt den nicht ganz abwegigen Schluß, daß sich eine Informationsgesellschaft (B. Gates) herauszubilden scheint.

Globalisierung breitet sich nicht nur mit der Diffusion von Produktionsstätten des sekundären Sektors in Entwicklungsländern aus, sondern läßt durch die weltweiten Informationsvernetzungen der Wirtschaft - beispielsweise beim Börsengeschehen -, durch die Möglichkeiten des länder- und kontinentübergreifenden Internet für private Nutzer, durch den weltumspannenden Tourismus und die zeitgleiche Übermittlung weit entfernter Ereignisse im Fernsehen den Eindruck der e i n e n Weltgesellschaft entstehen.

Die Unterschiede im zivilisatorischen Niveau und Lebensstandard zwischen Industrie- und Entwicklungsländern, aber auch innerhalb der Industrieländer und die dadurch bedingten Wanderungsströme tragen zur Heterogenität der Bevölkerungszusammensetzung in den Industriegesellschaften bei, leiten möglicherweise die Entstehung von multikulturellen Industriegesellschaften ein.

Die kulturellen Unterschiede in den Industrie- und Entwicklungsländern, die vielfach religiös bedingt sind, haben den Begriff der Zivilgesellschaft aufleben lassen als Bezeichnung für die in westlichen Industriegesellschaften erwünschte und selbstverständliche Trennung von Staat und Religion, die aber in einigen islamischen Ländern bereits aufgehoben wurde, während andere islamische Länder die (Wieder-)Vereinigung von Staat und Religion zur Schaffung eines theokratischen Staates anstreben.

Die Bezeichnung postindustrielle Gesellschaft läßt zunächst offen, um welche Inhalte es sich handelt. Auch D. Bell verlängerte erkennbare Trends in die Zukunft und bündelte sie zur postindustriellen Gesellschaft. Dabei kommt inhaltlich der Ausbildung, der beruflichen Qualifikation und Professionalität, eine besondere Bedeutung zu, so daß die postindustrielle Gesellschaft eine Wissensgesellschaft sein dürfte; auch die schier explosive Diffusion von Informationen unterstützt diese Entwicklung.

Wieder andere Prognostiker wollen gerade in den sozialen Trends der heutigen Zeit die Entwicklung zur nachbürgerlichen Gesellschaft (G. Lichtheim) oder zur nachkapitalistischen Gesellschaft (R. Dahrendorf) erkennen.

Ohne Zweifel vollzogen sich und vollziehen sich innerhalb der industriegesellschaftlichen Entwicklungsstufe dynamische Veränderungen. Als sich die Industriegesellschaft vor etwa 150 Jahren auf den Britischen Inseln herauszuschälen begann, existierten - in der frühindustriellen Phase - andere Strukturen als heute in der hochindustriellen Phase.

Zu den bedeutenden Veränderungen, die sich im Rahmen der Entstehung und Weiterentwicklung der Industriegesellschaft abspielten, gehören - unter anderen - die demographischen Gegebenheiten. Am Anfang, in der frühindustriellen Zeit, lagen sowohl Sterbe- als auch Geburtenrate auf sehr hohem Niveau. Durch Absenkung der Sterberate bei weiter auf hohem Niveau verharrender Geburtenrate kam es zu einem außerordentlichen Bevölkerungsanstieg, der die biologische Voraussetzung für die Massengesellschaft der hochindustriellen Zeit schuf, in der sowohl Geburten- als auch Sterberate auf einem sehr niedrigen Niveau lagen und liegen, so daß Bevölkerungszunahme - wenn sie stattfindet - überwiegend auf Zuwanderung zurückzuführen ist.

Auch im sozioökonomischen Bereich unterscheiden sich früh- und hochindustrielle Zeit erheblich. Besaß in Zeiten der Frühindustrialisierung die in der Zahl beträchtlich zunehmende Bevölkerung - nicht zuletzt wegen des hohen Anteils der Jugendlichen - eine schwache Kaufkraft, war das Bruttosozialprodukt der Gesellschaft pro Kopf der Bevölkerung niedrig, so kam es im Verlauf industriegesellschaftlicher Entwicklung zu ausgeprägten Veränderungen. Das Bruttosozialprodukt stieg nicht nur insgesamt, sondern auch pro Kopf der Bevölkerung - trotz der erheblichen Bevölkerungszunahme - außerordentlich, wodurch die Voraussetzung für Massenkaufkraft und somit die Konsumgesellschaft in der hochindustriellen Phase geschaffen wurde.

Auch im technologischen Bereich vollzogen sich innerhalb der Stufe der Industriegesellschaft tiefgreifende Wandlungen. Gab es zunächst nur eine sehr einfache Technologie, waren die Maschinen mehr durch handwerkliches Probieren als durch planmäßige Anwendung von (Natur-)Wissenschaft entstanden, bedurfte es noch vieler Arbeitskräfte zur Bedienung der Maschinen, so ist die derzeitige Hochphase der Industriegesellschaft durch eine Hochtechnologie bestimmt, in der nicht Menschen die Maschinen bedienen oder überwachen, sondern wiederum Maschinen, die Produktion also weitgehend automatisiert, unter Einsatz von Robotern, erfolgt. Sozial hat dies nicht geringe Auswirkungen zur Folge. Während in der Niedrig-Technologiephase noch zahlreiche Arbeitskräfte in den Industriebetrieben Verwendung fanden, werden in der Hoch-Technologiephase die Menschen aus der Produktion verdrängt, kommt es im Verlauf industriegesellschaftlicher Entwicklung durch industriegesellschaftliche Eigengesetzlichkeit zu struktureller Arbeitslosigkeit.

Doch sprechen all diese Überlegungen n i c h t für die Aufgabe und Abschaffung des Begriffes Industriegesellschaft als Kennzeichnung des heutigen gesellschaftlichen Zustandes. Man muß sich nur auf die Kernstruktur jeder Industriegesellschaft besinnen; sie ist durch folgenden Sachverhalt gekennzeichnet: inhaltlich geht es in der Industriegesellschaft um die Produktion von Gütern (= Waren und Dienstleistungen) in großer Stückzahl und gleicher Qualität unter Einsatz von Maschinen, wodurch der (Produktions- und Verkaufs-)Preis der Güter pro Stück gesenkt wird, so daß schon bei niedriger Kaufkraft der Bevölkerung - um so mehr bei höherer - die Güter in großer Zahl nachgefragt werden (können).

Die massenhafte Produktion und Nachfrage nach Waren und Dienstleistungen bestimmt heute die hochindustriellen Gesellschaften. Die Produktionssteigerung ist immer noch der Antriebsmotor der Industriegesellschaft. Nicht nur Waren zur notwendigen, alltäglichen Bedarfsdeckung werden massenhaft in der Konsumgesellschaft nachgefragt, sondern auch nicht unbedingt lebensnotwendige Produkte der verschiedensten Art, Luxusgüter. Gerade die Konsumgesellschaft ist Industriegesellschaft.

Ein Ende der Massenproduktion, wie einige Autoren zu erkennen glauben (M. J. PIORE, Ch. F. SABEL 1985), ist nicht abzusehen, wohl eine Differenzierung und Verfeinerung der Produktion.

Bei den Dienstleistungen sieht es nicht anders aus. Urlaubsreisen werden massenhaft nachgefragt, so daß entsprechende Massenverkehrsmittel (Großflugzeuge, Großfähren etc.) zur Bedarfsdeckung eingesetzt werden. Das private Personenkraftfahrzeug ist Massenverkehrsmittel. So ist auch die Freizeitgesellschaft eine Industriegesellschaft.

Die Industriegesellschaft wird solange bestehen, wie ihre Grundstruktur weiter existiert. Dies schließt nicht aus, daß eines Tages - vielleicht durch ökologische Sachzwänge um des Überlebens willen - die Industriegesellschaft ihrer Eigengesetzlichkeit verlustig geht, verlustig gehen muß als Folge neuer, wahrscheinlich ökologischer Wertorientierungen der Menschheit.

Von großer Bedeutung sind die Rahmenbedingungen bei der Herausbildung von Industriegesellschaften. Stellt man in diesem Zusammenhang den Bezug zur Türkei her, dann stellt sich die Frage, ob es eine islamische Industriegesellschaft geben kann.

Was Wirtschaftsordnungen als Rahmenbedingung für die Entstehung und Entwicklung von Industriegesellschaften angeht, so lehrt die Geschichte, daß nicht unbedingt eine kapitalistische, marktwirtschaftliche Ordnung die notwendige Voraussetzung ist. Auch in der Sowjetunion hat es bei staatsdirigistischer, planwirtschaftlicher Ordnung ohne freie Marktwirtschaft eine Industriegesellschaft gegeben; das gleiche gilt für die Deutsche Demokratische Republik, wenn auch auf niedrigem gesellschaftlichen Entwicklungsstand, in der Sowjetunion auf noch niedrigerem als in der DDR.

Anders sieht es mit der Rahmenbedingung des politischen Status eines Landes im Zusammenhang mit den Außenbeziehungen aus. Auch hier klärt ein Blick in die Geschichte auf. Der Industrialisierungsprozeß setzte in den U.S.A. erst ein, nachdem die staatliche Unabhängigkeit, die politische Selbständigkeit, die Überwindung des kolonialen Status, also die Loslösung vom Mutterland England, erreicht worden war. In anderen Ländern, die ebenfalls ehemals englische Kolonien waren, so in Kanada, in Südafrika, in Indien und Pakistan konnte man vergleichbare Verhältnisse beobachten. Dies gilt nicht nur für ehemals englische Kolonien. Auch in den islamischen Maghreb-Ländern Nordafrikas, in Marokko, Algerien und Tunesien, setzte der Industrialisierungsprozeß erst nach Loslösung von Frankreich, nach Erringung der politischen Selbständigkeit ein. Kolonialer Status verhindert oder verzögert bei egoistischer Kolonialpolitik der Mutterländer die Entstehung von Industriegesellschaften.

Für die Türkei bzw. das Osmanische Reich stellt sich in diesem Zusammenhang die entsprechende Frage. Tatsächlich war die Türkei bzw. war das Osmanische Reich niemals Kolonie gewesen, hatte das Land die politische Souveränität nie verloren. Dennoch entwickelten sich die Außenbeziehungen des Staates besonders im Laufe des 19. Jahrhunderts wirtschaftlich derart nachteilig - wie im einzelnen noch zu zeigen sein wird -, daß dem Osmanischen Reich quasi-kolonialer Status attestiert werden muß. Das bedeutet jedoch nicht, daß es nicht auch positive Ansätze für die relativ frühe Herausbildung der Industriegesellschaft in Anatolien gegeben hätte, die allerdings - was auch noch darzulegen ist - durch innenpolitische und ethno-soziale Entwicklungen zunichte gemacht wurden.

Eine weitere Rahmenbedingung industriegesellschaftlicher Entwicklung bringt die materielle Ressourcenausstattung der Länder mit sich, die sehr unterschiedlich gestaltet sein kann. Auf den Britischen Inseln entstand die erste Industriebranche überhaupt in Gestalt der Baumwolltextilindustrie. Die Baumwollpflanze, die den Rohstoff liefert, kann jedoch im Ursprungsland der Industriegesellschaft nicht gedeihen, weil die klimatischen Voraussetzungen dazu fehlen; der Rohstoff mußte importiert werden. Die kolonialen, imperialistischen Eroberungen Englands in Übersee kompensierten den Mangel der heimischen Ressourcenausstattung.

Andererseits war das Vorhandensein von sowohl Steinkohle als auch Eisenerz auf der britischen Hauptinsel dem Einsetzen des Industrialisierungsprozesses und der Entstehung der ersten Eisen- und Stahlindustrie dort sehr förderlich. Der Anstoß zu dieser Entwicklung, speziell zum industriellen Einsatz der Steinkohle, kam jedoch aus einer Notsituation heraus: die Holzvorräte waren durch Abholzen der Wälder zur Neige gegangen; das Holz reichte nicht mehr zur Gewinnung von Holzkohle, die zum Eisenschmelzen benötigt wurde. Allerdings spielte auch der Erfindungsgeist bei der Bewältigung der Notsituation eine Rolle.

Japan ist ein Land, das mit materiellen Ressourcen, Rohstoffen und besonders Primärenergieträgern, knapp ausgestattet ist. Dennoch hat es Japan geschafft, daß es nicht nur zum Beginn industriegesellschaftlicher Entwicklung kam, sondern sogar zur Entstehung einer hochtechnologischen Industriegesellschaft.

Sicherlich bewirkt die unterschiedliche Ausstattung der Länder mit materiellen Ressourcen spezifische Gunst- oder Ungunstkonstellationen für die Entstehung von Industriegesellschaften, aber es ist möglich, daß Mängel auf einem Gebiet durch Vorteile auf anderen Gebieten ausgeglichen werden können.

Auch das kulturelle Milieu eines Landes, die sozialen, geistigen und religiösen Werte und Normen, sind eine wichtige Rahmenbedingung industriegesellschaftlicher Entwicklung, entscheiden mit über die Entstehung von Industriegesellschaften. In islamischen Ländern wird heute über Islamisierung als Gegengewicht zur Verwestlichung diskutiert, die eng mit industriegesellschaftlicher Entwicklung verknüpft ist. In einigen islamischen Ländern wird Islamisierung, Zurückdrängung der westlichen, industriegesellschaftlichen Einflußnahme, bereits praktiziert (so in Iran, Afghanistan, zum Teil auch in Algerien). Dabei geht es - z. B. in Ägypten - sogar um die Islamisierung von Wissenschaft, obwohl es - aus westlicher Sicht - nur e i n e Wissenschaft geben kann, so wie es nur e i n e Mathematik gibt. Aus diesen Überlegungen resultiert die Frage, die im Falle der Türkei noch im einzelnen zu verfolgen sein wird, ob überhaupt eine i s l a m i s c h e Industriegesellschaft denkbar ist.

Auch in diesem Zusammenhang relativiert ein Blick auf Japan die Problematik. Dort ist ohne die großen geistigen Strömungen Westeuropas, Renaissance, Humanismus, Reformation, Aufklärung, Französische Revolution und vielleicht auch Marxismus, die alle bei der Entstehung und Entwicklung von Industriegesellschaften in Europa eine Rolle gespielt haben, in einem ganz anderen - japanischen, konfuzianisch-buddhistisch-schintoistischen - kulturellen Milieu eine Industriegesellschaft entstanden, die sich sogar zu hochtechnologischem Niveau aufgeschwungen hat.

Die skizzierten Rahmenbedingungen, nicht nur des kulturellen Milieus, lassen erkennen, daß selbst bei sehr bedeutsamen Unterschieden der Ausgangssituation Industriegesellschaften entstanden sind. Dies alles spricht für konvergente Entwicklungen. Warum sollte es deshalb nicht möglich sein, daß in der Türkei - mit Wurzeln eventuell im Osmanischen Reich - eine islamische Industriegesellschaft entsteht oder - auf frühindustriellem Niveau - vielleicht schon entstanden ist?

Literatur

BOBEK, H.: Die Hauptstufen der Gesellschafts- und Wirtschaftsentfaltung in geographischer Sicht. In: Die Erde, 90. Jahrgang, Berlin 1959, S. 159-298.

BORCHARDT, K.: Europas Wirtschaftsgeschichte - Ein Modell für Entwicklungsländer? Veröffentlichungen der Wirtschaftshochschule Mannheim, Bd. 20, Stuttgart 1967.

BÜSCH, O.: Industrialisierung und Geschichtswissenschaft. Ein Beitrag zur Thematik und Methodologie der historischen Industrialisierungsforschung. Berlin 1969.

HOSELITZ, R. F., MOORE, W. E. (Hrsg.): Industrialization and Society. Den Haag 1963.

KELLENBENZ, H., SCHNEIDER, R., GÖMMEL, R. (Hrsg.): Wirtschaftliches Wachstum im Spiegel der Wirtschaftsgeschichte. Wege der Forschung, Bd. CCCLXXVI, Darmstadt 1978.

KEMP, T.: Historical Patterns of Industrialization. London 1978.

KERR, C., DUNLOP, J. T., HARBISON, F., MYERS, C.: Industrialization and Industrial Man. Cambridge, Mass. 1960.

KLATT, S.: Zur Theorie der Industrialisierung. Hypothesen über Bedingungen, Wirkungen und Grenzen eines vorwiegend durch technischen Fortschritt bestimmten wirtschaftlichen Wachstums. Köln 1959.

PIORE, M. J., SABEL, Ch. F.: Das Ende der Massenproduktion. Berlin 1985.

ROSTOW, W. W.: The Stages of Economic Growth. Cambridge 1960.

SCHACHTSCHABEL, H. G.: (Hrsg.): Wirtschaftsstufen und Wirtschaftsordnungen. Wege der Forschung, Bd. CLXXVI, Darmstadt 1971.

STEWIG, R.: Industrialisierungsprozesse als Forschungs- und Lehrgegenstand der Hochschul- und Schulgeographie. In: Geographische Rundschau, Beihefte, Braunschweig 1974, S. 15-23.

STEWIG, R.: Entwicklung und Industrialisierung im Orient. Ein methodologisches Konzept. In: Entwicklungsprobleme der arabischen Ölstaaten. Deutsche Tagung, Forschung und Dokumentation über den modernen Orient. 11.-12. Oktober 1976 in Hamburg. Mitteilungen des Deutschen Orient-Instituts, Nr. 10, Hamburg 1977, S. 34-46.

2. Überlegungen zur Methode: das Problem der Länderkunde

Nach Erkenntnissen der Sozialanthropologie ist der Mensch ein territoriales Wesen. I.-M. GREVERUS (1972, 1979) hat diese Erkenntnis auf der Basis literarischer Quellen gewonnen. Andere Forscher, Volkskundler (K. KÖSTLIN, H. BAUSINGER 1980), sprachen vom Heimatphänomen; wieder andere, Geographen, fügen sich in das Konzept der Human Territoriality (R. D. SACK 1986) ein. I.-M. GREVERUS zog den Terminus Territorialität vor, um den mit dem Begriff Heimat verbundenen emotionalen Kontext zu vermeiden.

Territorialität des Menschen ist wahrscheinlich die Sublimierung seines animalischen Erbgutes. Vielen Tieren ist ein ausgeprägt territoriales Verhalten eigen.

Grundsätzlich handelt es sich um räumliche Bezüge, speziell des Menschen. Als Geograph kann man - weitergehend als die Sozialanthropologen - verschiedene Ebenen dieser Bezüge unterscheiden:
- die lokale Ebene; hier bietet sich die alternative Bezeichnung Heimat an;
- die regionale Ebene; auch hier kann noch von Heimat gesprochen werden;
- die nationale Ebene;
- die internationale Ebene;
- die kontinentale Ebene und
- die globale Ebene.

Mit diesen Unterscheidungen ist ein Maßstabsproblem der Betrachtung (G. Sandner) verbunden, ergeben sich notwendigerweise Abstraktionen in Abhängigkeit von der Maßstabsgröße.

Sicherlich läßt sich diese Unterscheidung auch mit der Entwicklung der Menschheit in Verbindung bringen: der früheste räumliche Bezug der Menschen bestand auf der lokalen Ebene; in dem Maße, wie im Laufe der gesellschaftlichen Entwicklung eine räumliche Ausweitung erfolgte - heute bis zur globalen Ebene - vergrößerte sich die Reichweite von der Heimat zur Welt.

Fragt man nach der Position der Territorialität in der Bedürfnis- und Hierarchiestruktur des Menschen, so wurden von dem Sozialmediziner und -psychologen A. H. MASLOW (1970) geistig-seelische Bedürfnisse wie Selbstverwirklichung, Wertschätzung, Zugehörigkeit, Sicherheit vor physiologischen Bedürfnissen genannt, Territorialität aber nicht ausdrücklich erwähnt. Jedoch dürfte in den aufgelisteten physiologischen Bedürfnissen Zugehörigkeit, Sicherheit, wohl auch Selbstverwirklichung (Identität), Territorialität zumindest mitschwingen und enthalten sein. Der Motivationspsychologe K. H. DELHEES (1975) hat das Bedürfnis nach Umweltverständnis als

Grundbedürfnis des Menschen in seiner Hierarchie der Bedürfnisstruktur speziell benannt.

Auch die Tatsache, daß bereits in der Antike Reisebeschreibungen entstanden, so von HERODOT, etwa 490 bis 425 vor Christus, der einer altgriechischen Siedlung (Halikar-nassos) an der Südwestküste Anatoliens entstammte, belegt durch seine Berichte über Südwestasien und Nordafrika, daß der Wissensdurst der Menschen früh räumliche Bezüge aufwies und nicht nur dem engeren Heimatbereich verpflichtet war, auf interkontinentale Ebene ausgriff.

Der als Geograph bezeichnete Strabo, etwa 63 vor bis 20 nach Christus, der aus der altgriechischen Siedlung Amasia an der Nordküste Anatoliens stammte, mag mit seinem Werk Geographika in diesem Zusammenhang ebenfalls als Beleg erwähnt sein.

Weitere antike Belege, darunter vor allem Ptolemäus, etwa 85 bis 160 nach Christus, mit seinem - allerdings unzutreffenden - geozentrischen System und seiner - zutreffenden - Erdbeschreibung könnten beigebracht werden.

In der Art der Darstellung räumlicher Kenntnisse des eigenen Landes oder ferner Länder traten - dies ist keine Überraschung - im Laufe der Zeit tiefgreifende Wandlungen auf. Waren bei Herodot noch Geschichts- und Reisebeschreibung vermengt, erfolgte allmählich eine Differenzierung, Arbeitsteilung und Spezialisierung, die in die Geschichtsschreibung der Historiker und die Heimat-, Landes- und Länderkunde der Geographen einmündete.

Auf dem Wege dahin mußten Zwischenstufen überwunden werden, auf denen die Darstellung der Grundsachverhalte von Ländern zurücktrat hinter Berichten über Kuriositäten, Absurditäten, Auffälligkeiten, Singularitäten, besonders ferner Länder; der Topos vom Reisenden als Lügner (W. E. STEWART 1979) war zwischenzeitlich entstanden.

Es stellt sich die Frage, worin - formal - das Wesen der Länder, das es zu erforschen und darzustellen gilt, besteht.

Grundsätzlich muß man sich vergegenwärtigen, daß es sich nicht nur um Räume unterschiedlicher Größenordnung, kleinste, kleine, große und sehr große, dreidimensionale Ausschnitte der Erdoberfläche, handelt, sondern daß in den Natur- und Kulturlandschaften unterschiedlichste Qualitäten von Gegenständen auftreten, materielle und immaterielle. Die Natur erscheint in Gestalt unbelebter Natur (Luft, Wasser, Boden, Gestein) und belebter Natur (Pflanzen, Tiere). Mit dem Menschen in den Kulturräumen der Erde verbinden sich lebendige, physische und geistige Qualitäten. Der Mensch hat ein ausgeprägtes Bewußtsein, einen relativ freien Willen, der ihm einen großen Handlungsspielraum ermöglicht, während Tiere überwiegend instinktiv handeln, bei den höheren Tieren aber schon ein Verhaltens- und Handlungsspielraum auftritt.

Allmählich setzte sich die Erkenntnis durch, daß das Wesen der Länder im Zusammenspiel ihrer so unterschiedlichen, materiellen und immateriellen Sachverhalte besteht. So finden sich unter diesem Aspekt Bezeichnungen für Länder wie:
- Räderwerke (H. SPETHMANN 1928)
- verwickelte Wechselwirkung (A. HETTNER 1932)
- irdische Wirkungsgefüge (E. OTREMBA 1973)
- Raumkomplexe
- Interaktionen
- Prozesse
- Netzwerke
- kybernetische Strukturen
- Systeme (dynamische Geosysteme).

Mit dem Aufkommen der allgemeinen Systemtheorie, begründet durch den Biologen L. von BERTALANFFY (1968), und der Kybernetik als Lehre von den Steuerungen und Regelungen der Prozesse, begründet durch den Mathematiker N. WIENER (1948), verbreitete sich die Überzeugung, daß die Welt aus Systemen besteht, bei denen es darauf ankommt, nicht nur die materiellen und immateriellen Bausteine zu erfassen und zu beschreiben, sondern - quantitativ - auch die Beziehungen zwischen ihnen zu ermitteln.

Diese Überzeugung ist popularisiert worden (F. VESTER 1983-93) und mit der Konstruktion eines Weltmodells durch D. MEADOWS et alii (1972) bis zur Erfassung der globalen Ebene vorgedrungen. Die Problematik stellt sich bei der Anwendung der Systemkonzeption ein, nicht nur auf Länder.

Diese Problematik ergibt sich einerseits aus der übergroßen Zahl der vorhandenen Sachverhalte, selbst wenn es sich nur um naturwissenschaftliche, durch Messungen und Zählungen zu erfassende handelt, bei denen noch - begrenzt - die Hoffnung besteht, die Beziehungen quantitativ ermitteln zu können.

Die Problematik ergibt sich andererseits - und das gilt besonders für die Kulturräume der Erde -, wenn so unterschiedliche Qualitäten wie unbelebte Natur, belebte Natur und die so vielfältigen Verhaltensweisen des Menschen mit seinen Bewußtseinsinhalten und deren Wandlungen aufeinandertreffen und zu berücksichtigen sind, die nicht alle meßbar und zählbar quantifiziert werden können. Heutige (natur-)wissenschaftliche Ansprüche verlangen dies jedoch.

Thematisch und räumlich ausgreifende Systemdarstellungen wie das Weltmodell von D. MEADOWS et alii (1972, S. 88/89) oder das Modell des Industrialisierungsprozesses auf den Britischen Inseln als Fließdiagramm von W. BRÜCHER (1982, S. 14) ziehen sich auf die formalistische Ebene zurück und stellen die komplizierten Beziehungen zwischen den überzahlreichen Sachverhalten qualitativ, mit Pfeilen und Linien, dar.

A.HETTNER, einer der Altmeister der deutschen Geographie, hatte zwar früh die Existenz „verwickelter Wechselwirkung" in den kleinen und großen Erdräumen erkannt, aber sich mit einem bescheidenen Niveau wissenschaftstheoretischer Ansprüche begnügt - Klarheit, Vollständigkeit und Gleichmäßigkeit als leitende Grundsätze (1932, S. 6) - und vor der Problematik kapituliert. A. HETTNER (1932, S. 4): „...die verwickelte Wechselwirkung, die in der Natur nun einmal besteht, spottet der Nachbildung." Als praktische Lösung des Problems der Länderkunde propagierte er das Länderkundliche Schema, das zum Stereotyp wurde - durch die zahlreichen Länderkunden, die bis heute nach diesem Schema geschrieben worden sind.

Zum Länderkundlichen Schema gehört die Darstellung eines Erdraumes unter den Aspekten:
- Lage, Größe, Grenzen
- Geologie
- Geomorphologie
- Klima
- Böden
- Vegetation
- Bevölkerung
- Siedlung
- Wirtschaft
- Verkehr.

Die Darstellungsweise des Länderkundlichen Schemas kann mit folgenden Adjektiven beurteilt werden (R. STEWIG 1979):
- enzyklopädisch
- tographisch
- additiv
- statisch
- deskriptiv
- physiognomisch
- monodisziplinär
- idiographisch.

Enzyklopädisch heißt: man wollte den Totalaspekt einer Erdgegend, ihre Ganzheit, nach Art eines Nachschlagewerkes erfassen und darstellen, obwohl man sich darüber im klaren hätte sein müssen, daß die Kategorien des Länderkundlichen Schemas eine Auswahl aus der wirklichen Fülle der Sachverhalte waren.

Topographisch heißt: es kam auf die Verortung, die räumliche Fixierung der Sachverhalte, an, obwohl man hätte wissen müssen, daß damit eine zu starke Betonung der materiellen Erscheinungen der Erdräume verbunden war und der Auffassung von Geographie als Topographie Vorschub geleistet wurde.

Additiv heißt: man stellte die verschiedenen natur- und kulturräumlichen Sachverhalte weitgehend unverbunden nebeneinander, obwohl man (A. HETTNER) wußte, daß eine verwickelte Wechselwirkung zwischen ihnen bestand.

Statisch heißt: der Entwicklungsaspekt wurde weitgehend vernachlässigt.

Deskriptiv heißt: die Frage der Erklärung der Sachverhalte - geschweige denn die Erklärung ihrer Beziehungen - spielte eine untergeordnete Rolle; Erklärungen wurden genetisch gesehen.

Physiognomisch heißt: die visuellen Erscheinungen und damit die materiellen Sachverhalte standen zu sehr im Mittelpunkt der Darstellung.

Monodisziplinär heißt: man glaubte im Fach Geographie mit der Landschaft, der Naturlandschaft und der Kulturlandschaft, einen Grundsachverhalt gefunden zu haben, der allein dem Fach zukam und mit dem man sich gegenüber Nachbarfächern bewußt abgrenzen konnte.

Idiographisch heißt: die individuellen Züge eines Erdraumes - und nicht die allgemeinen Regelhaftigkeiten und Gesetzmäßigkeiten - sollten dargestellt werden, das, worin sich der ausgewählte Erdraum von anderen unterschied - ein Nachklang jener Phase, in der Reise- und Länderbeschreibungen auf die Herausstellung der Kuriositäten festgelegt waren.

Seit Jahrzehnten hat es Opposition gegen das Länderkundliche Schema sowie Bemühungen um Verbesserung des Länderkundlichen Schemas gegeben. Ein erster Höhepunkt der Kontroverse lag in der Zwischenkriegszeit; nach dem Zweiten Weltkrieg kam es sogar zur Forderung nach Abschaffung nicht nur des Länderkundlichen Schemas, sondern der Länderkunde als Zweig des Faches Geographie überhaupt mit der Begründung, es handele sich um triviale Zusammenhänge, pseudowissenschaftliche Aussagen und Theorielosigkeit, die nicht als Bedingung wissenschaftlichen Tuns gesehen werde (siehe R. STEWIG 1979).

Zu den Versuchen, das Länderkundliche Schema zu überwinden, zählen die Forderungen nach Dynamisierung, Berücksichtigung des Zusammenspiels der Sachverhalte als Räderwerk und der zeitlichen Dimension, des Prozeßhaften, durch H. SPETHMANN 1928. Aber in seiner länderkundlichen Darstellung des Ruhrgebietes blieb er hinter den eigenen Forderungen zurück.

H. LAUTENSACH bemühte sich um die Berücksichtigung der allgemeinen Regelhaftigkeiten der Länder, wollte sie mittels seiner Formenwandelehre (1952) als übergeordnete Gesetzmäßigkeiten formelhaft zum Ausdruck bringen. Aber in seinen länderkundlichen Darstellungen Koreas (1949) und der Iberischen Halbinsel (1964) blieb er dem Prinzip der Herausarbeitung der individuellen Züge verhaftet und propagierte solches Vorgehen auch in seinen methodischen Schriften zur Länderkunde nach dem Zweiten Weltkrieg (1953).

O. SCHMIEDER vertrat implizit - in seinen Länderkunden der Neuen und der Alten Welt (1932, 1933, 1934; 1965, 1969) - eine Methode, die man als kulturmorphogenetisch, also kulturwissenschaftlich ausgreifend, auch die Dimension der Zeit unter genetischem Aspekt systematisch berücksichtigend, bezeichnen kann. Aber seine Darstellung blieb einer chronologischen Abfolge von zeitlichen Querschnitten der Kulturlandschaftszustände verhaftet.

Ohne Zweifel war die nach dem Zweiten Weltkrieg - nur in der deutschen Geographie - erhobene Forderung nach Abschaffung des länderkundlichen Zweiges ungerechtfertigt, überzogen. Auch wenn sie den Höhepunkt in der Auseinandersetzung um die Länderkunde darstellte (R. STEWIG 1979, 1981), offenbarte sich doch ein Bedürfnis nach Erweiterung und Verbreitung länderkundlicher Kenntnisse, das sich in der beträchtlichen Zunahme der seitdem erschienenen Länderkunden niederschlug, von denen viele in traditioneller Manier geschrieben wurden, manche sich im Bewußtsein der Problematik um Innovationen verschiedener Art bemühten.

Was ist angesichts des gegenwärtigen Standes der eingeschlafenen Diskussion über die länderkundliche Methode zu tun?

Solange es keine Synthese von Natur-, Sozial- und Geisteswissenschaften, von Natur- und Kulturwissenschaften, gibt, wird auch das Problem der Länderkunde auf seine Lösung warten müssen. Dies ist jedoch kein Grund, Länderkunde abzuschaffen, sondern eine Herausforderung, sie mit den gebotenen Mitteln, unter Beachtung folgender leitender Überlegungen, zu verbessern:
- fachübergreifend, interdisziplinär, ganzheitlich
- theorieorientiert, Fragestellungen und Probleme berücksichtigend
- die allgemeinen Regelhaftigkeiten nicht weniger darstellend als die individuellen Züge

- prozessual, dynamisch, verknüpfend, Beziehungen herausarbeitend
- quantifizierend soweit möglich, wenigstens die Sachverhalte selbst, wenn schon nicht deren Beziehungen untereinander
- die abstrakten, immateriellen Gegebenheiten ebenso berücksichtigend wie die physiognomischen, optisch wahrnehmbaren
- nicht nur deskriptiv, sondern auch erklärend, genetisch, kausal, final vorgehend
- Strukturen und Funktionen breiteren Raum einräumend als Chronologie und Ereignissen
- Wirkungen nicht weniger darstellend als Ursachen und Voraussetzungen
- die Bedeutung der Sachverhalte durch ihre Position in größeren Zusammenhängen kennzeichnend
- Einbettung in den Stand der Literatur vornehmend
- durch ein zentrales Thema den vielen Einzelsachverhalten einen einheitlichen Bezug gebend
- auf umfangreiche Belege gestützte Wertungen anstrebend
- argumentativ vorgehend.

Wenn dies geschieht, ist zu hoffen, daß sowohl für die zahlreichen Spezialuntersuchungen der verschiedenen wissenschaftlichen Disziplinen, die die Grundlagen länderkundlicher Darstellungen liefern, deren Stellenwert im größeren Rahmen fixiert, als auch für die interessierte Öffentlichkeit ein sinnstiftendes Orientierungswissen bereitgestellt wird, das dem anthropologischen Grundbedürfnis des Menschen nach Kenntnis und Verständnis seiner räumlichen, umweltlichen, territorialen Bezüge entgegenkommt. Gerade eine fächerübergreifende Landeskunde, die sich an Begriffen, Strukturen, Prozessen und Fragestellungen unter Einbettung in die Literatur orientiert, eignet sich dafür und erfüllt angemessene wissenschaftliche Ansprüche.

Literatur

BÄHR, J., STEWIG, R. (Hrsg.): Beiträge zur Theorie und Methode der Länderkunde. O. SCHMIEDER zum Gedenken. Kieler Geographische Schriften, Bd. 52, Kiel 1981.

BAHRENBERG, G.: Anmerkungen zu E.WIRTHs vergeblichem Versuch einer wissenschaftstheoretischen Begründung der Länderkunde. In: Geographische Zeitschrift, 67. Jahrgang, Wiesbaden 1979, S. 147-157.

BERTALANFFY, L. von: General System Theory. Foundations, Development, Applications. New York 1968.

BRÜCHER, W.: Industriegeographie. Das Geographische Seminar, Braunschweig 1982.

DELHEES, K. H.: Motivation und Verhalten. München 1975.

GREVERUS, I.-M.: Der territoriale Mensch. Ein literaturanthropologischer Versuch zum Heimatphänomen. Frankfurt am Main 1972.

GREVERUS, I.-M.: Auf der Suche nach Heimat. München 1979.

HERODOT: Historien. Reisen in Kleinasien und Ägypten; nach der Übersetzung von H. GASSNER, herausgegeben von W. KRAUSE, München 1958.

HETTNER, A.: Das länderkundliche Schema. In: Geographischer Anzeiger, 33. Jahrgang, Gotha 1932, S. 1-6.

KÖSTLIN, K., BAUSINGER, H. (Hrsg.): Heimat und Identität. Probleme regionaler Kultur: Volkskundekongreß Kiel 1979. Studien zur Volkskunde und Kulturgeschichte Schleswig-Holstein, Bd. 7, Neumünster 1980:

LAUTENSACH, H.: Korea. Leipzig 1945.

LAUTENSACH, H.: Die Iberische Halbinsel. München 1964.

LAUTENSACH, H.: Der geographische Formwandel. Colloqium Geographicum, Bd. 3, Bonn 1952.

LAUTENSACH, H.: Forschung und Kompilation in der Länderkunde. In: Geographische Rundschau, 5. Jahrgang, Braunschweig 1953, S. 4-6.

LAUTENSACH, H.: Ist Länderkunde möglich? In: Geographische Rundschau, 5. Jahrgang, Braunschweig 1953, S. 260-262.

MEADOWS, D., ZAHN, E., MILLING, P.: Die Grenzen des Wachstums. Bericht des Club of Rome zur Lage der Menschheit. Stuttgart 1972.

MASLOW, A. H.: Motivation and Personality. 2.Auflage, New York, Evanston, London 1970.

OTREMBA, E.: Fortschritt und Pendelschlag in der geographischen Wissenschaft. In: Geographie heute. Einheit und Vielfalt. Geographische Zeitschrift, Beihefte, Wiesbaden 1973, S. 27-41.

SACK, R. D.: Human Territoriality. Its History and Theory. Cambridge, London etc. 1986.

SCHMIEDER, O.: Länderkunde von Südamerika. Leipzig, Wien 1932.

SCHMIEDER, O.: Länderkunde von Mittelamerika. Leipzig, Wien 1933.
SCHMIEDER, O.: Länderkunde von Nordamerika. Leipzig, Wien 1934.
SCHMIEDER, O.: Die Alte Welt. 2 Bde, Wiesbaden 1965, Kiel 1969.
SPETHMANN, H.: Dynamische Länderkunde. Breslau 1928.
SPETHMANN, H.: Das länderkundliche Schema in der deutschen Geographie. Kämpfe um Fortschritt und Freiheit. Berlin 1931.
SPETHMANN, H.: Das Ruhrgebiet im Wechselspiel von Land und Leuten, Wirtschaft, Technik und Politik. 2 Bde, Berlin 1933.
STEWART, W. E.: Die Reisebeschreibung und ihre Theorie im Deutschland des 18. Jahrhunderts. Bonn 1979.
STEWIG, R. (Hrsg.): Probleme der Länderkunde, Wege der Forschung, Bd. CCCXCI, Darmstadt 1979.
STEWIG, R.: Das Problem der Länderkunde in der Bundesrepublik Deutschland. In: Die Erde, 110. Jahrgang, Berlin 1979, S. 181-190.
STEWIG, R : Zur gesellschaftlichen Relevanz der Länderkunde am Beispiel der Türkei. In: Zeitschrift für Wirtschaftsgeographie, Jahrgang 30, Frankfurt am Main 1986, S. 1-9.
STEWIG, R.: Zur Konzeption Irlands im länderkundlichen Rahmen. In: Zeitschrift für Wirtschaftsgeographie, Jahrgang 33, Frankfurt am Main 1989, S. 49-57.
STEWIG, R.: Über das Verhältnis der Geographie zur Wirklichkeit und zu den Nachbarwissenschaften. Eine Einführung. Kieler Geographische Schriften, Bd. 76, Kiel 1990.
TIETZE, W.: Länderkunde als eine Form der Angewandten Geographie. In: Zeitschrift für Wirtschaftsgeographie, Jahrgang 25, Hagen 1981, S. 239-242.
TIETZE, W.: Ein Plädoyer für die Länderkunde. In:Beiträge zur Hochgebirgsforschung und Allgemeinen Geographie. Festschrift für H. UHLIG, Bd. 2; Geographische Zeitschrift, Beihefte; Erdkundliches Wissen, Heft 59, Wiesbaden 1982, S. 222-226.
VESTER, F.: Unsere Welt - ein vernetztes System. 1. Auflage München 1983. 8. Auflage München 1993.
WIENER, N.: Cybernetics or Control and Communication in the Animal and the Machine. New York 1948.
WIRTH, E.: Zur wissenschaftstheoretischen Problematik der Länderkunde; in: Geographische Zeitschrift, 66. Jahrgang, Wiesbaden 1978, S. 241-261.
WIRTH, E.: Zum Beitrag von G. BAHRENBERG: „Anmerkungen zu E. WIRTHs vergeblichem Versuch...". In: Geographische Zeitschrift, 67.Jahrgang, Wiesbaden 1979, S. 158-162.

3. Überlegungen zum Inhalt: die Entwicklungsproblematik

Alles fließt, panta rhei (παντα ρει), ist eine Erkenntnis der Antike, die dem Philosophen Heraklit zugeschrieben wird, der von etwa 544 bis 483 vor Christus in Ephesos, einer altgriechischen Siedlung an der Westküste Anatoliens, lebte.

Mit anderen Worten: die Welt befindet sich in ständiger Veränderung; damit ist nach der Dimension des Raumes im Zusammenhang mit dem Thema Länderkunde die Dimension der Zeit angesprochen.

Veränderungen erfolgen schneller oder langsamer, kurz- oder langfristig. Projiziert man die Dimension der Zeit auf die Entwicklung der Erde und der Menschheit, kann man geologische Zeiträume mit sehr langfristigen Veränderungen von historischen Zeiträumen mit weniger langfristigen unterscheiden. Innerhalb kurzer und längerer Zeiträume finden Veränderungen statt, die als Prozesse zu bezeichnen sind.

Zeit ist formal meßbar nach Sekunden, Minuten, Stunden, Tagen, Wochen, Jahren, Jahrzehnten, Jahrhunderten, Jahrtausenden, Lichtjahren. Nach den markanten Veränderungen in den kürzeren oder längeren Zeiträumen, nach Ereignissen, Prozessen, Strukturen oder herausragenden Persönlichkeiten gliedern Historiker die geschichtliche Zeit in Epochen. Gesellschaftliche Entwicklung läßt sich nach älteren Vorüberlegungen historischer Nationalökonomen (F. List, B. Hildebrand, K. Bücher) mit H. BOBEK oder W. W. ROSTOW in Stufen einteilen.

Erinnert man sich der vorangegangenen Ausführungen über die Welt bzw. die Erdräume als Systeme und die damit verbundene Problematik ihrer Erfassung und Darstellung, so kommt zu der übergroßen Zahl der Sachverhalte und ihren heterogenen, materiellen und immateriellen Qualitäten noch das Problem der Erfassung und Darstellung der Veränderungen in der Dimension der Zeit hinzu. Damit steigert sich die ohnehin kaum faßbare Komplexität noch weiter um ein Vielfaches. Das Bemühen, im Sinne (natur-)wissenschaftstheoretischer Ansprüche auch diese Beziehungen zwischen den Sachverhalten quantitativ zu ermitteln, wird zur Aussichtslosigkeit.

Die zunehmende Arbeitsteilung hat nach der Entstehung der Wissenschaften im Laufe ihrer Weiterentwicklung zur Spezialisierung geführt, bei den Historikern dahingehend, daß sie sich der Zeit, bei den Geographen, daß sie sich des Raumes besonders annehmen. Diese Spezialisierung brachte es in der Geographie mit sich, daß der zeitliche Aspekt der Veränderungen der Erdräume lange vernachlässigt wurde, während doch zeitliche und räumliche Veränderungen miteinander verknüpft auftreten.

Das Problem der Länderkunde der Geographen ist in mancher Hinsicht - wenn auch inhaltlich anders - mit dem Problem der Geschichtsschreibung der Historiker vergleichbar, weil bei ihnen ebenfalls eine Kontroverse existiert: das Für und Wider um erzählende und strukturierende Geschichtsschreibung (J. KOCKA, Th. NIPPERDEY 1979; R. KOSELLEK, H. LUTZ, J. RÜSEN 1982; K.-G. FABER, Chr. MEIER 1978). Es geht dabei um die Einbettung in Theorie und die Rolle der Chronologie. Als Beispiel eines großen Werkes neuerer erzählender Geschichtsschreibung mag G. MANNs Darstellung Wallensteins (Frankfurt am Main 1971) erwähnt sein.

Zu dem Streit der Historiker um Methode und Periodisierung in der Geschichtsschreibung kommt der mehrfache Paradigmenwechsel, der ebenfalls vergleichbar ist mit entsprechenden Vorgängen im Fach Geographie. Lange Zeit standen große politische Ereignisse, Staaten- und Rechtsgeschichte im Mittelpunkt der Geschichtsschreibung und - wie in der Länderkunde der Geographen - wurden die individuellen Züge herausgearbeitet, getreu der Devise von L. von Ranke (1795-1886): jede Epoche ist unmittelbar zu Gott.

Nach dem Zweiten Weltkrieg erfolgte bei den Historikern - unter Beibehaltung traditioneller Schwerpunkte - die Wende zur Wirtschafs- und Sozialgeschichte, die vor allem durch H. U. WEHLER (1973) propagiert worden ist.

Parallel erfolgte nach dem Zweiten Weltkrieg in der Geographie die Hinwendung von der traditionellen Siedlungs- und Wirtschaftsgeographie zur Bevölkerungs- und Sozialgeographie; damit war die Öffnung zu den Nachbarfächern Demographie und Soziologie notwendig geworden.

Bei den Historikern ist in den letzten Jahren erneut ein Wandel zu beobachten, und zwar zu einer historischen Kulturwissenschaft, einer Kulturhistorie, mit zum Teil diffusen Inhalten, aber auch anthropologischen Elementen (H. SÜSSMUTH 1984).

Es bleibt abzuwarten, ob sich eine vergleichbare Wende im Fach Geographie vollziehen und in der Länderkunde niederschlagen wird. Kulturgeographie nennt sich ein Zweig der Geographie seit langem.

Wenn es um die Entstehung (und Entwicklung) von Industriegesellschaften geht, hat der Aspekt der gesellschaftlichen Entwicklung im Mittelpunkt zu stehen, sei es bei den Historikern oder bei den Geographen. Mit dem sehr weiten Thema gesellschaftlicher Entwicklung ist notwendigerweise die Öffnung zu Nachbarwissenschaften wie Soziologie, Demographie, Ökonomie, auch Politologie verpflichtend verbunden, also zu Sachverhalten, die den Kern gesellschaftlicher Entwicklung darstellen. Interdisziplinäres Vorgehen ist ebenso unerläßlich wie die Berücksichtigung der Aspekte Raum und Zeit in Form räumlicher Differenzierung und zeitlicher Veränderung.

Fragt man sich, worin gesellschaftliche Entwicklung in neuerer Zeit besteht, so bieten sich die folgenden drei Begriffe an:
- Modernisierung (P. FLORA 1974)
- Industrialisierung (W. E. MOORE 1973)
- Verwestlichung.

Wenn man Industrialisierung nicht eng faßt, im Sinne nur der Entstehung des industriell-sekundären Sektors (E. W. SCHAMP 1993), sondern weit, im Sinne von gesellschaftlicher Entwicklung, dann sind Modernisierung und Industrialisierung weitgehend gleichzusetzen, wie das auch bei dem nordamerikanischen Soziologen W. E. MOORE (1973, S. 152) geschah.

Unter Verwestlichung versteht man - angesichts der Tatsache, daß Modernisierung bzw. Industrialisierung historisch von den Britischen Inseln ausgegangen ist, wo erstmals eine Industriegesellschaft entstand, die seitdem auf andere Länder ausstrahlt - die Übernahme westlich-industriegesellschaftlicher Normen, Werte und Strukturen, vor allem in den Entwicklungsländern. Inhaltlich bedeutet Modernisierung Industrialisierung, Entstehung und Entwicklung von Industriegesellschaften, Transformation, und zwar:

- demographische Transformation,
- ökonomische Transformation,
- soziale Transformation,

um nur die Kernsachverhalte zu nennen, zu denen sich im Detail und ergänzend zahlreiche andere Formen gesellschaftlicher Transformation hinzugesellen (R. STEWIG 1986, 1995).

Für viele dieser Transformationen stehen weiche Theorien, d. h. aus der Verallgemeinerung einer Vielzahl von empirischen Fällen gewonnene allgemeine Aussagen, zur Verfügung, die den Blick - über die individuellen Züge hinaus - auf die Regelhaftigkeiten und Gesetzmäßigkeiten lenken.

Demographische Transformation besteht in der Veränderung des Verhältnisses von Geburten- und Sterberate im Verlauf industriegesellschaftlicher Entwicklung (G. MACKENROTH 1953).

Ökonomische Transformaion besteht in der Veränderung des Verhältnisses der in den drei Wirtschaftssektoren, dem primären, sekundären und tertiären Sektor, Beschäftigten im Verlauf industriegeschichtlicher Entwicklung (I. FOURASTIÉ 1949).

Soziale Transformation besteht im Strukturwandel der gesellschaftlichen Schichtung von einer zweiteiligen dichotomischen Sozialstruktur zu einer mehrfach geschichteten im Verlauf industriegeschichtlicher Entwicklung (H. SCHELSKY 1955).

Zahlreiche weitere Aspekte treten hinzu. So die Mobilitätstransformation (W. E. ZELINSKY 1971), die von Land-Stadt-Wanderungen am Beginn der Entwicklung bis zu Stadt-Stadt-Wanderungen und zu optisch nicht mehr wahrnehmbarer Kommunikationsmittelmobilität reicht.

So die Transformation der Familien- und Haushaltsgröße, von der Großfamilie und dem Mehrgenerationenhaushalt zur Klein- und Kernfamilie und dem Ein-Personen-Haushalt (W. E. ZELINSKY 1971).

So die Transformation der Ausbildungs- und Bildungsstrukturen, verknüpft mit Alphabetisierung und Verwissenschaftlichung (D. LERNER 1958; W. E.ZELINSKY 1971).

So die Transformation der Gesellschaft durch Verkürzung der Arbeitszeit und Entstehung der Freiheit, verbunden mit der Erweiterung des Teilnehmerkreises (Demokratisierung) bei der Ausübung von Freizeit (U. SCHLENKE, R. STEWIG 1983).

Auch die technologische Transformation ist ein wichtiger Teilsachverhalt, der aber seiner Theoretisierung noch harrt.

Weitere, sehr zahlreiche Einzelaspekte gesellschaftlicher Entwicklung und Transformation - darunter nicht zuletzt die raumstrukturelle der Urbanisierung und Verstädterung - sind zu nennen, wobei sich der Begriff Verstädterung in erster Linie auf die siedlungsmäßige Raumstruktur, der Begriff Urbanisierung auf die soziologischen Aspekte erstreckt (R. STEWIG 1983). Zur raumstrukturellen Transformation gehört auch die Entstehung ausgeprägter räumlicher Disparitäten.

Die Transformation der (innen- und außen-)politischen Verhältnisse ist ein weiterer wichtiger Aspekt.

Um das Kontinuum gesellschaftlicher Entwicklung zu untergliedern, bieten sich verschiedene Methoden an, von denen die von H. BOBEK (1959) und die von W. W. ROSTOW (1960) zu den neueren und bekannteren gehören.

H. BOBEK unterscheidet - etwas vereinfacht - die Stufen

- der Wildbeuter
- der spezialisierten Sammler, Jäger, Fischer

- des Sippenbauerntums
- der herrschaftlich organisierten Agrargesellschaft mit dem älteren Städtewesen
- der industriellen Gesellschaft mit dem jüngeren Städtewesen.

Demgegenüber legt W. W. ROSTOW (1960) das Schwergewicht auf die neuere Entwicklung, unterscheidet speziell Stufen industriegesellschaftlicher Entwicklung und faßt die Vorstufen unter zwei Begriffen zusammen:

- traditional society
- pre-conditions for take-off
- take-off
- drive to maturity
- stage of high mass consumption.

Im Zusamenhang mit der Erfassung und Darstellung der Dimension der Zeit in Gestalt von Entwicklung stellen sich formale Probleme. Für die Historische Geographie wurde von H. JÄGER (1973) nach querschnittlicher und längsschnittlicher Betrachtungsweise unterschieden. Die Vorgehens- und Darstellungsweisen von H. BOBEK (1959) und W. W. ROSTOW (1960) sehen - als gesellschaftliche Entwicklungsstufen - nach Querschnitten aus. Greift man einzelne Sachverhalte heraus und verfolgt sie über längere Zeit, so erfüllt man die längsschnittliche Betrachtungsweise. Doch sollte man um der Ganzheitlichkeit willen eine Kombination beider Vorgehensweisen anstreben, die man als Rastermethode bezeichnen kann (R. STEWIG 1995, S. 4).

Die aneinandergereihte Darstellung von Entwicklungsstufen erfüllt noch nicht die Forderung nach Kombination von querschnittlicher und längsschnittlicher Darstellung im Sinne der Rastermethode. Vielmehr sollte, wenn man sich für Stufen entscheidet, so vorgegangen werden, daß innerhalb jeder Stufe die einzelnen Sachverhalte derart dargestellt werden, daß sie auch im Längsschnitt so weit wie möglich verfolgt werden können (R. STEWIG 1995).

Da man unterstellen kann, daß die hochindustrielle Gesellschaftsstufe in der Türkei noch nicht ausgeprägt ist, auch die Stufe des drive to maturity noch nicht erreicht wurde, ist bei der gesellschaftlichen Entwicklung in der Türkei insbesondere die Frage nach dem take-off als Beginn industriegesellschaftlicher - von W. W. ROSTOW als sich selbst tragendes Wirtschaftswachstum verstanden - zu stellen.

Nach dem Zweiten Weltkrieg wurde trotz der politischen Gegensätze zwischen den zwei großen Blöcken der Ersten und der Zweiten Welt, den U.S.A. mit ihren Satelliten und der U.d.S.S.R. mit ihren Satelliten, der Blick auch auf die Dritte Welt gerichtet. Um die ursprüngliche Bezeichnung "unterentwickelte" Länder und die damit verknüpften pejorativen Assoziationen zu vermeiden, bürgerte sich der Begriff Entwicklungsländer für die Dritte Welt ein, obwohl Entwicklung, gesellschaftliche Entwicklung, in jedem Land stattfindet; es fragt sich nur, auf welchem Entwicklungsstand sich die Industrie- und Entwicklungsländer jeweils befinden.

Um dies zu ermitteln, bemühte man sich durch Anwendung von Indikatoren. Meist waren es einzelne Sachverhalte wie Stand der Alphabetisierung, Bruttosozialprodukt pro Kopf der Bevölkerung oder der Ernährungszustand. Von der Erfassung der komplexen Strukturen und des Entwicklungsprozesses war man weit entfernt. Die Bündelung von mehreren Indikatoren, manchmal über 100 (D. NOHLEN, F. NUSCHELER 1974), führte - in dem Bestreben, zu quantitativen Aussagen zu gelangen - bisweilen zu unanschaulichen Zahlenwerten des Entwicklungsstandes (P. BRATZEL, H. MÜLLER 1979; E. GIESE 1985).

Neben dieser Art von Messung des Entwicklungsstandes waren andere Bemühungen auf die Erklärung des Unterentwicklungsstandes gerichtet. Einseitigkeiten traten dabei ebenfalls nicht wenige auf.

Wurden bei der Messung des Entwicklungsstandes überwiegend Einzelindikatoren herangezogen, waren es bei der Erklärung des Unterentwicklungsstandes ebenfalls einzelne Theorien (K. GRIMM 1979; P. BRATZEL 1976; U. MENZEL 1993).

Solche Erklärungen liefen auf die Ausbeutung der Entwicklungsländer durch imperialistische Industrieländer im Sinne marxistischer Entwicklungstheorie (E. MANDEL 1971) hinaus, auf die demographischen Verhältnisse in den Entwicklungsländern, das ungehemmte Bevölkerungswachstum, auf die knappe Ausstattung der Entwicklungsländer mit physischen Ressourcen, auf die anderen klimatischen Verhältnisse, verglichen mit den meisten Industrieländern der nördlichen Breiten, auf die sozialpsychologischen Gegebenheiten in vielen Entwicklungsländern, die - oft kulturell bedingt - andere Einstellung zur Arbeit. Meist erhoben die Erklärungstheorien Anspruch auf alleinige Geltung.

Ähnlich einseitig ist man auf der Ebene der Entwicklungspolitik und -strategie zur Behebung der Unterentwicklung vorgegangen.

Mal sollte es vorrangig die Förderung der Landwirtschaft sein, um die Ernährungsverhältnisse zu verbessern, mal vorrangig die Förderung der Schulbildung und Alphabetisierung, um der Bevölkerung der Dritten Welt Partizipation am politischen Leben zu ermöglichen und dadurch traditionelle gesellschaftliche Strukturen aufzubrechen; dann wieder ging es vorrangig um die Förderung der Industrialisierung im engeren Sinne, d. h. die Förderung des sekundären Sektors, wodurch die Unterbeschäftigung in der Dritten Welt gelindert, wenn nicht behoben werden sollte.

In den letzten Jahren hat sich Ernüchterung bei den Entwicklungspolitikern und -wissenschaftlern breitgemacht, so daß vom Scheitern der großen Theorien die Rede ist (U. MENZEL 1992), das Scheitern der großen Strategien eingeschlossen. Das bedeutet allerdings nicht, wie fälschlich prognostiziert wurde (P. GRUBBE 1991), daß der Untergang der Dritten Welt bevorsteht.

Die bisherige Erfolglosigkeit der wissenschaftlichen Beschäftigung mit der Komplexität der Entwicklungsländer (F. SCHOLZ 1985) sollte man als Hinweis auf die Notwendigkeit eines Wandels verstehen. Nicht die Analyse einzelner Aspekte, die Sammlung von Indikatoren und die Heranziehung einseitiger Erklärungstheorien und -strategien ist zu verfolgen; es gilt vielmehr, den Entwicklungsprozeß in den Mittelpunkt zu stellen, und zwar sowohl in seiner räumlichen Differenzierung durch Geographen als auch seiner zeitlichen Periodisierung durch Historiker und in seinen inhaltlichen Erscheinungen durch Demographen, Ökonomen, Soziologen und Politologen in interdisziplinärem Zusammengehen. Das Ziel muß sein, das Zusammenspiel der materiellen und immateriellen Sachverhalte im Entwicklungsprozeß als System zu ermitteln; wenn dabei die Beziehungen nicht hinreichend quantifiziert werden können, dann sollte die Kennzeichnung ihrer Bedeutung im größeren Zusammenhang erfolgen. Gerade der länderkundliche Ansatz, wenn er nur in diesem Sinne aufgefaßt und ausgeführt wird, eignet sich als Rahmen für eine vergleichende, interdisziplinäre Entwicklungsprozeßforschung und -darstellung in Industrie- und Entwicklungsländern. Das weite Thema, die gesellschaftliche Entwicklung, stellt den einigenden Bezugspunkt für die Fülle von Sachverhalten dar und bewahrt - hoffentlich - vor Additivität. Diese Vorgehensweise soll am Beispiel der Entstehung der Industriegesellschaft in der Türkei versucht werden.

Literatur

BOBEK, H.: Die Hauptstufen der Gesellschafts- und Wirtschaftsentfaltung in geographischer Sicht. In: Die Erde, 90. Jahrgang, Berlin 1959, S. 259-298.

BOHNET, M. (Hrsg.): Das Nord-Süd-Problem. Konflikte zwischen Industrie- und Entwicklungsländern. 2. Auflage, München 1971.

BRATZEL, P.: Theorien der Unterentwicklung. Eine Zusammenfassung verschiedener Ansätze zur Erklärung des gegenwärtigen Entwicklungsstandes unterentwickelter Regionen mit einer ausführlichen Literaturliste. Karlsruher Manuskripte zur Mathematischen und Theoretischen Wirtschafts- und Sozialgeographie, Heft Nr. 17, Karlsruhe 1976/Nachdruck 1978.

BRATZEL, P., MÜLLER, H.: Regionalisierung der Erde nach dem Entwicklungsstand der Länder. In: Geographische Rundschau, 31. Jahrgang, Braunschweig 1979, S. 131-137.

FABER, K.-G., MEIER, Chr. (Hrsg.): Historische Prozesse; Theorie der Geschichte, Beiträge zur Historik, Bd. 2, München 1978.

FLORA, P.:Modernisierungsforschung. Zur empirischen Analyse der gesellschaftlichen Entwicklung. Opladen 1974.

FOURASTIÉ, I.: Le Grand Espoir de XXe Siècle. Paris 1949.

GIESE, E.: Klassifikation der Länder nach ihrem Entwicklungsstand. In: Geographische Rundschau, 37. Jahrgang, Braunschweig 1985, S. 164-175.

GRIMM, K.: Theorien der Unterentwicklung und Entwicklungsstrategien. Eine Einführung. Opladen 1979.

GRUBBE, P.: Der Untergang der Dritten Welt. München 1991.

JÄGER, H.: Historische Geographie. Das Geographische Seminar. 2. Auflage, Braunschweig 1973.

KOCKA, J., NIPPERDEY, Th. (Hrsg.): Theorie und Erzählung in der Geschichte. Theorie der Geschichte, Beiträge zur Historik, Bd. 3, München 1979.

KOSELLEK, R., LUTZ, H., RÜSEN, I. (Hrsg.): Formen der Geschichtsschreibung. Theorie der Geschichte, Beiträge zur Historik, Bd. 4, München 1982.

LERNER, D.: The Passing of Traditional Society. Modernizing the Middle East. Glencoe Illinois 1958.

MACKENROTH,G.: Bevölkerungslehre. Theorie, Soziologie und Statistik der Bevölkerung. Berlin, Göttingen, Heidelberg 1953.

MANDEL, E.: Die Marxsche Theorie der ursprünglichen Akkumulation und die Industrialisierung der Dritten Welt. In: Folgen einer Theorie. Essays über das „Kapital" von Karl Marx; 4. Auflage, Frankfurt am Main 1971, S. 71-93.

MENZEL, U.: Das Ende der Dritten Welt und das Scheitern der großen Theorien. Frankfurt am Main 1992.

MENZEL, U.: Geschichte der Entwicklungstheorie. Einführung und systematische Bibliographie. Schriften des Deutschen Übersee-Instituts Hamburg, 2. Auflage, Hamburg 1993.
MOORE, W. E.: Strukturwandel der Gesellschaft. Grundfragen der Soziologie, Bd. 4, 3. Auflage, München 1973.
ROSTOW, W. W.: The Stages of Economic Growth. Cambridge 1960.
SCHAMP, E. W.: Industrialisierung der Entwicklungsländer in globaler Perspektive. In: Geographische Rundschau, Jahrgang 45, Braunschweig 1993, S. 530-536.
SCHELSKY, H.: Wandlungen der deutschen Familie in der Gegenwart. 3. Auflage, Stuttgart 1955.
SCHLENKE, U., STEWIG, R.: Endogener Tourismus in Industrie- und Entwicklungsländern. In: Erdkunde, Bd. 37, Bonn 1983, S. 137-147.
SCHOLZ, F. (Hrsg.): Entwicklungsländer. Beiträge der Geographie zur Entwicklungsforschung; Wege der Forschung, Bd. 553, Darmstadt 1985.
STEWIG, R.: Die Stadt in Industrie- und Entwicklungsländern. Uni-Taschenbuch 1247, Paderborn, München, Wien, Zürich 1983.
STEWIG, R.: Bursa, Nordwestanatolien; Auswirkungen der Industrialisierung auf die Bevölkerungs- und Sozialstruktur einer Industriegroßstadt im Orient. Teil 2. Kieler Geographische Schriften, Bd. 65, Kiel 1983.
STEWIG, R.: Über das Verhältnis der Geographie zur Wirklichkeit und zu den Nachbarwissenschaften. Eine Einführung. Kieler Geographische Schriften, Bd. 76, Kiel 1990.
STEWIG, R.: Entstehung und Entwicklung der Industriegesellschaft auf den Britischen Inseln. Kieler Geographische Schriften, Bd. 90, Kiel 1995.
SÜSSMUTH, H. (Hrsg.): Historische Anthropologie. Göttingen 1984.
WEHLER, H. U.: Geschichte als Historische Sozialwissenschaft. Frankfurt am Main 1973.
ZELINSKY, W.: The Hypothesis of the Mobility Transition. In: Geographical Review, Bd. 61, New York 1971, S. 219-249.

4. Beurteilungsmaßstab: die Entstehung der Industriegesellschaft auf den Britischen Inseln

Es wird davon ausgegangen - unter Zurückstellung der Begründung -, daß die Türkei die Stufe der hochindustrialisierten Gesellschaft noch nicht erreicht hat, auch noch nicht die Stufe des drive to maturity. Der Blick richtet sich hauptsächlich auf die mögliche Entstehung der Industriegesellschaft in der Türkei, einen Vorgang also, der aktueller ist als der entsprechende, 150 Jahre zurückliegende Vorgang auf den Britischen Inseln. Die große Nähe zur Gegenwart erlaubt die Unterteilung der möglichen Entstehung der Industriegesellschaft in der Türkei in Teilphasen.

Um Mißverständnissen vorzubeugen, muß angemerkt werden: die Gewinnung des Beurteilungsmaßstabes bedeutet nicht, daß der Industrialisierungsprozeß in der Türkei nach dem Muster der Britischen Inseln abläuft oder ablaufen soll. Das ist schon deshalb nicht möglich, weil die Industriegesellschaft auf den Britischen Inseln spontan, ungeplant, ohne Vorbild zustande kam, während in allen anderen Ländern die Entstehung der Industriegesellschaft im Phasenverzug zu den Britischen Inseln einsetzte bzw. einsetzen wird. Die Britischen Inseln sind Modell und klassischer Fall industriegesellschaftlicher Entstehung und Entwicklung durch den geschichtlichen Erstcharakter dieses Prozesses.

Darüber hinaus unterscheiden sich andere Länder, darunter vor allem die Türkei, durch deutlich andere physische und kulturelle Rahmenbedingungen. Dennoch können die Britischen Inseln in ihrer Form der Entstehung der Industriegesellschaft dadurch als Beurteilungsmaßstab dienen, daß sie kontrastierend wirken, zu den grundsätzlichen Fragestellungen hinführen, den entsprechenden Prozeß in der Türkei als Übereinstimmung bzw. Abweichung erkennen lassen; dadurch werden die einzelnen Sachverhalte in ihrer Bedeutung im größeren Rahmen gekennzeichnet.

Die Stufe der traditional society war auf den Britischen Inseln durch starke Bevölkerungsveränderungen charakterisiert.

Einer dieser Bevölkerungsschübe, die überwiegend von Kontinental-Europa ausgingen, brachte die Römer auf die Britischen Inseln. Sie kamen als Eroberer, führten das Latifundienwesen ein und erhoben die herrschaftlich organisierte Agrargesellschaft auf die Stufe des (älteren) Städtewesens. Da die Römer nur England eroberten, Wales, Schottland und Irland nicht, entstand durch sie früh die räumliche Disparität, der Gegensatz zwischen Zentrum und Peripherie, wobei die keltische Peripherie durch die Dominanz ihrer Agrarwirtschaft ohne Städtewesen geprägt war; die keltischen oppida stellten allerdings Vorläufer von Städten dar. Die Römer übten annähernd 400 Jahre über den Südostteil der britischen Hauptinsel die Herrschaft aus, hinterließen auch bis heute überlieferte Spuren ihrer materiellen Kultur, aber zur gesellschaftlichen Entwicklung auf den Britischen Inseln trugen sie nur in der Zeit ihres Aufenthaltes bei; die meisten ihrer Städte verloren nach ihrem Rückzug ihre Funktion und damit ihre Bedeutung.

Der nächste Bevölkerungsschub wurde getragen von den Angeln, Sachsen und Jüten, die als Siedler kamen, an die städtischen Siedlungen der Römer nicht anknüpften, im Bereich der Schichtstufenlandschaft Englands zuerst die leichten Böden der Landterrassen, nach Verbesserungen der (einfachen) Pflugtechnik auch die schweren Talböden vor den Stufen in Nutzung nahmen, wodurch die Waldrodung um sich griff. Die Angeln, Sachsen und Jüten brachten die ländliche Siedlung in Gestalt der greenvillages (Angerdörfer) großflächig nach England.

Ein weiterer Bevölkerungsschub während der Stufe der traditional society erfolgte mit der - räumlich begrenzten - Niederlassung von Nordgermanen, Dänen und Norwegern, in verschiedenen Brückenköpfen auf den Britischen Inseln, auch in Irland; flächenhafte Besiedlung erfolgte nur an wenigen Stellen auf der Ostseite der Hauptinsel.

Noch einmal kam es zu einer Steigerung der Heterogenität der Bevölkerungszusammensetzung auf den Britischen Inseln - innerhalb der Stufe der traditional society - durch die normannische Eroberung nach 1066. Wiederum erfolgte keine flächenhafte, sondern eine punktförmige Besiedlung; die Eroberer ließen sich als die neue Oberschicht der herrschaftlich organisierten Agrargesellschaft in ihren in England weit gestreuten, bald auch Wales und Teile Irlands einbeziehenden Burgen nieder. Die Burgen wurden vielfach zu Kernen neuer städtischer Siedlungen, so daß auf der gesellschaftlichen Entwicklungsstufe der traditional society im Herrschaftsbereich der Normannen erneut das (ältere) Städtewesen entstand.

Mit den letzten zwei Bevölkerungsschüben waren ökonomisch, sozial und sprachlich - durch die germanische Sprachgruppe der Angeln, Sachsen und Jüten und die romanische Sprachgruppe der Normannen - die gesellschaftlichen Gegensätze auf den Britischen Inseln noch verstärkt worden. Zumindest sprachlich kam es aber schon im Übergang zur nächsten Gesellschaftsstufe auf dem sprachlichen Niveau des Mittelenglischen zur gegenseitigen Befruchtung und Durchdringung, so daß das moderne Englisch durch einen besonders reichen Wortschatz, aus germanischen und romanischen Elementen bestehend, geprägt ist.

Zur traditional society auf den Britischen Inseln gehört die Entstehung des - allgemein europäischen - Lehnswesens des Mittelalters mit seiner spezifischen Agrarverfassung, die die wirtschaftliche Grundlage des Staates darstellte.

Diese Agrarverfassung ist wesentlich mit dem (Groß-)Grundbesitz verbunden. Die vom Herrscher eingesetzten abhängigen Lehnsträger wurden, damit sie zusammen mit Gefolgsleuten Kriegsdienst leisten konnten, durch agrarwirtschaftliche Betätigung, Ackerbau und Viehhaltung, in den Stand dazu versetzt. Die nachgeordnete ländliche Bevölkerung stellte in ökonomischer und sozialer (juristischer) Abhängigkeit die Arbeitskräfte für die Bewirtschaftung der Flächen des Grundherrn und der ihnen zur Nutzung überlassenen Flächen (in Gemengelage). Bei gemischter, nicht-spezialisierter Landwirtschaft ergaben sich durch die unterschiedliche edaphische und klimatische Ausstattung der Britischen Inseln räumliche Schwerpunkte in ackerbaulicher oder viehwirtschaftlicher Richtung, meist Schafhaltung.

Durch die (Wieder-)Entstehung des (älteren) Städtewesens entwickelte sich eine binnenmarkt-orientierte (Agrar-)Produktion mit Absatz in der nächstgelegenen Stadt, die nicht nur Sitz der lokalen und regionalen Herrschaft war, sondern zum Markt wurde und in der sich auch Handwerker, in Zünften organisiert, niederließen. Wenn die handwerkliche Produktion den lokalen oder regionalen Absatz überstieg und sich Fernabsatzmöglichkeiten auftaten, entwickelten sich einige Städte zu mehr oder weniger bedeutenden Handelszentren, vor allem London.

Zur gesellschaftlichen Stufe der traditional society gehörte in Europa die Ausbreitung des Christentums, das - auf den Britischen Inseln vertreten durch die irische Mönchskirche und den römischen Katholizismus - die räumlichen, ökonomischen, sozialen und kulturellen Gegensätze zwischen Kelten, Angeln, Sachsen, Jüten, Dänen, Norwegern und Normannen verstärkte.

Aus der typischen Stuktur der traditional society heraus waren auf den Britischen Inseln wie in Kontinental-Europa keine Ansätze zur gesellschaftlichen Weiterentwicklung zu erwarten, handelte es sich doch um eine festgefügte, geschlossene, undynamische, in ihren geistigen und geistlichen Werten und Normen starre Gesellschaft. Das wheel of fortune, das Glücksrad, war - in der literarischen Überlieferung - Symbol für das Auf und Ab, für mangelnde vertikale Mobilität des Einzelnen, für fehlende kontinuierliche Aufstiegsmöglichkeiten in der Gesellschaft.

Doch lag gerade in spezifischen Gegebenheiten der Britischen Inseln der Keim für zukünftige Entwicklungen, so daß man die frühe Entstehung der Industriegesellschaft dort - verglichen mit anderen Ländern - auf Vorentwicklungen bis in die Stufe der traditional society zurückverfolgen kann.

Auf den Britischen Inseln kam Dynamik in die traditional society durch folgende Umstände:
Die Pest erreichte in der zweiten Hälfte des 14. Jahrhunderts, von Kontinental-Europa kommend, die Inseln und führte zu schweren Bevölkerungsverlusten; ganze Landstri-

che verödeten. Dadurch dünnte die Bevölkerung, vor allem des ländlichen Raumes, aus, eine Verknappung der Arbeitskräfte trat ein. Die Grundbesitzer und Gutsherren, die lords of the manor, mußten sich zur Bewirtschaftung ihrer Flächen nach Arbeitskräften umsehen, die nachgeordnete ländliche Bevölkerung erhielt dadurch eine bessere wirtschaftliche Position. Dies führte allmählich zur Auflösung der traditionellen, festgefügten Agrarverfassung und Agrarwirtschaft. Die abhängige ländliche Bevölkerung gewann die Möglichkeit, ihre Verpflichtungen zu Arbeitsleistungen durch Geldzahlungen abzulösen, zumal durch den Binnenmarkt in den Städten sich Einküfte für Agrarprodukte erzielen ließen. Im Zuge dieser frühen Kommerzialisierung der Landwirtschaft entstand auch früh das für die britische Agrarwirtschaft über sehr lange Zeit so typische Pachtwesen. Die Lösung der ländlichen Bevölkerung von der Bindung an die Scholle eröffnete auch Möglichkeiten zur Abwanderung in die Städte, wo man sein Glück versuchen konnte und Freiheiten gewann.

Zu diesen einschneidenden Veränderungen im primären Sektor gesellten sich entsprechend tiefgreifende im handwerklich-sekundären. Gemeint ist der Sprung des Handwerks, speziell des Wolltextilhandwerks, aus der Enge der Städte hinaus in bestimmte ländliche Räume in Südost-, Südwest- und Nord-England. Dieser Vorgang war mit der Befreiung von den strengen Zunftregelungen und auch technischen Entwicklungen verbunden, so dem Einsatz des von Wasserkraft getriebenen Walkhammers dort, wo Bäche von den Schichtstufen Englands herunterflossen. Gleichzeitig trat eine räumlich differenzierte Spezialisierung bei der Produktionsausrichtung der drei ländlichen Wolltextilproduktionsgebiete für grobe bis feine Wollstoffe ein, in Abhängigkeit von der naturräumlichen Ausstattung.

Auch im Handel waren in England bedeutende Veränderungen gegen Ende der traditional society zu erkennen, und zwar in Verknüpfung mit dem primären und handwerklich-sekundären Sektor. Hatten sich englische Kaufleute zunächst im Export von hochwertiger Rohwolle nach Kontinental-Europa betätigt, wurde allmählich dieser Export durch den Export von hochwertigen Wollstoffen abgelöst. Davon profitierten nicht nur die Kaufleute, sondern auch die Häfen der Ost- und Südküste Englands.

So hatten in allen wirtschaftlichen Bereichen der traditional society auf den Britischen Inseln Veränderungen - in der Rückschau kann man sie als zukunftsträchtig bezeichnen - eingesetzt.

Auf die Stufe der traditional society folgt die von W. W. ROSTOW als pre-conditions for take-off bezeichnete Stufe gesellschaftlicher Entwicklung.

Auf den Britischen Inseln haben sich in dieser Zeit wiederum tiefgreifende Veränderungen vollzogen, die alle - in der Rückschau - als positive Voraussetzungen für die nachfolgende, frühe Herausbildung der Industriegesellschaft angesehen werden können.

Diese Veränderungen betrafen sowohl die physischen Verhältnisse - durch einen grundlegenden Wandel der geographischen Lage - als auch die geistigen Konditionen. Doch verharrte in manchen anderen Bereichen die Gesellschaft auf präindustriellem Niveau.

Der Lagewandel bestand darin, daß die Britischen Inseln - bis dato an der Peripherie Europas gelegen - im Zeitalter der Entdeckungen und der anschließenden überseeischen Eroberungen, die von den Britischen Inseln ausgingen, von einer peripheren Position innerhalb der bekannten Welt in eine Ausgangslage für transozeanische Unternehmungen einrückte. Damit stellte sich auch auf den Britischen Inseln ein räumlich orientierter Wertwandel ein. Waren früher allein die Häfen der Süd- und der Ostküste für die Verbindungen nach Kontinental-Europa bedeutsam, so erfolgte nun eine Aufwertung der Westküste der britischen Hauptinsel und ihrer Häfen, vor allem von Bristol, Liverpool und Glasgow.

Durch die kolonialen Beziehungen Englands wurde der Überseehandel gestärkt, der besonders durch den Re-Export von Kolonialwaren nach Kontinental-Europa Geld einbrachte und damit Kapital akkumulierte, das für den Einsatz in anderen Wirtschaftsbereichen, im primären und handwerklich-sekundären Sektor, später im industriellen Sektor, bereitstand. Außerdem erwiesen sich die überseeischen Kolonien als Absatzgebiete für Handwerksprodukte, später auch als Absatzgebiete für Industrieprodukte und als Herkunftsgebiete der industriell zu verarbeitenden Rohstoffe, vor allem der Baumwolle.

Im Handwerk der Britischen Inseln traten nicht weniger tiefgreifende organisatorische Veränderungen auf. Innerhalb der ländlichen Wolltextilproduktionsgebiete erfolgte eine Arbeitsteilung und Spezialisierung über die schon zuvor eingetretene nach Hauptproduktionsausrichtungen hinaus: es ergab sich nun auch eine Spezialisierung nach Produktionsstufen, vor allem Spinnen und Weben. Damit verbunden war das Aufkommen der Funktion des clothier/middleman, der ein erfolgreicher Handwerker oder auch ein Kaufmann aus den Überseehäfen sein konnte. Er kaufte Rohstoffe auf, verteilte sie an die Handwerksbetriebe, verknüpfte organisatorisch die Produktionsstufen miteinander und sorgte für den Absatz. Damit war die Trennung von Arbeit und Kapital und die Zerlegung des Produktionsablaufes präindustriell vorweggenommen, war - bis auf den Einsatz von Maschinen in der Produktion, der der frühindustriellen Stufe vorbehalten blieb - die industrielle Produktionsweise vorbereitet.

Auf anderen Gebieten zeigte die Stufe der pre-conditions for take-off auf den Britischen Inseln noch stark die Züge der traditional society. Dies traf auf die unentwikkelte Verkehrsinfrastruktur zu; der Ausbau der Straßen blieb lokalen Behörden überlassen, von denen man keine übergeordneten Gesichtspunkte erwarten konnte. Doch bestand durch die Küstenschiffahrt die Möglichkeit einer Verbindung der verschiedenen Hafenstädte untereinander, auch für den Transport von Massengütern wie Steinkohle (z. B. „sea coal" von Newcastle-upon-Tyne nach London).

Die Bevölkerungsentwicklung blieb bescheiden; Geburten- und Sterberate lagen sehr hoch, die Bevölkerungszunahme war gering; die durch die Pest verursachten Bevölkerungsverluste wurden nur allmählich ausgeglichen.

Da die Landwirtschaft in hohem Maße für die Versorgung der Verbraucher mit Nahrungsmitteln produzierte, gingen von der geringen Bevölkerungszunahme wenig Anreize für eine Produktionssteigerung aus. Doch auch in der Landwirtschaft wurden wichtige Vorbedingungen für die nachfolgende Entwicklung geschaffen, und zwar durch die Einhegungen, d. h. die Separierung der den einzelnen Landwirten gehörenden oder von ihnen gepachteten Flächen zu arrondierten Flurstücken/Feldern. Dadurch ergaben sich Voraussetzungen für individuelles Wirtschaften - wenn nur eine entsprechende geistige Umstellung erfolgte.

Diese trat auf den Britischen Inseln gerade in der Stufe der pre-conditions for take-off ein, weniger durch die Renaissance als geistige Bewegung als vielmehr durch die Reformation in der speziellen Form des Calvinismus/Puritanismus, der die Verantwortung des Menschen für sein Tun in ihn selbst hinein verlegte. Damit war auch ein neuer Wirtschaftsgeist geschaffen worden.

Die Rolle des Staates trug in der Stufe der pre-conditions for take-off einen ambivalenten Charakter. Nach den Konzepten des Merkantilismus förderte er zwar den Export und behinderte Importe, um einen Außenhandelsüberschuß zu erzielen, aber die handwerkliche Produktion war durch zahlreiche Vorschriften restriktiv betroffen, von späteren liberalen Verhältnissen war man noch weit entfernt.

Angesichts der hohen Zahl überaus günstiger Voraussetzungen für einen take-off ist der frühe Beginn industriegesellschaftlicher Entwicklung auf den Britischen Inseln - verglichen mit den nachhinkenden kontinental-europäischen Ländern - keine Überraschung.

Die ROSTOWsche Stufe des take-off, die als frühindustrielle Stufe gesellschaftlicher Entwicklung anzusehen ist, kann auf den Britischen Inseln für die Zeit zwischen 1750 und 1850 angesetzt werden.

Wie ein Flugzeug beim Startvorgang Geschwindigkeit aufnimmt, um in eine sich selbst tragende Steigfluglage zu gelangen, so lassen sich in der frühindustriellen Stufe der Britischen Inseln Beschleunigungsvorgänge auf mehreren Gebieten zu sich selbst nicht nur tragendem, sondern auch sich verstärkendem Wirtschaftswachstum erkennen.

Einer dieser Vorgänge ist die Bevölkerungszunahme, die auf absinkende Sterberate bei unverändert hoher Geburtenrate - in der frühindustriellen Zeit - zurückzuführen ist. An der Senkung der Sterberate waren ursächlich die weitgehend neue medizinische Versorgung sowie die bessere Ernährung wesentlich beteiligt.

Die steigende Bevölkerungszahl dürfte zur Nachfrage nach landwirtschaftlichen Produkten beigetragen und damit einen Anreiz zu erhöhter Produktion dargestellt haben. Es entstand sogar der Eindruck der Verknappung bei der Versorgung mit Lebensmitteln, so daß entsprechende Befürchtungen einer Unterversorgung mit negativen Folgen durch Th. R. Malthus geäußert wurden, obwohl bedeutende Verbesserungen auch in der Landwirtschaft erzielt wurden. Für die frühindustrielle Zeit stellt sich die Frage nach den Zusammenhängen zwischen Bevölkerungswachstum und Nahrungsspielraum.

Ein weiterer Beschleunigungsvorgang fand mit der steigenden Zahl der Einhegungsgesetze statt, wodurch das individuelle Wirtschaften im primären Sektor noch gefördert wurde. Ergänzt wurde dieser Vorgang durch zahlreiche Verbesserungen in der Landwirtschaft, wie die Einführung von neuen Gerätschaften, besonders aus Eisen (und Stahl), nachdem die Eisen- und Stahlindustrie entstanden war, durch neue Fruchtfolgen, die die Brache zur Bodenerholung überflüssig machten, wodurch die Nutzflächen mit einem Schlage bedeutend vermehrt wurden. Dennoch trat gegen Ende der Stufe des take-off das Problem der Lebensmittelversorgung der Bevölkerung aus dem eigenen Land heraus als typisches Problem der Frühindustrialisierung auf. Es wurde auf den Britischen Inseln im Rahmen einer neuen Wirtschaftspolitik gelöst, die den heimischen Markt für Getreideeinfuhren aus Übersee öffnete, die merkantilistischen corn laws abschaffte. Dadurch wurde in der heimischen Landwirtschaft die Auflösung der Kombination von Ackerbau und Viehhaltung in **einem** landwirtschaftlichen Betrieb gefördert; es kam zur Arbeitsteilung und Spezialisierung auf entweder ackerbauliche oder viehwirtschaftliche Produktionsausrichtung. Dies führte innerhalb der Britischen Inseln zur räumlichen Differenzierung in viehwirtschaftliche bzw. ackerbaulich orientierte Teilräume - in Abhängigkeit von der unterschiedlichen naturräumlichen Ausstattung; doch spielte auch die Herausbildung von industriestädtischen Ballungsgebieten eine Rolle.

Ein weiterer Beschleunigungsvorgang ist in der Verbesserung der Infrastruktur zu erkennen. Der Straßenbau wurde nicht nur technisch, sondern auch organisatorisch verbessert, und zwar durch Erhebung von Straßenzöllen mittels turnpike-Gesetzen, die zunehmend erlassen wurden. In die frühindustrielle Zeit fällt auf den Britischen Inseln auch die Erschließung der Wasserwege, sowohl der wenigen ins Landesinnere führenden Flüsse (Themse, Severn, Humber, Mersey) als auch durch umfangreichen Kanalbau. Die Erschließung des Landes durch Eisenbahnen - die Grundlage der Verkehrsinfrastruktur der Britischen Inseln bis in das 20. Jahrhundert - begann erst gegen Ende der frühindustriellen Stufe, nachdem eine eisenverarbeitende Industriebranche entstanden war.

Die Kanäle wurden mit den natürlichen Wasserwegen verknüpft, so daß erstmals ein (Verkehrs-)Netzwerk zur Verfügung stand. Dienten die Straßen dem Personen- und Nachrichtentransport, so erlaubten die Wasserwege, speziell die Kanäle, den Transport von Massengütern wie Steinkohle und Getreide, wodurch die Transportkosten deutlich gesenkt wurden. So kam es nicht nur zur Erschließung der Hinterlandsbereiche von Häfen für Massengüter, sondern auch zu binnenländischen Versandmöglichkeiten. Auch konnte dadurch die Brotgetreideversorgung flächendeckender gestaltet werden.

Das Kernstück frühindustriegesellschaftlicher Entwicklung bestand in der neuen Maschinen-Technologie. Auch auf diesem Gebiet läßt sich ein Beschleunigungsvorgang erkennen, der sich in einer zunehmenden Zahl von Patenterteilungen niederschlug.

Dabei übernahm die neue Textilindustrie die Führung: es war aber nicht die altehrwürdige Wolltextilbranche, für die der Rohstoff heimisch umfangreich zur Verfügung stand, sondern die Baumwolltextilbranche, die ihre Rohstoffe einführen mußte. Die Wollbranche folgte mit einiger Verzögerung.

Die neuen industriellen Produktionstechniken, besonders der Produktionsstufen Spinnen und Weben, gehen auf handwerkliches Probieren zurück, d. h. sie wurden ohne anwendungsbezogene Naturwissenshaft geschaffen. Dies geschah in Gebieten, in denen sich anschließend die erste Baumwolltextilindustrie , in Lancashire, entwickelte.

Den Anstoß zur Entstehung der Eisen- und Stahlindustrie gaben die überholte Methode des Eisenschmelzens mittels Holzkohle und der Mangel an Holz - infolge der Abholzung der Wälder -, um eben diese Holzkohle zu produzieren. Als Ersatzstoff kam man - ebenfalls durch handwerkliches Probieren - auf die Steinkohle, die in besonderer Weise für die Eisenschmelze präpariert wurde.

Die Nutzung der Steinkohle als neuer (Haupt-)Primärenergieträger, ihre Verwendung nicht nur in der Eisen- und Stahlindustrie, sondern auch zum Betreiben der Dampfmaschinen, die in den entstehenden Baumwoll- und Wolltextilindustrien zum Antrieb der neuen Produktionsmaschinen eingesetzt wurden, führte, zusammen mit dem reichlichen Vorhandensein von Steinkohle im Untergrund der Britischen Inseln in spezifischer Verbreitung um die Pennines herum, in Mittel-Schottland und Süd-Wales, zur

Entstehung der ersten Industriestädte dort und zum Niedergang des Textilhandwerks und der handwerklichen Eisenschmelze in den ländlichen Gebieten.

Zur frühindustriellen Entwicklungsstufe gehört - man darf es vorwegnehmen: nicht nur auf den Britischen Inseln - eine bedeutsame Erscheinung horizontaler Mobilität, die Land-Stadt-Wanderung, die in ihren Anfängen in die traditional society zurückreicht. Auch mit dieser Wanderungsbewegung war ein Beschleunigungsvorgang verbunden. Bei der Entstehung der umfangreichen Land-Stadt-Wanderung haben sich abstoßende Kräfte im ländlichen Raum und anziehende in den neuen Industriestädten ergänzt. Im ländlichen Raum waren es Betriebsgrößenveränderungen, das Größenwachstum landwirtschaftlicher Betriebe - damals noch nicht die Verwendung von Landmaschinen -, die Arbeitskräfte freisetzten, so daß es zu einer Verarmung der ländlichen Bevölkerung kam, die sich nach neuer Beschäftigung umsehen mußte -, wenn sie nicht, wie in Irland, durch Hungersnöte vom Lande vertrieben wurde.

In den neu entstehenden Industriestädten und ersten Industrierevieren um die Pennines herum, in Mittel-Schottland und Südwales boten sich - trotz des Einsatzes von Maschinen, die aber noch zahlreiche Arbeitskräfte zu ihrer Wartung und Überwachung benötigten - Beschäftigungsmöglichkeiten.

Zur Frühindustrialisierung gehört seitdem - auf den Britischen Inseln und anderswo - die Problematik der Niederlassung und Unterbringung der in die Städte zugewanderten Bevölkerung. Auf den Britischen Inseln geschah dies durch die systematische, zumeist spekulative Schaffung von dicht bebauten Arbeiterwohnquartieren mit back-to-back-Wohnhäusern.

Die Standorte der Bergwerke und Fabriken wurden nach lokalen Gegebenheiten und ökonomischen Gesichtspunkten gewählt. Die Niederlassung der Arbeiterschaft erfolgte meist in unmittelbarer Nähe zu den Arbeitsstätten; die Arbeiter konnten sich wegen der langen Arbeitszeiten keine langen Wege leisten; innerstädtische Verkehrsmittel wurden erst in der nachfolgenden gesellschaftlichen Stufe entwickelt. Es gab auf den Britischen Inseln im take-off keine Stadt- oder Raumplanung. Daraus folgte, daß besonders in den Eisen- und Stahlindustrierevieren ein ungeordnetes Nutzungsdurcheinander vorherrschte.

Zur Frühindustrialisierung gehört die Entstehung einer neuen sozialen Schicht, die Industriearbeiterschaft, die durch niedrige Löhne, lange Arbeitszeiten, ohne soziale Sicherung, auch ohne entsprechende Ausbildung in sehr ungünstigen sozio-ökonomischen Verhältnissen zu leben hatte.

Es kam zwar zu Zusammenschlüssen der Arbeiterschaft, die als Vorläufer von Gewerkschaften anzusehen sind, aber die modernen Gewerkschaften entstanden auf den

Britischen Inseln erst in der nachfolgenden gesellschaftlichen Entwicklungsstufe. Die Furcht vor der Übertragung von Unruhen auf die Britischen Inseln durch die Französische Revolution von 1789 und die dadurch bedingte Unterdrückung von Arbeiterzusammenschlüssen verzögerte die Bildung von Gewerkschaften.

Zum take-off, zur frühindustriellen Stufe auf den Britischen Inseln, gehören auch tiefgreifende binnen- und außenwirtschaftspolitische Veränderungen. Sie dokumentieren sich in der Aufgabe des merkantilistischen Konzepts, im Abbau restriktiver und regulierender ökonomischer Eingriffe, im Rückzug des Staates aus dem Wirtschaftsleben im Sinne der Wirtschaftstheorie von A. Smith. Es entstand ein wirtschaftlicher Liberalismus, der Unternehmertum freisetzte und beflügelte, das schon damals nur begrenzt durch christliche Ethik in Schranken gehalten wurde.

Auf den Britischen Inseln gehörten die ungünstigen Lebensverhältnisse der Industrie- und Landarbeiterschaft ebenso zur frühindustriellen Stufe wie die Entstehung einer reichen Schicht von Schlotbaronen, Reedern und Wirtschaftskapitänen, die an die Spitze der sozialen Hierarchie drängten, den alten Landadel verdrängten. Damit waren zu der neuen räumlichen Disparität zwischen Industriestädten und Industrierevieren einerseits und dem ländlichen Raum andererseits die sozialen Disparitäten der neuen gesellschaftlichen Gruppen hinzugekommen.

Handwerkliche, technische oder kaufmännische Ausbildung der Arbeiterschaft und der Führungskräfte der Wirtschaft hat in der frühindustriellen Zeit auf den Britischen Inseln keine große Rolle gespielt.

Erst in der nachfolgenden Entwicklungsstufe des drive to maturity setzte allmählich die Verwissenschaftlichung ein, die im Wirtschaftsleben und bei der technologischen Entwicklung grundlegende Bedeutung erlangen sollte.

Dadurch und infolge der weltweiten Öffnung der Märkte im Sinne der Freihandelspolitik wurden die Britischen Inseln zum workshop of the world, zur führenden (Industrie-)Nation. Der Vorsprung in der gesellschaftlichen Entwicklung vor allen anderen Ländern, der durch das frühe Einsetzen des Industrialisierungsprozesses bereits errungen war, wurde auf der nächsten Entwicklungsstufe, im drive to maturity, weiter ausgebaut.

Literatur

ASHTON, T. S.: The Industrial Revolution 1760-1830. Oxford 1948.
BLAICH, F.: Die Epoche des Merkantilismus. Wissenschaftliche Paperbacks 3, Wiesbaden 1973.
BOOCKMANN, H.: Einführung in die Geschichte des Mittelalters. München 1978.
BRAUDEL, F.: Sozialgeschichte des 15.-18. Jahrhunderts. Der Alltag. München 1985.
BRAUDEL, F.: Sozialgeschichte des 15.-18. Jahrhunderts. Der Handel. München 1986.
BRAUDEL, F.: Sozialgeschichte des 15.-18. Jahrhunderts. Aufbruch zur Weltwirtschaft. München 1986.
BRAUN, R., FISCHER, W., GROSSKREUTZ, H., VOLKMANN, H. (Hrsg.): Industrielle Revolution. Wirtschaftliche Aspekte. Köln, Berlin 1972.
BRAUN, R., FISCHER, W., GROSSKREUTZ, H., VOLKMANN, H. (Hrsg.): Gesellschaft in der Industriellen Revolution. Köln 1973.
CHECKLAND, S. G.: The Rise of Industrial Society in England 1815-1885. London 1964.
CIPOLLA, C. M., BORCHARDT, K. (Hrsg.): Europäische Wirtschaftsgeschichte Bd.1. Mittelalter. Stuttgart, New York 1983.
CIPOLLA, C. M., BORCHARDT, K. (Hrsg.): Europäische Wirtschaftsgeschichte Bd. 2. Sechzehntes und siebzehntes Jahrhundert. Stuttgart, New York 1983.
CIPOLLA, C. M., BORCHARDT, K. (Hrsg.): Europäische Wirtschaftsgeschichte Bd. 3. Die Industrielle Revolution. Stuttgart, New York 1985.
CIPOLLA, C. M., BORCHARDT, K. (Hrsg.): Europäische Wirtschaftsgeschichte Bd. 4. Die Entwicklung der industriellen Gesellschaften. Stuttgart, New York 1985.
CIPOLLA, C. M., BORCHARDT, K. (Hrsg.): Europäische Wirtschaftsgeschichte Bd. 5. Die europäischen Volkswirtschaften im zwanzigsten Jahrhundert. Stuttgart, New York 1986.
DEANE, Ph.: The Industrial Revolution. Cambridge 1965.
DEANE, Ph., COLE, W. A.: British Economic Growth 1680-1959. 2. Auflage, Cambidge 1969.
FALKUS, M.: Britain Transformed. An Economic and Social History 1700-1914. Ormskirk 1987.
FISCHER, W. (Hrsg.): Wirtschafts- und sozialgeschichtliche Probleme der frühen Industrialisierung. Berlin 1968.
FISCHER, W., BAJOR, G. (Hrsg.): Die soziale Frage. Neuere Studien zur Lage der Fabrikarbeiter in der Frühphase der Industrialisierung. Stuttgart 1967.
FOHLEN, C.: Qu´est-ce que la rèvolution industrielle? Paris 1971.

HARTWELL, R. M. (Hrsg.): The Cause of the Industrial Revolution in England. London 1967.
HARTWELL, R. M. (Hrsg.): The Industrial Revolution. Oxford 1970.
LANDES, D. S.: Der entfesselte Prometheus. Technologischer Wandel und industrielle Entwicklung in Westeuropa von 1750 bis zur Gegenwart. Köln 1973.
LANGTON, J., MORRIS, R. J. (Hrsg.): Atlas of Industrializing Britain 1780-1914. London, New York 1986.
LEISTER, I.: Altindustriegebiete Englands. Die paläotechnische Industrie und ihre Siedlungen. Paderborn 1987.
MANTOUX, P.: The Industrial Revolution in the Eighteenth Century. London 1961 (englische Übersetzung des französischen Originals von 1906).
MATTHIAS, P.: The First Industrial Nation. An Economic History of Britain 1700-1914. London 1969.
MITCHEL, B. R.: British Historical Statistics. Cambridge 1988.
PAULINYI, A.: Industrielle Revolution. Vom Ursprung der modernen Technik. Reinbek 1989.
PIRENNE, H.: Sozial- und Wirtschaftsgeschichte Europas im Mittelalter. 4. Auflage, München 1976, (deutsche Übersetzung des französischen Originals von 1933).
POPE, R. (Hrsg.): Atlas of British Social and Economic History since c. 1700. London 1989.
SJOBERG, G.: The Preindustrial City. New York, London 1960.
STEWIG, R.: Entstehung und Entwicklung der Industriegesellschaft auf den Britischen Inseln. Kieler Geographische Schriften, Bd. 90, Kiel 1995.
TAYLOR, A. J.: Poverty and the Industrial Revolution. London 1972.
TAYLOR, A. J. (Hrsg.): The Standard of Living in Britain in the Industrial Revolution. London 1975.
THOMPSON, A: The Dynamics of the Industrial Revolution. London 1973.
THOMPSON, E. P.: The Making of the English Working Class. New York 1963.
TREUE, W.: Wirtschaftsgeschichte der Neuzeit im Zeitalter der Industriellen Revolution 1700 bis 1960. Stuttgart 1962.

5. Klärung geographischer und historischer Grundbegriffe: Türkei, Anatolien, Kleinasien, Osmanisches Reich, prä-osmanische Agrargesellschaften

Im Mittelpunkt der vorliegenden Veröffentlichung steht die Frage, ob bzw. wie es in der Türkei zur Entstehung der Industriegesellschaft gekommen ist. Der Staatsraum der heutigen Türkei beansprucht das vorrangige Interesse.

Dieser Staatsraum gliedert sich - wenn man die traditionelle Grenzziehung zwischen Asien und Europa durch Bosporus, Marmara-Meer und Dardanellen akzeptiert - in einen sehr großen, die Anatolische Halbinsel umfassenden und einen sehr kleinen, sog. europäischen Teil. Die Grenzen dieses Staatsraumes wurden in der ersten Hälfte des 20. Jahrhunderts festgelegt - soweit es sich um Landgrenzen handelt.

Im Nordwesten, in der Landschaft Thrakien (türk. Trakya), erfolgte die Grenzziehung im 1. und 2. Balkankrieg, noch zur Zeit des schrumpfenden Osmanischen Reiches. Im 1.Balkankrieg, 1913, rückte die Grenze durch die Gebietsverluste auf dem Balkan bis fast an Istanbul heran, jedoch gelang es im 2. Balkankrieg, 1913 (J. MATUZ 1990, S. 256, S. 259), dem Osmanischen Reich, den östlichen Teil Thrakiens zurückzugewinnen, die Grenze auf den Fluß Maritza (türk. Meriç) zu verlegen.

Im Nordosten der Türkei entstand die heutige Grenze zu Rußland bzw. zur Sowjetunion bzw. zu Armenien und Georgien gegen Ende des Ersten Weltkrieges und kurz danach. Nach Vorstößen der Russen, 1916, bis Trapezunt (türk. Trabzon) und Vorstößen der Türken, 1918, bis Baku - nach Schwächung der russischen Seite durch die Oktoberrevolution von 1917 - schälte sich nach erneuten russisch-sowjetischen Vorstößen durch Gebietsaustausch und Gebietsrückgabe an die Türkei (Gebiete um Kars und Ardahan 1920) die heutige Grenze heraus (Karte der vielfachen Grenzbewegung bei W.-D. HÜTTEROTH 1982, S. 6; J. MATUZ 1990, S. 274).

Im Süden bzw. Südosten der Türkei erfolgte 1939 die letzte Grenzberichtigung durch Rückgabe des Gebietes um Iskenderun, Provinz Hatay, aus dem territorialen Bestand des ehemaligen französischen Mandatsgebietes Syrien, an die Türkei - ein Gebiet, auf das Syrien noch heute Anspruch erhebt (St. J. SHAW, E. K. SHAW, Bd. 2, 1977, S. 377).

Im übrigen grenzt die Türkei mit sehr langen Küstenstrecken - über 8.000 km - an das Schwarze Meer (türk. Karadeniz), das Marmara-Meer (türk. Marmaradeniz), die Ägäis (türk. Egedeniz) und das (östliche) Mittelmeer (türk. Akdeniz).

Von den vier Halbinseln, die von der Landmasse Eurasien in das Mittelmeer hineinragen, die Iberische, die Appeninen-, die Balkan- und die Anatolische Halbinsel, wird die östlichste nach traditioneller Grenzziehung zu Asien gerechnet.

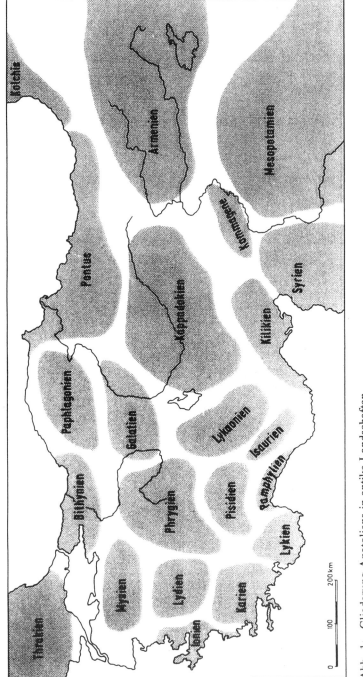

Abb. 1: Gliederung Anatoliens in antike Landschaften
(Quelle: W.-D. HÜTTEROTH 1982, S. 182)

Im Laufe der langen Geschichte, die sich auf der Anatolischen Halbinsel abgespielt hat, wurde dieser Raum unterschiedlich gegliedert.

Die Gliederung Anatoliens in antike Landschaften, wobei einige Landschaftsnamen heute noch im Zusammenhang mit dem modernen, historisch orientierten exogenen Tourismus im Gebrauch sind, lehnt sich - erstaunlicherweise - nur wenig an naturräumliche Gegebenheiten an; die zahlreichen antiken Landschaften erstrecken sich über Gebirge und Täler, Hochebenen und Küsten hinweg.

Dem in der heutigen Türkei wenig verbreiteten Denken in großen räumlichen Einheiten - man empfindet überwiegend außer dem Nationalbewußtsein eine kleinräumliche territoriale Zugehörigkeit zu Dörfern oder Städten - wurde erst durch türkische Geographen abgeholfen.

Seit dem Ersten Türkischen Geographie-Kongreß im Jahre 1941 gelangte man durch wissenschaftliche Diskussion zu einer Großgliederung der Türkei in sieben Teilräume (C. R. GÜRSOY 1957), die sich durchgesetzt hat und auch in der neuesten Ausgabe des Yeni Orta Atlas (Neuer Mittlerer Atlas) von 1996, eines weit verbreiteten Realschulatlasses, S. 12/13, erscheint:

- Marmara-Gebiet (türk. Marmara Bölgesi)
- Ägäis-Gebiet (türk. Ege Bölgesi)
- Schwarzmeer-Gebiet (türk. Karadeniz Bölgesi)
- Mittelmeer-Gebiet (türk. Akdeniz Bölgesi)
- Inner-Anatolien (türk. Iç Anadolu Bölgesi)
- Ost-Anatolien (türk. Doğu Anadolu Bölgesi)
- Südost-Anatolien (türk. Güney Doğu Anadolu Bölgesi)
  nicht im Türkye Atlası, Atlas of Turkey von 1961!).

Diese Großgliederung der Türkei unterscheidet sich wesentlich von der in antike Landschaften, indem sie von der unterschiedlichen naturräumlichen Ausstattung des Landes ausgeht (O. EROL 1983).

Den Kernraum stellt das vom nordanatolischen Randgebirge - auch Pontisches Gebirge genannt - im Norden und vom südanatolischen Randgebirge - auch Taurus genannt - im Süden begrenzte hochgelegene Inneranatolien dar (W.-D. HÜTTEROTH 1982, Fig. 26). Dem nordanatolischen Gebirge sind nur wenige und kleine Küstenebenen vorgelagert, dem südanatolischen zwei große, das Gebiet um Antalya und das Çukur-Ova genannte Gebiet um Adana, Tarsus, Mersin, Ceyhan.

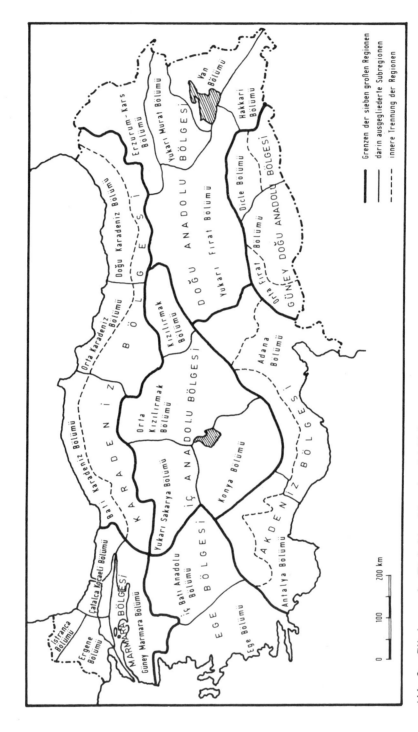

Abb. 2: Gliederung der Türkei in sieben (große) Teilräume
(Quelle: O. EROL 1983, S. 243)

Die ganzjährig reichlichen Niederschläge im nordanatolischen Gebirge (W.-D. HÜTTEROTH 1982, Fig. 35) erlauben eine Bewaldung, die ehemals ausgeprägter vorhanden war als heute, und eine höhenbedingte Abstufung der Vegetation vom Laub- zum Nadelwald. Das südanatolische Gebirge wird, entsprechend mediterraner Niederschlagsverteilung, nur saisonal, in den Wintermonaten, beregnet; die schüttere Waldvegetation in größeren Höhenlagen ist nach der Kälteempfindlichkeit der Pflanzen und Bäume abgestuft (W.-D. HÜTTEROTH 1982, Fig. 50 H. LOUIS 1939).

Inneranatolien erhält wegen der Gebirgsumrahmung sehr wenig Niederschläge, ist im innersten Bereich, um den Großen Salzsee (türk. Tuz Gölü), abflußlos und weist ein Steppenklima auf, das sich ursprünglich in einer entsprechenden, vom Menschen noch nicht umgestalteten Vegetation niederschlug (S. USLU 1960). Inneranatolien ist durch große flache Becken (türk. sing. ova) untergliedert (W.-D. HÜTTEROTH 1982, S. 51 ff.). Andere klimatische Steppengebiete innerhalb der Türkei finden sich in Thrakien, in Südost-Anatolien im Übergang zu den syrischen Steppen und in einigen Hochbecken Ost-Anatoliens (H. LOUIS 1939).

Das nordanatolische und das südanatolische Gebirge gehen im Westen in ein durch niedrige Gebirgszüge und breite Ebenen gegliedertes Bergland, im Osten in ein durch hohe Gebirge, schmale Täler und seenerfüllte Ebenen - bei insgesamt höherer Lage - reliefiertes Gebirgsland über, das im Süden von der Tiefebene Syriens begrenzt wird. Die Ost-West-Streichrichtung der nordanatolischen und der südanatolischen Gebirge setzt sich im Westen im Ägäis- und Marmara-Gebiet fort. Im Ägäis-Gebiet greifen die tiefgelegenen breiten Flußebenen (Grabenbrüche; N. GÜLDALI 1979) des Büyük Menderes (griech. Maiandros), des Kücük Menderes (griech. Kaystros), des Gediz (griech. Hermos) und des Bakır Çayı (griech. Kaikos) nach Osten aus, so daß bis weit in das Landesinnere das mediterrane Klima vorherrscht. Weiter im Norden, im Marmara-Gebiet, wo es ebenfalls größere Ebenen zwischen den niedrigen Gebirgszügen gibt (Gönen - Bursa - Yenişehir; Inegöl; Iznik; Izmit - Adapazarı - Düzce), erfolgt der Übergang vom sommertrockenen Mittelmeer- zum immerfeuchten Schwarzmeerklima.

Ost-Anatolien ist die für die Nutzung durch den Menschen am ungünstigsten ausgestattete Region der Türkei. Langgestreckte, hohe Gebirgszüge werden von tief eingeschnittenen Tälern getrennt. Außer in alpine Höhen aufragende Gebirge im Norden und Südosten gibt es kleinere und größere Hochebenen, im Gebiet von Van seenerfüllt, und aufgesetzte Vulkankegel (N. GÜLDALI 1979), von denen der Ararat (türk. Büyük Ağrı Dağı) an der Grenze zu Armenien und Iran mit 5.165 m den höchsten Berg der Türkei darstellt. Die insgesamt große Höhenlage der Region und die Nachbarschaft zu der südwestasiatischen Landmasse bedingen ein kontinentales Klima mit Gegensätzen zwischen kalten Wintern und heißen Sommern und leiten naturräumlich zu den innerasiatischen Hochsteppen über.

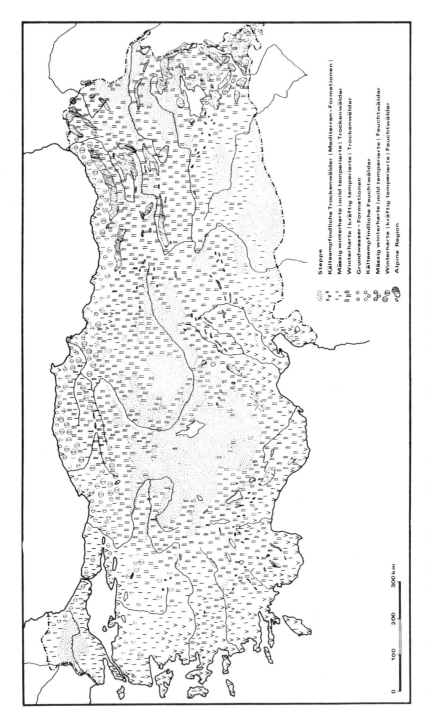

Abb. 3: Gliederung der Türkei in natürliche Vegetationsgebiete nach H. LOUIS 1939 (Quelle: O. EROL 1983, S. 239)

Die wenigen großen Flüsse der Türkei, Sakarya (griech. Sangarios), Kızılırmak (griech. Halys), Yeşilırmak (griech. Iris), Euphrat (türk.Fırat) und Tigris (türk. Dicle), sind nach außen gerichtet, durchbrechen nach mehrfach abknickenden Laufstrecken die ost-west gerichteten Randgebirge zum Schwarzen Meer und nach Syrien (Euphrat) bzw. zum Irak (Tigris) hin.

Der Name des Staates Türkei (W.-D. HÜTTEROTH 1982, S. 14 ff.) bezieht sich auf die seit Ende des 11. Jahrhunderts in mehreren Schüben aus ihrem Herkunftsraum Turkestan nach Anatolien eingewanderten, nomadischen, stammesmäßig organisierten Turk-Völker (J. MATUZ 1990, S. 9 ff.; St. J. SHAW, Bd. 1, 1976, S. 1 ff.), die auf ihrer Westwanderung durch die Ausbreitung des Islam in Zentralasien islamisiert worden sind (D. J. GEORGACAS 1971, S. 85).

Durch die Wanderung der Turk-Völker wurden im Laufe der Geschichte unterschiedliche Räume als Türkei benannt. Im 13. Jahrhundert, zur Zeit Marco Polos, nachdem die Einwanderung von Turk-Stämmen nach Anatolien schon zwei Jahrhunderte angedauert hatte, soll - nach D. J. GEORGACAS (1971, S. 96) - das Herkunftsland Turkestan als Türkei bezeichnet worden sein.

Die räumliche Keimzelle des Osmanischen Reiches war das Niederlassungsgebiet eines türkischen Nomaden-Stammes in Nordwest-Anatolien. Nachdem es zur Ausdehnung des Reiches nicht nur in Anatolien, sondern über große Teile der Balkan-Halbinsel gekommen war, wobei Türken die staatstragende Bevölkerung stellten, wurde das Osmanische Reich in Europa als Türkei bezeichnet, was für die deutsche Sprache ab 1396 belegt ist (D. J. GEORGACAS 1971, S. 97). Auch später, z. B. in den vier Briefen aus der Türkei - in lateinischer Sprache - des habsburgischen Gesandten Ogier Ghislain de Busbecq/Busbeck (1522-1592) wurde das Osmanische Reich so benannt, nachdem es sich über drei Kontinente ausgebreitet hatte (O. G. von BUSBECK 1926).

Bei der ersten, erfolglosen Belagerung von Wien 1529 und der zweiten, ebenso erfolglosen von 1683 (J. MATUZ 1990, S. 119, S. 185) hieß es, die Türken ständen vor Wien, nicht das Osmanische Reich.

Mit der Schrumpfung des Osmanischen Reiches verengte sich auch der räumliche Gültigkeitsbereich der Bezeichnung Türkei. Nach dem Erstarken eines Nationalbewußtseins der Türken gegen Ende des 19. Jahrhunderts, der Erinnerung an ihre räumliche Herkunft, dem Entstehen der politischen Bewegung der Jungtürken Anfang des 20. Jahrhunderts - alles zur Zeit des Osmanischen Reiches - und dem Verlust der Gebiete außerhalb der Anatolischen Halbinsel am Ende des Ersten Weltkrieges (J. MATUZ 1990, S. 249 ff.; D. J. GEORGACAS 1971, S 94 f.) reduzierte sich der räumliche Bezug des Namens Türkei auf das Territorium des nach dem Ersten Weltkrieg entstandenen Staates Republik Türkei (türk. Türkiye Cumhuriyeti).

Die Bezeichnung Anatolien geht zurück auf den altgriechischen Namen für Osten/Orient/Levante, womit die Gebiete gemeint waren, die östlich an die Ägäis angrenzen (D. J. GEORGACAS 1971, S. 40; vgl. auch W.-D. HÜTTEROTH 1982, S. 15). Zur Zeit des Oströmischen, später Byzantinischen Reiches hieß ein Thema, d. h. eine größere Verwaltungseinheit, Anatolikon (G. OSTROGORSKY 1963, Karten nach S. 80 und S. 248). Von den auf die Halbinsel zu einer Zeit eingewanderten Türken, als noch Reste des Byzantinischen Reiches bestanden, wurde die Bezeichnung des byzantinischen Themas übernommen und auf ihren damaligen Herrschaftsbereich übertragen, der den mittleren Teil der heutigen Türkei umfaßte. Im 12. und 13. Jahrhundert fand die Bezeichnung Anatolien (türk. Anadolu) vielfach Verwendung (D. J. GEORGACAS 1971, S. 48). Die von den osmanischen Türken vor der Eroberung Konstantinopels (1453) errichteten Sperrfestungen am Bosporus wurden auf der asiatischen Seite Anadolu Hisar, auf der sog. europäischen Seite Rumeli Hisar genannt (D. J. GEORGACAS 1971, S. 49 ff.).

An das türkische Anatolien - den westlichen und mittleren Teil des heutigen Staatsgebietes der Türkei umfassend - schloß sich im Nordosten Armenien, im Südosten Kurdistan an (E. BANSE 1915). Türkisch-Armenien war bis in den Ersten Weltkrieg hinein von einer überwiegend seßhaften, christlichen Bevölkerung besiedelt, die der gregorianischen Kirche angehörte und deren Verbreitungsgebiet sich bis heute über ehemals Türkisch-Armenien hinaus in den Kaukasus hinein erstreckte, wo sich heute die selbständige Republik Armenien befindet (H. PASDERMADJIAN 1964).

Auch die Kurden, eine ursprünglich überwiegend nomadische, stammesmäßig organisierte Bevölkerung der indogermanischen Sprachgruppe, aber ohne Schriftsprache, sind über Türkisch-Kurdistan hinaus in den angrenzenden Räumen der heutigen Staaten Iran, Irak und Syrien verbreitet (E. von EICKTEDT 1961).

Nach der im 16. Jahrhundert erfolgten Eroberung und Einverleibung Kurdistans in das Osmanische Reich (J. MATUZ 1990, S. 97; St. J. SHAW, Bd. 1, 1976, S. 82 f.) und der Vertreibung der Armenier im Verlauf des Ersten Weltkrieges (J. MATUZ 1990, S. 265; St. J. SHAW, E. K. SHAW, Bd. 2, 1977, S. 315 ff.) wurde der Begriff Anatolien durch den neuen Staat Türkei auf die ehemals Armenien und Kurdistan genannten Gebiete ausgedehnt, die seitdem als Ost-Anatolien bzw. Südost-Anatolien bezeichnet werden. So wird, wie in der Türkei heute üblich, auch in der vorliegenden Veröffentlichung das Staatsgebiet der Türkei - außer dem kleinen sog. europäischen Teil in Thrakien - als Anatolien bezeichnet (vgl. W.-D. HÜTTEROTH 1982, S. 15).

Der Name Asien bezog sich in der altgriechischen Antike auf Teile der Ägäis-Küste Anatoliens (D. J. GEORGACAS 1972, S. 27). Mit der zunehmenden Kenntnis von der Landerstreckung dessen, was heute als der Kontinent Asien bezeichnet wird, dehnte sich der räumliche Geltungsbereich des Namens Asien sehr weit aus.

Bei Strabo (63 vor bis 20 nach Christus), bei Ptolemäus (85 bis 160 nach Christus) und sogar noch bei den Byzantinern wurde der westliche und mittlere Teil des heutigen Anatolien - ohne Armenien und ohne Kurdistan - als Asien bezeichnet (D. J. GEORGACAS 1972, S. 29). Doch machte die erweiterte Fassung des Begriffes Asien eine zusätzliche Charakterisierung bei der Anwendung auf Anatolien notwendig. Über Mikro-Asia (D. J. GEORGACAS 1972, S. 3) entstand der Name Asia Minor - auch in der englischen Sprache, auf deutsch Kleinasien - spätestens im 5. Jahrhundert, wenn nicht schon früher (D. J. GEORGACAS 1972, S. 30). Die Ostgrenze des Römischen Reiches bzw. der römischen Provinz Asien (in Anatolien) lag überwiegend am Euphrat (Kartenblatt B V 13 des TAVO), d. h. Armenien und Kurdistan bzw. Ost- und Südost-Anatolien gehörten nicht dazu. So ist auch die heutige Abgrenzung Kleinasiens nach Osten zu unbestimmt. Die Bezeichnung sollte in erster Linie im archäologisch-historischen Zusammenhang verwendet werden.

Der Begriff Osmanisches Reich hat als Raumbezeichnung seine eigene Geschichte. Das Osmanische Reich existierte als Staat von bescheidenen Anfängen um 1280 bis zum Ende des Ersten Weltkrieges. Im Laufe dieser Geschichte gelangte es, mit Rückschlägen, von einem kleinen Territorium/Fürstentum/Emirat in Nordwest-Anatolien zu einer Ausdehnung über die Balkan-Halbinsel, Südwest-Asien und Nord-Afrika. Mit dem Niedergang des Osmanischen Reiches nach dem Höhepunkt seiner Ausdehnung zur Zeit der Sultane Selim I. (1512-1520) und Süleyman I. (des Prächtigen, 1520-1566) traten Gebietsverluste ein, die den Staat am Ende des Ersten Weltkrieges auf das danach als Türkei bezeichnete Gebiet beschränkten. Der Begriff Osmanisches Reich weist also in seinen territorialen Bezügen auf unterschiedliche Gebietsstände hin (J. MATUZ 1990; St. J. SHAW, Bd. 1, 1976; St. J. SHAW, E. K. SHAW, Bd. 2, 1977).

Wohl hatte das Osmanische Reich durch seine frühe Ausdehnung auf die Balkan-Halbinsel sein wirtschaftliches Schwergewicht im europäischen Reichsteil, die grundlegenden politischen, militärischen, juristischen, ökonomischen und sozialen, also die gesellschaftlichen Strukturen wurden jedoch im anatolischen Reichsteil entwickelt und von dort aus verbreitet, so daß der Bereich der heutigen Türkei als Kernland des Osmanischen Reiches angesehen werden kann.

Es ist schon mehrfach betont worden, daß im Mittelpunkt der vorliegenden Veröffentlichung die Frage nach der Entstehung der Industriegesellschaft in der Türkei steht.

Der Modellfall industriegesellschaftlicher Entstehung, die Britischen Inseln, hat gezeigt, daß die Wurzeln der Entwicklung auf den Britischen Inseln über die Stufe der ROSTOWschen pre-conditions for take-off zurück bis weit in die Stufe der traditional society hinein gereicht haben. Dies bedeutete allerdings nicht, daß die althergebrachte Struktur der traditional society eine günstige Vorbedingung war, vielmehr waren dies frühe gesellschaftliche Wandlungen innerhalb dieser Stufe.

Wenn man nach der Entstehung der Industriegesellschaft in der Türkei fragt, muß der Blick auch auf das Osmanische Reich gerichtet werden, um zu ermitteln, ob es dort ähnlich positive oder negative Vorentwicklungen gab. Erst die Einbeziehung der Ausgangssituation in die Betrachtung erlaubt eine vergleichende Beurteilung der Entwicklungsproblematik.

Dabei läßt sich die Entwicklung der gesellschaftlichen Strukturen des Osmanischen Reiches sowohl unter dem Aspekt der traditional society als auch dem Aspekt der pre-conditions for take-off zeitlich differenziert erfassen und soll auch so in den folgenden Ausführungen vorgenommen werden. Was die räumliche Dimension betrifft, wird allerdings nicht das gesamte Osmanische Reich in seiner wechselnden Ausdehnung in die Betrachtung einbezogen, sondern nur der Kernraum Anatolien in annähernder Deckungsgleichheit mit dem heutigen Staatsgebiet der Türkei.

Zuvor muß eine wichtige Feststellung getroffen und erläutert werden, nämlich, daß es bereits in prä-osmanischer Zeit in Anatolien die Stufe der traditional society gegeben hat; wenn man diese nach dem wiederholten Wechsel der Herrschenden differenziert, waren es sogar mehrere traditionelle, herrschaftlich organisierte Agrargesellschaften, zu denen das Städtewesen gehörte. Auch eine islamische traditional society hat es in Anatolien in prä-osmanischer Zeit bereits gegeben.

In dem langen Zeitraum vom Beginn des 2. Jahrtausend vor bis zum Ende des 1. Jahrtausend nach Christus und darüber hinaus bestand in Anatolien eine traditionelle, seßhafte, herrschaftlich organisierte Agrargesellschaft, zunächst ohne, später mit Städtewesen, eine Agrargesellschaft, die sicherlich nicht gleichmäßig über den Gesamtraum verbreitet war, sondern in Abhängigkeit von der unterschiedlichen naturräumlichen Ausstattung.

Mit dem in diesem langen Zeitraum mehrfach erfolgten Wechsel der Herrschenden war - ebenfalls mehrfach - die Ausbildung einer Zentralgewalt, zweimal mit Sitz in Inneranatolien (in der Hethiter- und der Seldschuken-Zeit) und ihr Zerfall in kleinere territoriale Einheiten mit eigenen Hauptstädten, vor allem an der Peripherie, verbunden.

Da mit dem wiederholten Austausch der Herrschenden auch eine wechselnde Peuplierung des Raumes verknüpft war, kam es zu mehrfachen Bevölkerungsschüben durch Einwanderung, so daß im Laufe der Zeit die Heterogenität der Bevölkerungszusammensetzung zunahm.

Im 2. Jahrtausend, etwa 1800-1200 vor Christus, dominierte in Inner-Anatolien das Hethiterreich, mit Ausstrahlungen in die Peripherie, dessen Hauptsiedlung, Hattuscha, von einem ihrer frühen Ausgräber, K. BITTEL (1983), Hauptstadtcharakter attestiert worden ist. Sicher wurde von dieser Siedlung aus Landwirtschaft betrieben, doch läßt sie sich wegen des frühen Auftretens des tertiären Sektors in Gestalt der Herrschenden möglicherweise als Anfang eines Städtewesens einordnen.

Nach Zerfall der hethitischen Zentralgewalt wurden in der Peripherie Anatoliens, an der Ägäisküste und an der Küste des Marmara-Meeres, im Zuge der 1. und 2. altgriechischen Kolonisationswelle in der älteren Hälfte des ersten vorchristlichen Jahrtausends neue Siedlungen gegründet, die - als poleis (sing. polis) - Agrargemeinden waren (E. KIRSTEN 1956; E. BLUMENTHAL 1963) und - physiognomisch - städtischen Charakter aufwiesen. In dieser Zeit führte bereits ein Überlandweg von der Ägäisküste über Inner-Anatolien weiter nach Osten (J. M. BIRMINGHAM 1961). Im Zuge der 3. altgriechischen, hellenistischen Kolonisationswelle entstanden auch im Innern Anatoliens neue Siedlungen, denen vielleicht Stadtcharakter zugeschrieben werden kann (A. H. M. JONES 1937). Die drei Kolonisationswellen brachten (alt-) griechische Siedler nicht nur an die Küsten Anatoliens, sondern auch in das Landesinnere.

Das Zwischenspiel der persischen Besetzung Anatoliens um die Mitte des ersten Jahrtausends nach Christus führte zu einer ersten, bedeutenden verkehrsmäßigen Erschließung der Halbinsel durch die persische Königstraße von der Ägäis-Küste über Inner-Anatolien nach Osten. Wahrscheinlich erfolgte auch ein begrenzter neuer Bevölkerungsschub, aber der Hauptsitz der persischen Zentralgewalt befand sich außerhalb Anatoliens.

Nach der Ablösung der Perserherrschaft durch die hellenistische Expansion in Gestalt des Reiches von Alexander dem Großen erlangte wiederum eine Zentralgewalt Zuständigkeit für ganz Anatolien, deren Hauptsitz ebenfalls außerhalb des Landes lag.

Erneut kam es durch die Entstehung zahlreicher Nachfolgestaaten des Alexander-Reiches zum Zerfall der Zentralgewalt, wodurch - infolge der regionalen Herrschaftsausübung - die Verbreitung des Städtewesens gefördert wurde.

Mit der Übernahme der Nachfolgestaaten des Alexander-Reiches auf anatolischem Boden durch die Römer im 2. Jahrhundert vor Christus und der Entstehung der römischen Provinz Asien, die bis zum Euphrat reichte, erfolgte erneut eine begrenzte Zuwanderung durch Italiker, die zur Steigerung der Heterogenität der Bevölkerungszusammensetzung, besonders in den Städten, beitrug. Mit einer ausgeprägten Landwirtschaft, bergbaulicher und handwerklicher Betätigung, einem Straßenwesen, das das westliche und mittlere Anatolien von der Ägäisküste her handelsmäßig erschloß, und einer Diagonalstraße durch Anatolien über den Bosporus zur Verbindung der Donaumit der Euphratfront (E. GREN 1941) war die herrschaftlich organisierte Agrargesellschaft mit dem älteren Städtewesen im Bereich der römisch beherrschten Teile der Halbinsel voll ausgeprägt, wenn auch der Sitz der Zentralgewalt wiederum außerhalb des Landes lag.

Durch die Entstehung des Oströmischen, später Byzantinischen Reiches mit seiner Hauptstadt Konstantinopel von 330 bis 1453 - unterbrochen von der Eroberung der Stadt durch die Lateiner im 4. Kreuzzug 1204 bis 1260 -, änderte sich jedoch diese Situation: nun wurde die Zentralgewalt über große Teile Anatoliens, nach Eroberungen im Nordosten auch über Armenien, von der nordwestlichen Peripherie her ausgeübt - eine Situation, wie sie später im Osmanischen Reich von Istanbul übernommen werden sollte (R. STEWIG 1964).

Das Byzantinische Reich, das sich - quasi als Vorwegnahme der territorialen Grenzen des späteren Osmanischen Reiches - nicht nur über die Anatolische, sondern auch über die Balkan-Halbinsel erstreckte, stellte einen durchorganisierten Staat dar (G. OSTROGORSKY 1963) mit einer in Themen (Militärbezirke/Verwaltungseinheiten) gegliederten Administration, die je nach Stärke oder Schwäche der Zentralgewalt in Konstantinopel mehr oder weniger Selbständigkeit erlangten.

Im Zuge von Peuplierungsmaßnahmen und durch die Verbindung zum Balkan kam es zur planmäßigen Ansiedlung von slawischer Bevölkerung in Anatolien (G. OSTROGORSKY 1963, S. 111).

Angesichts der in vorangegangenen Zeiten umfangreichen Stadtentwicklung erfolgte nur eine begrenzte Zahl von städtischen Neugründungen, die - wie alle byzantinischen Städte - Zentren von Handels- und Gewerbetätigkeit waren (G. OSTROGORSKY 1963, S. 113). Die Gewerbe waren in Zünften organisiert; es gab Fernhandel und den auf den Bedarf in der großen Hauptstadt hin orientierten Warentransport. Die Lage der byzantinischen Hauptstadt an der nordwestlichen Peripherie Anatoliens führte zur Aufwertung eines diagonalen Straßenverkehrs über die Halbinsel mit Benachteiligung der ehemals wichtigen Ägäisküste.

Als kriegerische Zeiten im Zuge der Arabereinfälle im 7. Jahrhundert aufkamen, später im 11./12. Jahrhundert seldschukische Türken in Anatolien vordrangen, begann bei vielen byzantinischen Städten die Ummauerung, oder es setzte ein Rückzug auf höhere Akropolis-Lagen und die Anlage von Kastellen ein (E. KIRSTEN 1958; D. CLAUDE 1969). Möglicherweise fing bereits in byzantinischer Zeit die Auflösung des aus der Antike ererbten, vielfach verbreiteten Schachbrettgrundrisses der Städte an (E. KIRSTEN 1958, S. 31).

In der Landwirtschaft war es in spät-römischer Zeit zur Vermehrung des Großgrundbesitzes gekommen, doch brachten wiederholte Ansiedlungen von Soldaten, besonders in Grenzgebieten, auch eine Förderung des Kleinbesitzes mit sich. Im Laufe der byzantinischen Geschichte sind mehrfach Schwankungen in Umfang und Bedeutung von Groß- und Kleingrundbesitz erfolgt. In spät-byzantinischer Zeit nahm wiederum der Großgrundbesitz, auch der der Kirche und des Kaisers, zu.

Grundsätzlich herrschte Privatbesitz von Grund und Boden vor (G. OSTROGORSKY 1963, S. 114); durch die Ansiedlung slawischer Bevölkerung in Anatolien mag auch Gemeinbesitz im Rahmen der Flurgemeinschaft vorhanden gewesen sein.

Im Byzantinischen Reich wurde - nicht nur auf dem Balkan, sondern auch in Anatolien - in Dörfern gesiedelt, die Seßhaftigkeit war durchgängig verbreitet (R. STEWIG 1970).

Eine ausgeprägt herrschaftlich organisierte, christliche, seßhafte Agrargesellschaft mit Städtewesen bestand im Byzantinischen Reich (Kartenblätter B VI 8, B VII 10 und B VII 18/19 des TAVO), als es im Laufe des 11. Jahrhunderts zu ersten Überfällen durch türkische, islamische, nomadische Stämme, die Seldschuken, von Osten her, zunächst in Ost-Anatolien,kam.

Damit bahnte sich erneut ein Austausch der Herrschenden in Anatolien an, aber auch die Herausbildung einer neuen Zentralgewalt, nämlich des türkischen (Rum-)Seldschukenreiches mit der Hauptstadt Konya in Inner-Anatolien. Die Hochzeit des Staates lag zwischen 1205 und 1243 (D. J. GEORGACAS 1971, S. 87). Es entstand eine erste islamische, herrschaftlich organisierte Agrargesellschaft mit Städtewesen in Anatolien.

Der Rückzug des Byzantinischen Staates wurde eingeleitet durch eine schwere Niederlage 1071 bei Mantzikert/Manazkert/Melazgherd (türk. Malazgırt) am Van-See; eine zweite, ebenso bedeutungsvolle Niederlage erfolgte 1176 bei Myriokephalon (türk. Çardak) am Eğridir-See im südlichen West-Anatolien (J. MATUZ 1990, S. 14 f.), die zum Eindringen der Türken auch nach West-Anatolien führte.

Eingedrungen waren türkische Stämme, die zur Gruppe der Oghusen gehörten und den westlichsten Zweig - deshalb auch Rum-Seldschuken genannt - des seldschukischen Großreiches bildeten, das sich über das iranische Hochland bis nach Zentralasien erstreckte (Kartenskizze bei J. MATUZ 1990, S. 324). Nach Zerfall des Großreiches bildeten die anatolischen Seldschuken einen eigenen Staat.

Die neuen, türkischen, islamischen, nomadischen Einwanderer und Herrscher trafen auf eine griechische, armenische, slawische, christliche, seßhafte, bäuerliche und städtische Bevölkerung. Der neue Staat etablierte sich in Inner-, Süd- und Ost-Anatolien. Große Teile der Peripherie Anatoliens verblieben in seldschukischer Zeit im alten staatlichen Besitzstand: im Nordwesten des Byzantinischen (Rest-)Reiches, das vorübergehend als Kaiserreich von Nikäa (türk. Iznik) firmierte, an der Nordküste des Kaiserreiches Trapezunt (türk. Trabzon), in Kilikien (türk. Çukurova), wohin Armenier eingewandert waren, des Königreiches Klein-Armenien (D.E. PITCHER 1972, Karte VI; J. MATUZ 1990, S. 325). Nun setzten Prozesse ein, die Anatolien - zunächst im seldschukischen Bereich, später darüber hinaus - entscheidend umprägten, und zwar Prozesse der Türkifizierung, Islamisierung, Nomadisierung und - mit der Herausbildung der islamisch-orientalischen Stadt - auch der Prozeß der Entstehung einer neuen Zivilisation in Anatolien (P. WITTEK 1935; C. CAHEN 1948; C. CAHEN 1968; T. T. RICE 1963).

Die Penetration Anatoliens (C. CAHEN 1948) durch türkische Nomadenstämme verlief wahrscheinlich über offene Grenzen und erfolgte allmählich auf der Suche nach Weidegründen. Angesichts der weiten Verbreitung des Nomadismus in Anatolien noch im 20. Jahrhundert (Karte bei M. CLERGET 1947, S. 91) muß es in seldschukischer Zeit zu einer neuen Art der Raumerschließung gekommen sein. Bei dem Wechsel der Herden zwischen Sommer- und Winterweidegebieten dienten die Randgebirge in Nord-, Süd-, West- und Ost-Anatolien als Sommerweiden, die binnenseitig hochgelegenen Ebenen und Täler und die meerseitigen Tiefebenen als Winterweiden (W.-D. HÜTTEROTH 1982, S. 202 ff., Fig. 63). Wie im Rahmen einer nomadischen Wirtschaft üblich, dürfte es auch symbyotische Beziehungen zu der Wirtschaft der einheimischen Seßhaften gegeben haben (W.-D. HÜTERROTH 1982, S. 209 f.).

Im Zusammenhang mit der aufkommenden weiten Verbreitung des Nomadismus in Anatolien in seldschukischer Zeit stellt sich die Frage nach der Rolle der Nomaden bei der Waldvernichtung. Nach X. de PLANHOL (1965) sollen die damaligen, viel größeren Waldgebiete in den Gebirgen die Ausbreitung des Nomadismus in Anatolien behindert haben; die Zurückdrängung des Waldes trat aber durch die Seßhaften - und nach Seßhaftwerden von Nomaden - durch die von ihnen ausgeübten Gewerbe, vor allem des Brettschneiderhandwerks (türk. tahtacı), ein (X. de PLANHOL 1965, S. 112 f.).

Zahlenmäßig waren die ersten nomadischen türkischen Eroberer in Anatolien gegenüber der einheimischen Bevölkerung benachteiligt. Für die seldschukische Zeit wurde das Verhältnis Einheimische zu Türken auf 10 : 1 geschätzt (D. J. GEORGACAS

1971, S. 91). So ist auch eine Anpassung der Eroberer an gegebene Verhältnisse plausibel, wie sie in der Übernahme und leichten Abwandlung von Ortsnamen zum Ausdruck kommt. Fließende Übergänge von der byzantinischen zur türkischen Toponymie lassen folgende Ortsnamen beispielhaft erkennen: Ancyra zu Ankara, Prusa zu Bursa, Kotiaskion zu Kütahya, Pergamon zu Bergama, Smyrna zu Izmir, Ikonion zu Konya und zahlreiche andere (P. WITTEK 1935).

Als der arabische Reisende und Geograph Idrisi/Edrisi 1117 durch Anatolien zog, waren noch die antiken Namen im Gebrauch; als Ibn Battuta 1330 das Land bereiste, benutzte er die neuen türkischen Namen (D. J. GEORGACAS 1971, S. 93; R. STEWIG 1971). Noch lange Zeit nach der ersten Infiltration der Türken in Anatolien bestanden 400 Bistümer und 50 Metropolitensitze weiter (D. J. GEORGACAS 1971, S. 92).

Angesichts der herrschaftlichen Dominanz der Nomaden dürfte die Annahme des Islam und die Übernahme der türkischen Sprache (mit arabischen und persischen Einflüssen) durch die einheimische seßhafte Bevölkerung, besonders in den Städten, verbreitet gewesen sein (D. J. GEORGACAS 1971, S. 2 f.).

Mit der Übernahme der zahlreichen vorgefundenen Städte durch die seldschukischen Eroberer muß auch die Stadt als Institution im islamischen Kontext, als Standort mindestens einer großen Moschee, als Sitz der weltlichen Herrscher und von Handwerk und Handel (Einzel-, Groß- und Fernhandel) eine entsprechende Struktur und Wertung erfahren haben. Dies kam in den zahlreichen Bauwerken zum Ausdruck (Liste bei T. T. RICE 1963, S. 157-170), die von den Seldschuken in den eroberten Städten errichtet worden sind und diese zu islamisch-orientalischen Städten umprägten. Von den großen und kleinen seldschukischen Moscheen stellen noch heute viele Attraktionen für den modernen Tourismus dar.

In den Städten wohnte die urbanisierte seldschukische Oberschicht, die von dort aus die Herrschaft ausübte (J. MATUZ 1990, S. 18). Die Städte waren Zentren der seldschukischen Kultur, die von persischen Einflüssen bestimmt war, was sich auch in den Bauwerken niederschlug (.T. T. RICE 1963). Der seldschukische Staat betrieb eine planmäßige Raumerschließung (F. TAESCHNER 1958) mit der Anlage von Straßen, Brücken und Karawansereien (türk. sing. han) (K. ERDMANN 1962).

Liste 1: Seldschukische Straßen mit Karawansereien inAnatolien

Konya - Aksaray	Kayseri - Sivas	Afyon - Kütahya
Konya - Beyşehir	Kayseri - Aksaray	Afyon - Akşehir
Konya - Ankara	Kayseri - Malatya	
Konya - Afyon	Kayseri - Kırşehir	Antalya - Adana
Konya - Doğanhisar		Antalya - Afyon
Konya - Alanya		
	Burdur - Denizli	Sivas - Amasya

(Quelle: T. T. RICE 1963, S. 169/170)

In der Agrarverfassung erfolgten in Anatolien gegenüber der byzantinischen Zeit einschneidende Veränderungen. Das eroberte Land wurde Eigentum des Staates, d. h. es ging in den Besitz des regierenden Herrschers über, der es an seine nachgeordneten Würdenträger und Bediensteten als Pfründe oder Lehen verlieh. Mit dieser ikta genannten Staats- und Agrarverfassung (J. MATUZ 1990, S. 18) war eine Organisationsform eingeführt worden, die in mancher Hinsicht die Agrarverfassung des Osmanischen Reiches, das timar-System, vorwegnahm.

Die von Städten ausgeübte Herrschaft erstreckte sich auch auf die Landwirtschaft der einheimischen seßhaften Bevölkerung, die weitgehend erhalten blieb, durch Steuererhebung in den seldschukischen Staat eingebunden war (J. MATUZ 1990, S. 17). Auch andere Organisationsformen des seldschukischen Staates lassen Elemente erkennen, die später vom Osmanischen Reich aufgenommen worden sind. Zu diesen Einrichtungen gehörten die absolute Stellung des Herrschers, der den Titel Sultan trug, sein Beratungsgremium, das divan hieß, die nachgeordneten Würdenträger als Emire, die Berater als Wesire; hinzu kamen mufti und kadi als religiöse und juristische Autoritäten (T. T. RICE 1963, S. 61 ff.). Als islamisches Reich war der seldschukische Staat ein Gottesstaat; religiöses und weltliches Recht waren in ihm - zumindest theoretisch - identisch.

Die gesellschaftliche Entwicklung in Anatolien wurde - wie schon zuvor in antiker Zeit - auch im Mittelalter durch Herausbildung und Zerfall von Zentralgewalt politisch geprägt.

Das Eindringen weiterer Turkvölker nach Anatolien, der Mongolen, deren Westwärtsdrang aber zum größeren Teil nördlich des Schwarzen Meeres vorbeiführte (Goldene Horde), brachte Mitte des 1. Jahrhunderts den Untergang des Seldschukenreiches. Doch übten die Mongolen nur kurze Zeit die Herrschaft über Anatolien aus (Protektorat 1243-1261; D. J. GEORGACAS 1971, S. 88).

Wieder kam es zum Zerfall der Zentralgewalt in Anatolien, so daß eine große Zahl von türkischen Fürstentümern/Emiraten, letztlich zurückgehend auf Nomadenstämme, entstanden (J. MATUZ 1990, S. 19 ff., Liste S. 315, Karte S. 326; D. E. PITCHER 1972, Karte VII). So war im 13. Jahrhundert ganz Anatolien, Zentrum und Peripherie, bis nach Ost-Anatolien, von kleinen Nachfolgestaaten des Seldschukenreiches und den byzantinischen Reichsteilen besetzt, die alle - trotz nomadischer Wirtschafts- und Bevölkerungselemente - die islamische traditional society verkörperten (Liste bei J. MATUZ 1990, S. 315).

Eines dieser Fürstentümer, in Nordwest-Anatolien, stellte das nach seinem Führer Osman I., etwa 1280-1326 (auch Othman, danach engl. und frz. Ottoman), benannte dar. Dem türkischen Nomadenstamm der Osmanen, der von seinen ursprünglichen Weidegebieten in Zentralasien und Ost-Anatolien von den Mongolen vertrieben worden war, hatte der rum-seldschukische Sultan Kaikudade um 1220 im Grenzgebiet zum byzantinischen (Rest-)Reich bei Söğüt, zwischen den heutigen Städten Bursa und Eskişehir, Weiderechte übertragen (J. MATUZ 1990, S. 28; D. F. PITCHER 1972, Karte VIII und XI). Die Verbindung zum Seldschukenreich lieferte den Osmanen für ihren eigenen Aufstieg zur Reichsbildung das Vorbild, das der islamischen traditional society in Anatolien zur Kontinuität verhalf.

Literatur

BANSE, E.: Die Türkei. Eine moderne Geographie. Berlin, Braunschweig, Hamburg 1915.

BIRMINGHAM, J. M.: The Overland Route across Anatolia in the Eighth and Seventh Centuries. In: Anatolian Studies, Bd. XI, London 1961, S. 185-195.

BITTEL, K.: Hattuscha. Hauptstadt der Hethiter. Köln 1983.

BLUMENTHAL, E.: Die altgriechische Siedlungskolonisation im Mittelmeerraum mit besonderer Berücksichtigung der Südküste Kleinasiens. Tübinger Geographische Studien, Heft 10, Tübingen 1963.

BUSBECK, O. G. von: Vier Briefe aus der Türkei; übersetzt von W. von der STEINEN. Erlangen 1926.

CAHEN, C.: La Première Pénétration Turque en Asie-Mineure. In: Byzantion, Bd. XVIII, Brüssel 1948, S. 5-67.

CAHEN, C.: Pre-Ottoman Turkey. A general survey of the material and spiritual culture and history c. 1071-1330. New York 1968 (Istanbul 1988 in französischer Sprache erschienen im Institut Francais d'Etudes Anatolienne).

CLAUDE, E.: Die byzantinische Stadt im 6. Jahrhundert. Byzantinisches Archiv, Heft 13, München 1969.

CLERGET, M.: La Turquie. Passé et Présent. Paris 1947.

EICKSTEDT, E. von: Türken, Kurden und Iraner seit dem Altertum. Stuttgart 1961.

ERDMANN, K.: Das anatolische Karawansaray des 13. Jahrhunderts. 2 Bde, Berlin 1962.

EROL, O.: Die naturräumliche Gliederung der Türkei. Beihefte zum Tübinger Atlas des Vorderen Orients. Reihe A, Nr. 13, Wiesbaden 1983.

GEORGACAS, D. J.: The Names of the Asia Minor Peninsula. Beiträge zur Namenforschung, Neue Folge, Beiheft 8, Heidelberg 1971.

GREN, E.: Die gesellschaftliche Entwicklung der Straßenverhältnisse zu beiden Seiten des Hellespontos und Bosporos während des Altertums. In: Petermanns Geographische Mitteilungen, 88. Jahrgang, Gotha 1942, S. 320-323.

GÜLDALI, N.: Geomorphologie der Türkei. Erläuterungen zur geomorphologischen Übersichtskarte der Türkei 1 : 2.000.000. Beihefte zum Tübinger Atlas des Vorderen Orients, Reihe A, Nr. 4, Wiesbaden 1979.

GÜRSOY, C. R.: Türkiye'nin Coğrafi Taksimatinda Yapılması Icabeden Bazı Tashihler. Über die geographische Gliederung der Türkei und einige Verbesserungsvorschläge. Ankara Üniversitesi Dil ve Tarih-Coğrafya Fakültesi Dergisi, XV. Bd., Ankara 1957, S. 219-245.

HEARSEY, J. E. N.: City of Constantine. London 1963.

HÜTTEROTH, W.-D.: Türkei. Wissenschaftliche Länderkunden, Bd. 21, Darmstadt 1982.

JANIN, R.: Constantinople Byzantine. Développement Urbaine et Répertoire Topographique; 2. Auflage, Paris 1964.
JONES, A. H. M.: The Cities of the Eastern Roman Provinces. Oxford 1937.
JONES, A. H. M.: The Greek City from Alexander to Justinian. 2.Auflage, Oxford 1966.
KIRSTEN, E.: Die byzantinische Stadt. In: Berichte zum Byzantinisten-Kongreß. München 1958, V, 3, S. 1-48.
KIRSTEN, E. Die griechische Polis als historisch-geographisches Problem des Mittelmeerraumes. Colloquium Geographicum, Bd. 5, Bonn 1956.
KÜNDIG-STEINER, W. (Hrsg.): Die Türkei. Raum und Mensch, Kultur und Wirtschaft in Gegenwart und Vergangenheit. Tübingen, Basel 1914.
LOUIS, H.: Das natürliche Pflanzenkleid Anatoliens, geographisch gesehen. Geographische Abhandlungen, 3. Reihe, Heft 12, Stuttgart 1939.
LOUIS, H.: Landeskunde der Türkei. Vornehmlich aufgrund eigener Reisen. Geographische Zeitschrift, Beihefte. Erdkundliches Wissen, Heft 73, Stuttgart 1985.
MATUZ, J.: Das Osmanische Reich. Grundlinien seiner Geschichte; 2.Auflage, Darmstadt 1990.
OSTROGORSKY, G.: Geschichte des Byzantinischen Staates. München 1963.
PAZDERMADJIAN, H.: Histoire de l'Armenie depuis les Origines jusqu'au Traité de Lausanne. Paris 1964.
PITCHER, D. E.: An Historical Geography of the Ottoman Empire. Leiden 1972.
PLANHOL, X. de: Les Nomades, la Steppe et la Forêt en Anatolie. In: Geographische Zeitschrift, 53. Jahrgang, Wiesbaden 1965, S. 101-116.
PLANHOL, X. de: L'Evolution du Nomadisme en Anatolie et en Iran. Etude Comparée. In: FÖLDES, L. (Hrsg.): Viehwirtschaft und Hirtenkultur. Ethymologische Studien, Budapest 1969, S. 69-93.
RAMSAY, W. M.: The Historical Geography of Asia Minor. London 1890 (Nachdruck Amsterdam 1962).
RICE, T. T.: Die Seldschuken. Köln 1963.
ROBERT, L.: Villes d'Asie Mineure. 2. Auflage, Paris 1962.
SCHÖTTLER, P.: Die Rumseldschuken - Gründer der Türkei. Freiburg im Breisgau 1995.
SHAW, St. J.: History of the Ottoman Empire and Modern Turkey. Bd. 1, Empire of the Gazis. The Rise and Decline of the Ottoman Empire 1280-1808. Cambridge 1976.
SHAW, St. J., SHAW, E. K.: History of the Ottoman Empire and Modern Turkey. Bd. 2; Reform, Revolution and Republic. The Rise of Modern Turkey 1808-1875. Cambridge 1977.
STEWIG, R.: Byzanz - Konstantinopel - Istanbul. Ein Beitrag zum Weltstadtproblem. Schriften des Geographischen Instituts der Universität Kiel, Bd. XXII, Heft 2, Kiel 1964.

STEWIG, R.: Batı Anadolu Bölgesinde Kültür Gelişmesinin Ana Hatları (Grundzüge der Kulturlandschaftsentwicklung in Westanatolien). Istanbul Teknik Üniversitesi Mimarlık Fakültesi Şehircilik Enstitüsü, Istanbul 1970.

STEWIG, R.: Versuch einer Auswertung der Reisebeschreibung von Ibn Batuta (nach der englischen Übersetzung von H. A. R. Gibb) zur Bedeutungsdifferenzierung westanatolischer Siedlungen. In: Der Islam, Bd. 47, Berlin,New York 1971, S. 43-58.

TAESCHNER, F.: Landesplanung der Türken in Anatolien und Rumelien. Forschungs- und Sitzungsberichte der Akademie für Raumforschung und Landesplanung, Bd. X, Historische Raumforschung II. Zur Raumordnung in den alten Hochkulturen, Bremen-Horn 1958, S. 73-81.

USLU, S.: Untersuchungen zum anthropogenen Charakter der zentralanatolischen Steppe. Gießener Abhandlungen zur Agrar- und Wirtschaftsforschung des europäischen Ostens, Heft 12, Gießen 1960.

WITTEK, P.: Von der byzantinischen zur türkischen Toponomie. In: Byzantion, Bd. X, Brüssel 1935, S. 11-64.

Atlanten

BASI, Y.: Yeni Orta Atlas (Neuer Mittlerer Atlas. Istanbul 1996 (und ältere Angaben).

DURAN, F . S.: Büyük Atlas (Großer Atlas). Istanbul o. J. (Atlas für Gymnasien)

MEER, F., van der, MOHRMANN, Chr., KRAFT, H.: Bildatlas der frühchristlichen Welt. Gütersloh 1959.

PITCHER, D. E.: An Historical Geography of the Ottoman Empire. Leiden 1972.

STEWIG, R., TURFAN, R.: Batı Anadolu Bölgesinin Kültürel Gelişmesini Gösteren Kartografik Bilgiler. Kartographische Beiträge zur Darstellung der Kulturlandschaftsentwicklung in Westanatolien. Istanbul 1968, 2. Auflage Istanbul 1975 (Türkiye Turing ve Otomobil Kurumu).

TANOĞLU, A., ERINÇ, S., TÜMERTEKIN, E.: Türkiye Atlası - Atlas of Turkey. Istanbul 1961.

Karten des Tübinger Atlas des Vorderen Orients (TAVO)

A I 2: Türkei. Relief, Gewässer, Siedlungen. Ostteil, Westteil. 2 Blätter. 1 : 2 Mio. Wiesbaden 1992 (W. DENK, G. MÜLLER).

A II 4: Türkei. Geologie. Ostteil, Westteil. 2 Blätter. 1 : 2 Mio. Wiesbaden 1985 (E. BINGÖL).

A III 2: Türkei. Geomorphologie. Ostteil, Westteil. 2 Blätter. 1 : 2 Mio. Wiesbaden 1981 (N. GÜLDALI).
A VII 2: Türkei. Naturräumliche Gliederung. Ostteil, Westteil. 2 Blätter. 1 : 2 Mio. Wiesbaden 1982 (O. EROL).
B V 13: Die Ostgrenze des Römischen Reiches (1.-5. Jahrhundert nach Christus). 1 : 2 Mio. Wiesbaden 1992 (J. WAGNER).
B VI 8: Kleinasien. Das Byzantinische Reich (7.-9. Jahrhundert nach Christus). 1 : 2 Mio. Wiesbaden 1988 (Th. RIPLINGER, H. BENNER).
B VI 12: Kleinasien. Kirchliche Organisation des Byzantinischen Reiches (4.-15. Jahrhundert. 1 : 2 Mio. Wiesbaden 1089 (S. PIRKER).
B VII 10: Kleinasien im 12. und frühen 13. Jahrhundert. 1 : 2 Mio. Wiesbaden 1987 (R. BEYER, H. HAHN, C. NAUMANN).
B VII 18/19: (18) Kleinasien. Die Erweiterung des Byzantinischen Reiches im 10. und 11. Jahrhundert;
(19) Das Byzantinische Reich, die Salğuqen und Kreuzfahrer (1081-1204).
1 : 4 Mio. Wiesbaden 1988 (C. NAUMANN, H.-J. KÜHN, V. KLEMM).

II. ENTSTEHUNG DER INDUSTRIEGESELLSCHAFT IN DER TÜRKEI

TEIL 1: ENTWICKLUNG BIS 1950

1. Die traditional society im Osmanischen Reich: Herausbildung und Hochzeit der osmanisch-türkisch-islamischen Agrargesellschaft (1300-1600)

Es bedarf weniger Vorbemerkungen. Die pauschale zeitliche Abgrenzung soll andeuten, daß keine scharfen Grenzen der traditional society des Osmanischen Reiches gezogen werden können, die Übergänge - sowohl zu vorangegangenen als auch zu nachfolgenden traditional societies - fließend sind.

Als grobe chronologische Orientierung mag die Liste der osmanischen Sultane zwischen 1280 und 1603 dienen.

Liste 2: Die osmanischen Sultane 1280-1603

Osman I.	1280-1326
Orhan	1326-1360 (Gazi: der Glaubenskrieger, Frontkämpfer)
Murat I.	1360-1389 (Hudavendigar: der Herrscher)
Bayezit I.	1389-1402 (Yıldırım: der Blitz)
Mehmet I.	1413-1421 (Celebi: der Staatsverwalter)
Murat II.	1421-1451 (Koca: der Alte)
Mehmet II.	1451-1481 (Fatih: der Eroberer)
Bayezit II.	1481-1512 (Veli: der Gottesfreund)
Selim I.	1512-1520 (Yavuz: der Strenge)
Süleyman I.	1520-1566 (Kanuni: der Gesetzgeber) (der Prächtige)
Selim II.	1566-1574 (Sarkoc)
Murat III.	1574-1595
Mehmet III.	1595-1603 (Adli: der Gerechte)

(Quelle: R. MANTRAN 1989, S. 733)

Zur Kennzeichnung der osmanisch-türkisch-islamischen Agrargesellschaft, die die Ausgangsbasis späterer Entwicklungen ist, müssen die wichtigsten Sachverhalte, der Religion, der Organisation des Staates, der Rolle der Wirtschaft, der Struktur des Raumes, als Grundsachverhalte der islamischen traditionellen Gesellschaft in Anatolien dargelegt werden.

Es bedarf auch der einleitenden Erwähnung, daß das Osmanische Reich um 1300 anders strukturiert war als um 1600, - und dies bezieht sich nicht nur auf seine territoriale Erstreckung. Es fand innerhalb der Stufe der traditional society mit dem räumlichen Wachstum des Osmanischen Reiches auch eine Entwicklung seiner Organisation und Struktur statt: eben die Herausbildung seiner typischen Struktur als traditional society.

Es ergibt sich die Fragestellung, ob - wie bei der Entstehung der Industriegesellschaft auf den Britischen Inseln - vielleicht auch im Osmanischen Reich positive - oder negative - Grundlagen für die spätere Entwicklung auf der Stufe der traditional society geschaffen worden sind, eine Frage, die in der abschließenden beurteilenden Wertung zu beantworten ist.

a) militärisch-politisch-administrative Verhältnisse

Zu den auffälligsten Veränderungen des Osmanischen Reiches zwischen 1300 und 1600 gehört seine außerordentliche Expansion von einem kleinen Emirat/Fürstentum in Nordwest-Anatolien - neben anderen (Liste bei J. MATUZ 1990, S. 315) - zu einem über drei Kontinente sich erstreckenden Weltreich, das nach heutiger lockerer Terminologie als Supermacht zu bezeichnen ist.

Die territoriale Entwicklung kann hier nur in großen Zügen nachvollzogen und mit einer Kartenfolge (Abb. 4 bis 9) belegt werden.

Als um 1280 Osman I. von seinem Vorgänger, dem Stammeshäuptling Ertoğrul, die Führung übernahm, betrug die Fläche des Territoriums etwa 1.500 km², beim Tode Osmans I., 1326, bereits etwa 18.000 km². Unter Orhan wurden 1360 etwa 75.000 km² erreicht, unter Murat I. 1389 etwa 260.000 km². Die Expansion hielt bis zu einem ersten Höhepunkt 1402 unter Bayezit I. an, als etwa 690.000 km² gewonnen worden waren (J. MATUZ 1990, S. 32, 34, 38, 44; vgl. D. E. PITCHER 1972, S. 134 f.).

In der Zeit des Interregnums zwischen 1402 und 1413 mußte ein Rückschlag auf 340.000 km² hingenommen werden (J. MATUZ 1990, S. 44).

Danach begann eine erneute Expansion, die das Osmanische Reich unter Mehmet II. um 1480 auf 850.000 km² brachte (J. MATUZ, S. 68). Dieser Wert wurde um 1590, in der Regierungszeit Murats III., noch übertroffen mit dem absoluten Höhepunkt der Ausdehnung von 3,5 Mio. km² mit Vasallenstaaten bzw. 2,5 Mio. km ohne Vasallenstaaten (J. MATUZ 1990, S. 164; vgl. D. E. PITCHER 1972, S. 134 f.).

Danach setzte der Schrumpfungsprozeß des Osmanischen Reiches ein.

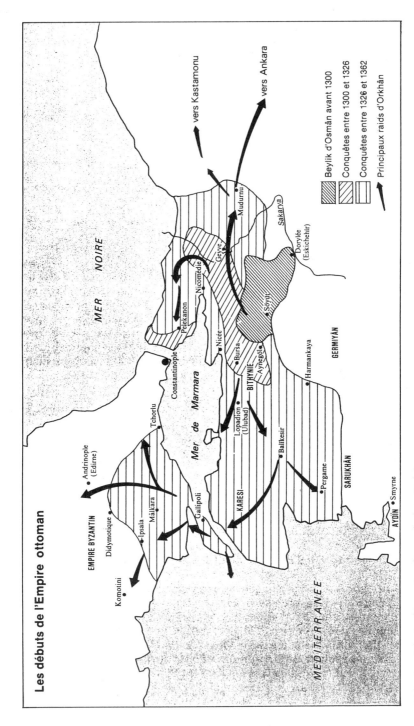

Abb. 4: Die Anfänge des Osmanischen Reiches
(Quelle: R. MANTRAN 1989, S. 16)

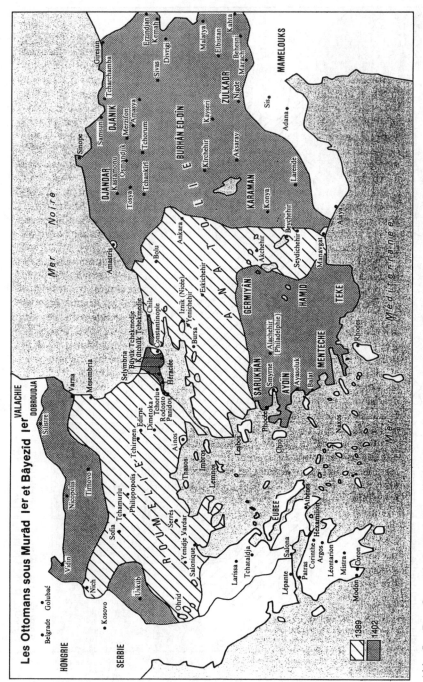

Abb. 5: Das Osmanische Reich zur Zeit Murats I. (1360-1389) und Bayezits I. (1389-1402) (Quelle: R. MANTRAN 1989, S. 40)

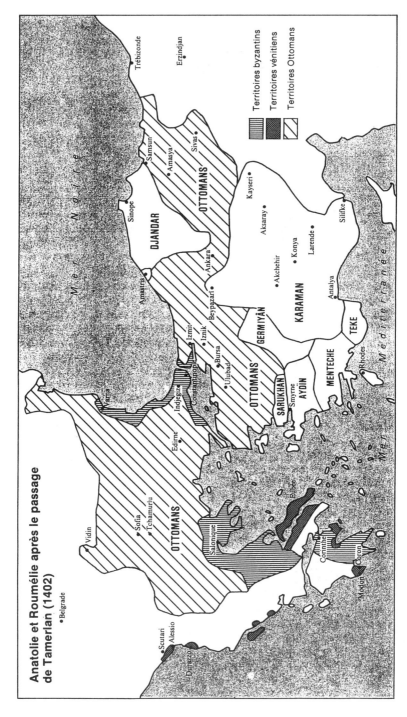

Abb. 6: Anatolien (und Rumelien) nach 1402
(Quelle: R. MANTRAN 1989, S. 58)

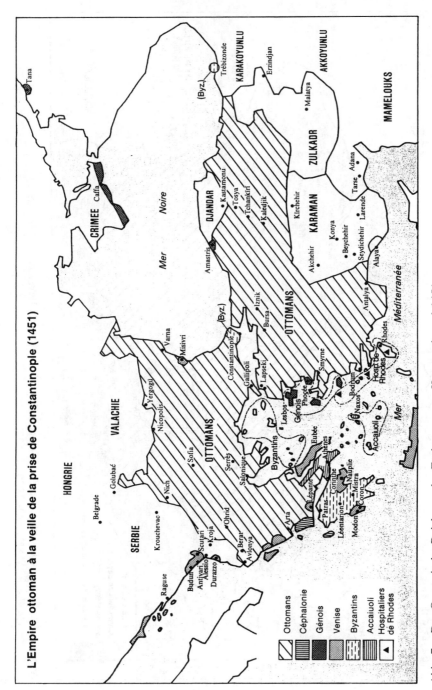

Abb. 7: Das Osmanische Reich vor der Eroberung von Konstantinopel 1451 (Quelle: R. MANTRAN 1989, S. 82)

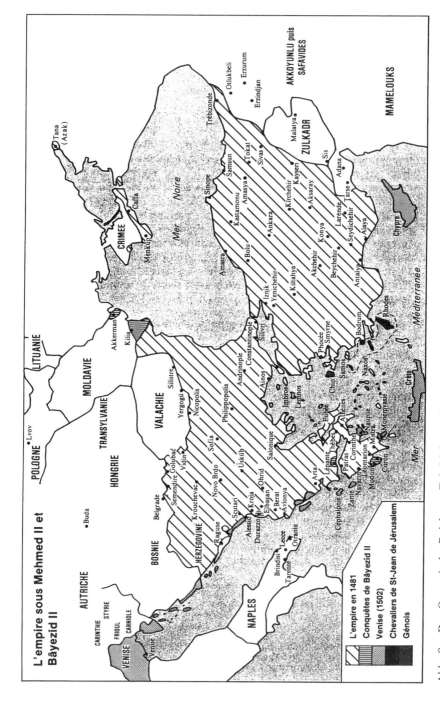

Abb. 8: Das Osmanische Reich zur Zeit Mehmets II. (1451-1481) und Bayezits II. (1481-1512) (Quelle: R. MANTRAN 1989, S. 108)

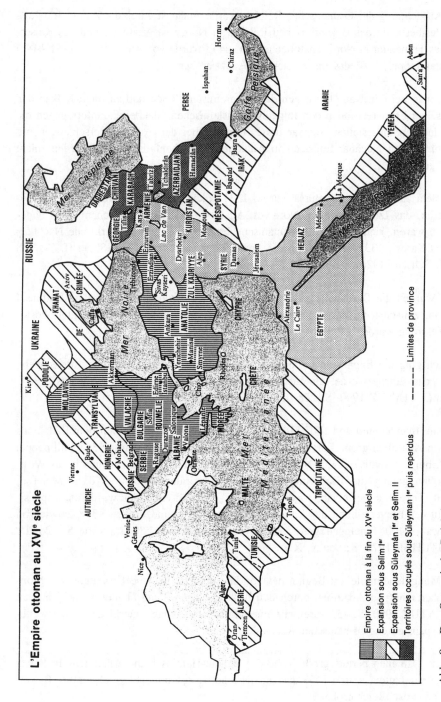

Abb. 9: Das Osmanische Reich im 16. Jahrhundert
(Quelle: R. MANTRAN 1989, S. 140)

Die Ausdehnung des Osmanischen Reiches wurde zunächst durch die Zurückdrängung der Restbestände des Byzantinischen Reiches in Nordwest-Anatolien und des Kaiserreiches Trapezunt in Nord-Anatolien erzielt. 1453 wurde von Mehmet II. (1451-1481) Konstantinopel, 1461 das Kaiserreich Trapezunt erobert.

Kann man bei den Kämpfen gegen das Byzantinische Reich und auf dem Balkan den türkischen Eroberern noch den Impetus des islamischen Glaubenskämpfers gegen die Ungläubigen unterstellen, so war diese Situation bei den Auseinandersetzungen mit den türkischen Nachbar-Emiraten in Anatolien, die ebenfalls erobert wurden, nicht mehr gegeben.

Nachdem 1326 Prusa, das Bursa wurde, 1331 Nikäa, das Iznik wurde, und 1337 Nikomedia, das Izmit wurde, in Nordwest-Anatolien dem Byzantinischen Reich abgerungen waren, richtete sich die osmanische Expansion gegen das türkische Nachbar-Emirat Karesi, 1335-45, in Nordwest-Anatolien (J. MATUZ 1990, S. 30 ff., S. 288 ff.; J. SÖLCH 1920).

1354 wurden die Dardanellen überschritten, und die Eroberung der Balkan-Halbinsel begann, zunächst mit der Einverleibung von Gallipoli (türk. Gelibolu) und Rodosto, das Tekirdağ wurde.

Danach ging die Expansion sowohl auf dem Balkan mit der Eroberung Adrianopels, 1361, das Edirne wurde, als auch in Anatolien mit der Eroberung Ankaras, 1354, voran (J. MATUZ 1990, S. 288 ff.).

Bis zum Interregnum von 1402 bis 1413 wurden wiederum sowohl auf dem Balkan als auch in Anatolien große Fortschritte erzielt. Auf dem Balkan wurde 1363 Philippopel (türk.,bulg. Plovdiv), 1375 Nisch, 1382 Saloniki, 1386 Sofia osmanisch; in West-Anatolien gelang die Eroberung der Nachbar-Emirate Saruhan, Aydın, Menteşe, Hamit, Teke und Germiyan; sogar nach Inner- und Ost-Anatolien wurde die Expansion mit der Einverleibung der Emirate Karaman, 1397, und Eretna, 1398, sowie von Erzincan, 1400, hineingetragen (J. MATUZ, S. 42 ff., S. 288 ff., Karte S. 326; D. E. PITCHER 1972, Karten X, XII).

Die Mongoleneinfälle am Beginn des 15. Jahrhunderts und die Errichtung der Mongolenherrschaft in Anatolien durch den turkstämmigen Timur/Timur Läng/Tamerlan (J. MATUZ 1990, S. 45) waren nur eine relativ kurzfristige Unterbrechung der weiteren Expansion des Osmanischen Reiches.

Als die Osmanen bereits große Teile der Balkan-Halbinsel und Anatoliens in Besitz genommen hatten, wurde 1453 das auf die Stadt Konstantinopel geschrumpfte Byzantinische (Rest-)Reich erobert.

Die Expansion ging unvermindert weiter, mit Feldzügen, die abwechselnd in Anatolien und auf dem Balkan, jeweils im Sommerhalbjahr, geführt wurden (St. J. SHAW 1976, S. 129); auch auf die Krim 1441, nach Serbien hinein 1459, in die Herzegowina 1483, an die Nordküste Anatoliens (Emirat Candar-Isfendiyar, Kaiserreich Trapezunt) 1461 wurde die Ausdehnung getragen (D. E. PITCHER 1972, Karten XIII, XVI; J. MATUZ 1990, S. 290 ff.).

Im 16. Jahrhundert steigerte sich die Expansion des Osmanischen Reiches noch einmal, in Europa, in Nord-Afrika und in Südwest-Asien, vor allem unter Selim I. (1512-1520) und Süleyman I. (1520-1566), dem Prächtigen, zum größten Höhepunkt.

1529 fand die erste, erfolglose Belagerung von Wien (1683 die ebenso erfolglose zweite) statt; unter Selim I. wurde die Küste des heutigen Ägypten, unter Süleyman I. wurden die Küsten der heutigen Staaten Libyen, Tunesien und Algerien unterworfen (D. E. PITCHER 1972, Karten XXI, XXIII).

Vor allem unter Selim I. dehnte sich die Oberhoheit des Osmanischen Reiches auf die Gebiete Ost- und Südost-Anatolien des heutigen Staatsgebietes der Türkei aus, und zwar durch die Eroberung Kurdistans 1514-1516; unter Süleyman I. wurde das Eindringen des Osmanischen Reiches in weitere Teile Südwest-Asiens fortgesetzt, und zwar durch die Eroberung des Emirats Zulkadre 1522 und die Kriege mit den Persien beherrschenden Safawiden 1553-1555; 1585 übernahmen die Osmanen Aserbeidschan von den Safawiden (J. MATUZ 1990, S. 293 ff.; D. E. PITCHER 1972, Karten XXI, XXIII).

Die Insel Rhodos, wo sich der Johanniter-Orden niedergelassen hatte, wurde 1520, die venezianische Insel Zypern 1570 erobert (J. MATUZ 1990, S. 75, 117, 139).

Nicht nur das Marmara-Meer, sondern auch das Schwarze Meer, die Ägäis und das östliche Mittelmeer waren zu Binnenmeeren des Osmanischen Reiches geworden.

Nach den Beurteilungsmaßstäben einer vergangenen Zeit - der traditional society - muß die außerordentliche Ausdehnung des aus einem kleinen, nomadischen Emirat entstandenen Staates als Leistungsnachweis der gesellschaftlichen Qualität des Osmanischen Reiches angesehen werden, so daß sich die Frage stellt, worauf diese Leistung gegründet war.

Es liegt nahe, zuerst an militärische Überlegenheit zu denken, die sicherlich gegeben war, die aber angesichts der langen Dauer der expansiven Zeit als alleinige Begründung nicht ausreicht - andere gesellschaftliche Bedingungen, dies darf vorweggenommen werden, sind hinzugekommen.

Was die militärischen Qualitäten des Osmanischen Reiches angeht, so waren sie - auch hinsichtlich der technischen Ausrüstung - jeweils auf der Höhe ihrer Zeit (J. MATUZ 1990, S. 103).

Das Heer (J. MATUZ 1990, S. 98-103, S. 319; St. J. SHAW, Bd. 1., 1976, S. 122-132; H.INALCIK 1973, S. 113 ff.; D. NICOLLE, A. MCBRIDE 1983; N. BELDICEANU, G. VEINSTEIN in: R. MANTRAN 1989, S. 130 ff., S. 191 ff.) gliederte sich in zwei unterschiedlich strukturierte Verbände (J. MATUZ 1990, S. 319). Die Masse der Landstreitkräfte wurde vom Provinzaufgebot gestellt, was im Rahmen der noch zu erläuternden Agrarverfassung geschah. Die Lehensträger/Pfründenhalter des Osmanischen Reiches, die türk. sipahi (dt. Spahi), hatten für eine bestimmte Summe Einkünfte, die sie erzielten, einen voll ausgerüsteten Reiter (Kavalleristen, türk. celebi) zu stellen; es konnten bis zu sieben celebi pro sipahi sein. Zum Provinzaufgebot gehörten außer der leichten und schweren Reiterei auch Infanteristen und - nach der Einführung von Kanonen - Artilleristen, mit dem Aufkommen der Belagerungstechnik auch Pioniere.

Diesem Aufgebot, das außerhalb der Feldzüge zu seiner landwirtschaftlichen Tätigkeit zurückkehrte, stand eine kleinere Elitetruppe des Sultans gegenüber, die überwiegend in Istanbul stationiert und kaserniert war; von H. INALCIK wurde sie als das erste stehende Heer in Europa bezeichnet (1973, S. 11).

Auch diese Truppe (türk.sing. kapıkulu; türk.pl. kapıkulları; dt. "Pfortensklaven") verfügte über Infanterie, Kavallerie, Artillerie und Pioniere. Sie war seit der Zeit Murats I. (1360-1385) als türk. yeniçeri, als Janitscharen (dt. "neue Truppe") bekannt, wurde von J. MATUZ (1990, S. 40) als Fremdenlegion bezeichnet, seitdem sie durch die Rekrutierung von jugendlichen Kriegsgefangenen durch Knabenlese (türk. devşirme) in den eroberten - auch christlichen - Gebieten zustande kam (J. MATUZ 1990, S. 56). Die Janitscharen waren einer besonders harten Ausbildung und religiösen Umerziehung - wenn es sich um ehemals christliche Untertanen handelte - unterworfen. Sie stellten eine schlagkräftige Truppe und Leibgarde dar, die dem Sultan und dem Islam ergeben war, später auch ein Staat im Staate zu werden drohte.

Zum Wehrdienst wurden nur Muslime herangezogen; Angehörige einer anderen Religion belegte man mit Sondersteuern.

Um 1475, zur Zeit Mehmets II., zählte das Heer etwa 9.000 Janitscharen und 17.000 sipahi in Anatolien (hinzu kamen 22.000 sipahi vom Balkan) (H. INALCIK 1973, S. 108); später, zur Zeit Süleymans I. (1520-1566), erhöhte sich die Zahl der Janitscharen auf etwa 1.800 und 40.000 Spahi aus Anatolien und vom Balkan (vgl. dagegen H. INALCIK 1973, S. 48).

Die Unterschiede in der Zahl der sipahi vom Balkan und aus Anatolien deuten auf eine geringere wirtschaftliche Ertragskraft in Anatolien hin (vgl. auch St. J. SHAW, Bd. 1, 1976, S. 127).

Die Soldaten waren im Niveau der traditional society einer mittelalterlichen Gesellschaft mit Pfeil und Bogen, Schwert, Schild und Keulen ausgerüstet (H. INALCIK 1973, S. 48; D. NICOLLE, A. MCBRIDE 1983).

Kanonen und Handfeuerwaffen, Musketen und Pistolen wurden zwar nicht im Osmanischen Reich erfunden, aber ohne große zeitliche Verzögerung übernommen und eingeführt, zunächst bei der Elitetruppe der Janitscharen: Kanonen, die es seit 1330 überhaupt erst gab, verwendete man schon 1385 im osmanischen Heer; unter Mehmet II. (1451-1481) verfügte das ganze Heer über Feuerwaffen (J. MATUZ 1990, S. 38, 76; vgl. dagegen H. INALCIK 1973, S. 21).

Auch in der Belagerungstechnik war das osmanische Heer auf der Höhe der Zeit, so bei den berühmten Belagerungen von Konstantinopel 1453, von Belgrad 1456, von Wien 1529 und 1683 (D. NICOLLE, A. MCBRIDE 1983, S. 37).

Im Zuge der Expansion des Osmanischen Reiches und der Auseinandersetzungen mit der Seestadt-Republik Venedig sah sich der Staat, d. h. der Sultan, gezwungen, eine Kriegsmarine aufzubauen. Dabei kamen neue taktische Überlegungen zum Tragen: die Eroberung der Insel Zypern 1570 erfolgte durch kombinierten Einsatz von Land- und Seestreitkräften. Doch zeigte sich schon 1571 an der verlorenen Seeschlacht von Lepanto, daß die osmanische Marine mit ihren Galeeren den gegnerischen Schiffen, die Breitseiten abfeuern konnten, unterlegen war (H. INALCIK 1973, S. 44).

Gegen Ende des 16., zu Beginn des 17. Jahrhunderts ging das Osmanische Reich seiner militärischen Schlagkraft allmählich verlustig, in einer Zeit, in der weiter das Provinzaufgebot die Masse des osmanischen Heeres stellte, während in Europa die berufsmäßigen Söldnerheere geschaffen worden waren.

Außer dem Militärwesen war die straffe, zentralistische, politisch-administrative Struktur des Osmanischen Reiches eine weitere Grundlage seiner überragenden Machtstellung bis ins 17. Jahrhundert hinein.

Zunächst ging es darum, eine Staatsverwaltung aufzubauen, den Übergang von der tribalen Organisation eines kleinen, aus Weidegründen bestehenden Territoriums zur Seßhaftigkeit und staatlichen Organisation zu schaffen. Dabei standen Organisationsmodelle - und auch Experten - aus seldschukischer Zeit zur Verfügung.

Nach der Eroberung der byzantinischen Stadt Prusa, die 1326 zur ersten osmanischen Hauptstadt Bursa wurde, gelang der Übergang zur Seßhaftigkeit und städtischen Zivilisation (J. SÖLCH 1920; J. MATUZ 1990, S. 30).

Mit den Vorstößen auf den Balkan verschob sich das Schwergewicht des jungen Staates dorthin, so daß nach der Eroberung von Adrianopel diese Stadt als Edirne 1365 Hauptstadt wurde. Nach H. INALCIK (1973, S. 76) blieb Bursa jedoch bis 1402 Hauptstadt, soll Edirne von 1402 (Beginn des Interregnums) bis 1453 (Eroberung von Konstantinopel) Hauptstadt gewesen sein; Bursa war jedoch weiterhin zumindest Nekropolstadt der frühen osmanischen Emire und Sultane (R. STEWIG 1970, S. 45 ff.). Nach St. J. SHAW (Bd. 1, 1976, S. 85 f.) soll Edirne bis 1460 Hauptstadt-Funktion ausgeübt haben, ein Datum, das durch die Notwendigkeit des Neuaufbaus der Staatsverwaltung in der Stadt an Wahrscheinlichkeit gewinnt. Istanbul rückte also - seit 1453 oder 1460 - in die neue Funktion als Hauptstadt des bereits expandierenden Osmanischen Reiches ein und übernahm mit seiner Zuständigkeit für sowohl Anatolien als auch den Balkan die alte Funktion Konstantinopels zur Zeit des Oströmischen bzw. Byzantinischen Reiches (R. STEWIG 1964). Bis zum Ende des Ersten Weltkrieges war Istanbul unangefochten Hauptstadt des Osmanischen Reiches.

Die zunehmende Ausdehnung und Konsolidierung des Staates im 14. Jahrhundert machte die Delegation von Verantwortung durch den absoluten Herrscher, der sich zunächst Emir, seit Murat I. (1360-1389) - nach seldschukischem Vorbild - Sultan (pers. hudavendigar) nennen ließ (J. MATUZ 1990, S. 38), notwendig. Früh wurde ein Beglerbeg (türk. beylerbey) als Heerführer und ein weiterer, untergeordneter Heerführer (türk. subaşı) ernannt, auch ein Kadi für die muslimische Rechtsprechung (J. MATUZ 1990, S. 32) eingesetzt. Die anhaltende Expansion des Osmanischen Reiches brachte die Einführung weiterer Ämter mit sich. So wurde der Posten eines Wesirs als Leiter der Staatsverwaltung geschaffen und ein zweiter Beglerbeg als Heerführer; die zwei Kommandeure teilten sich die Zuständigkeit für Anatolien und den Balkan (J. MATUZ 1990, S. 39).

So entwickelte sich die Staatsverwaltung zu einer in der Hochzeit des Osmanischen Reiches differenzierten Organisation (J. MATUZ 1990, S. 85 ff., 316; H. INALCIK 1973, S. 65 ff.; St. J. SHAW, Bd. 1, 1976, S. 112 ff.; N. BELDICEANU, G. VEINSTEIN in R. MANTRAN 1989, S. 119 ff., 161 ff.). Der Sitz des Sultans im Großherrlichen Palast (türk. Topkapı Saray) - auf der Landzunge der Altstadt von Istanbul gelegen, vom Goldenen Horn (türk. Haliç), Bosporus (türk. Boğazici) und Marmara-Meer umgeben - gliederte sich in den Haushalt des Sultans und die zentrale Staatsverwaltung (Schema bei J. MATUZ 1990, S. 316 f.). Zum umfangreichen persönlichen und privaten Haushalt des Sultans gehörten außer dem Inneren und dem Äußeren Dienst die Palastschule und der Harem (J. MATUZ 1990, S. 87 f.).

Im Rahmen der zentralen Staatsverwaltung stand dem absoluten, despotischen Herrscher, der nicht nur über Politik, Leben und Tod entschied, sondern auch der alleinige Grundherr des Reiches - zumindest nominell - war, ein Reichs- oder Kronrat, der Diwan (türk. divan), beratend zur Seite. Er bestand aus einem Großwesir, dem mehrere Unterwesire beigegeben waren, einem Leiter der Finanzverwaltung (türk. defterdar), der auch für die Erfassung der Bevölkerung zur Steuerveranlagung zuständig war, was zu einer umfangreichen osmanischen Bürokratie nach der Einführung der Schriftlichkeit führte, einem obersten Richter für die religiöse, militärische und zivile Rechtsprechung (türk. kadıasker), einem obersten Mufti (türk. şeyhülislam) für religiöse Angelegenheiten und den Beglerbegs für Anatolien, den Balkan (Rumelien) und die Flotte (türk. kapudan paşa) (dazu ausführlich J. MATUZ 1990; H. INALCIK 1973; St. J. SHAW, Bd. 1, 1976; B. N. BELDICEANU, G. VEINSTEIN in R. MANTRAN 1989).

Im Zuge der Expansion des Osmanischen Reiches erfolgte die Untergliederung in administrative Einheiten, Provinzen/Regierungsbezirke, die - in der Hochzeit des Reiches - türk. eyalet (A. BIRKEN 1976; H. INALCIK 1973, S. 104 ff.), noch nicht, wie J. MATUZ (1990, S. 94 ff.) ausführt, türk. vilayet genannt wurden.

Im 16. Jahrhundert gab es im heutigen Staatsraum der Türkei (D. E. PITCHER 1972, Karten XXIV, XXV) das große Eyalet Anadolu und die kleinen Eyalets Karaman, Sivas, Trabzon, Kars, Erzurum, Van, Diyarbakır, Urfa, Dulkadır, Adana und Kıbrıs, das auch Zypern umfaßte (vgl. Liste bei H. INALCIK 1973, S. 106).

Die große Ausdehnung einiger Eyalets machte eine weitere Untergliederung notwendig, so daß in Anatolien eine Verwaltungshierarchie entstand: unterhalb der Eyalets gab es (türk. sing.) sancak, kaza, nahiye - in absteigender Reihenfolge.

Die Territorialverwaltung war ein verkleinertes Abbild der Zentralverwaltung (J. MATUZ 1990, S. 96) mit Provinz-Diwan und entsprechenden Bediensteten. So wurde die weltliche Macht des Sultans vielerorts repräsentiert, was für die Entwicklung, Verbreitung und Struktur von Städten in Anatolien (und in anderen Gebieten des Osmanischen Reiches) von großer Wichtigkeit war (F.-K. KIENITZ 1972).

Außerhalb der reichseigenen zentralen und provinzialen Verwaltungseinheiten gab es mehr oder weniger abhängige bzw. unabhängige Vasallenstaaten und -fürstentümer.

Die besondere Qualität der administrativen Organisation des Osmanischen Reiches während seiner Hochzeit bestand in der im Reichsgebiet flächendeckend verbreiteten Rechtsstaatlichkeit und relativen Rechtssicherheit (J. MATUZ 1990, S. 85) mit genauer Regelung und Durchsetzung der Abgabepflichten, Festsetzung von Obergrenzen der Preise und der staatlichen Organisation der Lebensmittelversorgung, besonders in der Hauptstadt Istanbul, aber auch in anderen großen Städten des Reiches (J. MATUZ 1990, S. 85). Es war zwar eine starre Ordnung gegeben, deren Persistenz sich später als nachteilig erweisen sollte, aber zumindest in der Hochzeit des Osmanischen Reiches bedeutete sie Gleichwertigkeit, wenn nicht gar Überlegenheit, im Verhältnis zu anderen, kontemporären Agrargesellschaften Europas.

b) religiös-geistig-kulturelle Verhältnisse

Es muß vorausgeschickt werden, daß die im Zusammenhang mit der Religion stehenden Gegebenheiten nicht nur für Anatolien, sondern auch für andere islamische Regionen Gültigkeit haben. Die übergreifende Gültigkeit gilt auch für die zeitliche Dimension: über die Stufe der traditional society hinaus lassen diese Gegebenheiten - bis heute - eine ausgeprägte Persistenz erkennen.

Zunächst darf an die sog. fünf Säulen des Islam - das Wort bedeutet Hingabe - erinnert werden: die Pflicht zum Glaubensbekenntnis, die Pflicht zum fünfmaligen täglichen Gebet, die Pflicht zum einmonatigen Fasten in der Zeit des Ramadan, türk. ramazan, die Pflicht, Almosen zu geben, und die Pflicht zur mindestens einmaligen Wallfahrt nach Mekka (R. STEWIG 1977). Bis auf das (ideelle) Glaubensbekenntnis greifen alle Pflichten in das Alltagsleben ein, besonders stark die Pflicht zum fünfmaligen täglichen Gebet.

Die bodenwärts und nach Mekka gerichteten Gebetshaltungen der Gläubigen drücken aus, daß der Islam nicht nur eine Religion der Hingabe, sondern eine Unterwerfungsreligion ist (B. LEWIS 1961, S. 399). Die täglich mehrmals wiederholte, entsprechende Gestik darf auch ethisch und sozialpsychologisch in ihren Auswirkungen nicht unterschätzt werden; sie ist Sinnbild der strengen hierarchischen Gliederung und Struktur der islamischen Gesellschaft.

Dies gilt sowohl für die geschlechts- und altersspezifische, paternalistische Hierarchie innerhalb der Familie wie auch im größeren sozialen Rahmen, in dem sich nach dem Prinzip des türk. intisap (St. J. SHAW, Bd. 1, 1976, S. 166) die klientilistischen Beziehungen zwischen dem Patron und seinem Klientel niederschlagen. Dabei dominieren - bis heute - konkret-persönliche zwischenmenschliche Beziehungen von Angesicht zu Angesicht.

Die starke Stellung der Familie im sozialen Kontext, die ausgesprochene Familienorientiertheit der islamischen Gesellschaft hat - bis heute - mit dem unentwickelten Denken in größeren Zusammenhängen, auch räumlich, nach dem Prinzip des türk. had, dt. Begrenztheit, Abgrenzung, ursächlich zu tun (St. J. SHAW, Bd. 1, 1976, S. 166).

Im Islam gilt die in arabischer Sprache und mit arabischen Schriftzeichen überlieferte, im Koran niedergelegte Offenbarung als heilig und unveränderlich (B. LEWIS 1961, S. 419). Die damit verknüpfte Inflexibilität führt gesellschaftlich, zusammen mit dem Klientilismus und dem Prinzip des had, zum Festhalten an Gegebenem, zu mangelnder Innovationsbereitschaft. Von der Religion her muß die islamische Gesellschaft - nicht nur der traditional society - als starr und geistig wenig beweglich angesehen werden, eine Haltung, die auch in der traditional society des scholastischen mittelalterlichen Europa verbreitet war.

Im Islam begegneten sich und begegnen sich - bisweilen kämpferisch - zwei Konfessionen, die der Sunniten und der Schiiten, die sich nach der unterschiedlichen Anerkennung der Nachkommenschaft Mohmmeds unterscheiden (J. MATUZ 1990, S. 7). In Anatolien dominieren seit alters her die Sunniten, aber von dem östlich benachbarten Hauptverbreitungsgebiet der Schiiten gingen immer wieder Ausstrahlungen nach Anatolien hinein aus.

Während die vier Rechtsschulen der Sunniten (J. MATUZ 1990, S. 8) im Zusammenhang mit dem Thema gesellschaftliche Entwicklung vernachlässigbar erscheinen, bedarf es der für Anatolien sozial bedeutsamen Unterscheidung zwischen dem orthodoxen Islam, der als die rechtlich unterbaute, staatliche Religion der Herrschenden, der städtischen Oberschicht, des Sultans, seiner Würdenträger und Gefolgsleute, aufgefaßt werden kann, und dem heterodoxen Islam, dem Volks-Islam, der bei den Unterschichten, speziell im ländlichen Raum, verbreitet war und ist und in dem es Heiligenverehrung, Mystik und Derwischorden sowie islamische Sekten gab und gibt (J. MATUZ 1990, S. 8; A. SCHIMMEL 1990; H. INALCIK 1973, S. 186 ff.).

Im Islam gibt es keine mit den christlichen Kirchen vergleichbare Organisation; die Position eines Bischofs als regionales, geistliches Oberhaupt fehlt völlig. Es besteht eine pragmatisch-räumliche, auf die Moschee orientierte Struktur. In ihr ist der Leiter der islamischen Gemeinde, türk. imam, meist in Personalunion auch als Vorbeter, türk. hatip, tätig; hinzu kommt der Gebetsausrufer, türk. muezzin. Im ländlichen Raum zentriert sich die Gemeinde auf die dörfliche Moschee, in der Stadt auf die Moscheen in den einzelnen Stadtvierteln, türk. sing. mahalle, und die Große Moschee, türk. ulu cami, in der das Freitagsgebet in der vollständigen Gemeinschaft der Gläubigen vollzogen wird.

Durch die große, zentrale Moschee und die Viertels-Moscheen als Standorte der geistlichen Macht erhielt die islamische Stadt das prägende Strukturelement, zu dem sich der Sitz der weltlichen Macht in Burg, Festung, Kastell, Garnison oder Palast als zweites wichtiges Strukturelement hinzugesellt (E. WIRTH 1991).

Im Islam gibt es die (theologischen) Rechtsgelehrten, türk. ulema, die sich mit der Auslegung des Koran beschäftigen, und die Rechtsgelehrten, türk. müftü, dt. Mufti, die Gutachten ausstellen (H. INALCIK 1973, S. 165 ff.; J. MATUZ 1990, S. 6 f.). Der türk. şeyhülislam war der oberste Mufti im Osmanischen Reich.

Der Koran enthält zwar in hohem Maße die Regeln für die zwischenmenschlichen Beziehungen, besonders was die Familie und die Stellung der Frau betrifft (A. SCHIMMEL 1990, S. 56 f.), dennoch blieben besonders auf der staatlichen Ebene viele Bereiche offen. Sie wurden vom weltlichen Gesetz, türk. kanun (von griech. Kanon), des Herrschers, des Sultans, ausgefüllt, der aber auch dem Religionsgesetz, türk. şeriat, unterworfen war (H. INALCIK 1973, S. 70 ff.).

In dem Maße, wie das Osmanische Reich sich ausbreitete und sich immer mehr islamische oder islamisierte Gebiete einverleibte, empfand sich der osmanische Sultan als Schirmherr der islamischen Gesamtgemeinde und Protektor der heiligen Stätten Mekka und Medina, nahm daher etwa seit 1518 den Titel Kalif an (J. MATUZ 1990, S. 82; A. SCHIMMEL 1990, S. 60) - eine Würde, die bis zum Ende des Osmanischen Reiches, sogar bis 1924, beibehalten wurde (J. MATUZ, S. 278).

Über den Bereich der Familie hinaus - die Frau ist im Islam praktisch aus dem öffentlichen Leben verbannt - hielt und hält das Religionsgesetz viele Regelungen bereit, die die islamische Gesellschaft grundlegend und in starrer, unveränderlicher Weise prägten. Das gilt für das Strafrecht (A. SCHIMMEL 1990, S. 59 ff.) und für das Erbrecht (A. SCHIMMEL 1990, S.56 f.), das beim Erbgang den männlichen Nachkommen grundsätzlich einen größeren Erbteil als den weiblichen einräumte und besonders im ländlichen Raum bei großer Nachkommenschaft zur Besitzzersplitterung führt.

Das gilt auch für den Bereich der Wirtschaft, insbesondere was die Zinsnahme anbelangt. Bei strenger Auslegung des Koran erschien Zinsnahme überhaupt verboten, bei weiter Auslegung waren es Wucherzinsen, die nicht erlaubt waren - mit fließender Grenzziehung der großzügigen Prozentsätze, 10-25 %, im Extremfall 50 % (J. MATUZ 1990, S. 145; H. INALCIK 1969, S. 139).

Angesichts dieses in den wirtschaftlichen Bereich tief eingreifenden Religionsgesetzes eröffneten sich - bei der heterogenen Bevölkerungszusammensetzung des Osmanischen Reiches - Möglichkeiten spezifischer wirtschaftlicher Betätigung für Nicht-Muslime, speziell Juden, Armenier und Griechen, in Geldgeschäften.

Auch das Bildungswesen - soweit man auf der Stufe der traditional society des Osmanischen Reiches davon sprechen kann - war vollständig von der Religion geprägt. So gab es für die Beschäftigung mit dem Koran auf höherer und einfacher Ebene eine Hierarchie von Koranschulen, türk. sing. medrese, türk sing. mektep (H. INALCIK

1973, S. 168 ff.), da schon wegen der Abfassung des Korans in arabisch eine sprachliche Ausbildung der islamischen Geistlichkeit, hinzu kam die Exegese, notwendig war.

Die zunehmenden militärischen und diplomatischen Kontakte mit anderssprachigen Ländern und Völkern und die entstehende Schriftlichkeit und Bürokratie machten im Rahmen der Staatsverwaltung eine auf den näheren Umkreis des Sultan-Palastes beschränkte Ausbildung und Gelehrsamkeit notwendig (H. INALCIK 1973, S. 165 ff.); die Masse der untertänigen Bevölkerung war von weltlicher Unterrichtung ausgeschlossen.

Auch im weiteren kulturellen Bereich war der Einfluß der Religion maßgebend. Da vom Islam die Darstellung des Menschen, sei es als Abbildung, sei es als Skulptur, nicht gelitten ist (B. LEWIS 1961, S. 435), orientierte sich das künstlerische Interesse der Osmanen, wiederum im Sinne einer Palast- und Oberschicht-Kultur, bei Bauwerken in Richtung Ornamentik, bei Schriftwerken in Richtung Kalligraphie; in beiden Richtungen wurden herausragende Leistungen erzielt.

Angesichts der die gesamte Gesellschaft durchdringenden Religion ist es keine Überraschung, daß die Moschee als Bauwerk besondere Beachtung erfuhr. Neben vielen unscheinbaren Dorf- und Stadtviertel-Moscheen wandte man sich besonders der Ausgestaltung der großen, zentralen städtischen Moschee zu (K. KREISER 1985).

Nach Vorbildern aus seldschukischer Zeit (Alaeddin-Moschee in Konya) in Gestalt der Hauptmoschee mit vielen Stützpfeilern im Innern und vielen relativ kleinen Kuppeln als Dach wurde die erste Hauptstadt der Osmanen, Bursa, mit ihren Moscheenbauten, die seldschukische Vorbilder aufnahmen (Ulu Cami), zur Geburtsstunde osmanischer Moscheen-Architektur (H. WILDE 1909; E. GABRIEL 1958).

Wohl unter dem Einfluß der größten byzantinischen Kuppel-Kirche, der Hagia Sophia, türk. Aya Sofya, in Konstantinopel/Istanbul (J.-P. ROUX in R. MANTRAN 1989, S. 665) entstanden unter dem berühmten osmanischen Architekten Sinan (etwa 1489 bis etwa 1578) zur Zeit Süleymans I., des Prächtigen, die aus einer zentralen Kuppel mit angefügten, kleinen, seitlichen Halbkuppeln bestehenden großen, berühmten Moscheen Şehzade, gebaut 1548, Süleymaniye, gebaut 1550-1557, in Istanbul, und Selimiye, gebaut 1569-1574, in Edirne, mit ihren charakteristisch-osmanischen, schlanken Minaretten (J.-P. ROUX in R. MANTRAN 1989, S. 668 ff.).

Entsprechend dem von der Religion durchdrungenen gesellschaftlichen Leben fügten sich an die großen Moscheen (türk. sing. cami) - nicht bei allen Moscheen - zahlreiche Zubehörbauten für Koranschule (türk. medrese), Armenküche (türk. imaret), Kloster (türk. tekke), Mausoleum (türk. türbe), Bad (türk. hamam), so daß Baukomplexe entstanden (R. STEWIG 1970, S. 45 für Bursa), die von grundlegender Bedeutung für die Struktur der osmanisch-türkisch-islamischen Stadt in Anatolien wurden.

Die übliche Auskleidung der Moschee mit Teppichen auf den Fußböden dürfte auf die Gewohnheit nomadischer Herkunft - nicht nur der Türken aus Zentral-Asien (auch der Beduinen in Arabien) - zurückgehen, wobei das Ablegen der Schuhe beim Betreten der Zelte bzw. Moscheen ein Teil des Rituals ist.

c) Bevölkerungs- und Sozialstruktur

Die Zusammensetzung der Bevölkerung Anatoliens war im Osmanischen Reich durch ausgeprägte Heterogenität gekennzeichnet. Zu Griechen, Armeniern, Kurden und auch Juden (N. BELDICEANU in R. MANTRAN 1989, S. 134/135) - aus dem Bevölkerungsbestand des Byzantinischen Reiches - waren in prä-osmanischer Zeit die - ursprünglich nomadischen - seldschukischen Türken hinzugekommen. In der Zeit der Einwanderung des türkischen Nomadenstammes, der später unter dem Namen Osmans I. bekannt wurde, drangen weitere türkische Nomadenstämme nach Anatolien ein und bildeten die zahlreichen - bis zu 25 (Liste bei J. MATUZ 1990, S. 15; D. J. GEORGACAS 1971, S. 90) - anatolischen Emirate des 13., 14. und 15. Jahrhunderts. Als es bereits zur Ausbreitung des Osmanischen Reiches in Anatolien (und darüber hinaus) gekommen war, dürften weitere türkische Nomadenstämme nach Anatolien eingewandert sein, über die kaum etwas bekannt ist.

Die Heterogenität der Bevölkerungszusammensetzung wurde noch durch die unterschiedliche Religionszugehörigkeit verstärkt, wobei nicht nur Muslime, Christen und Juden vertreten waren, sondern sich die Christen nach ihren Kirchen in griechisch-orthodoxe und armenisch-gregorianische differenzierten. Durch die Nomaden wurde in Anatolien der seßhaften Bevölkerung in Dörfern und Städten eine neue, die Heterogenität weiter steigernde Bevölkerungsgruppe gegenübergestellt, deren Übergriffe sich besonders die ländliche, dörfliche Bevölkerung zu erwehren hatte.

Die zahlen- und verbreitungsmäßige Erfassung der Bevölkerung Anatoliens ist für die Frühzeit des Osmanischen Reiches im 13. und 14. Jahrhundert nicht, für die Hochzeit im 15. und 16. Jahrhundert begrenzt möglich (Ö. L. BARKAN 1958). Durch die lang andauernden kriegerischen Ereignisse in Anatolien, die dadurch bedingte Bevölkerungsvernichtung, -umsetzung und (Neu-)Peuplierung ist mit einem relativ schnellen Bevölkerungsaustausch einzelner Teilräume Anatoliens zu rechnen.

Das Vordringen der Osmanen sowohl gegen das Byzantinische Reich als auch gegen die zahlreichen türkischen Emirate verursachte sicherlich Bevölkerungsverluste in den jeweiligen Grenzgebieten (und darüber hinaus).

Zuvor hatten schon die Mongoleneinfälle, durch die Schlacht am Kösedağ (D. J. GE-ORGACAS 1971, S. 88), zum Niedergang des Seldschuken-Reiches und zu türkischen Bevölkerungsverlusten in Anatolien geführt.

Der Durchzug des 1.Kreuzzuges (1096-1099) diagonal durch Anatolien, von Teilen des 2. Kreuzzuges (1147-1149) und des 3. Kreuzzuges (1189-1192) durch Westanatolien dürfte nicht ohne Auswirkungen auf die Bevökerung des Landes geblieben sein.

Auch die Zeit des Interregnums, 1402-1413, infolge der Einfälle nach Anatolien durch Timur nach der Schlacht von Ankara 1402 und die zeitweilige Errichtung eines neuen Staates, hat sicherlich die Bevölkerungsentwicklung des Landes beeinträchtigt.

Die Eroberung Ost- und Südost-Anatoliens durch Selim I. (1520-1566) und Süleyman I. (1512-1520) hat in den von Armeniern und Kurden besiedelten Gebieten ebenfalls zu Bevölkerungsverlusten geführt.

Zumindest in der Frühzeit, wenn nicht auch in der Hochzeit des Osmanischen Reiches, dürften die schon früher eingeleiteten Prozesse der Islamisierung, Türkifizierung und - durch die anhaltende Einwanderung von Nomaden - auch die Nomadisierung in Anatolien weitergegangen sein.

Diese Prozesse haben eine unterschiedliche Beurteilung erfahren. Von D. J. GE-ORGACAS (1971, S. 91 f.) wird nach anfänglich "milder" Islamisierung und Türkifizierung, bei noch ungünstigem Zahlenverhältnis 10 : 1 der einheimischen zur eingewanderten Bevölkerung, eine Zeit verschärften Vorgehens von türkischer Seite angenommen, so daß sich vom 11. zum 16. Jahrhundert die Zahl der Bistümer von 400 auf drei reduzierte, die Zahl der Metropolitensitze von 50 auf 13 (D. J. GEORGA-CAS 1971, S. 92). Im 16. Jahrhundert erhöhte sich - nach osmanischen Steuerlisten - die Zahl der muslimischen Herdstellen (praktisch Haushalte) auf 1 Mio., die der Christen auf 79.000, was einem Bevölkerungsanteil von 92 % Muslimen und 8 % christlichen Haushalten entsprach (D. J. GEORGACAS 1971, S. 91), - eine Umkehrung des Verhältnisses einheimischer zu eingewanderter Bevölkerung war eingetreten.

Andererseits wurde ausgeführt (N. BELDICEANU in R. MANTRAN 1989, S. 136), daß die osmanischen Sultane darauf bedacht waren, nicht durch forcierte Islamisierung Steuereinnahmen - die christliche Bevölkerung war mit Sondersteuern belegt worden - zu verlieren.

Innerhalb Anatoliens präsentierte sich die Bevölkerungszusammensetzung in der Hochzeit des Osmanischen Reiches unterschiedlich.

Für Istanbul wurden - 1478, also kurze Zeit nach der Eroberung und nachdem von Mehmet II. eine bewußte Peuplierungspolitik (St. J. SHAW, Bd. 1, 1976, S. 59; R. STEWIG 1964, S. 40) durchgeführt worden war, indem er sowohl aus Anatolien als auch vom Balkan Muslime, Christen und auch Juden in der Stadt ansiedelte - 9.517 muslimische, 5.162 christliche und 1.647 jüdische Herdstellen (Haushalte) angegeben (N. BELDICEANU in R. MANTRAN 1989, S. 132; R. STEWIG 1964, S. 43). Jüdische Bevölkerung wanderte besonders nach 1492, nach ihrer Vertreibung von der Iberischen Halbinsel, aus Süd-Italien, aus der Provence und deutschen Landen in das Osmanische Reich ein (N. BELDICEANU in R. MANTRAN 1989, S. 135).

In West-Anatolien soll Ende des 14., Anfang des 15. Jahrhunderts im Gebiet der alten türkischen Emirate Saruhan, Aydın, Mentese, Germiyan und Hamit die türkische Bevölkerung deutlich in der Mehrheit gewesen sein, so auch in Teilen Inner-Anatoliens, besonders um Ankara (N. BELDICEANU in R. MANTRAN 1989, S. 13). Dagegen wurden in der Stadt Trabzon Ende des 15. Jahrhunderts 186 armenische, 157 griechische, 49 venezianische und nur 258 muslimische Herdstellen (Haushalte) gezählt (N. BELDICEANU in R. MANTRAN 1989, S. 134).

Um 1500 soll es in Anatolien insgesamt 420.000 Herdstellen (Haushalte) gegeben haben, von denen 388.397 muslimisch, 31.735 nicht-muslimisch waren (N. BELDICEANU in R. MANTRAN 1989, S. 135). Nimmt man 5 Personen pro Haushalt an (Ö. L. BARKAN 1958, S. 21; H. ISLAMOĞLU, S. FAROQHI, S. 426), dann kommt man auf eine Gesamtbevölkerung Anatoliens von etwa 2,1 Mio.

Im 16. Jahrhundert, in der Hochzeit des Osmanischen Reiches, die besonders durch die Regierungszeit Süleymans I., des Prächtigen, gekennzeichnet ist, scheint einige Dynamik in die Bevölkerungsentwicklung Anatoliens gekommen zu sein.

Auch wenn es keine Hinweise auf Erhöhung der Geburtenrate und Senkung der Sterberate gibt, an die St. J. SHAW (Bd. 1, 1976, S. 171 f.; vgl. R. C. JENNINGS 1976, S. 23) glaubte, so scheint doch eine nicht unbeträchtliche Bevölkerungszunahme erfolgt zu sein - die Kriege spielten sich in dieser Zeit weitgehend außerhalb oder am Ostrand Anatoliens ab. Ein Vergleich der Bevölkerungszahlen von 1520/1535 und 1570/1580 (Ö. L. BARKAN 1958, S. 30) deutet auf eine regional unterschiedlich starke Bevölkerungszunahme hin.

Nach H. INALCIK (1973, S. 46) soll - auch auf Ö. L. BARKAN (1958) basierend - im Osmanischen Reich des 16. Jahrhunderts die Bevölkerung in den Dörfern um 40%, in den Städten um 80 % zugenommen haben. Im Zusammenhang mit Aufständen unzufriedener ländlicher Bevölkerung in Anatolien, den Celali-Aufständen (J. MATUZ 1990, S. 159 ff.), soll es zu Landfluchterscheinungen und Abwanderungen in die Städte gekommen sein.

Tab. 1: Die Entwicklung der Einwohnerzahlen ausgewählter Teilräume Anatoliens, 1520/1535 und 1570/1580

	Seßhafte Muslime		Nomaden		Christen		Juden		insgesamt		Zunahme in %
	1520/30	1570/80	1520/30	1570/80	1520/30	1570/80	1520/30	1570	1520/30	1570/80	
Alanya	16.824	19.951	227	455	270	138	-	-	17.321	20.544	18,6
Ankara	14.852	31.864	9.484	23.911	590	1.347	33	61	24.959	57.183	129,1
Aydın	43.334	46.438	6.692	3.693	451	791	-	-	50.477	50.922	0,8
Bolu	33.539	59.732	461	2.003	-	134	-	-	34.000	61.869	81,9
Kastamonu	30.240	52.582	1.284	1.457	570	1.889	-	-	32.058	55.928	74,4
Kocaeli	14.061	15.606	-	-	27	1.993	-	-	14.088	17.599	24,9
Menteşe	26.998	20.065	19.219	16.972	64	149	-	-	46.281	37.126	- 19,7

(Quelle: Ö. L. BARKAN 1958, S. 30)

In Anlehnung an F. BRAUDEL hält Ö. L. BARKAN eine Einwohnerzahl von 8 Mio. in Anatolien im 16. Jahrhundert für möglich (1958, S. 24).

Eine starke Bevölkerungszunahme scheint außer Zweifel zu stehen. Bei F. BRAUDEL, dem französischen Doyen für mittelalterliche Geschichte, wurde dieses Bevölkerungswachstum - übrigens auch in anderen Teilen des Mittelmeerraumes - mit veränderter Getreideversorgung, besonders in Istanbul, belegt (nach M. A. COOK 1972; R. C. JENNINGS 1976, S. 71).

Man hat über die Ursachen dieser demographischen Entwicklung (M. A. COOK 1972) gerätselt. Sicher fanden gegen Ende des 16. Jahrhunderts Veränderungen der traditionellen - noch zu erläuternden - Agrarverfassung des Osmanischen Reiches statt, aber ob der sozio-ökonomische Strukturwandel im ländlichen Raum Anatoliens die Ursache für die Bevölkerungszunahme oder der zunehmende Bevölkerungsdruck (A. M. COOK 1972) die Ursache für die sozio-ökonomischen Wandlungen war, muß dahingestellt bleiben (A. M. COOK 1972, S. 44).

Ö. L. BARKAN (1958, S. 27) gibt auch Belege dafür, daß die Einwohnerzahl der Städte Anatoliens deutlich zunahm, sich teilweise verdoppelte (vgl. auch R. C. JENNINGS 1976, S. 50).

Dabei kam es auch zu Veränderungen der Bevölkerungszusammensetzung in Städten Anatoliens. Dies geschah nicht immer zugunsten der islamischen Stadtbevölkerung, wenn auch insgesamt die Muslime deutlich stärker zunahmen (R. C. JENNINGS 1976, S. 57). In den von R. C. JENNINGS untersuchten Städten Kayseri, Karaman (Larende), Amasya, Trabzon und Erzurum kam es in keinem Fall zur Verminderung der christlichen Bevölkerung (R. C. JENNINGS 1976, S. 56). In Kayseri, Karaman

Tab. 2: Die Entwicklung der Einwohnerzahlen ausgewählter Städte Anatoliens, 1520-1580

	vor 1520	1520/30	1571/80	nach 1580
Istanbul	(1478) 97.956	(?) 400.000	(?) 700.000	-
Bursa	-	34.930	70.686	-
Edirne	-	22.335	30.140	-
Ankara	-	14.872	29.007	-
Tokat	(1455) 17.328	8.354	13.282	(1646) 21.219
Konya	-	6.127	15.356	-
Sivas	3.396	5.560	16.846	-

(Quelle: Ö. L. BARKAN 1958, S. 27)

(Larende), Amasya, Trabzon und Erzurum erfolgte eine in keinem Fall zur Verminderung der christlichen Bevölkerung (R. C. JENNINGS 1976, S. 56). In Kayseri vermehrte sich die christliche Bevölkerung sogar schneller als die muslimische, unter den Christen die armenische schneller als die griechische (R. C. JENNINGS 1976, S. 33).

Trabzon, wichtiger osmanischer Hafen und Umschlagplatz auf der Istanbul-Täbriz-Route, hatte noch Anfang des 16. Jahrhunderts 85 % christliche Einwohner; Ende des Jahrhunderts gewannen die Muslime eine 54 %-Mehrheit (R. C. JENNINGS 1976, S. 46).

In der Regel wirkte sich die heterogene Bevölkerungszusammensetzung in den Städten dahingehend aus, daß sich die verschiedenen Gruppen, hauptsächlich Muslime, Christen und Juden, in getrennten Stadtvierteln (türk.sing. mahalle) konzentrierten. So konnte in vielen anatolischen Städten für das 16. Jahrhundert ihr Bevölkerungswachstum und ihre sich ändernde Bevölkerungszusammensetzung auch nach der Zunahme der Zahl der Stadtviertel der verschiedenen Gruppen ermittelt werden; es kam auch - wohl als Folge des starken Städtewachstums - zu engl. intermixture (R. C. JENNINGS 1876, S. 55), d. h. zur Entstehung gemischter, aus Muslimen und Christen zusammengesetzten Stadtvierteln.

Der demographisch-ethnisch-religiösen Grundsituation des Osmanischen Reiches, der außerordentlich heterogenen Bevölkerungszusammensetzung, wurde in einer spezifischen organisatorischen Weise durch das türk. millet-System - letztlich vom Religionsgesetz (türk. şeriat) vorgegeben - Rechnung getragen (St. J. SHAW, Bd. 1, 1976, S. 151 ff.).

Millet bedeutet: Nationalität, Religionsgemeinschaft, d. h. die religiösen Gruppen, innerhalb derer es ethnische Differenzierungen gab (K. H. KARPAT 1985, S. 102), regelten ihre inneren Angelegenheiten, Religion, Recht, Sicherheit und Ausbildung, unter Führung eines Geistlichen selbst. Bei den Christen stand an deren Spitze der griechisch-orthodoxe Patriarch und der armenisch-gregorianische Patriarch, die von den Sultanen als solche anerkannt waren. Durch die Millets wurden die nicht-muslimischen Angehörigen des Osmanischen Reiches politisch in den Staat eingebunden (K. H. KARPAT 1985, S. 102); eine entsprechende Steuerveranlagung bildete die fiskalische Grundlage.

Das türk. millet-System war in der zweiten Hälfte des 15. Jahrhunderts voll ausgebildet. Das griechisch-orthodoxe und das jüdische Millet erhielten in dieser Zeit ihre Anerkennung, dem armenisch-gregorianischen Millet wurde sie 1461 zuteil (St. J. SHAW, Bd. 1, 1976, S. 152).

Auch den im Osmanischen Reich sich aufhaltenden christlichen Handelsvertretern, besonders der oberitalienischen Städterepubliken Venedig, Genua, Pisa, und den französischen Kaufleuten, die nicht Untertanen des Sultans waren, wurde - als Franken - ein quasi-Millet-Status zugestanden (St. J. SHAW, Bd. 1, 1976, S. 97, 163).

Mit der Einrichtung der Millets, ihrem Einbau in den osmanischen Staat über die Steuerveranlagung und den Sonderrechten für Ausländer, die zu den berüchtigten Kapitulationen führten, deutet sich ein - sich später als schwerwiegend nachteilig erweisendes - Desinteresse an der wirtschaftlichen Förderung der eigenen türkischen staatstragenden Bevölkerung durch die Sultane an, zumal sich die Angehörigen der Millets auf vielen wirtschaftlichen Gebieten, besonders des Handels und der Bankgeschäfte, als der aktivere und innovativere Bevölkerungsteil erweisen sollten.

Die Angehörigen der Millets waren Untertanen des Sultans. Durch ihre wirtschaftlichen Erfolge erhoben sie sich ökonomisch über die Masse der muslimisch-türkischen Untertanen des Sultans, besonders in Anatolien. Sie stellten so, hauptsächlich in den größeren Städten, eine nicht voll integrierte mittlere soziale Schicht des Osmanischen Reiches dar, das im übrigen die typische dichotomische Oberschicht-Unterschicht-Sozialstruktur der traditional society aufwies: die ruling class des Sultans mit seinem in der Hauptstadt Istanbul konzentrierten Anhang, wozu auch die hohe islamische Geistlichkeit und die Bürokratie gehörten, und die subject class (St. J. SHAW, Bd. 1, 1976, S. 150 ff.) im ländlichen Raum Anatoliens, in der Provinz.

Es war früh Praxis der Sultane, ihre Nachfolge auf den Kreis der eigenen Familie zu beschränken und selbst in diesem Rahmen Thronrivalen auszuschalten. Indem die Sultane sich mit durch die Knabenlese (türk. devşirme) gezogenen und islamisch erzogenen, ergebenen, persönlich abhängigen Bediensteten ohne Rückhalt durch Grundbesitz umgaben, haben sie sich die Auseinandersetzungen der europäischen Adelshäuser untereinander und um die Führung im Staat erspart und das Aufkommen einer Schicht türkischen staatstragenden Landadels verhindert.

d) Agrarverfassung, Agrarwirtschaft, ländlicher Raum

Wenn es für die militärischen und politischen Erfolge des Osmanischen Reiches in seiner Früh- und Hochzeit eine Grundlage gab, dann muß sie in der inneren Struktur des Staates, in erster Linie seiner Agrarverfassung, gesucht werden, die von fundamentaler ökonomischer, sozialer und - wie dargelegt - auch militärischer Bedeutung war und die vom 14. bis gegen Ende des 16. Jahrhunderts - in der Zeit der Expansion des Osmanischen Reiches - Gültigkeit besaß.

Zur Agrarverfassung gehörte die Regelung des Grundbesitzes. Prinzipiell gab es drei Formen des Grundbesitzes im Osmanischen Reich, den Staatsbesitz (türk., russ. mir(i)), den religiösen Stiftungsbesitz (türk. sing. vakıf, pl. evkaf) und das Privateigentum (türk. mülk) (J. MATUZ 1990, S. 69 ff.; H. INALCIK 1973, S. 109).

Was die Verbreitung dieser Besitzformen angeht, bestehen leicht unterschiedliche Auffassungen. Jedoch ist davon auszugehen, daß überwiegend Staatsbesitz, d. h. Besitz des Sultans, 1528 zu 87 % (H. INALCIK 1973, S. 110), verbreitet war, die übrigen zwei Besitzformen eine untergeordnete Rolle spielten (J. MATUZ 1990, S. 104).

Diese Situation ist dadurch zu erklären, daß der Sultan alles eroberte Land - entsprechend seiner absoluten Stellung - als alleiniger Grundherr übernahm.

Für die Frühzeit wurde von J. MATUZ (1990, S. 69, 320) für Anatolien ein größerer Anteil von Privatbesitz angenommen. Dies kann eigentlich nur geschehen, wenn man das Weideland der Nomaden, das jeweils einem Stamm gehörte, in die Betrachtung einbezieht; innerhalb des Stammes war dieses Land jedoch im Kollektivbesitz.

Die Institution des Sultan als alleiniger Grundherr, der den größten Teil seines Landes zum - nicht erblichen - Nießbrauch im Rahmen des türk. timar-Systems vergab, hatte den Vorteil, daß es bei den Nutznießern nicht zu der nach dem islamischen Realteilungs-Erbrecht üblichen Besitzzersplitterung kommen konnte.

Der Sultan vergab das Land im Rahmen des seit 1385 gesetzlich geregelten türk. timar-Systems (J. MATUZ 1990, S. 39) an seine Militärs, d. h. nur Muslime konnten in die Vergabe einbezogen werden. Die nicht-muslimischen Millet-Angehörigen,

Griechen, Armenier, Juden, waren vom Militärdienst ausgeschlossen und wurden dafür mit einer Sondersteuer belegt.

Entsprechend den unterschiedlichen militärischen Rängen wurde die Landvergabe für die Erzielung von Einkommen aus bäuerlicher Bewirtschaftung, die in bedeutendem Umfang von der nicht-muslimischen Bevölkerung geleistet wurde, in drei Größenkategorien vorgenommen (J. MATUZ 1990, S. 105 f., S. 318 f.; G. VEINSTEIN in R. MANTRAN 1989, S. 197): für Jahreseinkommen bis 20.000 Asper (türk. akçe - einer Münzeinheit des Osmanischen Reiches) als türk. timar - einer Bezeichnung, die auch der Ordnung insgesamt den Namen gab; für Jahreseinkommen zwischen 20.000 und 100.000 Asper als türk. ziamet und über 100.000 Asper als türk. has (dt. Staatsdomäne) für die höchsten Würdenträger des Osmanischen Reiches.

Es soll hier nicht gestritten werden, ob diese Organisationsform als Lehnswesen oder als Pfründenwirtschaft zu bezeichnen ist. J. von HAMMER-PURGSTALL (1815 bzw. 1963, S. 337 ff.) hat den Begriff Lehnswesen verwendet - so auch die frühe Literatur (P. A. von TISCHENDORF 1872; A. GURLAND 1907) - während J. MATUZ (1990, S. 70 f., S. 104 f.) die Bezeichnung Pfründe wegen der Unterschiede zum mittelalterlichen europäischen Lehnswesen vorzog (vgl. auch H. INALCIK 1973, S. 109).

Jedenfalls war der Timariot ein Reitersoldat/Kavallerist, türk. sipahi (dt. Spahi), der von seinen Einkünften weitere Soldaten, türk. sing. cebeli, ausrüsten und dem Sultan zur Verfügung stellen mußte (J. MATUZ 1990, S. 105). Selbst der Nießbrauch der Timarioten war in der Früh- und Hochzeit des Osmanischen Reiches nicht erblich, geschweige denn der Besitz des Landes. Der Timariot zog für den Staat/Sultan die Steuern der bäuerlichen Bevölkerung ein, die im Rahmen der Subsistenzwirtschaft durch Naturalien erbracht wurden; er lebte im ländlichen Raum (H. INALCIK 1973, S. 105), sorgte dort für Ordnung, hatte aber keine Rechtshoheit, sondern war, wie die übrige ländliche Bevölkerung, dem Religionsrecht (türk. şeriat) und dem weltlichen Recht des Sultans (türk. kanun) unterworfen (J. MATUZ 1990, S. 104). Die nachgeordnete Bevölkerung besaß nicht den Status von Leibeigenen; sie war rechtlich nicht an die Scholle gebunden, jedoch ökonomisch, indem sie, wenn sie wegzog - was nicht die Regel war - einen Ausgleich für Einnahmenausfälle des Timarioten und des Sultans zu leisten hatte (J. MATUZ 1990, S. 105, 107).

J. MATUZ (1990, S. 105) hat darauf aufmerksam gemacht, daß es das Eigengut (Allod) und den Frohnhof (als Zentrum der Grundherrschaft im europäischen Feudalismus) im türk. timar-System des Osmanischen Reiches nicht gab.

Auf der Basis von Bestandsaufnahmen, nach Eroberungen und in Abständen danach, waren die Abgabepflichten streng geregelt (J. MATUZ 1990, S. 108); ihre Einhaltung wurde bis in das 16. Jahrhundert hinein flächendeckend durchgesetzt, so daß eine erstaunliche Rechtssicherheit im osmanischen Staat herrschte, die sicherlich mit eine Grundlage der militärischen und politischen Erfolge war.

Im Laufe des 16. Jahrhunderts - in der Zeit deutlicher Bevölkerungszunahme in Anatolien - setzte eine Degeneration des türk. timar-Systems ein. Lehen oder Pfründe wurden nicht mehr nur an Militärs, sondern auch an Zivilbedienstete des Osmanischen Reiches vergeben, zum Teil verkauft. Die Steuern der ländlichen Bevölkerung wurden nicht mehr nur durch Staatsbedienstete eingezogen, sondern auch von Steuerpächtern, die ihre Einnahmebezirke teilweise in Auktionen erworben hatten (J. MATUZ 1990, S. 106). Die Steuerpächter nahmen von der ländlichen Bevölkerung mehr Geld bzw. Naturalien - als die Geldwirtschaft noch nicht verbreitet war - ein, als sie dem Staat ablieferten. Die dadurch ausgebeutete ländliche Bevölkerung büßte erheblich an Rechtssicherheit, das Osmanische Reich an Stabilität ein.

Auch konnte das Osmanische Reich in dem Maße, wie es sich vergrößerte, offenbar nicht mehr in allen Gebieten seine traditionelle Ordnung durchsetzen. So kam es dazu, daß die Nutznießer des türk. timar-Systems die ihm zugeteilten ländlichen Areale als ihr Eigentum betrachteten. Es entstanden (private) Landgüter (türk. sing. çiftlik); eine (kleine) Schicht von lokalen Notablen (türk. sing. ayan) bildete sich heraus (H. ISLAMOĞLU, S. FAROQHI 1975, S. 433).

Diese Entwicklung wurde noch dadurch gefördert, daß mit der zunehmenden Bevölkerung in Anatolien, vor allem in Istanbul und in den größeren Städten, eine Nachfrage nach Nahrungsmitteln und Textilien entstand; Märkte taten sich auf (H. ISLAMOĞLU, S. FAROQHI 1975, S. 413, 432). So zeichnete sich in Anatolien eine Entwicklung von dominierender Subsistenzwirtschaft zu binnenmarktorientierter Wirtschaft ab (H. ISLAMOĞLU, S. FAROQHI 1975, S. 435). Mit der Möglichkeit des Absatzes von Nahrungsmitteln in Süd-Europa kam es sogar bei größeren Landgütern zu exportmarktorientierter Produktion in Inner- und West-Anatolien (H. ISLAMOĞLU, S. FAROQHI, S. 434).

An dieser Stelle lohnt es sich, einen vergleichenden Blick auf die ländlichen Verhältnisse der traditional society auf den Britischen Inseln zu werfen (R. STEWIG 1995). Dort ging Ende des 14. Jahrhunderts die Bevölkerung, besonders im ländlichen Raum, infolge der Pest (Black Death) zurück. Dies führte zur Kommerzialisierung der Landwirtschaft in dem Sinne, daß die knapper werdende, abhängige ländliche Bevölkerung ihre Verpflichtungen zu Dienstleistungen für den Grundherrn durch Geldzahlung ablösen konnte, was eine frühe Auflösung der traditionellen Agrarverfassung nach sich zog; dies wiederum erwies sich als eine günstige Voraussetzung für spätere Entwicklungen zur Industriegesellschaft.

In Anatolien dagegen muß der Niedergang des türk. timar-Systems als Degenerationserscheinung (J. MATUZ 1990, S. 143 f.) angesehen werden, die die Festigkeit der inneren Struktur des Osmanischen Reiches aushöhlte. Die als türk. celalı-Aufstände bekannt gewordenen Unruhen im ländlichen Anatolien des 16. Jahrhunderts sind Beleg dafür (J. MATUZ 1990, S. 159 ff.).

Unterhalb der Ebene der Timarioten gab es im ländlichen Raum Anatoliens und des Osmanischen Reiches eine bäuerliche Bevölkerung. Sie bearbeitete eine (türk. çift genannte) Fläche (H. M. COOK 1972, S. 37; St. J. SHAW, Bd. 1, 1976, S. 155 f.), die mit Hilfe eines Ochsengespannes gepflügt werden konnte, oder weniger (H. INALCIK 1973, S. 112); je nach Größe der bewirtschafteten Fläche hatte sie entsprechende Abgaben verschiedener Art zu leisten (J. MATUZ 1990, S. 107 f.; St. J. SHAW, Bd. 1, 1976, S. 156), in der Frühzeit in Form von Naturalien, gegen Ende des 16. Jahrhunderts mit dem Aufkommen der Geldwirtschaft in bar (J. MATUZ 1990, S. 107, 294).

Unterhalb dieser bäuerlichen Ebene existierten Teilpächter (engl. share-croppers) und Landarbeiter, vielfach als Sklaven, die als Kriegsgefangene diesen Status erhalten hatten (H. INALCIK 1973, S. 117). Die Teilpächter (türk. ortakçı) - im rentenkapitalistischen Sinne H. BOBEKs - und die Landarbeiter waren dort verbreitet, wo sich in Anatolien (private) Landgüter, türk. sing. çiftlik, aufgetan hatten.

Bei ursprünglich durchgängig verbreiteter Subsistenzwirtschaft (H. ISLAMOĞLU, S. FAROQHI 1975; J. MATUZ 1990, S. 108) wurde vor allem Getreide angebaut, Weizen in Inner- und West-Anatolien, bei geringerer Ertragskraft der Böden in anderen Gegenden Gerste (H. ISLAMOĞLU, S. FAROQHI 1975, S. 406, 416).

Die Bevölkerungszunahme in Anatolien während des 16. Jahrhunderts brachte allgemein, aber regional unterschiedlich, eine Steigerung der Getreideproduktion mit sich (H. ISLAMOĞLU, S. FAROQHI 1975); es kam auch zu einer Steigerung des Baumwollanbaues, vor allem in Süd-Anatolien in der Çukurova (H. ISLAMOĞLU, S. FAROQHI 1975, S. 423) und einer größeren Vielfalt des Anbaues von mediterranen Früchten, vor allem in West-Anatolien.

Ohne Zweifel stand mit den demographischen und ökonomischen Strukturwandlungen im Osmanischen Reich des 16. Jahrhunderts, mit der Bevölkerungszunahme, dem Größenwachstum der Städte, der Entstehung von (privaten) Landgütern (türk. sing. çiftlik), die Entstehung eines Binnenmarktes für Nahrungsmittel und Textilien und damit einer marktorientierten landwirtschaftlichen Produktion, in Einzelfällen auch einer exportmarktorientierten Erzeugung, die über die weiter bestehende Subsistenzwirtschaft der Betriebe hinausging, im Zusammenhang.

Sicherlich hat die Bevölkerungszunahme auch die Ausbreitung eines Textilhandwerks, vor allem in den Städten, wegen der größeren Nachfrage und zur Verarbeitung des landwirtschaftlichen Baumwollrohstoffes, gefördert. H. ISLAMOĞLU und S. FAROQHI (1975, S. 435) hielten das Einsetzen der europäischen Nachfrage nach Baumwolle in der damaligen Zeit für möglich.

Diese Entwicklungen haben die Kommerzialisierung der Landwirtschaft in Anatolien - in bescheidenem Ausmaß - eingeleitet; auch die Umstellung von der Natural- zur Geldwirtschaft hat dazu beigetragen. Mit diesen Wandlungen hat das Osmanische Reich auf der Stufe der traditional society allgemeine gesellschaftliche Entwicklungen ohne wesentliche zeitliche Verzögerung mitgemacht.

An Geräten wurden, dem Stile der Landwirtschaft der traditional society entsprechend, der von Ochsen gezogene Holzpflug, als Egge ein schweres Rundholz benutzt (J. MATUZ 1990, S. 108); zum Transport landwirtschaftlicher Produkte diente der zweirädrige Ochsenkarren aus Flechtwerk, der mit Scheibenrädern versehen war.

In der Landwirtschaft der Seßhaften war das - vielleicht in Einzelfällen befestigte - Dorf die durchgängige Siedlungsform. Als im 16. Jahrhundert im Rahmen der Celali-Aufstände bewaffnete Banden vielfach durch das Land zogen, entstanden abgelegene Bergdörfer (J. MATUZ 1990, S. 161). Bei den Nomaden, die das Osmanische Reich zur besseren steuerlichen Erfassung damals schon bemüht war, seßhaft zu machen (G. VEINSTEIN in R. MANTRAN 1989, S. 213), herrschte der Wechsel des Siedlungsplatzes zwischen Winterweidegebieten (türk. kışlak) im Flachland und Sommerweidegebieten (türk. yaylak) im Gebirge, in Gestalt des (Voll-)Nomadismus, vor.

Bei den Nomaden differierte die soziale Organisation grundsätzlich von der der seßhaften Bevölkerung durch ihre tribale Gliederung, die sich in einer Hierarchie von Stämmen, Unter-Stämmen, Sippen und Zelthaushalten niederschlug (St. J. SHAW, Bd. 1, 1976, S. 151 f.).

Während sich die seßhafte ländliche Bevölkerung weitgehend von Getreideerzeugnissen ernährte, spielten bei den Nomaden tierische Produkte, darunter Joghurt, türk. yoğurt, eine wesentlich größere Rolle; vor allem Schafe wurden gehalten (G. VEINSTEIN in R. MANTRAN 1989, S. 215), um Ankara auch Ziegen (Angora-Ziegen) (W.-D. HÜTTEROTH 1982, S. 209). Schweinehaltung war von der Religion, dem Islam, für Muslime ausgeschlossen.

e) Handel, Handwerk, städtische Siedlungen

Fernhandel hat es in Anatolien bereits in prä-osmanischer Zeit gegeben. Um die Mitte des 1. Jahrtausends vor Christus spielte sich Fernhandel wahrscheinlich auf der persischen Königstraße ab, die von der Ägäis-Küste Anatoliens ins ferne Asien führte. Möglicherweise gab es Fernhandel in Anatolien sogar 1000 Jahre davor, um die Mitte des 2. Jahrtausends vor Christus, als im Hethiter-Reich wahrscheinlich mit Obsidian, das als Speerspitzen diente, Handel getrieben wurde.

Fernhandel war im Raume Anatoliens Orient-Handel, d. h. Handel mit Waren Inner- und Süd-Asiens, die gegen Waren des Okzidents/Europas getauscht, gekauft und verkauft wurden. Es gab Land-Routen, See-Routen und auch kombinierte Land-See-Routen.

Zunächst muß man sich bewußt machen, daß es auf der Stufe der traditional society um hochwertige Waren geringen Umfangs und relativ geringen Gewichtes ging, Gewürze, Farbstoffe, Edelsteine, Seiden- und hochwertige Baumwoll-, Leinen- und Wollstoffe, Porzellan, Wachs, Zucker, Teppiche, wahrscheinlich auch Drogen und Edelmetalle in Münzform, die über Land mit Hilfe von Tragtieren transportiert wurden (H. INALCIK 1973, S. 125). Nur auf See-Routen konnten Waren größeren Umfangs wie Holz und Getreide - zur Versorgung von Städten - auf weite Reisen geschickt werden.

Der Fernhandel lag in den Händen von Kaufleuten, die sich wesentlich von den kleinen Händlern unterschieden, die im lokalen Rahmen ihren Geschäften nachgingen. Fernhandelskaufleute betätigten sich auch in der Abwicklung von Geldgeschäften. Zwischen (Fernhandels-)Kaufleuten und (lokalen) Händlern bestanden durch die unterschiedlichen ökonomischen Situationen bedeutende soziale Unterschiede.

Aus der Hochwertigkeit der Fernhandelswaren ergibt sich, daß sie für eine hochrangige, begrenzte (Luxus-)Nachfrage bestimmt waren, wie sie nur an wenigen Stellen, vor allem in Residenz- und Hauptstädten, bestand, da in der traditional society nur der Herrscher und sein Gefolge und die zahlenmäßig geringe Oberschicht sich Luxus leisten konnten.

Die Fernhandelswaren entstammten landwirtschaftlicher, bergbaulicher oder handwerklicher Produktion. Sowenig wie diese Waren ubiquitär verteilt wurden, so wenig waren auch ihre Herkunftsgebiete ubiquitär verbreitet; vielmehr war die regionale und lokale Spezialisierung sowohl bei den Herkunfts- als auch bei den Absatzgebieten die Regel. Daraus ergibt sich, daß für die Organisation des Fernhandels Städte eine große Rolle spielten.

In prä-osmanischer Zeit war es bereits zu bedeutenden Veränderungen der räumlichen Struktur des Fernhandels in und um Anatolien gekommen.

In dem Maße, wie das Byzantinische Reich seine über Anatolien und den Balkan etablierte Machtposition festigen konnte, wurde erreicht, daß alle Waren auf dem Wege vom Orient zum Okzident - und umgekehrt - auf dem Markt von Konstantinopel angeboten werden mußten; Konstantinopel entwickelte sich dadurch in byzantinischer Zeit zu einem Weltmarkt innerhalb der damals bekannten Welt (R. STEWIG 1964, S. 22 ff.).

Das Eindringen der italienischen Städte-Republiken in den Orient-Handel vollzog sich seit dem 11. Jahrhundert in der Weise, daß in Konstantinopel, auf der Südseite des Goldenen Hornes in der heutigen Altstadt, Handelskolonien, fremdvölkische Eigenviertel (R. KÜNZLER-BEHNCKE 1960) eingerichtet wurden, der Venezianer, der Amalfitaner, der Pisaner, der Genuesen (R. STEWIG 1964, S. 27), die dort Orient-Waren einkauften. Damit war eine Organisationsform im Orient-Handel geschaffen, die später im Osmanischen Reich Nachahmung finden und zu einer volkswirtschaftlich ungünstigen Situation führen sollte.

Der Strukturwandel im Orient-Handel hatte damals viel mit den - auch räumlich - wechselnden Machtverhältnissen in und um Anatolien zu tun. Dadurch wurde eine Reihe von Städten negativ wie positiv betroffen.

Mit dem Niedergang des Byzantinischen Reiches verlor Konstantinopel seine lange beherrschende Position im Orient-Handel (R. STEWIG 1964, S. 27 f.).

Das Eindringen der Türken nach Anatolien und die Entstehung einer neuen Zentralgewalt in Gestalt des Seldschuken-Reiches brachte eine Verlagerung des Fernhandels auf das Zentrum Konya mit sich, wobei neben Konya auch Kayseri und Sivas bedeutende Handelszentren wurden (R. C. JENNINGS 1976, S. 27); allein an der Straße Konya-Sivas entstanden 23 seldschukische Karawansereien im 13. Jahrhundert (H. INALCIK 1973, S. 121).

Ereignisse wie die Mongoleneinfälle, die zum Untergang des Seldschuken-Reiches führten, dürften aber die Fernhandelsverbindungen gerade in das innere Asien und bis nach Ost-Asien gestärkt haben.

Zu dieser Zeit nahmen die italienischen Handels-Republiken unter Umgehung des Marktes von Konstantinopel und unter Umgehung auch von Anatolien direkte Kontakte mit Südwest-Asien auf der durchgehenden See-Route auf.

Mit der Entstehung der zahlreichen türkischen Emirate in Anatolien, vor allem in West-Anatolien (Liste bei J. MATUZ 1990, S. 315), mit ihren entsprechend zahlreichen Residenzen (Emirat Karasi: Balıkesir; Saruhan: Manisa; Aydın: Aydın; Menteşe: Muğla; Germiyan: Kütahya; Hamit: Eğridir; Eretna: Sivas und Kayseri - um nur einige zu nennen) änderte sich die räumliche Struktur des Orient-Handels in Richtung auf eine größere Dispersität.

Erst die Entstehung und Expansion des Osmanischen Reiches brachte nach der Wahl der Städte Bursa, danach Edirne und schließlich Istanbul zu Hauptstädten erneut die Herausbildung einer Zentralgewalt an der nordwestlichen Peripherie Anatoliens und eine räumliche (Neu-)Orientierung des Orient-Handels mit sich.

Lange Zeit, im 14. und 15. Jahrhundert, teilweise auch im 16. Jahrhundert, war Bursa, die erste Hauptstadt der Osmanen seit 1326, auch noch nachdem Konstantinopel 1453 erobert und zu Istanbul geworden war, ein Hauptzentrum des Orient-Handels in Anatolien (H. INALCIK 1969), in dem sich nicht nur griechische, armenische und jüdische Kaufleute, sondern auch türkische (H. INALCIK 1969, S. 145) mit arabischen, italienischen, russisch-muskovitischen Kaufleuten zum Austausch von persischer und chinesischer Seide - auch am Ort hergestellten Seidenstoffen -, Gewürzen wie Pfeffer und Safran - aus Anatolien stammend -, Mohair und Damast noch um 1500 trafen (H. INALCIK 1969, S. 133 ff.).

Mit dem Aufkommen Istanbuls als Zentrum der politischen Macht im Osmanischen Reich und als Standort des großen nachfragekräftigen Haushalts des Sultans und der osmanischen Oberschicht verlagerte sich im 16. Jahrhundert das Zentrum des Orient-Handels dorthin (H. INALCIK 1969, S. 119 ff.).

Dabei spielten zwei bedeutsame Veränderungen eine große Rolle.

Die eine war nicht so sehr die Entdeckung Amerikas 1492 als vielmehr die Umseglung Afrikas durch Vasco da Gama 1498 und das Auffinden eines direkten Seeweges von Europa nach Südasien, was die Umgehung der traditionellen Routen des Orient-Handels durch das Territorium des Osmanischen Reiches hindurch bedeutete. Allerdings dauerte es noch einige Zeit, bis - im Laufe des 17. Jahrhunderts - sich diese Umorientierung in Form von Einnahmeverlusten beim Transithandel durch das Osmanische Reich auswirken sollte.

Die andere Entwicklung - vielleicht in Nachahmung byzantinischer Verhältnisse in Konstantinopel - bestand in der Erteilung von Handelsprivilegien an die Vertreter, Fernhandelskaufleute, ausländischer Mächte unter finanziellen Auflagen, die in die Staatskasse des Sultans flossen, der die Gelder für sein stehendes Heer und dessen Ausrüstung benötigte. Die Einrichtung der berühmt-berüchtigten Kapitulationen entstand (N. SOUSA 1933; O. NEBİOĞLU 1941; J. MATUZ 1990, S. 44, 67, 122, 157; St. J. SHAW, Bd. 1, 1996, S. 29, 97; H. INLACIK 1973, S. 129 ff.; G. VEINSTEIN in R. MANTRAN 1989, S. 222).

1352 wurden Genua, nach 1453 Venedig, 1469 Florenz Handelsprivilegien im Osmanischen Reich eingeräumt, was bedeutete, daß praktisch der Import - gegen entsprechende Zoll-Zahlung an den Sultan - freigegeben wurde (H. INALCIK 1973, S. 134).

In Istanbul entstand - auf der Nordseite des Goldenen Hornes (türk. Haliç) gegenüber der Altstadt - eine eigene städtische Siedlung, Galata, die zum Hauptniederlassungsgebiet der ausländischen Kaufleute wurde (R. MANTRAN 1962, 1996; H. INALCIK 1978).

Mit der Verdrängung der italienischen Städte-Republiken aus dem Orienthandel, zunächst durch die Franzosen, danach durch die Engländer, wurden auch den Franzosen 1536, umfangreicher 1569, später auch den Engländern 1553, umfangreicher 1580 und 1583 (der englischen Levante-Handels-Gesellschaft), entsprechende kapitulatorische, privilegierte Handelsverträge gewährt (H. INALCIK 1973, S. 137 f.), 1612 den Holländern (G. VEINSTEIN in R. MANTRAN 1989, S. 222).

Die negativen Auswirkungen dieser Handelsverträge bestanden in der Öffnung der entstehenden Binnenmärkte in Anatolien und im Osmanischen Reich für europäische Fernhandelskaufleute und damit für ausländische Wirtschaftsinteressen aus einer kurzsichtigen, volkswirtschaftlich desinteressierten Zoll- und Steuer-Politik der Sultane. Praktisch wurde dadurch Anatolien und das Osmanische Reich in einen quasi-kolonialen Status herabgedrückt, der später - im 19. Jahrhundert - noch deutlicher wurde, als die Masse der billigen Industriewaren, besonders von den Britischen Inseln (R. STEWIG 1995), in das Osmanische Reich einströmte.

Die Kapitulationen wirkten sich auf der Stufe der traditional society im Osmanischen Reich auch dahingehend negativ aus, daß nicht der merkantilistische Weg eingeschlagen werden konnte (H. INALCIK 1969, S. 135), der durch Drosselung des Imports und Förderung des Exports von seiten des Staates volkswirtschaftlich zu Gewinnen führt - ein Weg, der im Rahmen gesellschaftlicher Entwicklung, besonders in England und Frankreich, bei der Überwindung der Stufe der traditional society gegangen worden ist.

Kapital wurde im Rahmen des Orient-Handels im Osmanischen Reich durchaus akkumuliert (H. INALCIK 1969). Nutznießer war der Sultan, der durch die Handelsprivilegien an Ausländer in Form von Zöllen und Steuern Einnahmen erzielte, die er für seine Armee und die Prachtentfaltung seines Haushaltes ausgab. Nutznießer waren -

außer den ausländischen Kaufleuten - auch die einheimischen griechischen, armenischen, jüdischen und auch türkischen Fernhandelskaufleute, die aber - wenn sie investierten und nicht der Prachtentfaltung des Sultans Konkurrenz zu machen versuchten - betriebswirtschaftlich orientiert waren, Investitionen in Gewerbe und, nach der Degeneration der Agrarverfassung im 16. Jahrhundert, in Landerwerb/Landgütern vornahmen.

Neben dem in speziellen Städten verstärkt auftretenden Fernhandel gab es in der traditional society - nicht nur Anatoliens und des Osmanischen Reiches - die jeder Stadt eigenen, ein typisches städtisches Strukturelement darstellenden kleinen Händler, Krämer, Einzelhandelskaufleute, die sich in jeder islamischen Stadt im Basar (türk. çarşı) konzentrieren, der sich aus dem gedeckten Basar (türk. bedesten) und den umliegenden Basarstraßen zusammensetzte, während die Fernhandels-Kaufleute innerhalb der Städte in den Karawansereien (türk. sing. han), die sich im Umkreis des gedeckten Basars befanden, vertreten waren (K. KREISER 1979).

Außer dem Fern- und Einzelhandel stellte das produzierende Gewerbe ein weiteres, typisch städtisches Element - nicht nur - der türkisch-osmanisch-islamischen Gesellschaft dar.

Handwerk und Gewerbe - auch Dienstleistungen - waren in Zünften/Gilden (türk. sing. sınıf, pl. esnaf) zusammengeschlossen und organisiert. Diese Zusammenschlüsse sollen auf der Stufe der traditional society erst im 16. Jahrhundert entstanden sein (G. BAER 1970); andererseits wurden für Bursa im 15. Jahrhundert 60, für Istanbul 150 Zünfte genannt (H. INALCIK 1973, S. 159).

Während die Fernhandels-Kaufleute staatlicherseits im Osmanischen Reich relative Freiheit bei ihrer Tätigkeit - sei es als reisende (engl. travelling), sei es als stationäre (engl. organizing) Kaufleute (H. INALCIK 1969, S. 99 f.) - genossen, waren Einzelhandel, Handwerk und Dienstleistungen staatlicherseits streng überwacht, und zwar durch die Institution des türk. muhtesip (dt. Marktaufseher), der sich in Zusammenarbeit mit den Zünften um Preise, Löhne, Qualität der Waren und Produkte, Maße und Gewichte kümmerte und die Steuern einnahm (J. MATUZ 1990, S. 110; G. BAER 1970, S. 35).

Es gab große und kleine Zünfte; in Istanbul gehörten im 17. Jahrhundert zur Zunft der Wächter 12.000 Personen, der Sattler 5.000, der Tischler 4.000, der Karten-Hersteller 15, der Olivenöl-Händler 7 Personen (G. BAER 1970, S. 32).

Im Handwerksbetrieb bestand eine strenge Hierarchie von Meister (türk. usta), Gesellen (türk. sing. halfa) und Lehrlingen (türk. sing. cırak) (G. BAER 1970, S. 44). Nach H. INALCIK (1973, S. 160; 1969, S. 115) wurden vom produzierenden

Handwerk auch Sklaven, die aus Kriegsgefangenen rekrutiert wurden, und Lohnarbeiter beschäftigt.

Die strengen Regelungen der Handwerks-Zünfte waren - wie auch außerhalb des Osmanischen Reiches - auf die Ausschaltung von Konkurrenz durch Begrenzung der Zahl der Betriebe bedacht, indem nur zünftigen Meistern Neugründungen gestattet waren.

Obwohl im Islam das vornehme Warten auf Kundschaft einen höheren Prestige-Wert besitzt als manuelle, handwerkliche Tätigkeit, waren die Einzelhändler im Basar weniger angesehen als die großen Fernhandels-Kaufleute. So deutet sich eine soziale Rangstufung der wirtschaftlichen Macht in der traditional society des Osmanischen Reiches in den Städten an: Fernhandels-Kaufmann, Basar-Einzelhändler, Basar-Handwerker.

Entsprechend dieser sozio-ökonomischen Unterschiede bestanden auch Unterschiede der gegenseitigen Wertschätzung. Im Sinne der türk. futuwwa-Ethik, von der die Zünfte der Händler und Handwerker geprägt waren, wurden die exorbitanten Einkünfte - auch durch die hohen Zinsen - der großen Kaufleute als nicht religionskonform angesehen (H. INALCIK 1973, S. 151 f.); besonders die Handwerker waren Anhänger des im Osmanischen Reich weit verbreiteten Volks-Islam mit Heiligenverehrung, Mystik und Ordensbildung.

Im Bereich von Handel und Handwerk gab es in Anatolien und im Osmanischen Reich eine Organisationsform, die - bei einem vergleichenden Blick auf die Verhältnisse der traditional society der Britischen Inseln - als auf der Höhe der Zeit befindlich bezeichnet werden muß: das Verlags-System (engl. putting-out system). Erfolgreiche Fernhandels-Kaufleute kauften Rohstoffe auf - im Falle Bursas persische und chinesische Rohseide - und gaben sie Handwerksmeistern zur Weiterverarbeitung, zum Spinnen und Weben von Seidenstoffen, deren Verkauf sie danach organisierten (H. INALCIK 1973, S. 159).

Damit war - in der sich weiter entwickelnden traditional society - eine Trennung von Kapital und Arbeit vollzogen, die auf den Britischen Inseln - nach dem Hinzukommen von spezifisch technologischer Entwicklung - zur Entstehung der modernen Industrie führte, im Osmanischen Reich - wo die technologischen Ansätze und andere Voraussetzungen fehlten - jedoch nicht.

Doch entstanden - auf handwerklicher Ebene - im Osmanischen Reich bedeutende Produktionszentren, so in Bursa durch die handwerkliche Seidenstofferzeugung. H. INALCIK (1969, S. 114) hat in diesem Zusammenhang sogar unterschiedliche Betriebsgrößen differenzieren können: von 25 Personen, die 483 Webstühle besaßen, gehörten 7 Personen zwischen 4 und 9 Webstühlen, 10 zwischen 10 und 20 Webstühlen und 6 zwischen 21 und 40 Webstühlen. In einem Fall besaß ein Unternehmer sogar 60 Webstühle. Es muß dahingestellt bleiben, ob es im Rahmen der traditional society zur Entstehung von Manufakturen gekommen ist.

Der Staat, d. h. der Sultan, verfügte in Istanbul über Werkstätten, die zur Herstellung der Ausrüstung seiner Armee mit Kanonen, Handfeuerwaffen, der dazugehörigen Munition, (Kriegs-)Schiffen - auf einer Werft (türk. tersane) - und Bekleidung für die Soldaten dienten (G. VEINSTEIN in R. MANTRAN 1989, S. 220; H. INALCIK 1973, S. 160).

Handel und Handwerk waren in Anatolien und im Osmanischen Reich auf der Stufe der traditional society insofern auf der Höhe der Zeit, als - mit Ausnahme allerdings der durch die Kapitulationen geschaffenen, schwerwiegenden Bedingungen - vergleichbare wirtschaftliche Voraussetzungen für die gesellschaftliche Weiterentwicklung der traditional society gegeben waren wie anderswo, vor allem in West-Europa, auch.

Was die städtischen Siedlungen betrifft, so können zunächst die Fäden wieder aufgenommen werden, die bereits gesponnen worden sind. Dabei ging es um Funktionen, Struktur und Verbreitung der türkisch-osmanisch-islamischen Stadt in Anatolien. Erinnert werden muß in diesem Zusammenhang daran, daß in seldschukischer Zeit bereits wesentliche Grundlagen - wenn auch nicht überall in Anatolien - gelegt worden sind.

Aus den vorangegangenen Ausführungen ergibt sich, daß drei Gewalten/Mächte die islamische, traditionelle Gesellschaft bestimmten: die weltliche Macht, die durch den Sultan in der Hauptstadt mit seinem Palast und durch seine Repräsentanten in den Provinzhauptstädten vertreten war, die geistig-religiöse Macht, die in jeder Stadt in der großen, zentralen Moschee zum Ausdruck kam, und die wirtschaftliche Macht der Fernhandels-Kaufleute, Händler und Handwerker, die sich in der Stadt im Basar niederschlug. Diese drei Elemente bildeten auch räumlich die Kernstruktur der türkisch-osmanisch-islamischen Stadt (vgl. E. WIRTH 1975, 1991; J. ABU-LUGHOD 1978).

Da die weltliche Macht nicht nur in Istanbul durch den Sultan vertreten war, der in einem eigenen, ummauerten Stadtviertel, dem Palastbezirk (türk. saray), residierte (R. STEWIG 1964, S. 48), sondern durch seine Stellvertreter auch in der Provinz in Anatolien, kamen auch dort zahlreiche Städte in den Genuß, Standorte der weltlichen Macht zu sein. Diese Verhältnisse waren bereits dadurch angelegt, daß mit der Expansion der Osmanen in Anatolien viele Städte zwar ihre Funktion als Hauptstadt eines Emirats verloren, sie aber zu Hauptstädten der von den Osmanen neu geschaffenen Verwaltungseinheiten (türk. eyalet, türk. sancak), hauptsächlich der Sancaks, wurden.

So waren Sitze von türk. sancakbeys: Izmit für den Sancak Kocaeli, Biga für den Sancak Biga, Akhisar für den Sancak Saruhan, Kütahya für den Sancak Kütahya, Bursa für den Sancak Hudavendigar, Muğla/Milas für den Sancak Menteşe, Balıkesir für den Sancak Karesi etc. Deutlich schimmert in dieser Aufzählung die durch die ehemaligen Emirate bestimmte räumliche Struktur West-Anatoliens durch.

Zur Dokumentation der weltlichen Macht in den Städten gehörte vielfach die Ummauerung, so in Istanbul (der Altstadt), in Diyarbakır und in einigen kleinen Städten, wie Iznik, und anderen zwischen Istanbul und Diyarbakır (F.-K. KIENITZ 1979; W.-D. HÜTTEROTH 1982, S. 241 f.). Vielfach war die Ummauerung aus prä-osmanischer Zeit ererbt.

Der Standort des Herrschers befand sich nicht unbedingt immer im Mittelpunkt der Stadt, sondern oft an der Peripherie, in den Mauerkranz eingebettet. Physisch nahm er verschiedene Formen, von der Palastanlage bis zur Garnison, an.

Wenn nicht bereits in seldschukischer Zeit durch Errichtung einer großen Moschee im Mittelpunkt der Stadt, wie in Konya (Alaeddin-Moschee), die Umgestaltung des byzantinischen Erbes eingeleitet worden war, so geschah dies in den noch nicht umgestalteten Gebieten Anatoliens nach der Eroberung durch die Osmanen (K. KREISER 1985). So wurde in Bursa 1396-1399 nach der Eroberung im Jahre 1326 die Große Moschee (türk. Ulu Cami) geschaffen (X. de PLANHOL 1969, S. 259). Mehmet II. (1451-1481), der Eroberer, ließ nach der Eroberung Konstantinopels 1453 die größte byzantinische Kuppelkirche der Stadt, die Hagia Sophia (türk. Aya Sofya), in eine Moschee umfunktionieren und baute 1463-1470 in der Stadt eine eigene große Moschee, die Fatih-Moschee (H. INALCIK 1973, S. 143, Bild 54).

Zwar gehörten nicht zu allen zentralen großen Moscheen in den Städten Zubehörbauten wie Koranschule (türk. medrese), Armenküche (türk. imaret), Kloster (türk. tekke), Mausoleum (türk. türbe) oder Badehaus (türk. hamam) (R. STEWIG 1970, S. 45), aber wo sie errichtet wurden, wie besonders in Istanbul, entstanden ausgedehnte Moscheenkomplexe, die durch die schlanken osmanischen Minarette auch optisch die Städte und ihre skyline prägten.

Neben der zentralen großen Moschee der Stadt erhielten die verschiedenen Stadtviertel (türk. sing. mahalle) ihre eigene kleine Moschee. Entsprechend dem türk. millet-System konnten die Nicht-Muslime (türk. zimmi, dt. Schutzbefohlene) in ihren Stadtvierteln ihre eigenen Gotteshäuser, d. h. griechisch-orthodoxe Kirche, gregorianisch-armenische Kirche oder Synagoge, einrichten.

So kam innerhalb der türkisch-osmanisch-islamischen Stadt auf der religiösen Ebene der Muslime eine zentralörtliche Zweistufung zustande, die sich auf der wirtschaftlichen Ebene durch Haupt-Basar und Stadtviertel-Basar wiederholen sollte (R. STEWIG 1973, S. 143 ff.).

Das Haupt-Basar-Gebiet zeigte als Standort von Fernhandels-Kaufleuten, Einzelhändlern und Handwerkern, wobei Händler und Handwerker in Personalunion auftreten konnten, eine weitreichende, auch räumliche Differenzierung (E. WIRTH 1974/75; M. SCHARABI 1985; G. ÖZDEZ 1954).

In Bursa, der ersten Hauptstadt der Osmanen, war das Kernstück des Basars, der Gedeckte Basar (türk. bedesten), bereits 1340 - noch vor der Großen Moschee - benachbart geschaffen worden (H. INALCIK 1973, S. 143; K. KREISER 1974). Mehmet II. (1451-1481), der Eroberer, ließ nach der Eroberung Konstantinopels, 1453, in Istanbul, benachbart zu der in eine Moschee umgewandelten Hagia Sophia (türk. Aya Sofya) den Bedesten mit 118 Läden errichten, weitere 984 Geschäfte - im traditionellen Sinne, d. h. als offene Verkaufsstände ohne Schaufenster mit offener Auslage der Waren - ließen sich in der Umgebung des Bedesten in den Basarstraßen nieder (H. INALCIK 1973, S. 143). Basar und Haupt-Moschee zusammen wurden in jeder osmanischen Stadt zum Stadtzentrum.

Die Verkaufsstände der Basarstraßen in der Umgebung des Bedesten, in dem die hochwertigsten Waren, Gold, Silber, Edelsteine, angeboten wurden und der als Ganzes abschließbar war, gruppierten sich nach Branchen in einer strengeren Ordnung als in der mittelalterlichen europäischen Stadt (E. WIRTH 1974/75; E. WIRTH 1975).

Dabei bestand eine Sortierung derart, daß Devotionalien in der Nähe der Haupt-Moschee angeboten wurden, dagegen zur Peripherie des Basars hin jene Branchen vertreten waren, deren Waren in der Wertskala niedriger rangierten und bei denen die mit dem Handel oft kombinierte Herstellung zur Geräusch- oder Geruchsbelästigung führte - Eisen- und Lederwaren (R. STEWIG 1973, S. 143 ff.).

In die Peripherie des Bedesten eingebettet, aber vielfach innerhalb des Basargebietes in den Basarstraßen lagen die Karawansereien (türk. sing. han), die Zentren der Fernhandels-Kaufleute. In Anatolien waren es zweistöckige, festungsartige Gebäude, die im Erdgeschoß zur Lagerung der Waren und Unterbringung der Tragtiere, meist Kamele, dienten, im Obergeschoß mit einer Vielzahl von kleineren Gemächern zur Unterbringung der Kaufleute. Zuweilen waren diese Stadt-Karawansereien auf den Umschlag bestimmter Waren spezialisiert (R. STEWIG 1973, S. 143 ff.).

Der Basar-Bereich diente nicht dem Wohnen - im Gegensatz zu der Kombination von Wohnen und Arbeiten der Händler und Handwerker in Standortidentität in der mittelalterlichen Stadt Europas. Damit war in Anatolien (und im islamischen Orient) die

City-Bildung der europäischen Stadt, die erst sehr viel später mit der Abwanderung der Wohnbevölkerung aus den Stadtzentren einsetzte, vorweggenommen.

Um das Stadtzentrum herum, ihm angelagert, bestanden die verschiedenen Stadtviertel (türk. sing. mahalle) der Muslime und der türk. millets mit ihren jeweils eigenen Gotteshäusern und Viertel-Basaren. Es gab also in den Wohn-Stadtvierteln eigene kleine wirtschaftliche und religiöse Zentren.

Angesichts der ausgeprägten Segmentierung (R. König) der islamischen Gesellschaft, besonders in den Städten (K. KREISER 1974), kann man insgesamt eine religiös-ethnische räumliche Struktur, aber keine vorrangige Differenzierung nach sozialen Schichten feststellen.

Für Bursa (um 1500) wurden zwar von H. INALCIK (1973, S. 162) nach Sterbelisten der Stadtbewohner nach ihren Einkommens- und Vermögensverhältnissen drei sozio-ökonomische Gruppen angegeben - so sollen 26 % der Stadtbevölkerung weniger als 20 Gold-Dukaten, 58 % 20 bis 200 Gold-Dukaten und 16 % über 200 Gold-Dukaten besessen haben -, aber diese Andeutung einer sozialen Schichtung darf nicht als räumliche Differenzierung der ganzen Stadt gesehen werden. Dennoch bestand durch die unterschiedlichen sozio-ökonomischen Niveaus der verschiedenen Stadtviertel, der Muslime, der Griechen, der Armenier und der Juden, auch eine sozialräumliche Differenzierung innerhalb der Städte.

Innerhalb der verschiedenen Stadtviertel wiederum dürfte eine sozialräumliche Feinstruktur und Differenzierung in der Weise bestanden haben, daß die Honoratioren am jeweiligen wirtschaftlichen und religiösen Zentrum wohnten, die sozio-ökonomisch schwächeren Angehörigen an der Peripherie (L. ROTHER 1972).

Eine typische Erscheinung der türkisch-osmanisch-islamischen Stadt - nicht nur in Anatolien - war die Erschließung der Wohngebiete durch Sackgassen (türk. sing. cıkmaz) (R. STEWIG 1966; E. WIRTH 1975, S. 69 ff.; R. BUSCH-ZANTNER 1932), deren Entstehung wahrscheinlich schon in byzantinischer Zeit durch die Überbauung des ererbten, antiken Schachbrettgrundrisses begann (E. WIRTH 1975, S. 61). Die in der Werteskala des Islam hoch stehende Privatheit der Familie und die mangelnde kommunale Regelung der Stadtgrundrisse und der städtischen Grundbesitzstruktur müssen für die weite Verbreitung des Sackgassen-Grundrisses in den Wohngebieten der islamischen Städte der traditional society in Anatolien verantwortlich gemacht werden.

Die Segregation der Geschlechter in der islamischen Gesellschaft wirkte sich bis in die innere Struktur des alt-türkischen städtischen Wohnhauses hinein aus, das eine Übertragung des ländlichen Fachwerkhauses aus Holz - mit der Unterscheidung von Wohn-

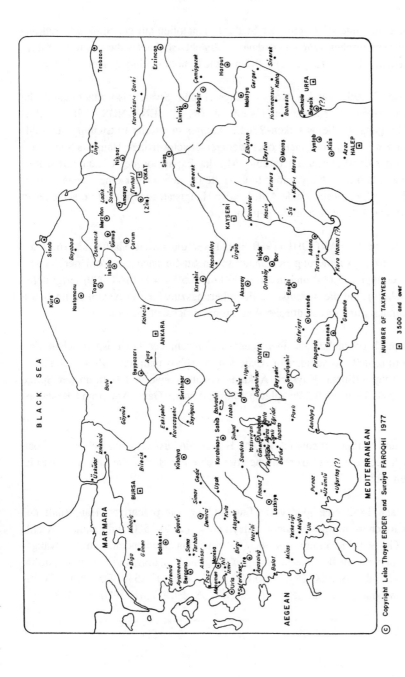

Abb. 10: Die städtischen Siedlungen in Anatolien in der 2. Hälfte des 16. Jahrhunderts (Quelle: L. T. ERDER, S. FAROQHI 1980, S. 273)

teil der Frauen (türk. haremlık) und Wohnteil der Männer (türk. selamlık) - war (E. A. KÖMÜRCIOĞLU 1966; Ö. KÜCÜKERMAN 1992).

Was die Verbreitung und Hierarchie der Städte in Anatolien auf der Stufe der traditional society in osmanischer Zeit - und davor - angeht, so haben die politisch-militärisch-ökonomischen Umwälzungen und Brüche wiederholt Veränderungen gebracht.

In seldschukischer Zeit standen Konya, Kayseri und Sivas, also inneranatolische Städte, an der Spitze der städtischen Hierarchie (R. C. JENNINGS 1976, S. 27). Nach dem Untergang des Seldschuken-Reiches kam es durch die Entstehung der zahlreichen türkischen Emirate mit mehr oder weniger gleichwertigen Hauptstädten zu einer Auflösung der überlieferten Hierarchie. Mit der Expansion des Osmanischen Reiches über ganz Anatolien (und darüber hinaus) stellte sich wieder eine - neue - Hierarchie ein, die durch die wechselnde Abfolge der Hauptstadtfunktion an verschiedenen Standorten - Bursa, Edirne, Istanbul - geprägt war.

L. T. ERDER und S. FAROQHI (1980) haben für die zweite Hälfte des 16. Jahrhunderts eine Größengruppierung der anatolischen Städte nach der Zahl der Steuerzahler in drei Gruppen (3.000 und mehr, 1.000 bis 3.500, 400 bis 1.000) aufgestellt. In ihrer Darstellung sind die bedeutsame Bevölkerungszunahme in Anatolien im Laufe des 16. Jahrhunderts und das städtische Wachstum berücksichtigt worden.

Wenn man zunächst Istanbul als überragendes Zentrum der hoch-osmanischen Zeit außer Betrachtung läßt, so standen in Anatolien in früh-osmanischer Zeit - in absteigender Reihenfolge - Bursa, Kayseri, Ankara, Tokat, Konya und Urfa an der Spitze der Hierarchie; als kleinere Städte folgten Maraş, Sivas, (Gazi-)Antep und Kastamonu.

In dieser Reihung schimmert sowohl die alte Hierarchie aus seldschukischer Zeit noch durch, wie sich auch die neue, osmanische Hierarchie mit Bursas Stellung an der Spitze zu erkennen gibt.

Istanbul hat nach 1453 eine glanzvolle Entwicklung zur prächtigen Hauptstadt des Osmanischen Reiches, besonders unter Süleyman I. (1520-1560) und seinem Architekten Sinan (1489-1578) erlebt, die sich in einer entsprechenden, durch Zwangs-Peuplierung eingeleiteten Bevölkerungsentwicklung niederschlug und von etwa 50.000 Einwohnern 1453 über 80.000 1480, 200.000 1500, 400.000 1530, 700.000 1570 bis auf 1 Mio. Einwohner 1600 führte (L. T. ERDER, S. FAROQHI 1980, S. 292).

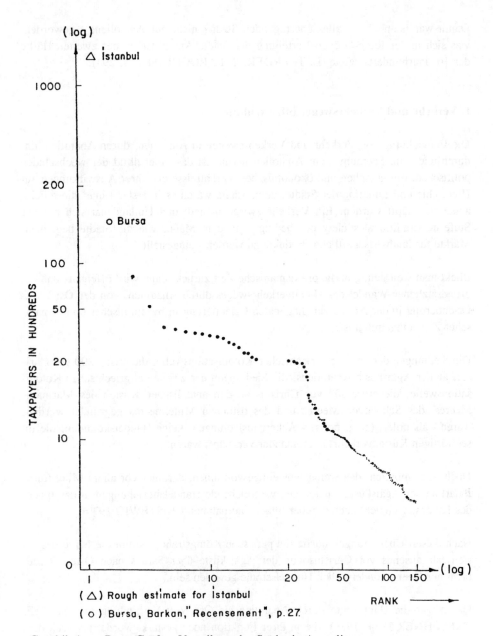

Graphik 1: Rang-Größen-Verteilung der Städte in Anatolien in der 2. Hälfte des 16. Jahrhunderts
(Quelle: L. T. ERDER, S. FAROQHI 1980, S. 273)

Damit war Istanbul zur alles überragenden Stadt - nicht nur Anatoliens - geworden, was sich in der Rang-Größen-Verteilung der Städte Anatoliens in der zweiten Hälfte des 16. Jahrhunderts zeigte (L. T. ERDER, S. FAROQHI 1980, S. 294).

f) Verkehr und Verkehrswege, Infrastruktur

Die Entwicklung von Verkehr und Verkehrswegen in Anatolien, durch Anatolien hindurch und - im Seeraum - um Anatolien herum ist das Spiegelbild der wechselnden politischen, militärischen und ökonomischen Verhältnisse und ihrer Auswirkungen auf Hierarchie und Funktion der Städte, denn Städte waren es in erster Linie, die miteinander verknüpft wurden. Ein Verkehr zwischen Stadt und Umland hat sich auf der Stufe der traditional society nur bedingt - in dem Maße, wie die Städte begannen, Märkte für landwirtschaftliche Produkte zu werden - eingestellt.

Blickt man weit genug in die prä-osmanische Zeit zurück, dann wird offenbar, daß ein grundsätzlicher Wandel des Hauptverkehrsweges durch Anatolien, von der Ost-West-Orientierung in der Antike zur diagonalen Orientierung in byzantinischer und osmanischer Zeit, eingetreten ist.

Die Siedlungen der ersten altgriechischen Kolonisationswelle, die etwa 1200 vor Christus an der Ägäisküste Anatoliens, die Siedlungen der zweiten altgriechischen Kolonisationswelle, die etwa 800 vor Christus an den anatolischen Küsten des Marmara-Meeres, des Schwarzen Meeres und des östlichen Mittelmeeres gegründet wurden, waren - als poleis (sing. polis) - Ackerbausiedlungen, keine Handelskolonien, die im seewärtigen Küstenverkehr untereinander verknüpft waren.

Doch ist es möglich, daß wenigstens einige von ihnen, darunter vor allem Milet (türk. Balat) an der Ägäisküste Anatoliens, weitreichende Handelsbeziehungen in das Innere des Landes, vielleicht auch darüber hinaus, aufnahmen (R. STEWIG 1970).

Nach diesen Überlegungen dürfte die persische Königstraße, die um die Mitte des ersten Jahrtausends vor Christus von der Ägäisküste über Sardes nach Osten führte, nicht nur Heer-, sondern auch Handelsstraße gewesen sein.

Damit war die Hauptroute durch Anatolien als Ost-West-Verbindung festgelegt (F. TAESCHNER 1924, 1926), die in ihrer Funktion noch gestärkt wurde, als nach dem Einmarsch Alexanders des Großen 334 vor Christus nach Anatolien die dritte altgriechische Kolonisationswelle in das innere Anatolien hinein begann und zu einer Reihe von Städtegründungen entlang dieser Route führte.

Noch in römischer Zeit lag das Schwergewicht des Fernhandels zwischen Orient und Okzident und seinen Umschlaghäfen Milet und Ephesus an der Ägäisküste Anatoliens, wobei Milet schon früh durch Verlandung seines Hafens zurückfiel (F. TAESCHNER 1926, S. 202; R. STEWIG 1968, Karte 60).

Die persische Königstraße soll in Inner-Anatolien einen Verlauf nördlich um den Großen Salzsee (türk. Tuz Gölü) genommen haben, in römischer Zeit südlich (F. TAESCHNER 1926, S. 202).

Aber schon in römischer Zeit wurde die Umorientierung auf eine diagonale Strecke dadurch eingeleitet, daß die Donau-Front des Römischen Reiches mit der Euphrat-Front durch eine Heerstraße, zur schnelleren Verlegung von Truppen, verbunden wurde, die über Byzanz und den Bosporus verlief (R. STEWIG 1964).

Zum ersten Male im Laufe der Entwicklung erhielt die diagonale Route durch Anatolien, vom Bosporus zu den Taurus-Pässen, nicht nur als Heer-, sondern auch als Handelsroute ihre Bedeutung, nachdem die Hauptstadt des Oströmischen Reiches, aus dem das Byzantinische Reich hervorging, 330 nach Christus am Bosporus, in Byzanz, das seitdem Konstantinopel hieß, eingerichtet worden war (R. STEWIG 1964).

Das Eindringen der Türken, zuerst der Seldschuken, nach Anatolien seit 1071 (Schlacht von Malazgirt am Van-See) führte zum Verfall der Diagonalroute; sie wurde aber noch auf dem 1. Kreuzzug (1096-1099) benutzt, während spätere Kreuzzüge, der 2. Kreuzzug (1147-1149) und der 3. Kreuzzug (1189-1192), von dieser Route abwichen, andere Wege durch Anatolien und den Seeweg unter Umgehung Anatoliens - so spätere Kreuzzüge (4. bis 7. Kreuzzug) - durchgehend benutzten.

Mit der Etablierung des Seldschuken-Reiches (1071-1243) bildete sich erstmals, wenn man die wenig bekannten Verhältnisse des Hethiter-Reiches im 2. Jahrtausend vor Christus außer Betrachtung läßt, ein zentrales, auf die Seldschuken-Hauptstadt Konya orientiertes Straßennetz in Inner-Anatolien aus, dessen Hauptstraßenverbindungen in Liste 1 (S. 54) aufgeführt sind.

Aus seldschukischer Zeit stammen auch die frühesten infrastrukturellen Einrichtungen im Zusammenhang mit dem Verkehrswesen in Gestalt von Karawansereien (türk. sing. han) und Brücken (türk. sing. köprü), auch Wasserstellen als Brunnen und Quellen (türk. sing. çeşme, pinar).

Mit der Ausdehnung des Seldschuken-Reiches nach Norden bis an das Schwarze Meer (Hafen Sinop), nach Süden bis an das östliche Mittelmeer (Hafen Antalya, Werft Alanya) - aber nicht bis zur Ägäis - entstanden auch kombinierte Land-See-Verbindungen im Raume Anatoliens.

Der Untergang des Seldschuken-Reiches und die Entstehung des Osmanischen Reiches, zuerst - seit 1326 - mit Bursa als Hauptstadt, führten erneut zu einer Umorientierung des Verkehrs innerhalb Anatoliens mit Zentrierung auf das periphere, im Nordwesten Anatoliens gelegene Bursa.

Zuvor, in der Zeit der konkurrierenden türkischen Emirate mit mehr oder weniger gleichgewichtiger politischer Bedeutung, mußte der Reisende auf dem Wege von Konstantinopel nach Südosten verschlungene Wege, von einer Hauptstadt zur anderen gehen: zuerst nach Bursa, der osmanischen Hauptstadt, von dort nach Kütahya, der Hauptstadt des Emirats Germiyan, von dort nach Laranda/Karaman, der Hauptstadt des Emirats Karaman (das die Nachfolge des Seldschuken-Reiches mit der Hauptstadt Konya angetreten hatte) und von dort entweder über Ereğli und den Haupt-Tauruspaß oder über das Gebirge nach Selefke und weiter nach Tarsus bzw. Adana, das die Hauptstadt eines weiteren Emirats (Ramazanoğlu) geworden war (F. TAESCHNER 1926 S. 203).

Mit der Herausbildung von Bursa als Hauptstadt und Zentrum des Orienthandels bis zum Beginn des 16. Jahrhunderts (H. INALCIK 1969) wurde das anatolische Wegenetz durch folgende Routen bestimmt:
    Bursa - Kütahya
    Bursa - Iznik - Geyve - Göynük - Mudurnu - Kastamonu
    Bursa - Eskişehir - Ankara
    Bursa - Mihalic - Balıkesir - Bergama (griech. Pergamon) - Manisa - Izmir
    Bursa - Çanakkale (Dardanellen)
(F. TAESCHNER 1926, S. 203).

Als dann, nach 1453, die Hauptstadt des Osmanischen Reiches endgültig nach Istanbul verlegt worden war, wurden viele Wege von dort nach West-Anatolien im Rahmen des alten, von Bursa ausgehenden Wegenetzes - und über Bursa - weiter benutzt (F. TAESCHNER 1924, 1926).

Mit dem Vordringen des Osmanischen Reiches, nicht nur nach Ost-Anatolien, sondern auch nach Südosten bis auf die Arabische Halbinsel und nach Nordosten in den Kaukasus hinein, kamen über West- und Inner-Anatolien hinausgehende, weiterreichende Verbindungen auf. So entwickelte sich eine neue diagonale Heer- und Handels- (d. h. Karawanen-)Straße von Istanbul nach Südosten über Eskişehir, Akşehir, Konya, Ereğli nach Adana, die auch als Pilger-Route zu den heiligen Stätten in Mekka benutzt wurde.

An Infrastruktur-Einrichtungen entstanden durch die Osmanen weitere Karawansereien, auch Brücken und Brunnen, die vielfach durch religiöse Stiftungen (türk. vakıf, plur. evkaf) geschaffen wurden (F. TAESCHNER 1958, S. 80). Kleinere Flüsse wurden in dem weitgehend sommertrockenen Anatolien - Feldzüge fanden nur im Sommer statt - auf Furten durchquert (F. TAESCHNER 1958, S. 80).

Für den Lastverkehr wurden Tragtiere eingesetzt, meist Kamele, für den Personenverkehr Reittiere oder von Tieren getragene Sänften (F. TAESCHNER 1958, S. 78). Der Gebrauch von Wagen scheint die Ausnahme gewesen zu sein; der Habsburgische Gesandte Ghiselin von Busbeck benutzte allerdings einen Wagen für seine Reisen im Osmanischen Reich.

Der Reisende Bertrandon de la Brocquière benötigte 1432 50 Tage für die Strecke von Damaskus nach Bursa, die er mit einer Karawane von angeblich 3.000 Kamelen zurücklegte (H. INALCIK 1973, S. 125).

Als Boten - von der Hauptstadt in die Provinzhauptstädte, besonders in die nicht an der Haupt-Diagonalroute liegenden - wurden Reiter eingesetzt - die Vorläufer der Tataren-Postreiter des 18. und 19. Jahrhunderts in Anatolien (F. TAESCHNER 1926, S. 205).

Da sich das Osmanische Reich in Anatolien auch nach Nordosten in Richtung Kaukasus ausbreitete, wurde eine Verbindung auch dorthin notwendig. Im 16. und selbst im 17. Jahrhundert scheint ein Weg genommen worden zu sein (Abb. 11), der von der Diagonalroute südlich des Großen Salzsees (türk. Tuz Gölü) abzweigte und über Niğde, Kayseri nach Sivas, Erzincan und Erzurum führte. Das bedeutete einen großen S-förmigen Umweg von Istanbul nach Nordost-Anatolien. Dennoch scheint dieser Weg noch lange Zeit eingeschlagen worden zu sein; F. TAESCHNER (1926, S. 204) gab an, daß noch unter Murat IV. (1623-1640) dieser Weg - jedenfalls als Heerweg - benutzt worden ist.

Doch bildete sich im 16. Jahrhundert ein direkter Weg von Istanbul nach Osten über Bolu, Amasya, Tokat nach Erzincan und Erzurum heraus, der zuerst von (Handels)-Karawanen benutzt wurde. F. TAESCHNER (1926, S. 204) gab an, daß diese Karawanenstraße bereits für 1548 bezeugt ist. Im Laufe des 17. Jahrhunderts wurde dieser direkte Weg von Istanbul nach Nordost-Anatolien dann auch als Heerweg benutzt (F. TAESCHNER 1926, Karten S. 44-61).

Zwei weitere Hauptrouten von Istanbul über Afyonkarahisar und Isparta nach Antalya und über Izmit nach Ankara kamen hinzu (H. INALCIK 1973, S. 146). Damit war Anatolien auf Landwegen von Istanbul aus sternförmig - auf dem Niveau des Verkehrswesens der Zeit - erschlossen.

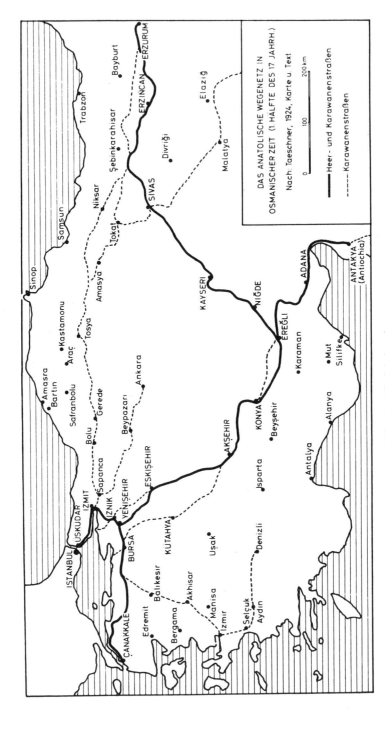

Abb. 11: Das anatolische Wegenetz in der 1. Hälfte des 17. Jahrhunderts
(Quelle: R. STEWIG 1968, S. 102, nach F. TAESCHNER 1924, Karte und Text)

Noch dominierten die diagonalen (Land-)Verkehrsverbindungen von Istanbul aus. Aber zwei zukünftige Entwicklungen deuteten sich in der Hochzeit des Osmanischen Reiches bei der Verkehrserschließung Anatoliens an.

In dem Maße, wie den ausländischen Handelsnationen, zuerst Venedig, Genua, Pisa, Amalfi, Florenz und Askona, später Franzosen, Engländern und Holländern, Handelsprivilegien eingeräumt wurden, kam es zu ihrer Niederlassung nicht nur in Istanbul, sondern auch an anderen Küstenplätzen Anatoliens, besonders an der Ägäis und am Schwarzen Meer.

Dadurch wurde allmählich - das ist die eine Entwicklung - West-Anatolien landwirtschaftlich in Wert gesetzt, was die Aufwertung der Seeverkehrsverbindungen dorthin, allerdings im Rahmen eines quasi-kolonialen Status des Osmanischen Reiches, zur Folge hatte. Mit dem sich ankündigenden Niedergang des Orient-Okzident-Handels über Istanbul wandelte sich Anatolien von einem Transitland zu einem Abholraum von in Anatolien selbst hergestellten Produkten, vor allem von landwirtschaftlichen in West-Anatolien.

Die zweite Entwicklung bestand darin, daß - beim weiterführenden Transithandelsverkehr - Anatolien auf dem Seewege umgangen wurde. Von Istanbul aus stellte man die Verbindung bis Trabzon per Schiff her; von dort ging es auf dem Landweg über Erzurum nach Täbriz und weiter.

Entsprechendes entwickelte sich auch im Süden; von Istanbul aus wurde die Verbindung nach Syrien und weiter nach Mesopotamien bis Iskenderun (zuvor bis Payas) auf dem Seewege bewerkstelligt (F. TAESCHNER 1926, S. 22; H. INALCIk 1973, S. 127).

Die Auswirkungen dieser Entwicklungen waren die Vernachlässigung und der allmähliche Verfall des inner-anatolischen Wegenetzes und die einsetzende Verkehrserschließung in quasi-kolonialer Manier von den Küsten her.

g) Wertung des gesellschaftlichen Entwicklungsstandes im Vergleich mit anderen, gleichzeitigen Agrargesellschaften: Gleichwertigkeit und Überlegenheit

Es kann hier nicht darum gehen, die Verhältnisse der traditional society außerhalb des Osmanischen Reiches, also der mittelalterlichen Agrargesellschaften Europas, darzulegen; doch sollen die Gegebenheiten der traditional society auf den Britischen Inseln vergleichend in die wertende Betrachtung einbezogen werden.

Zwar läßt die Struktur der mittelalterlichen Agrargesellschaft der Britischen Inseln viele Ähnlichkeiten mit der Anatoliens und des Osmanischen Reiches erkennen, aber es gab auch Unterschiede, Veränderungen auf den Britischen Inseln, die - in der Rückschau - für die (frühe) Entstehung der Industriegesellschaft dort Bedeutung erlangt haben. Mit anderen Worten - und um das Ergebnis vorwegzunehmen - die Herausbildung der Industriegesellschaft reichte auf den Britischen Inseln mit ihren Wurzeln bis auf die Stufe der traditional society zurück (R. STEWIG 1995), in Anotolien und im Osmanischen Reich nicht.

Das bedeutet jedoch nicht, daß die traditional society in Anatolien in der Hochzeit des Osmanischen Reiches gegenüber der auf den Britischen Inseln zurückstand, sie war in vieler Hinsicht gleichwertig, unter einigen Aspekten überlegen.

Das Osmanische Reich hat sich aus kleinen räumlichen Anfängen in Nordwest-Anatolien zu einem über drei Kontinente sich erstreckenden Weltreich auf der Stufe der traditional society entwickelt. Wenn es nach heutigen Wertmaßstäben unangemessen erscheint, militärische Erfolge, Landeroberungen, als Indiz für gesellschaftliche Qualität anzusehen, so muß man doch bei Beurteilungen sowohl die Usancen der damaligen Zeit als auch die Tatsache berücksichtigen, daß die Expansion des Osmanischen Reiches zwar mit Rückschlägen - vor allem in der Zeit des Interregnums (1402-1413) - über Jahrhunderte, vom 14. bis 16. Jahrhundert, weitgehend kontinuierlich verlaufen ist. Dies spricht für eine ungewöhnliche Qualität der traditional society des Osmanischen Reiches in seiner Früh- und Hochzeit.

Hinter diesen Erfolgen stand nicht nur eine fortschrittliche militärische Organisation - so gab es neben dem (Provinz-)Aufgebotsheer in Gestalt der Janitscharen-Verbände früh auch ein stehendes Heer, und die technische Ausrüstung der Truppen war bis in das 16. Jahrhundert hinein auf der Höhe der Zeit -, vielmehr muß als Grundlage der damaligen gesellschaftlichen Qualität die stabile wirtschaftliche und soziale Struktur Anatoliens und des Osmanischen Reiches, die auf der Agrarverfassung beruhte, angesehen werden.

Ob man das früh- und hochosmanische türk. timar-System als Lehnswesen oder als Pfründenwirtschaft bezeichnet, auf alle Fälle bestanden mit dem europäischen Lehnswesen des Mittelalters vergleichbare Verhältnisse im Osmanischen Reich. Die auf Getreidebau durch die Seßhaften und Viehhaltung durch die Nomaden basierende Agrarwirtschaft war die ökonomische Basis des Staates, die über Steuern dienstbar gemacht wurde. Gleichzeitig stellte die muslimische türkische Bevölkerung des ländlichen Raumes im türk. timar-System auch die Grundlage für die militärische Macht und die Erfolge des Staates dar.

Die relative Rechtssicherheit innerhalb des Osmanischen Reiches, die von der absoluten Stellung des Sultans und dem strengen Zentralismus herrührte, scheint in der osmanischen Früh- und Hochzeit - trotz enormer Gebietszuwächse - flächendeckend durchgesetzt worden zu sein (B. LEWIS 1961, S. 438).

Als eine besondere Leistung muß auch die damalige Lösung des Vielvölker-Problems angesehen werden; selbst in Anatolien war eine ausgesprochene Heterogenität der Bevölkerungszusammensetzung - Türken, Griechen, Armenier, Juden, Kurden - vorhanden. Mit dem türk. millet-System wurde eine Lösung gefunden, die den Einbau der nicht-muslimischen Gruppen in den Staat durch fiskalische Maßnahmen ermöglichte, dabei den verschiedenen Nationalitäten ihre kulturelle und vor allem religiöse Identität beließ.

Auch das Städtewesen des Osmanischen Reiches war auf einem der traditional society adäquaten Niveau. Nachdem den frühen Osmanen der Sprung vom Nomadismus zur Seßhaftigkeit und die Etablierung einer ersten Hauptstadt gelungen war, bestand der Aufbau des Städtewesens überwiegend in der Übernahme vorhandener, eroberter Städte der Byzantiner, der Seldschuken und der türkischen Emirate und - wo dies nötig wurde - im Umbau zu türkisch-osmanisch-islamischen Städten.

Durch die Lage des Osmanischen Reiches im Zentrum der bekannten Welt vor Beginn des Zeitalters der Entdeckungen, auf drei Kontinenten, - zu einer Zeit, als sich die Britischen Inseln noch an der Peripherie Europas befanden - war durch den Orient-Okzident-Handel über das Territorium des Osmanischen Reiches eine fernhandelsmäßig überaus günstige Situation gegeben, die sich in entsprechenden Funktionen einer Reihe von - durch Karawanenstraßen verbundenen - Städten, Istanbul und Bursa an der Spitze, widerspiegelte. Daraus folgten wiederum Einnahmemöglichkeiten für den Staat.

Auch das Handwerk, insbesondere das im Rahmen des Fernhandels auf hochwertige Produkte spezialisierte und in einigen Städten konzentrierte, war durch die Möglichkeit nicht nur des Fernabsatzes im Transitverkehr, sondern auch durch den Absatz im eigenen Land am Hofe des Sultans und bei der städtischen Oberschicht auf einem hochentwickelten Niveau. Es kam sogar zu einer Funktionsteilung zwischen Arbeit - im Handwerk - und Kapital - im (Fern-)Handel -, die durch das Verlags-System (engl. putting-out system) wieder zusammengeführt wurden. Auf den Britischen Inseln war dieser Vorgang e i n e Voraussetzung für die frühe Herausbildung der Industrie und der Industriegesellschaft; im Osmanischen Reich ging der entsprechende Ansatz durch ungünstige Umstände aber verloren.

Auch die Koppelung von weltlicher und geistiger Macht durch die Religion, den Islam, d. h. die Struktur des Osmanischen Reiches als Gottes-Staat, kann in der Früh-

und Hochzeit der osmanisch-türkischen traditional society als Positivum gewertet werden, bedeutete sie doch die Sanktionierung der staatlichen, militärischen und gesetzgeberischen Maßnahmen durch die Religion und die religiöse Motivierung der muslimischen Angehörigen des Staates bei der Expansion des Reiches.

Der Unterwerfungscharakter des Islam als Religion dürfte angesichts der engen Verknüpfung mit dem Staat zur Ausübung von Gehorsam auch im weltlichen Bereich beigetragen haben.

Aber der Religion kam - und kommt - in ihrer Bedeutung für die gesellschaftliche (Weiter-) Entwicklung auch ein anderer Charakter zu. Als Offenbarungsreligion wurde den in arabischer Sprache überlieferten Worten des Propheten Mohammed im Koran, dem heiligen Buch des Islam, Unveränderbarkeit zugeschrieben; daran hat sich seitdem nichts geändert.

Auch in Europa gab es im Mittelalter, in der Zeit der Früh-, Hoch- und Spätscholastik vom 9. bis 15. Jahrhundert, das Festhalten an überlieferten Glaubensgrundsätzen.

Aber in einer Zeit, in der in Europa die Reformatoren M. Luther (1483-1546) und J. Calvin (1509-1564) die lebensweltliche Verantwortung in das Individuum hinein verlegten, wurde im Islam an den im Koran vorgegebenen Regelungen unverändert festgehalten.

Während auf den Britischen Inseln durch die Einflüsse J. Calvins ein gewaltiger Motivationsschub für die ökonomisch interessierten Menschen entstand - wirtschaftlicher Erfolg wurde von den Puritanern als Zeichen göttlicher Auserwähltheit angesehen -, setzte im Islam das Verbot, Zinsen - oder zumindest Wucherzinsen - zu nehmen, obwohl es auch umgangen werden konnte, Grenzen für die wirtschaftliche Betätigung der Muslime und überließ einen Teil lukrativer wirtschaftlicher Aktivitäten und ökonomischer Entfaltung nicht-muslimischen Gruppen des Osmanischen Reiches, Griechen, Armeniern, Juden.

Noch schwerer wogen - in der Bedeutung für gesellschaftliche (Weiter-)Entwicklung - die Veränderungen der Agrarverfassung im Verlauf der traditional society sowohl auf den Britischen Inseln - positiv - als auch in Anatolien und im Osmanischen Reich - negativ. Auf den Britischen Inseln kam es früh zur Auflösung der traditionellen Agrarverfassung dadurch, daß eine - von den Auswirkungen der Pest ausgelöste - Bevölkerungsverknappung im ländlichen Raum eintrat, die für die abhängige ländliche Bevölkerung die Möglichkeit mit sich brachte, die Verpflichtungen zu Dienstleistungen gegenüber den Grundherren durch Geldzahlungen abzulösen, zumal die Entwicklung des Städtewesens Märkte für agrare Produkte hatte entstehen lassen. Damit trat eine Kommerzialisierung im ländlichen Raum ein, die eine Voraussetzung für das frühe Herausbilden der Industriegesellschaft auf den Britischen Inseln wurde (R. STEWIG 1995).

Im Osmanischen Reich kam es in Anatolien im 16. Jahrhundert zu einer deutlichen Bevölkerungszunahme. Zwar setzte auch die Auflösung der althergebrachten Agrarverfassung ein, aber im Sinne einer Degeneration des türk. timar-Systems. Die solide wirtschaftliche, fiskalische Struktur und militärische Organisation des Osmanischen Reiches wurde untergraben. Nicht mehr nur Militärs erhielten Lehen bzw. Pfründen im ländlichen Raum, sondern zunehmend auch Zivilisten, die von den Verpflichtungen der Heeres-Organisation befreit waren. Außerdem begann es üblich zu werden, die übertragenen ländlichen Areale als privaten Besitz - Großgrundbesitz - anzusehen. Die nachgeordnete ländliche Bevölkerung sank im sozialen Status herab. Darüber hinaus wurde die Funktion des Steuereinnehmens vom Staat an Steuerpächter verkauft, die von der Bevölkerung mehr herausholten, als sie dem Staat ablieferten.

Zwar taten sich durch die gerade in den Städten zunehmende Bevölkerung im Laufe des 16. Jahrhunderts auch in Anatolien Absatzmärkte, besonders für Getreide, auf, in einzelnen Fällen sogar Export-Absatzmöglichkeiten, so daß allmählich das Subsistenzwirtschaftsniveau des Landes überwunden wurde, aber die wirtschaftlichen Möglichkeiten konnten durch die abhängiger werdende ländliche Bevölkerung nicht wahrgenommen werden. Eine Kommerzialisierung gänzlich anderer Art als auf den Britischen Inseln setzte in Anatolien ein, die für die zukünftige gesellschaftliche Entwicklung unvorteilhaft war. Aufstände und Unruhen der ländlichen Bevölkerung waren im 16. Jahrhundert in Anatolien die Folge.

Auch in einer weiteren Hinsicht traten in Anatolien und im Osmanischen Reich auf der Stufe der traditional society unvorteilhafte Veränderungen ein, während auf den Britischen Inseln vorteilhafte Entwicklungen registriert werden konnten. Das Zeitalter der Entdeckungen brachte für die Britischen Inseln einen tiefgreifenden Lagewandel. Mit der allmählichen Erschließung der überseeischen Gebiete rückten die Britischen Inseln aus einer peripheren in eine zentrale Lage der neuen bekannten Welt.

Für das Osmanische Reich und den Orient-Okzident-Transithandel durch Anatolien begann mit der Möglichkeit der Umgehung des osmanischen Territoriums auf dem direkten Seeweg nach Indien - allmählich - der Verlust seiner strategischen Position im Fernhandel zwischen Europa und Asien und damit der Verlust nicht unbedeutender Einnahmen.

Die traditionelle mittelalterliche Agrargesellschaft des Osmanischen Reiches war gegenüber Europa nicht rückständig oder unterlegen, in mehrfacher Hinsicht sogar überlegen, aber auf dieser Stufe entstanden auch negative Voraussetzungen für die weitergehende gesellschaftliche Entwicklung in Anatolien und im Osmanischen Reich.

Literatur

ABU-LUFHOD, J.: The Islamic City: Historic Myth, Islamic Essence, and Contemporary Relevance. In: International Journal of Middle East Studies, Bd. 19, Cambridge 1958, S. 155-176.

BACQUÉ-GRAMMONT, J.-L., DUMONT, P. (Hrsg.): Contributions à l'Histoire Économique et Sociale de l'Empire Ottoman. Paris 1983.

BAER, G.: The Administrative, Economic and Social Functions of Turkish Guilds. In: International Journal of Middle East Studies. Bd. I, Cambridge 1979, S. 28-50.

BARKAN, Ö. L.: Les Forms de l´Organisation de Travail Agricole dans l´Empire Ottoman au XVe et XVIe Siècle. In: Revue de la Faculté des Sciences Economiques de l´Université d´Istanbul, 1. Jahrgang, Istanbul 1939/40, S. 14-44, 165-180, 297-321.

BARKAN, Ö. L.: Note sur les Routes de Commerce Orientales. In: Revue de la Faculté des Sciences Economiques de l´Université d´Istanbul, 1. Jahrgang, Istanbul 1939/40, S. 322-328.

BARKAN, Ö. L.: Les Déportations comme Méthode de Peuplement et de Colonisation dans l´Empire Ottoman. In: Revue de la Faculté des Sciences Economiques de l´Université d'Istanbul, 2. Jahrgang, Istanbul 1953, S. 67-131.

BARKAN, Ö. L.: Essai sur les Données Statistiques de Registres de Recensement dans l' Empire Ottoman aux XVe et XVIe Siècles. In: Journal of Economic and Social History of the Orient, Bd. 1, Leiden 1958, S.9- 36.

BARKAN, .Ö. L.: The Price Revolution of the Sixteenth Century: A Turning Point in the Economic History of the Near East. In: International Journal of Middle East Studies, Bd. 6, Cambridge 1975, S. 3-28.

BIRKEN, A.: Die Provinzen des Osmanischen Reiches. Beihefte zum Tübinger Atlas des Vorderen Orients, Reihe B, Nr. 13, Wiesbaden 1976.

BRAUDE, B., LEWIS, B. (Hrsg.): Christians and Jews in the Ottoman Empire. 2 Bde, New York,.London 1982.

BUSCH-ZANTNER, R.: Zur Kenntnis der osmanischen Stadt. In: Geographische Zeitschrift, 38. Jahrgang, Leipzig, Berlin 1932, S. 1-13.

CAHEN, C.: Zur Geschichte der städtischen Gesellschaft im islamischen Orient des-Mittelalters. In: Saeculum, Bd. 9, Freiburg, München 1958, S. 59-76.

COOK, M. A.: Population Pressure in Rural Anatolia 1450-1600. School of Oriental and African Studies, London Oriental Series, Bd. 27, London 1972.

ERDER, L., FAROQHI, S.: Population Rise and Fall in Anatolia 1550-1620. In: Middle Eastern Studies, Bd. 14, London 1979, S. 322-345.

ERDER, L., FAROQHI, S.: The Development of the Anatolian Urban Network during the Sixteenth Century. In: Journal of the Economic and Social History of the Orient, Bd. XXIII, Leiden 1980, S. 265-303.

FAROQHI, S.: Kultur und Alltag im Osmanischen Reich. Vom Mittelalter bis zum Anfang des 20. Jahrhunderts. München 1989.

GABRIEL, A.: Une Capitale Turque. Brousse. Bursa. Bd. I Text, Bd. II Tafeln, Paris 1958.

GEORGACAS, D. J.: The Names of the Asia Minor Peninsula. Beiträge zur Namenforschung, Neue Folge, Beiheft 8, Heidelberg 1971.

GIBBONS, H. A.: The Foundation of the Ottoman Empire. Oxford 1916.

GÖYÜNÇ, N., HÜTTEROTH, W.-D.: Land an der Grenze. Osmanische Verwaltung im heutigen türkisch-syrisch-irakischen Grenzgebiet im 16. Jahrhundert. Istanbul 1997.

GRUNEBAUM, G. E. von: Die islamische Stadt. In: Saeculum, Bd. 6, Freiburg, München 1955, S. 138-153.

GURLAND, A.: Grundzüge der mohammedanischen Agrarverfassung und Agrarpolitik mit besonderer Berücksichtigung der türkischen Verhältnisse. Ein kritischer Versuch. Diss. Bern, Dorpat 1907.

HAMMER-PURGSTALL, J. von: Staatsverfassung und Staatsverwaltung des Osmanischen Reiches. 2 Bde, Wien 1815 (Nachdruck Hildesheim 1963).

HAMMER-PURGSTALL, J. von: Geschichte des Osmanischen Reiches. 10 Bde, Pest 1827-1853, (Nachdruck Graz 1963)

INALCIK, H.: Land Problems in Turkish History. In: The Muslim World, Bd. XLV, Hartford Con. 1955, S. 221-228.

INALCIK, H.: Bursa and the Commerce of the Levant. In: Journal of the Economic and Social History of the Orient. Bd. III, Leiden 1960, S. 131-147.

INALCIK, H.: Capital Formation in the Ottoman Empire. In: Journal of Economic History, Bd. XXIX, New York 1969, S. 97-140.

INALCIK, H.: The Ottoman Empire. The Classical Age 1300-1600. London 1973/1994.

INALCIK, H.: Istanbul. In: Encyclopédie de l' Islam. Bd. IV, Leiden, Paris 1978, S. 233-259.

ISLAMOĞLU, H., FAROQHI, S.: Crop Patterns and Agricultural Production. Trends in Sixteenth Century Anatolia. In: Review, Bd. II, Binghamton N. Y. 1978, S. 400-436 (State University New York).

ISLAMOĞLU-INAN, H.: State and Peasants in the Ottoman Empire: A Study of Peasant Economy in North-Central Anatolia during the Sixteenth Century. In: ISLAMOĞLU-INAN, H. (Hrsg.): The Ottoman Empire and the World Economy. Cambridge, Paris 1987, S. 101-159.

JENNINGS, R. C.: Urban Population in Anatolia in the Sixteenth Century: A Study of Kayseri, Karaman, Amasya, Trabzon and Erzurum. In: International Journal of Middle East Studies, Bd. 7, Cambridge 1976, S. 21-57.

JORGA, N.: Geschichte des Osmanischen Reiches in Europa. 7 Bde, Hamburg, Gotha 1840-1864.

KARPAT, K. H.: The Ethnicity Problem in a Multi-Ethnic Anatolian Islamic State. Continuity and Recasting of Ethnic Identity in the Ottoman State. In: BRASS, P. (Hrsg.): Ethnic Groups and the State. Totowa N. J. 1985, S. 95-114.

KIENITZ, F.-K.: Städte unter dem Halbmond. Geschichte und Kultur der Städte in Anatolien und auf der Balkanhalbinsel im Zeitalter der Sultane 1071-1922. München 1972.

KÖMÜRCÜOĞLU, E. A.: Das alttürkische Wohnhaus. Wiesbaden 1966.

KÖPRÜLÜ, F. M.: Les Origines de l' Empire Ottoman. Paris 1935. The Origins of the Ottoman Empire. New York 1992.

KREISER, K.: Zur inneren Gliederung der osmanischen Stadt. In: Zeitschrift der Deutschen Morgenländischen Gesellschaft. Supplement II (18. Deutscher Orientalistentag); Wiesbaden 1974, S. 198-212.

KREISER, K.: Bedesten-Bauten im Osmanischen Reich: ein vorläufiger Überblick auf Grund der Schriftquellen. In: Istanbuler Mitteilungen, Bd. 29, Tübingen 1979, S. 367-400.

KREISER, K.: Zur Kulturgeschichte der osmanischen Moschee. In: Museum für Kunsthandwerk im Auftrag der Stadt Frankfurt (Hrsg.): Türkische Kunst und Kultur aus osmanischer Zeit. Ausstellungskatalog; Recklinghausen 1985, S. 75-86.

KREISER, K.: Istanbul und das Osmanische Reich. Derwischwesen, Baugeschichte, Inschriftenkunde. Analecta Isisiana XIV, Istanbul 1995.

KÜÇÜKERMAN, Ö.: Das alttürkische Wohnhaus. Auf der Suche nach der räumlichen Identität. 5. Auflage, Istanbul 1992.

KUNT, I. M.: The Sultan's Servants. The Transformation of Ottoman Provincial Government, 1550-1650. New York 1983.

LEWIS, B.: The Emergence of Modern Turkey. London, New York, Toronto 1961.

LIEBE-HARKORT, K.: Beiträge zur sozialen und wirtschaftlichen Lage Bursas am Anfang des 16. Jahrhunderts. Diss. Hamburg 1970.

LINDNER, R.: Nomads and Ottomans in Medieval Anatolia. Bloomington Ind. 1983.

MAJORAS, F., RILL, B.: Das Osmanische Reich (1300-1922). Regensburg, Graz, Wien, Köln 1994.

MANTRAN, R.: Istanbul dans la seconde moitié de XVII siècle. Essai d'histoire institutionelle, économique et sociale. Bibliothèque Archéologique et Historique d'Institut Français d'Archéologie d'Istanbul. Paris 1962.

MANTRAN, R. (et alii): Histoire de l'Empire Ottoman. Paris 1989.

MANTRAN, R.: Histoire d'Istanbul. Paris 1996.

MATUZ, J.: Das Osmanische Reich. Grundlinien seiner Geschichte. 2. Auflage, Darmstadt 1990.

NEVIOĞLU, O.: Die Auswirkungen der Kapitulationen auf die türkische Wirtschaft. Probleme der Weltwirtschaft, 68, Jena 1941.

NICOLLE, D., MCBRIDE, A.: Armies of the Ottoman Turks 1300-1774. Men-at-Arms Nr. 140, London 1983.

ÖZAL, T.: La Turquie en Europe. Paris 1988.
ÖZDEZ, G.: Türk Çarsılarl. Istanbul Teknik Üniversitesi, Mimarlık Fakültesi, Istanbul 1954.
PITCHER,D.E.: An Historical Geography of the Ottoman Empire. Leiden 1972.
PLANHOL, X. de: Principe d'une Géographie Urbaine de l'Asie Mineure. In: Revue géographique de l'Est, Jahrgang 1969, Bd. IX, Nancy 1969, S. 249-268.
ROTHER, L.: Gedanken zur Stadtentwicklung in der Çukurova (Türkei). Von den Anfängen bis Mitte des 14. Jahrhunderts. Beihefte zum Tübinger Atlas des Vorderen Orient Reihe B, Bd. 3, Wiesbaden 1972.
SCHARABI, M.: Der Bazar. Das traditionelle Stadtzentrum im Nahen Osten und seine Handelseinrichtungen. Tübingen 1985.
SCHIMMEL, A.: Der Koran. Eine Einführung. Stuttgart 1990.
SHAW, St. J.: History of the Ottoman Empire. Bd. 1. Empire of the Gazis. Rise and Decline of the Ottoman Empire 1280-1808. Cambridge 1976.
SÖLCH, J.: Historisch-geographische Studien über bithynische Siedlungen. Nikomedia, Nikäa, Prusa. In: Byzantinisch-Neugriechische Jahrbücher, Bd. 1, Berlin 1920, S. 263-337.
SOUSA, N.: The Capitulory Regime of Turkey. Its History, Origin and Nature. Baltimore 1933.
STEWIG, R.: Byzanz-Konstantinopel-Istanbul. Ein Beitrag zum Weltstadtproblem. Schriften des Geographischen Instituts der Universität Kiel, Bd. XXII, Heft 2, Kiel 1964.
STEWIG, R.: Bemerkungen zur Entstehung des orientalischen Sackgassengrundrisses am Beispiel der Stadt Istanbul. In: Mitteilungen der Österreichischen Geographischen Gesellschaft, Bd. 108, Wien 1966, S. 25-47.
STEWIG, R.: Bursa, Nordwestanatolien. Strukturwandel einer orientalischen Stadt unter dem Einfluß der Industrialisierung. Schriften des Geographischen Instituts der Universität Kiel, Bd. 32, Kiel 1970.
STEWIG, R.: Die räumliche Struktur des stationären Einzelhandels in der Stadt Bursa. In: STEWIG, R., WAGNER, H.-G. (Hrsg.): Kulturgeographische Untersuchungen im Islamischen Orient. Schriften des Geographischen Instituts der Universität Kiel, Bd. 38, Kiel 1973, S. 143-175.
STEWIG, R.: Der Orient als Geosystem. Schriften des Deutschen Orient-Instituts; Opladen 1977.
STEWIG, R.: Entstehung und Entwicklung der Industriegesellschaft auf den Britischen Inseln. Kieler Geographische Schriften, Bd. 90, Kiel 1995.
TAESCHNER, F.: Das anatolische Wegenetz nach osmanischen Quellen. 2 Bde, Leipzig 1924, 1926.
TAESCHNER, F.: Die Verkehrslage und das Wegenetz Anatoliens im Wandel der Zeiten. In: Petermanns Mitteilungen, 72. Jahrgang, Gotha 1926, S. 202-206.

TAESCHNER, F.: Landesplanung der Türken in Anatolien und Rumelien. In: Forschungs- und Sitzungsberichte der Akademie für Raumforschung und Landesplanung, Bd. X. Historische Raumforschung II. Zur Raumordnung in den alten Stadtkulturen. Bremen-Horn 1958, S. 73-81.

TISCHENDORF, P. A. von: Das Lehnswesen in den moslemischen Staaten insbesondere im osmanischen Reich. Leipzig 1872.

VRYONIS, Sp.: The Decline of Medieval Hellenism in Asia Minor and the Process of Islamization from the Eleventh through the Fifteenth Century. Berkeley, Angeles 1971.

WILDE, H.: Brussa. Eine Entwicklungsstätte türkischer Architektur in Kleinasien unter den ersten Osmanen. Berlin 1909.

WIRTH; E.: Die soziale Stellung und Gliederung der Stadt im Osmanischen Reich des 19. Jahrhunderts. In: MAYER, T. C. (Hrsg.): Untersuchungen zur gesellschaftlichen Struktur der mittelalterlichen Städte in Europa. Konstanz 1966, S. 403-427.

WIRTH, E.: Die Beziehungen der orientalisch-islamischen Stadt zum umgebenden Land. In: MEYNEN, E. (Hrsg.): Geographie heute, Einheit und Vielfalt. E. PLEWE zum 65. Geburtstag; Wiesbaden 1973, S. 323-333.

WIRTH, E.: Zum Problem des Bazars (suq, çarsı). In: Der Islam, Bde 51 und 52, Berlin 1974 und 1975, S. 203-260 und S. 4-46.

WIRTH, E.: Die orientalische Stadt. Ein Überblick aufgrund jüngerer Forschungen zur materiellen Kultur. In: Saeculum, Bd. 26, Freiburg, München 1975, S. 45-94.

WIRTH, E,: Zur Konzeption der islamischen Stadt. In: Die Welt des Islam, Bd. 31, Leiden 1991, S. 50-92.

WITTEK, P.: The Rise of the Ottoman Empire. London 1938.

ZADIL, E.: Die Besteuerung des Grund und Bodens in der Türkei. Eine vergleichende Untersuchung der Besteuerung des Grund und Bodens im Islam, im Osmanischen Reich und in der Republik Türkei. Diss. Göttingen 1941.

ZINKEISEN, J. W.: Geschichte des osmanischen Reiches in Europa. Bd. 1, Hamburg 1840, Bde 2-7, Gotha 1854-63.

Atlanten

BIRKENFELD, W. (Bearbeiter): Westermann. Großer Atlas zur Weltgeschichte. Braunschweig 1981/82; Neuausgabe, Braunschweig 1991.

ENGEL, J. (Bearbeiter): Bayerischer Schulbuchverlag. Großer Historischer Weltatlas. 2. Teil Mittelalter, München 1970.

LEISERING, W. (Hrsg.): Putzger. Historischer Weltatlas; 100.Auflage, Berlin, Bielefeld 1982; 102. Auflage, Düsseldorf 1992.

PITCHER, D. E.: An Historical Geography of the Ottoman Empire. Leiden 1972.
STEWIG, R., TURFAN, R.: Batı Anadolu Bölgesinin Kültürel Gelişmesini Gösteren Kartografik Bilgiler. Kartogaphische Beiträge zur Darstellung der Kulturlandschaftsentwicklung in Westanatolien. Istanbul 1968, 2. Auflage, Istanbul 1975 (Türkiye Turing ve Otomobil Kurumu).

Karten des Tübinger Atlas des Vorderen Orients (TAVO)

B VIII 4   Armenien und Georgien. Das Christentum im Mittelalter (7.-15. Jahrhundert). 1 : 2 Mio., Wiesbaden 1989 (R. H. HEWSEN).
B VIII 7   Westliches Kleinasien. Byzantiner und Türkmenen 1291-1337. 1 : 2 Mio., Wiesbaden 1993 (H. HAHN, Th. RIPLINGER, P. THORAN).
B IX 3   Das Osmanische Reich bis 1453. 1 : 4 Mio., Wiesbaden 1989 (M. KIEL).
B IX 4   Das Osmanische Reich 1453-1512. 1 : 4 Mio., Wiesbaden 1993 (M. KIEL).
B IX 5   Das Osmanische Reich 1512-1574. 1 : 8 Mio., Wiesbaden 1993 (M. KIEL).
B IX 6   Kleinasien im 17. Jahrhundert nach Evliya Celebi (Ostteil, Westteil). 1 : 2 Mio., Wiesbaden 1992 (J. P. LANT).
B IX 7   Das Osmanische Reich 1574-1683. 1 : 8 Mio., Wiesbaden 1991 (J. P. LANT).

2. Negative und positive pre-conditions for take-off in der Spätzeit des Osmanischen Reiches: Persistenz und Wandel der osmanisch-türkisch-islamischen Agrargesellschaft (1800-1920)

Bedeutsame Veränderungen haben sich in Anatolien und im Osmanischen Reich im Laufe des 19. Jahrhunderts und bis zum Ende des Osmanischen Reiches im Ersten Weltkrieg vollzogen. Diese Veränderungen stehen im Mittelpunkt der Betrachtung. Entwicklungen des 17. und 18. Jahrhunderts sind überwiegend im traditionellen Rahmen geblieben.

Es wird nicht angestrebt, eine chronologische Abfolge von Ereignissen darzustellen.

Die pauschale Angabe als (zeitliche) Grenze, 1800, weist - wie im vorangegangenen Kapitel - darauf hin, daß die Übergänge fließend sind, nicht genau erfaßt werden können. Soweit Entwicklungen des 19. Jahrhunderts bereits vor 1800 eingeleitet waren, wurden sie berücksichtigt.

Zur allgemeinen chronologischen Orientierung mag die Liste der osmanischen Sultane von 1603 bis 1922 dienen.

Liste 3: Die osmanischen Sultane 1603-1922

Ahmet I.	1603-1607	(Bahti: der Glückliche)
Mustafa I.	1607-1618, 1622-1623	(Deli: der Narr)
Osman II.	1618-1622	(Genç: der Jugendliche)
Murat IV.	1623-1640	(Gazi: der Glaubenskrieger, Frontkämpfer)
Ibrahim I.	1640-1648	(Deli: der Narr)
Mehmet IV.	1648-1687	(Avcı: der Jäger)
Süleyman II.	1687-1691	
Ahmet II.	1691-1695	
Mustafa II.	1695-1703	(Gazi: der Glaubenskrieger, Frontkämpfer)
Ahmet III.	1703-1730	
Mahmut I.	1730-1754	(Kambur: der Bucklige)
Osman III.	1754-1757	
Mustafa III.	1757-1774	
Abdülhamit I.	1774-1789	
Selim III.	1789-1807	(Cihandar: der Weltliche)
Mustafa IV.	1807-1808	
Mahmut II.	1808-1839	
Abdülmecit I.	1839-1861	(Gazi: der Glaubenskrieger, Frontkämpfer)
Abdülaziz	1861-1876	
Murat V.	1876	(Mehmet)
Abdülhamit II.	1876-1909	
Mehmet V.	1909-1918	(Reşat)
Mehmet VI.	1918-1922	(Vahideddin)
(Abdülmecit II.	1922-1924	nur als Kalif)

(Quelle: J. MATUZ 1990, S. 312 f.; R. MANTRAN 1989, S. 733)

Die Abschaffung des Osmanischen Reiches und die Entstehung der Republik Türkei zu Beginn des 20. Jahrhunderts stellte einen Prozeß mit folgenden Stadien dar:

1918	erfolgte die Beendigung des Ersten Weltkrieges durch den Waffenstillstand von Mudros (auf einem Kriegsschiff in einer Bucht der Insel Lemnos);
1919	kam es zur Konstituierung von Gegenkräften zur osmanischen Regierung (im Kongreß zu Sivas durch Mustafa Kemal, später Atatürk genannt);
1920	sah der Vertrag von Sèvres eine Aufteilung selbst großer Teile Anatoliens in Interessengebiete vor;
1921	begannen militärische Auseinandersetzungen in Anatolien zwischen Griechen und Türken;
1922	wurde das Sultanat abgeschafft; der letzte osmanische Sultan, Mehmet VI., verließ per Schiff Istanbul;
1923	revidierte der Vertrag von Lausanne die Bestimmungen des Vertrages von Sèvres und schuf die territoriale Grundlage des heutigen Staates Türkei;
1923	wurde die Republik Türkei ausgerufen und Ankara zur Hauptstadt bestimmt;
1924	erfolgte die Abschaffung des Kalifats; nach Mehmet VI. war Abdülmecit von 1922 bis 1924 nur noch Kalif

(Quelle: J. MATUZ 1990, S. 309 f.).

Als Abgrenzung wird hier das Jahr 1920 - der Vertrag von Sèvres - verwendet, weil er den Tiefstpunkt der territorialen Entwicklung des Osmanischen Reiches bedeutete.

a) militärisch-politisch-administrative Verhältnisse

Während sich das Osmanische Reich aus kleinen terrtorialen Anfängen in Nordwest-Anatolien in einer ungeheuren Expansion vom 13. bis zum 16. Jahrhundert über den Balkan, Süd-Rußland, den Kaukasus, Nordwest-Persien, an die Küsten Nord-Afrikas und des Roten Meeres, sogar bis zum Persisch-Arabischen Golf ausgedehnt hatte, wogten im 17. Jahrhundert die Kämpfe an den Grenzen auf dem Balkan mit dem Habsburger Reich, in Süd-Rußland, im Kaukasus und in Nordwest-Persien mit dem Russischen und dem Persischen Reich hin und her; Gebietsverlusten standen noch Wiedereroberungen gegenüber.

Danach aber setzte bis in das 20. Jahrhundert ein unaufhaltsames Abbröckeln der Außengebiete des Osmanischen Reiches ein, das am Ende des - an der Seite Deutschlands - verlorenen Ersten Weltkrieges sogar auf Anatolien übergriff.

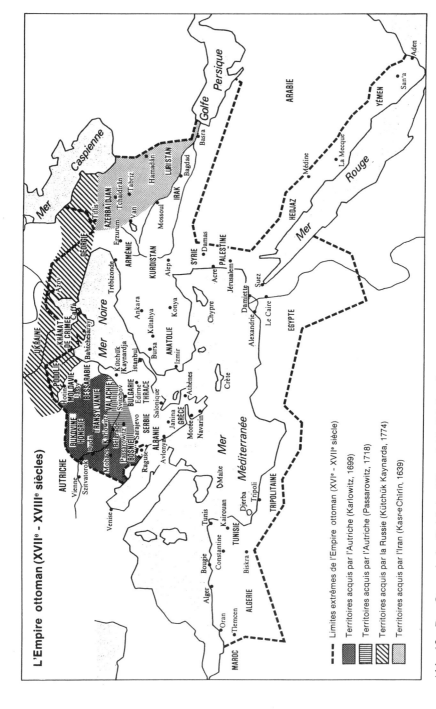

Abb. 12: Das Osmanische Reich im 17. und 18. Jahrhundert
(Quelle: R. MANTRAN 1989, S. 266)

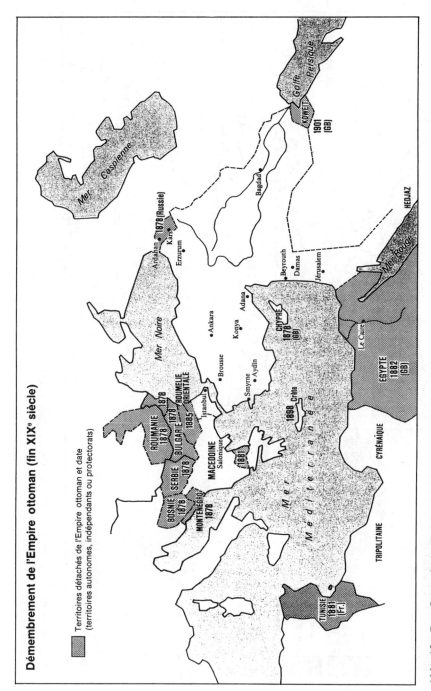

Abb. 13: Das Osmanische Reich gegen Ende des 19. Jahrhunderts
(Quelle: R. MANTRAN 1989, S. 524)

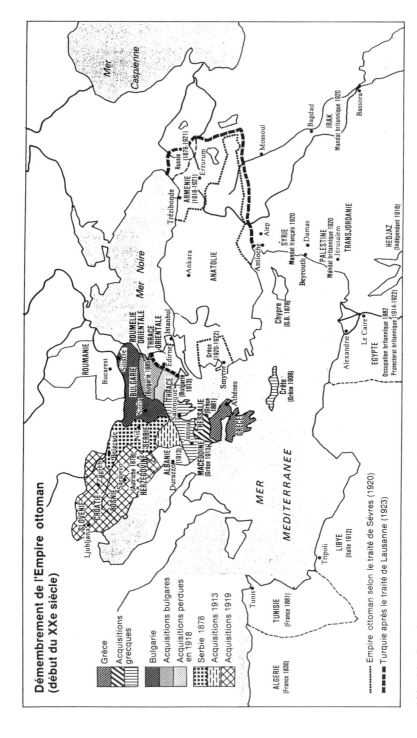

Abb. 14: Das Osmanische Reich zu Anfang des 20. Jahrhunderts
(Quelle: R. MANTRAN 1989, S. 605)

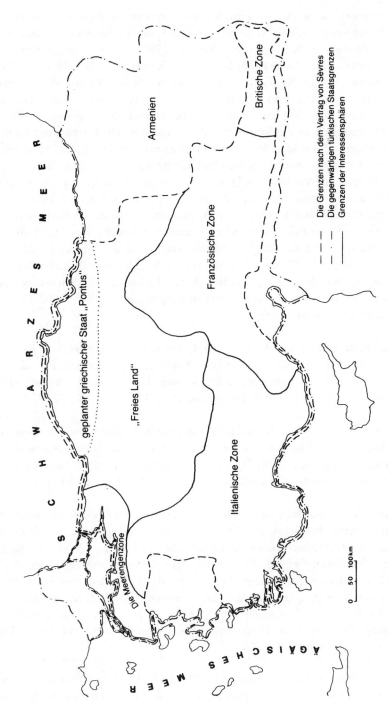

Abb. 15: Anatolien nach dem Vertrag von Sèvres 1920
(Quelle: J. MATUZ 1990, S. 331)

Bei diesem territorial umstürzenden Prozeß spielten mehrere Bedingungen zusammen. Es ging nicht nur um das militärische und politische Erstarken der Anrainerstaaten des Osmanischen Reiches im Osten - die Safawiden, ab 1794 die Kadscharen in Persien -, im Norden - Peter I. (der Große) (1682-1725) und Katharina II. (die Große) (1762-1796) in Rußland - und im Nordwesten - Prinz Eugen (1663-1736) und Maria Theresia (1740-1780) in Österreich, sondern auch um das auf militärischer und politischer Überlegenheit basierende Vordringen der imperial-kolonialen europäischen Mächte England und Frankreich an die Küsten des Mittelmeeres im 19. Jahrhundert, Italiens im 20. Jahrhundert. Hinzu kam der innere Strukturwandel des Osmanischen Reiches in vielfältiger Weise: als militärisch-technisch-organisatorische Rückständigkeit, die durch Bemühungen um Verwestlichung nicht grundlegend geändert werden konnte, als Degeneration der Agrarverfassung, die zuvor die ökonomische und militärische Grundlage des Osmanischen Reiches gewesen war, als Verlust der Zentralgewalt innerhalb des Osmanischen Reiches, so daß es zu zahlreichen Aufständen innerhalb und außerhalb Anatoliens und zur Etablierung von weitgehend selbständigen Talfürsten (türk. sing. derebey) vom 17. bis 19. Jahrhundert kam, als nationalistische Autonomiebestrebungen, besonders der christlichen Balkan-Völker im 19. Jahrhundert, als interne kulturelle und politische Auseinandersetzungen um die Verwestlichung im Osmanischen Reich bis zu dessen Ende.

Die Friedensschlüsse von Kasr-i-Schirin (1639), von Karlowitz (1699), von Passarowitz (1718), von Belgrad (1739), von Küçük Kaynarca (1774) besiegelten die Gebietsverluste in Persien, im Kaukasus, in Süd-Rußland nördlich des Schwarzen Meeres, in Ungarn, der Bukowina und in Transsylvanien (J. MATUZ 1990, S. 297 ff.).

Frankreich marschierte 1798 in Ägypten ein, das nach dem Abzug der Franzosen unter Muhammed Ali weitgehend selbständig und unabhängig vom Osmanischen Reich wurde; Frankreich annektierte 1830 Algerien, 1881 Tunesien, England 1882 Ägypten, 1878 Zypern, 1901 Kuweit, Italien 1912 Libyen (J. MATUZ 1990, S. 303 f.).

Die nationalen Aufstände der Balkan-Völker führten 1878 zum Abfall von Bosnien, Montenegro, Serbien, Bulgarien, Rumänien; in Mittel-Griechenland (Thessalien) erfolgte der Abfall 1881; danach verlor das Osmanische Reich bis zum Ersten Weltkrieg die übrigen griechischen Gebiete (Peleponnes, Mazedonien, Thrakien); Kreta hatte sich 1908 Griechenland angeschlossen; Albanien wurde 1913 selbständig; die Grenze des Osmanischen Reiches in Europa rückte im 1. Balkankrieg (1913) bis fast an Istanbul heran, wurde aber im 2. Balkankrieg (ebenfalls 1913) wieder zurückverlegt, so daß der Ostteil Thrakiens beim Osmanischen Reich (und bis heute bei der Türkei) verblieb (J. MATUZ 1990, S. 303 ff.).

Zu Beginn des Ersten Weltkrieges besaß das Osmanische Reich in Südwest-Asien außerhalb Anatoliens nur noch Syrien, den Libanon, Palästina, Mesopotamien und einen

Küstenstreifen am Roten Meer. In Arabien hatten sich die Wahhabiten Anfang des 19. Jahrhunderts etabliert und drängten an die Küste des Roten Meeres vor (J. MATUZ 1990, S. 221, S. 258), so daß auch die heiligen Stätten des Islam, zu denen die osmanischen Sultane als Kalifen eine besondere Beziehung hatten, dem Osmanischen Reich verlorengingen.

Nachdem das Gebiet des Fruchtbaren Halbmondes, zwischen dem östlichen Mittelmeer und dem Persisch-Arabischen Golf, in den Kämpfen des Ersten Weltkrieges geräumt werden mußte, sah der Vertrag von Sèvres 1920 sogar die Aufteilung Anatoliens vor (W. PADEL 1921): Ost-Anatolien sollte als Armenien selbständig werden; Griechenland versuchte durch Einmarsch in West-Anatolien, sein Staatsgebiet zu vergrößern; Italien, Frankreich und England sicherten sich Einflußgebiete in Süd-, Südwest- und Südost-Anatolien (Kurdistan); die Meerengen (Bosporus, Marmara-Meer und Dardanellen) wurden neutralisiert und für die internationale Schiffahrt geöffnet; es blieb nur ein relativ kleines Gebiet in Inner- und Nord-Anatolien übrig.

Die militärischen Auseinandersetzungen im Türkischen Unabhängigkeitskrieg (1918-1923) (St. J. SHAW, E. K. SHAW, Bd. 2, 1977, S. 340 ff.) und der Vertrag von Lausanne 1923 erweiterten die territorialen Verhältnisse der entstehenden Republik Türkei auf eine verbesserte, ganz Anatolien umfassende Ausgangssituation, die bis heute Bestand hat; die Provinz Hatay kam 1939 von dem damaligen französischen Mandatsgebiet Syrien an die Türkei hinzu (St. J. SHAW, E. K. SHAW, Bd. 2, 1977, S. 377).

Sicherlich spielte bei den Niederlagen des Osmanischen Reiches in den Kämpfen auf dem Balkan und gegen Rußland militärische Unterlegenheit, sowohl organisatorisch als auch waffentechnisch, eine Rolle.

Mit dem Niedergang der traditionellen Agrarverfassung, des türk. timar-Systems, der Vergabe von Lehen oder Pfründen an Timarioten, die verpflichtet waren, ein Heeresaufgebot von Soldaten zu stellen, mit dem Eindringen von Zivilbediensteten in die Organisation des ländlichen Raumes, die keinen militärischen Verpflichtungen nachzukommen brauchten, verkleinerte sich das Provinz-Aufgebotsheer entscheidend (J. MATUZ 1990, S. 177, S. 222).

So ergab sich - trotz Vergrößerung der Elitetruppe, der Janitscharen - für den Sultan die Notwendigkeit, aus seiner Staatskasse zu bezahlende Söldnerheere aufzustellen (B. LEWIS 1961, S. 30). Aus den Unterschieden zwischen Söldnertruppen und Janitscharen, die gegen Innovationen opponierten (St. J. SHAW, Bd. 1, 1976, S. 262), entstanden innerhalb des Militärs des Osmanischen Reiches ausgeprägte Gegensätze, die zur militärischen Schwächung beitrugen; 1826 wurde die Janitscharen-Truppe nach

Revolten aufgelöst und liquidiert (St. J. SHAW, E. K. SHAW, Bd. 2, 1977, S. 20 f.; B. LEWIS 1961, S. 77 f.).

Militärtechnisch erfolgte seit dem 17. Jahrhundert der Übergang von Kanonen zu schneller feuernden Geschützen, von Musketen zu treffsichereren Gewehren - eine Entwicklung, bei der das osmanische Heer ebenfalls in Rückstand geriet (B. LEWIS 1961, S. 30).

Um seinen Feinden Paroli bieten zu können, entschloß sich der Sultan, ausländische militärische Berater anzustellen; damit wurde eine neue Entwicklung, der Prozeß der Verwestlichung auf militärischem Gebiet, eingeleitet.

Angesichts der Position Frankreichs im Orient-Handel des 17. und 18. Jahrhunderts engagierte man zunächst französische Berater. Anfang des 17. Jahrhunderts stand dafür der Name C.-A. Comte de Bonneval (1675-1747), der auch die ersten Kriegsschulen (1734), technische und taktische, einrichtete (St. J. SHAW, Bd. 1, 1976, S. 241). In der zweiten Hälfte des 18. Jahrhunderts war es der französische Baron F. de Tott (1780-1793), der sich besonders um die osmanische Artillerie verdient machte und weitere Schulen errichtete bzw. ältere ausbaute (St. J. SHAW, Bd. 1, 1976, S. 251). Diese Entwicklung, die allmählich ein neues soziales Element - zunächst nur beim Militär - entstehen ließ, nämlich den professionell ausgebildeten Offizier (B. LEWIS 1061, S. 59), wurde im 19. Jahrhundert unter preußisch-deutschem Einfluß fortgesetzt.

Entsprechende Schulen wurden auch für die osmanische Marine geschaffen, die im Laufe des 19. Jahrhunderts auf Dampfantrieb umstellte und - wie die preußische und deutsche Marine auch - moderne Kriegsschiffe auf den Britischen Inseln bauen ließ (B. LANGENSIEPEN, A. GÜLERYÜZ 1995).

Alle neuen Ausbildungsstätten waren auf die Hauptstadt Istanbul und ihre nächste Umgebung konzentriert.

In der ersten Hälfte des 19. Jahrhunderts standen H. von MOLTKE (1893), in der zweiten C. von der GOLTZ (1896) in osmanischen Diensten; im Ersten Weltkrieg übernahm O. LIMAN von SANDERS (1919) sogar Truppenkommandos im osmanischen Heer. Der Niedergang des Osmanischen Reiches konnte zwar durch die militärische Verwestlichung nicht aufgehalten werden, 1915 gelang jedoch die Verteidigung der Dardanellen.

Als Folge der Waffenkäufe bei den technisch weiter entwickelten europäischen Mächten benutzte das osmanische Militär ein breites Spektrum deutscher, englischer, französischer, auch amerikanischer Waffen (D. NICOLLE, R. RUGGERI 1994; I.

DRURY, R. RUGGERI 1994; D. NICOLLE, MCBRIDE 1983). Für einfachere militärische Ausrüstungen wie Uniformen, Schuhe, Kopfbedeckungen, Geräte und Munition wurden vom Staat in Istanbul und Umgebung handwerkliche Fabrikationsstätten unterhalten (St. J. SHAW, E. K. SHAW, Bd. 2, 1977, S. 44).

Zur politischen Schwächung des Osmanischen Reiches dürften die zahlreichen Aufstände und regionalen Verselbständigungen in dem weiten, verkehrsinfrastrukturell wenig erschlossenen Staatsraum beigetragen haben; dabei ist nicht nur an die nationalen Unabhängigkeitsbewegungen innerhalb des Osmanischen Reiches, aber außerhalb Anatoliens gedacht, sondern an die Entstehung der zahlreichen Talfürsten (türk. sing. derebey) und quasi-selbständigen Notablen (türk. sing. ayan) in Anatolien selbst, dem Kerngebiet des Reiches.

Wiederum spielte der Niedergang des türk. timar-Systems, das offiziell erst 1831 aufgehoben wurde (J. MATUZ 1990, S. 222), eine entscheidende Rolle. In entlegenen Talschaften, nicht nur in Ost-, auch in anderen Teilen Anatoliens, erlangten - seit dem 17. Jahrhundert und bis in das 19. Jahrhundert hinein - Nomadenstämme und deren Führer regionalen Herrschaftsstatus (J. MATUZ 1990, S. 190, 204, 210, 215; St. J. SHAW, Bd. 1, 1976, S. 253; B. LEWIS 1961, S. 441 f.). Ehemalige Würdenträger des Osmanischen Reiches, die als Lehensträger oder Pfründenempfänger eingesetzt worden waren, betrachteten angesichts der Degeneration der traditionellen Agrarverfassung und der schwachen Zentralgewalt des Staates ihre ursprünglich nur zum Nießbrauch überlassenen ländlichen Gebiete als privaten, persönlichen Grundbesitz und unterstellten sich, ökonomisch wie juristisch, die nachgeordnete Bevölkerung. Auch Steuerpächter (engl. tax farmers) schwangen sich auf der wirtschaftlichen Basis ihrer Einnahmen aus der Steuerpacht (türk. iltizam) zu lokalen und regionalen Notablen auf.

St. J. SHAW (Bd. 1, 1976, S. 253), A. G. GOULD (1976) und H. H. KARABORAN (1976) nannten einige Namen von solchen, von der Zentralregierung unabhängigen Dynastien in Anatolien: die Karamanoğlu in Südwest-Anatolien, die Çapanoğlu in Inner-Anatolien, die Canikli Ali Paşaoğlu in Nordwest-Anatolien, die Küçük Ali Oğları in der Çukurova. Als engl. social bandits (im Sinne des Begriffes von E. J. Hobsbawm) dürften sie wohl nicht angesehen werden (A. G. GOULD 1976, S. 485; vgl. dagegen H. H. KARABORAN 1976).

In der ersten Hälfte des 19. Jahrhunderts gelang dem Staat die Zurückgewinnung der zentralen Autorität durch militärisches Vorgehen, in einigen Teilen Anatoliens (in der Çukurova) erst in der zweiten Hälfte des 19. Jahrhunderts (A. G. GOULD 1976, S. 502 ff.).

So hatte das Osmanische Reich in seiner Spätzeit eine lange Phase innerer Auseinandersetzungen um die politische Macht in Anatolien zu durchlaufen, die ihm auf der Stufe der traditional society erspart geblieben waren - in einer Zeit, in der in Europa die Kämpfe um die politische Macht zwischen König und Adel längst überwunden waren.

Der Prozeß der Verwestlichung setzte im Osmanischen Reich auf militärischem Gebiet durch Übernahme von westlicher Ausrüstung, Taktik und Beratern und die Einrichtung von Militärschulen früh, seit Anfang des 18. Jahrhunderts, ein, weil die zahlreichen militärischen Niederlagen, die auf die Gebietsverluste folgten, den Rückstand des Osmanischen Reiches offensichtlich gemacht hatten.

Die Verwestlichung auf anderen Gebieten ließ noch bis in das 19. Jahrhundert auf sich warten, weil man glaubte - und darin von der Religion, dem Islam, noch bestärkt wurde -, selbst Universalgeschichte zu schreiben (B. LEWIS 1961, S. 52), keiner Ergänzung oder Erneuerung von woanders zu bedürfen.

Erst im Laufe des 19. Jahrhunderts wandelte sich diese Einstellung im politischen und kulturellen Bereich allmählich. In diesem Zusammenhang kamen Begriffe und Ideologien wie Osmanismus, Nationalismus, Turkismus - in der extremen Form als Pan-Turkismus (St. J. SHAW, E. K. SHAW, Bd. 2, 1976, S. 260 f.) - und Islamismus - in der extremen Form als Pan-Islamismus (St. J. SHAW, E. K. SHAW, Bd. 2, 1976, S. 259 f.) - auf, die allerdings nur in kleinen Kreisen in der Hauptstadt Istanbul verbreitet waren, von deren Kenntnis die Masse der Bevölkerung Anatoliens und auch Istanbuls, die noch überwiegend analphabetisch war, ausgeschlossen blieb.

Die säkular eingestellten türkischen Nationalisten waren keine Anhänger des Religionsgesetzes (türk. şeriat), wollten die Verwestlichung, doch agitierten sie gegen die nicht-türkischen Gruppen im Osmanischen Reich, besonders Armenier und Griechen (St. J. SHAW, E. K. SHAW, Bd. 2, 1977, S. 260, S. 304). Die intellektuellen Anhänger des Islam waren als konservative Traditionalisten gegen Neuerungen und Verwestlichung, wollten das Weiterbestehen des Osmanischen Reiches als Gottesstaat, die Rückkehr zu alten Werten (St. J. SHAW, E. K. SHAW, Bd. 2, 1977, S. 259, S. 304).

Angesichts der absoluten Herrschaftsform des Osmanischen Reiches konnten die Reformen, um die man sich im 19. Jahrhundert bemühte und die die zusammenfassende Bezeichnung türk. tanzimat (dt. neue Ordnung) erhalten haben, nur von oben herab, in Form von Erlassen des Sultans unternommen werden (J. MATUZ 1990, S. 225 ff.; St. J. SHAW, E. K. SHAW, Bd. 2, 1977; R. H. DAVISON 1963); die Masse der Bevölkerung blieb von der Umsetzung der meisten Reformen ausgespart.

Im Sinne des Osmanismus, der Idee der Gleichheit aller Staatsbürger des Osmanischen Reiches, brachten im Jahre 1839 Erlasse des Sultans die Gleichstellung der Angehörigen der verschiedenen Religionsgemeinschaften, ein neues gleichmäßigeres Rekrutierungsverfahren, ein gerechteres Steuerwesen, die Abschaffung der Steuerpacht (türk. iltizam) und die Einführung verschiedener anderer gesellschaftlicher Prinzipien nach europäischem Vorbild (J. MATUZ 1990, S. 225).

Ein weiterer Erlaß von 1856 sollte Religionsfreiheit im Osmanischen Reich verbürgen, die Heranziehung von Nicht-Muslimen zum Wehrdienst ermöglichen (von dem man sich aber freikaufen konnte) und im Sinne der Durchsetzung der verschiedenen Zielvorgaben wirken (J. MATUZ 190, S. 230).

Der tiefgreifendste Versuch innenpolitischer Änderungen nach westlichem Vorbild wurde 1876 mit der Schaffung einer Verfassung unternommen, die die konstitutionelle Monarchie und die Einführung des Parlamentarismus bringen sollte (St. J. SHAW, E. K. SHAW, Bd. 2, 1977, S. 174 ff.).

Als Parlament waren zwei Häuser vorgesehen; die Abgeordneten des einen Hauses sollten vom Sultan ernannt, die des anderen gewählt werden (St. J. SHAW, E. K. SHAW, Bd. 2, 1977, S. 176). Da es politische Parteien im modernen Sinn nicht gab, das Volk also noch gar nicht wählen konnte, sollten die Volksvertreter durch provinzielle und lokale Verwaltungseinheiten bestimmt werden, wobei jeweils ein Abgeordneter eine bestimmte Zahl Einwohner vertreten sollte, so daß ein Verhältnis von 71 muslimischen zu 44 christlichen zu 4 jüdischen Abgeordneten entstehen konnte (St. J. SHAW, E. K. SHAW, Bd. 2, 1977, S. 181 f.).

Nach zwei Jahren wurde jedoch das osmanische Parlament wieder aufgelöst; der Sultan kehrte zum Absolutismus zurück, wobei allerdings die durch die Erlasse in Gang gekommene Reformbewegung die mögliche Willkürherrschaft osmanischer Sultane einschränkte.

In der zweiten Hälfte des 19. Jahrhunderts kam es zur Entstehung (quasi-)politischer Parteien (B. LEWIS 1961, S. 373 ff.), aber nicht aus dem Volk heraus, als Gruppierungen, die verschiedene Ansprüche des Volkes wahrnahmen, politisch vertreten und durchsetzen wollten, sondern als auf die Hauptstadt beschränkte intellektuelle Zirkel, die sich von westlichen Ideen und Ideologien inspirieren ließen, oft um ein Publikationsorgan, eine Zeitung, geschart; entsprechend wechselnd und ephemer war ihr Erscheinungsbild (B. LEWIS 1961, S. 372).

Diese (quasi-)Parteienlandschaft führte 1908 noch einmal zur Eröffnung des Parlaments, das sich bis zum Ende des Osmanischen Reiches hielt, aber praktisch durch den militärischen Putsch der Jungtürken, 1909, seine Bedeutung verloren hatte (J. MATUZ 1990, S. 252 f.).

Die Besinnung einiger intellektueller Kreise auf ihre räumliche Herkunft als Türken und ihre sprachliche Identität - von europäischen Wissenschaftlern gestützt (B. LEWIS 1961, S. 339 f.) - ließ Begriffe wie Vaterland (türk. vatan) und Freiheit (türk. hürriyet) stärkere Verbreitung finden und türkischen Nationalismus Wurzeln schlagen (B. LEWIS 1961, S. 317 ff.). Dadurch wurde die innenpolitische Situation in dem Viel-Völker-Staat Osmanisches Reich nicht leichter, die Gegensätze zu Armeniern und Griechen, die - innerhalb und außerhalb Anatoliens - auf ihre eigene Identität und Verselbständigung pochten, verschärften sich.

Letztlich wurde in der Spätzeit des Osmanischen Reiches mit dem Eindringen westlichen politischen Ideengutes die auch heute noch bestehende Problematik der Identität und Zugehörigkeit der Türkei geschaffen: als sprachliche und herkunftsmäßige Affinität zu den Turk-Völkern Inner-Asiens, als glaubensmäßige Affinität zu den Muslimen, vor allem im arabischen Raum mit den heiligen Stätten des Islam, und als technisch-wissenschaftliche Affinität zur Zivilisation Europas.

In dem immer kleiner werdenden Osmanischen Reich wurde im 19. Jahrhundert auch eine Verwaltungsreform, nach französischem Vorbild, vorgenommen (R. H. DAVISON 1963, S. 136 ff.; A. BIRKEN 1976).

Liste 4: Die Verwaltungseinheiten des Osmanischen Reiches in Anatolien um 1900

- Provinz/Vilayet: <u>Istanbul</u> (nach B. BIRKEN 1976, S. 113 erst seit 1909)
    Stadt (10 Stadtbezirke) und 9 Kazas: Prinzen-Inseln, Beykoz, Gebze, Kartal, Şile, Büyük Çekmece, Silivri, Çatalca

- Sancak (Mutessarifat): <u>Biga</u>
    5 Kazas: Biga, Çanakkale, Ezine, Lapseki, Ayvacık

- Sancak (Mutessarifat): <u>Izmit</u>
    4 Kazas: Izmit, Karamürsel, Adapazarı, Kandıra

- Provinz/Vilayet: <u>Kastamonu</u>
    4 Sancaks: Kastamonu, Bolu, Sinope, Çankırı   23 Kazas

- Provinz/Vilayet: <u>Bursa</u> (Hudavendigar)
    5 Sancaks: Bursa, Ertoğrul, Kütahya, (Afyon-)Karahisar, Balıkesir   27 Kazas

- Provinz/Vilayet: Aydın (Smyrna/Izmir)
  5 Sancaks: Izmir, Manisa, Aydın, Muğla, Denizli   39 Kazas

- Provinz/Vilayet: Ankara
  4 Sancaks: Ankara, Kırşehir, Kayseri, Yozgat   22 Kazas

- Provinz/Vilayet: Konya
  5 Sancaks: Konya, Niğde, Burdur, Isparta, Antalya   29 Kazas

- Provinz/Vilayet: Trabzon
  4 Sancaks: Trabzon, Samsun, Rize, Gümüşane   22 Kazas

- Provinz/Vilayet: Erzurum
  3 Sancaks: Erzurum, Erzincan, Doğubayazıt   19 Kazas

- Provinz/Vilayet: Sivas
  4 Sancaks: Sivas, Amasya, Tokat, Şebinkarahisar

- Provinz/Vilayet: Van
  2 Sancaks: Van, Hakari

- Provinz/Vilayet: Diyarbakır
  3 Sancaks: Diyarbakır, Mardin, Ergani   13 Kazas

- Provinz/Vilayet: Adana
  4 Sancaks: Adana, Silifke, Kozan, Osmaniye (Yarpuz)   19 Kazas

- Provinz/Vilayet: Elazığ (Harput) (Mamuret-ul-Aziz)
  3 Sancaks: Harput (Elazığ), Malatya, Hozat (Dersim)   17 Kazas

- Provinz/Vilayet: Bitlis
  4 Sancaks: Bitlis, Muş, Siirt, Gönik (?) (Gendj)   18 Kazas

- 2 Sancaks der Provinz/Vilayet Aleppo
  Urfa (4 Kazas), Maras (5 Kazas)

- 3 Kazas des Sancaks Aleppo (der Provinz/Vilayet Aleppo)
  (Gazi-)Antep, Iskenderun (Alexandrette), Antakya (Antiochia)

(Quelle: V. Cuinet 1890-1894; A. BIRKEN 1996)

Voraussetzung für die Verwaltungsreform von 1864/67 war die Niederschlagung der zahlreichen Talfürsten (türk. sing. derebey) und weitgehend unabhängigen Nomadenstämme, teilweise auch deren Seßhaftmachung, was gegen Ende des 19. Jahrhunderts umfangreich gelungen war.

Bestand im 17. Jahrhundert in Anatolien das große Eyalet (= Provinz) Anadolu neben zahlreichen kleineren Verwaltungseinheiten in Ost-, Nord- und Süd-Anatolien, die noch das räumliche Muster der Emirate der nach-seldschukischen Zeit erkennen ließen (D. E. PITCHER 1972, Karte XXIV), so wurde seit der Reform von 1864/67 die Bezeichnung Eyalet nicht mehr verwendet, diese Bezeichnung durch türk. vilayet (dt. Provinz) ersetzt, und es wurden kleinere Verwaltungseinheiten als Provinzen geschaffen; der türk. Vali als Chef des Vilayets ersetzte den Beglerbey als Leiter des Eyalets. Das Vilayet sollte etwa einem französischen Département entsprechen.

Als Verwaltungsuntereinheiten hielt man zunächst in absteigender Reihenfolge an den Stufen türk. sancak (Leiter: türk. mutasarrıf), türk. kaza (Leiter: türk. kaymakam), türk. nahiye (Leiter: türk. müdür) und türk. mahalle (dt. Stadtviertel) (Leiter: türk. muhtar) fest (R. H. DAVISON 1963, S. 146; A. BIRKEN 1978, S. 22 f.; vgl. dagegen St. J. SHAW, E. K. SHAW, Bd. 2, 1977, S. 84).

Diese Verwaltungseinteilung wurde im Prinzip - allerdings unter Aufgabe der Sancaks - und räumlich - bis auf die Veränderungen, die sich aus der Verkleinerung des Osmanischen Reiches und Bevölkerungsbewegungen ergaben - in die Zeit nach dem Ersten Weltkrieg hinübergerettet (St. J. SHAW, E. K. SHAW, Bd. 2, 1977, S. 350), so daß schließlich türk. vilayet, türk. kaza und türk. nahiye die Verwaltungshierarchie bestimmten. Ihre Fortschrittlichkeit bestand darin, daß sie der militärischen Hierarchie entkleidet und primär auf zivile Bedürfnisse abgestellt wurde (J. MATUZ 1990, S. 197).

Auch die zentralen staatlichen Einrichtungen der Exekutive wurden nach westlichem Vorbild reformiert und firmierten seitdem als Ministerien (St. J. SHAW, E. K. SHAW, Bd. 2, 1977, S. 71 ff.).

b) religiös-geistig-kulturelle Verhältnisse

Die Grundgegebenheiten der Religion, des Islam, waren in der Spätzeit des Osmanischen Reiches keine anderen als in der Früh- und Hochzeit und sind auch heute - in der Zeit der Türkischen Republik - unverändert. Die Glaubens- und Verhaltensregeln der Religion wurden ein für alle Mal im Koran, dem heiligen Buch des Islam, festgelegt und haben für alle Muslime Gültigkeit. Der distanzierte Beobachter registriert den

Kontrast zwischen der arabischen Sprache des Koran und der in Anatolien verbreiteten türkischen Umgangssprache.

Eine tiefgreifende, kritische Auseinanderstzung mit der Religion, wie sie im Christentum durch M. Luther (1483-1546) und J. Calvin (1509-1564) stattgefunden und zu grundsätzlichen Veränderungen der Glaubens- und Verhaltensregeln geführt hat (B. LEWIS 1961, S. 53), ist im Islam undenkbar: der Rückbezug auf den Koran ist immer wiederholtes Ritual.

Die Vertreter und Verfechter des Religionsgesetzes (türk. şeriat) im Osmanischen Reich, die islamischen Rechtsgelehrten (türk. ulema), waren in der Spätzeit des Osmanischen Reiches zu einer eigenen, durch die Verwaltung der umfangreichen religiösen Stiftungen (türk. sing. vakıf) wohlhabenden Kaste (B. LEWIS 1961, S. 400) geworden und verkörperten den in den Moscheen und in der Politik verbreiteten orthodoxen Islam. Dadurch waren sie in zunehmenden Gegensatz zu dem heterodoxen Islam, dem Volks-Islam, geraten, der sich in Gestalt von Orden, Bruderschaften, Sekten - so die türk. Bektaşi, Mevlevi, Nakşbendi - volksnaher gab und der unter den kleinen Händlern und Handwerkern des Basar und der ländlichen Bevölkerung Anhänger fand (B. LEWIS 1961, S. 398 ff.).

Während sich einige Bruderschaften (türk. sing. tarikat) sogar ekstatischer Praktiken mit Musik und Gesang bedienten - wie die Tanzenden Derwische in Konya - in der Hoffnung auf eine mystische Verbindung mit Gott -, zeichnete sich der orthodoxe Islam durch strenge Einfachheit sowohl gedanklich wie bei der kargen Ausstattung der Moscheen aus (B. LEWIS 1961, S. 399).

Als Betreiber der Koranschulen für die einfache (türk. mektep) und die weiterführende Unterrichtung (türk. medrese) besaß der orthodoxe Islam das Ausbildungsmonopol (St. J. SHAW, Bd. 1, 1976, S. 282). Dies wirkte sich für die im Laufe der Spätzeit des Osmanischen Reiches einsetzende Verwestlichung hinderlich, innovationshemmend, aus.

So zeigten sich deutliche Unterschiede zwischen den Religionsgemeinschaften bei der Einführung des Druckwesens im Osmanischen Reich. Das jüdische Millet konnte bereits kurz nach der Eroberung Konstantinopels um 1493/1494 durch aus Spanien nach Istanbul eingewanderte Juden eine Druckerei etablieren, die Armenier folgten 1567, die Griechen 1627 - alle in der Hauptstadt (B. LEWIS 1961, S. 50). Dagegen blieb es bis zum Anfang des 18. Jahrhunderts verboten, türkische und arabische Druckerzeugnisse zu veröffentlichen; erst 1729 erschien in Istanbul ein Buch in türkischer Sprache (B. LEWIS 1961, S. 51; St. J. SHAW, Bd. 1, 1976, S. 136), gefolgt von Übersetzungen aus dem Griechischen, Lateinischen, Armenischen, Französischen, Englischen.

1796 war die erste Zeitung im Osmanischen Reich in französischer Sprache in Istanbul, 1824 in Izmir erschienen, während die erste türkische Zeitung 1831 herauskam (St. J. SHAW, E. K. SHAW, Bd. 2, 1977, S. 35).

Erst in der zweiten Hälfte des 19. Jahrhunderts setzte umfangreich die Veröffentlichung türkischer Bücher mit Themen wie Religion, Dichtung, Sprachen, Geschichte und Geographie (Reisebeschreibungen) ein (St. J. SHAW, E. K. SHAW, Bd. 2, 1977, S. 128).

Die eigentliche Problematik der (geistigen) Auseinandersetzung mit den traditionellen Ausbildungsstätten des Islam ergab sich im Zuge der Verwestlichung im Osmanischen Reich mit der - staatlichen - Notwendigkeit, ein weltliches Schulsystem einzuführen. Aber bis zum Ende des Osmanischen Reiches bestanden für die große Masse der muslimischen Bevölkerung Anatoliens die Koranschulen des einfachen (türk. mektep) und des gehobenen Niveaus (türk. medrese) als alleinige Ausbildungsstätten weiter. Die neuen, im 19. Jahrhundert sogar zahlreich entstandenen Schulen und Akademien konzentrierten sich auf die Hauptstadt und traten neben das islamische Schulsystem der religiösen Unterrichtung.

Seit am Anfang des 18. Jahrhunderts die ersten Militärschulen für technische und taktische Unterweisung unter Leitung von französischen Ausbildern entstanden waren, erwies sich für die Absolventen der Koranschulen der Sprung von der türk. mektep und der türk. medrese auf die säkulare Militärschule als zu groß, so daß sich die Notwendigkeit einer schulischen Zwischenstufe ergab. Die zunehmende Verwaltungstätigkeit des Staatsapparates machte eine säkulare schulische Orientierung ebenfalls notwendig, die zunehmenden Auslandskontakte werteten Fremdsprachenkenntnisse auf.

So wurden unter Mahmut II. (1808-1839) in den Komplexen der Sultan-Ahmet- und der Süleymaniye-Moschee in Istanbul - um den religiösen Kritikern Argumente zu entziehen (St. J. SHAW, E. K. SHAW, Bd. 2, 1977, S. 47) - weiterführende Schulen (osm.-türk. rüşdiye) mit weltlichen Inhalten eingerichtet. Auf dieser Basis konnten auch technische, militärische, medizinische Akademien und Verwaltungs-Schulen aufgebaut werden (St. J. SHAW, E. K. SHAW, Bd. 2, 1977, S. 48, S. 107). Bei F. W. FREY (in R. E. WARD, D. A. RUSTOW 1970, S. 215) gibt es eine Liste von 21 edukativen Einrichtungen spezieller Art, die zwischen 1876 und 1915, überwiegend in Istanbul, geschaffen wurden.

Zur Zeit des Krimkrieges (1853-1856), als England und Frankreich auf der Seite des Osmanischen Reiches gegen Rußland Krieg führten, gab es im Osmanischen Reich 3.370 Studierende an osm.-türk. rüşdiye-Schulen, in Istanbul allein 16.750 Studierende an Medresen - alles männliche Personen -, während an den Schulen der nichtmuslimischen Religionsgemeinschaften 19.300 Studierende - beider Geschlechter - registriert waren (St. J. SHAW, E. K. SHAW, Bd. 2, 1977, S. 107).

Der Säkularisierungsprozeß kam bei den nicht-muslimischen Religionsgemeinschaften schneller voran; zudem waren sie Neuerungen gegenüber aufgeschlossener, so daß junge Leute zum Studium in das Ausland geschickt wurden (St. J. SHAW, E. K. SHAW, Bd. 2, 1977, S. 126).

Auch wurden von Ausländern Schulen in Istanbul gegründet, so 1868 das berühmte französische Galatasaray (heute: Galatasaray Üniversitesi) und 1863 von amerikanischen Missionaren das nicht weniger berühmte Robert College (heute: Boğaziçi Üniversitesi) (B. LEWIS 1961, S. 120; St. J. SHAW, E. K. SHAW, Bd. 2, 1977, S. 108, S. 110).

Außerdem erfolgte um 1850 der erste Versuch einer Universitätsgründung in Istanbul (B. LEWIS 1961, S. 111; St. J. SHAW, E. K. SHAW, Bd. 2, 1977, S. 109); doch erst 1900 gelang dies mit der Einrichtung von vier Fakultäten, wobei der Islam durch eine eigene theologische Fakultät vertreten war; hinzu kamen Fakultäten für Mathematik, Naturwissenschaften und Literatur (St. J. SHAW, E. K. SHAW, Bd. 2, 1977, S. 251). Die große Problematik, ob eine universale, internationale, absolute Wissenschaft unter dem Vorzeichen des Islam möglich sei, stellte sich offenbar noch nicht; die säkularen Orientierungen waren pragmatischer Art (vgl. B. LEWIS 1961, S. 431 ff.).

Auch Spezialakademien für die Schönen Künste, für Musik und Theater, für Handwerk und Kunsthandwerk, für Landwirtschaft wurden geschaffen (St. J. SHAW, E. K. SHAW, Bd. 2, 1977, S. 113, S. 249).

So ergab sich gegen Ende des 19. Jahrhunderts im Osmanischen Reich - allerdings nur in Istanbul - eine erstaunliche Vielfalt von schulischen Einrichtungen unterschiedlichen Niveaus, für Anfänger, Fortgeschrittene und Spezialisten, der verschiedenen Religionen und des Staates (ausführliche Liste bei St. J. SHAW, E. K. SHAW, Bd. 2, 1977, S. 117 f.), so daß Absolventen der Schulen und Akademien für die Besetzung neuer Stellen beim Militär, in der Verwaltung und in den neuen kulturellen Einrichtungen - auf Istanbul beschränkt - in beträchtlichem Umfang zur Verfügung standen (St. J. SHAW, E. K. SHAW, Bd. 2, 1977, S. 250).

So stellt sich die Frage, ob nicht durch die geistig-kulturelle Entwicklung im Osmanischen Reich - in Istanbul - gegen Ende des 19. Jahrhunderts im Ansatz eine kleine neue Mittelschicht der new intelligentsia im Entstehen war (St. J. SHAW, E. K. SHAW, Bd. 2, 1977, S. 113, S. 128), die sich neben die handels-ökonomisch geprägte Mittelschicht der nicht-muslimischen Millets in den Städten und die agrarökonomisch geprägte Mittelschicht der (Groß-)Grundbesitzer des ländlichen Raumes in Anatolien posierte.

Auch außerhalb des Bereiches der Schule und Ausbildung sind kulturelle Einflüsse der Verwestlichung im Osmanischen Reich, beginnend im 18. Jahrhundert, zu registrieren.

In der sog. Tulpenzeit (J. MATUZ 1990, S. 191 ff.) des Osmanischen Reiches, Anfang des 18. Jahrhunderts, die etwa dem europäischen Rokoko entspricht, bahnte sich eine Tendenz zu Palastneubauten der Sultane mit Gartenkultur an. So entstand am Goldenen Horn, an den Sweet Waters of Europe, in Kağıthane, weit entfernt vom alten Topkapı-Palast, ein Neubau mit Gartenanlage nach französischem Vorbild; auch die höchsten Würdenträger des Osmanischen Reiches ließen sich ähnliche Paläste in der Umgebung Istanbuls errichten (Kandilli) (St. J. SHAW, Bd. 1, 1971, S. 234). Die Anlage großartiger Paläste und die Zeit orientalischer Prachtentfaltung setzte sich auch im 19. Jahrhundert fort, als am Bosporus auf der sog. europäischen Seite 1835 der Dolmabahçe-Palast geschaffen wurde, auf der gegenüberliegenden anatolischen Seite der Palast von Beylerbeyi, etwas landeinwärts vom Dolmabahçe die Paläste, Gartenanlagen und Pavillons von Çırağan (1836-1872) und Yildiz (St. J. SHAW, E. K. SHAW, Bd. 2, 1977, S. 82).

Bei der Ausstattung der Sultans-Paläste und -Pavillons kam es nicht nur in den Gartenanlagen zu westeuropäischen Orientierungen, auch die Innenräume wurden vielfach, besonders gegen Ende des 19. Jahrhunderts (so im Çırağan-Palast), mit Stühlen und Sofas statt der traditionellen, niedrigen, kissen-bestückten Sitzgelegenheiten (türk. divan, dt. Ottomane) eingerichtet. Eine kleine Elite am Hofe des Sultans ahmte diesen Stil nach.

Beim Militär wurden 1826 Uniformen nach europäischem Schnitt eingeführt, der Turban als Kopfbedeckung 1828 durch den Fes ersetzt (B. LEWIS 1961, S. 98 f.), das Tragen von Turban und Gewändern den Vertretern des Islam vorbehalten.

Die Anwesenheit von zahlreichen Ausländern als Folge des Krimkrieges (1853-1856) mag gewisse Kreise der Hauptstadt in ihrer modischen Orientierung beeinflußt haben; Kaffeehäuser und das Tragen von Hosen europäischen Zuschnitts bei den Herren, Kleidern bei den Damen (B. LEWIS 1961, Tafel VI), soll aber schon vor dieser Zeit aufgekommen sein (St. J. SHAW, Bd. 1, 1976, S. 234 f.).

Die von der Religion verbannte Darstellung von Menschen ist - ein starkes Stück Verwestlichung - in einzelnen Fällen von reichen Auftraggebern mißachtet worden

(St. J. SHAW, Bd. 1, 1976, S. 235), was der Nachwelt Portraits, auch von Sultanen, beschert hat (B. LEWIS 1961, Tafel IV).

Der Prozeß der geistigen Verwestlichung im Osmanischen Reich und der kulturellen Einflußnahme spielte sich in hohem Maße in der Hauptstadt Istanbul ab, der allergrößte Teil Anatoliens blieb davon unberührt. So bildete sich in der Spätzeit des Osmanischen Reiches, besonders ausgeprägt im Laufe des 19. Jahrhunderts, eine ausgesprochen räumliche Disparität - auf der mentalen Ebene - zwischen der Hauptstadt und Anatolien aus, das - ausgeschlossen von geistigen Veränderungen - Provinz blieb und wo die traditional society des Osmanischen Reiches und seine überlieferten religiösen und zwischenmenschlichen Verhaltensweisen persistierten.

In Istanbul jedoch - wenn auch nur durch eine kleine geistige Elite in Gang gebracht - öffnete sich die Diskrepanz zwischen Tradition und Moderne.

c) Bevölkerungs- und Sozialstruktur

Wenn man sich mit demographischen Sachverhalten wie Geburtenrate, Sterberate, Bevölkerungszunahme, Bevölkerungsabnahme, Zusammensetzung der Bevölkerung, Wanderungen, beschäftigt und diese in sachlicher und räumlicher Differenzierung verfolgen will, dann besteht - angesichts der quantitativen Aspekte - die Notwendigkeit, über statistische Informationen als Grundlage zu verfügen.

Zwar kann man für die Früh- und Hochzeit des Osmanischen Reiches keine sicheren statistischen Informationen erwarten, doch stellt sich die Frage, ob dies für die Spätzeit des Osmanischen Reiches eventuell möglich ist - wobei man zu bedenken hat, daß selbst auf den Britischen Inseln als führender Nation der gesellschaftlichen Entwicklung im 19. Jahrhundert eine einfache Volkszählung erst im Jahre 1801 durchgeführt wurde.

Im Osmanischen Reich der Spätzeit wurde der erste Versuch einer Volkszählung 1831 unternommen; sie zog sich bis 1857 hin (St. J. SHAW 1978; K. H. KARPAT 1978; K. H. KARPAT 1985, S. 18 f.).

Diese Volkszählung erfaßte allerdings nur die erwachsene männliche Bevölkerung, die muslimische wie die nicht-muslimische. Motiv der Volkszählung war die Schaffung einer statistischen Grundlage für die steuerliche Erfassung und Rekrutierung der männlichen Bevölkerung; nach dem Niedergang des türk. timar-Systems (Abschaffung 1831) und der Liquidierung der Janitscharen 1826 sah sich der Sultan zur Neuorganisation seiner Armee gezwungen, wobei die gesamte erwachsene muslimische Bevölkerung herangezogen werden sollte.

Die Ergebnisse des ersten Census können nicht als gesicherte statistische Grundlage zur Ermittlung der Bevölkerung Anatoliens und des Osmanischen Reiches angesehen werden (St. J. SHAW 1978, S. 326 f.; K. H. KARPAT 1978, S. 244 ff.), da die Zählung nicht gleichmäßig - zum Teil dorf-, zum Teil provinzweise - durchgeführt wurde (W.-D. HÜTTEROTH 1982, Fig. 228).

Der zweite Census-Versuch von 1866-1873 war auf die Donauprovinzen beschränkt (K. H. KARPAT 1978, S. 245).

Erst bei späteren Volkszählungen, von 1874-1877, von 1881/82-1893, von 1903-1906, wurde der Verläßlichkeitsgrad verbessert (K. H. KARPAT 1978, S. 249 f.; H. K. KARPAT 1985, S 24 ff.; St. J. SHAW 1978, S. 335); allerdings gab es eine starke Einwanderungsbewegung in das Osmanische (Rest-)Reich, die Rückwanderungs-/Flüchtlingsbewegung (osm.-türk. sing. muhacir; heute göçmen), und auch räumliche Bevölkerungsveränderungen mit der Tendenz der Bevölkerungszunahme an den Küsten; es ist fraglich, wie weit diese Umverteilungen statistisch angemessen erfaßt worden sind.

Angesichts der - langfristig, für Zeitvergleiche - sehr unsicheren Datengrundlage ist die Frage, ob es in der Spätzeit des Osmanischen Reiches in Anatolien zu einer natürlichen Bevölkerungszunahme gekommen ist, kaum verläßlich zu beantworten.

Gegen Ende des 19. Jahrhunderts kann man die Einwohnerzahl auf dem Gebiet der heutigen Türkei mit etwa 11,5 Mio. annehmen (K. H. KARPAT 1985, S. 258-274).

Tab. 3: (Gesamt-)Einwohnerzahlen der Provinzen (und Distrikte) des Osmanischen Reiches im Gebiet der heutigen Türkei nach der Volkszählung von 1893

Verwaltungseinheiten	Einwohner	Verwaltungseinheiten	Einwohner
Aydın	1.410.000	Diyarbakır	368.000
Edirne	836.000	Sivas	926.000
Erzurum	559.000	Trabzon	1.056.000
Adana	396.000	Kastamonu	948.000
Ankara	847.000	Konya	944.000
Izmit	195.000	Elazığ	381.000
Bitlis	276.000	Van	119.000
Biga	118.000	(Groß-)Istanbul	873.000
Çatalca (Silivri)	58.000		11.665.000
Bursa	1.355.000		

(Quelle: zusammengestellt aus K. H. KARPAT 1978, S. 258-274)

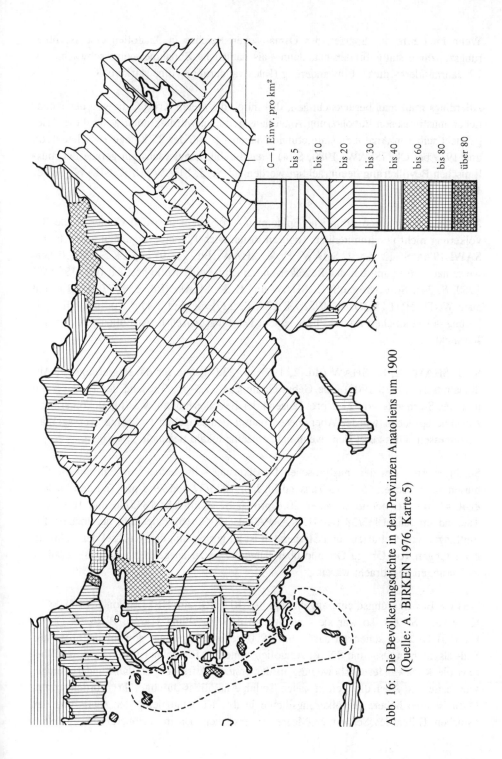

Abb. 16: Die Bevölkerungsdichte in den Provinzen Anatoliens um 1900 (Quelle: A. BIRKEN 1976, Karte 5)

Wenn im Laufe der Spätzeit des Osmanischen Reiches in Anatolien eine Bevölkerungszunahme stattgefunden hat, dann - als natürliche Zunahme - eine schwache, im 19. Jahrhundert - durch Einwanderung (Rückwanderung) - eine stärkere.

Allerdings muß man berücksichtigen, daß durch die vielen Kriege, die von der männlichen muslimischen Bevölkerung Anatoliens getragen wurden, auch wenn diese Kriege nicht selbst in Anatolien stattgefunden haben - (Liste der 25 Kriege zwischen 1768 und 1923 bei Ch. ISSAWI 1980, S. 4) - das Bevölkerungswachstum gerade der muslimischen Bevölkerung beeinträchtigt worden ist (St. J. SHAW, E. K. SHAW, Bd. 2, 1977, S. 273).

Außerdem dezimierten zahlreiche Epidemien - vor allem Pest und Cholera - die Bevölkerung nicht nur unmittelbar, sondern lösten auch Fluchtbewegungen aus (Ch. ISSAWI 1980, S. 12; St. J. SHAW, E. K. SHAW, Bd. 2, 1977, S. 115). Möglicherweise hat Abtreibung bei der Bevölkerungsabnahme eine Rolle gespielt (Ch. ISSAWI 1980, S. 24). So vertreten St. J. SHAW und E. K. SHAW (Bd. 2, 1977, S. 115) und auch W.-D. HÜTTEROTH (1982, S. 224, S. 227) die Auffassung von einer Entvölkerung des ländlichen Raumes bzw. einem Wüstungsprozeß in Anatolien seit dem 17. Jahrhundert.

St. J. SHAW, E. K. SHAW (Bd. 2, 1977, S. 238) gaben für die Regierungszeit Abdulhamits II. (1876-1909) eine Geburtenrate von 37,5 pro Tausend der Bevölkerung und eine Sterberate von 21,2 pro Tausend der Bevölkerung an, was für Bevölkerungszunahme sprechen würde. Aber diesen pauschalen Angaben ist wenig Aussagekraft beizumessen. Dies zeigt sich, wenn man einzelne lokale Beispiele heranzieht.

So differierte - bei der muslimischen Bevölkerung - im Gebiet von Samsun die Geburtenrate zwischen 65,7 pro Tausend im Jahr 1836/37 und 29,5 pro Tausend im Jahr 1840/41, die Sterberate zwischen 20,6 pro Tausend im Jahr 1835/36 und 109,2 pro Tausend im Jahr 1837/38 (K. H. KARPAT 1985, S. 16). Die Zahl der lokalen Ermittlungen von Geburten- und Sterberaten ist zu gering und der Wechsel der Rahmenbedingungen von Ort zu Ort und über längere Zeit zu ausgeprägt, als daß Verallgemeinerungen angebracht wären.

Was die Bevölkerungsdichte angeht (vgl. A. RITTER zur HELLE von SAMO 1877, Karte nach S. 23), so war sie - wenn man der Dartellung von A. BIRKEN (1976, Karte 5) Glauben schenken darf - um 1900 noch sehr gering, sowohl in Inner- und Süd- als auch in Ost- und Südost-Anatolien, unter 20 Einwohner pro km², obwohl bereits die Rückwanderungsbewegung in der ersten Hälfte des 19. Jahrhunderts eingesetzt hatte und Ansiedlungen in vielen Teilen Anatoliens durchgeführt worden waren. Doch ist eine höhere Bevölkerungsdichte in den Küstengebieten der Ägäis und den östlichen Teilen des Schwarzen Meeres zu erkennen. Darin zeichnete sich einerseits die wirtschaftliche Penetration Anatoliens durch die europäische Wirtschaft von den Küsten her - mit landwirtschaftlicher Inwertsetzung -, andererseits die günstige wirtschaftliche und auch demographische Situation nicht-muslimischer Bevölkerungsgruppen, besonders der Griechen, in Anatolien und im Osmanischen Reich ab, die sowohl von der Freistellung vom Militärdienst als auch von der wirtschaftlichen Entwicklung profitierten (K. H. KARPAT 1985, S. 11) und bei denen wahrscheinlich die Geburtenraten höher, die Sterberaten niedriger als bei der muslimischen Bevölkerung lagen.

Um die Mitte des 19. Jahrhunderts sah die osmanische Regierung Bevölkerungszunahmen als Voraussetzung für vermehrte Steuereinnahmen an, förderte die Einwanderung und offerierte sogar in Europa Land zur Besiedlung (K. H. KARPAT 1985, S. 62 f.; St. J. SHAW, E. K. SHAW, Bd. 2, 1977, S. 115), so daß selbst in Deutschland Hoffnungen auf Anatolien als Kolonisationsgebiet - auch im Zusammenhang mit der Anlage der Anatolischen (und Bagdad-)Bahn - aufkamen (K. KAERGER 1892).

Was die Entwicklung der Bevölkerungszusammensetzung in Anatolien in der Spätzeit des Osmanischen Reiches betrifft, so ist ein Prozeß der Heterogenisierung festzustellen, und zwar durch die Zunahme und Ausbreitung sowohl der Armenier als auch der Griechen; erst gegen Ende des Osmanischen Reiches wurde dieser Prozeß umgekehrt durch die Vertreibung und Vernichtung der Armenier aus Ost-Anatolien im Ersten Weltkrieg und durch die militärische Auseinandersetzung mit den Griechen in West-Anatolien und den griechisch-türkischen Bevölkerungszwangsaustausch im Anschluß an den Ersten Weltkrieg, so daß am Ende des Osmanischen Reiches nur noch Reste der nicht-muslimischen Bevölkerung Anatoliens - hauptsächlich in Istanbul - übrigblieben, d. h. sehr weitgehende religiös-islamische Homogenität hergestellt war.

Gleichzeitig spielte sich in der Spätzeit des Osmanischen Reiches ein anderer Prozeß der Bevölkerungsveränderung ab, nämlich die massenhafte Einwanderung nach Anatolien (und in andere Gebiete des Osmanischen Reiches) von Muslimen, Flüchtlingen aus den vom Osmanischen Reich abgetrennten und verlorenen Gebieten, ein Zustrom, der der Islamisierung Anatoliens - zusammen mit dem Verschwinden der nichtislamischen Bevölkerung - endgültig zum Durchbruch verhalf, was allerdings nicht unbedingt Vollendung der Türkifizierung bedeutete, da die Zuwanderer von unterschiedlicher ethnischer und linguistischer Herkunft waren (K. H. KARPAT 1985, S. 75).

Bei den Griechen (W.-D. HÜTTEROTH 1982, S. 281, S. 232; O. SCHMIEDER 1969, S. 44 ff.) setzte im Laufe des 19. Jahrhunderts in West-Anatolien eine starke Einwanderung ein, die von den vorgelagerten Inseln der Ägäis kam. Soll sich 1830 die Einwohnerschaft Izmirs aus 80.000 Türken und 20.000 Griechen zusammengesetzt haben, so sollen es 1860 75.000 Griechen und 41.000 Türken gewesen sein (K. H. KARPAT 1985, S. 47 f.). Auch im Landesinneren West-Anatoliens, in den großen

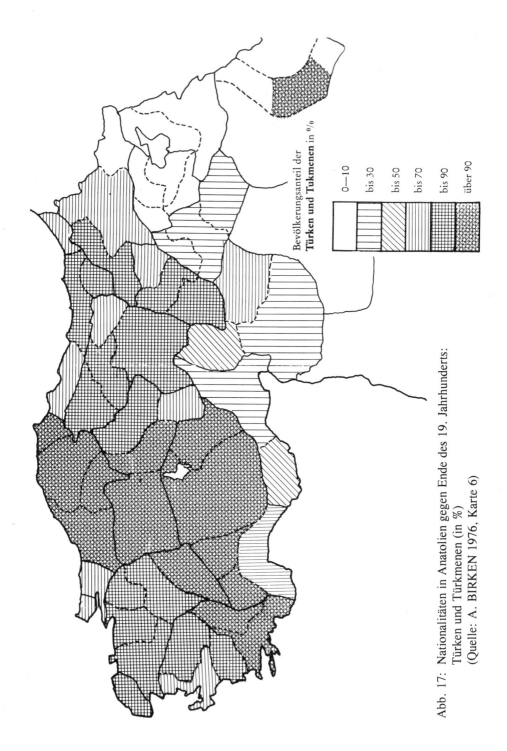

Abb. 17: Nationalitäten in Anatolien gegen Ende des 19. Jahrhunderts: Türken und Türkmenen (in %)
(Quelle: A. BIRKEN 1976, Karte 6)

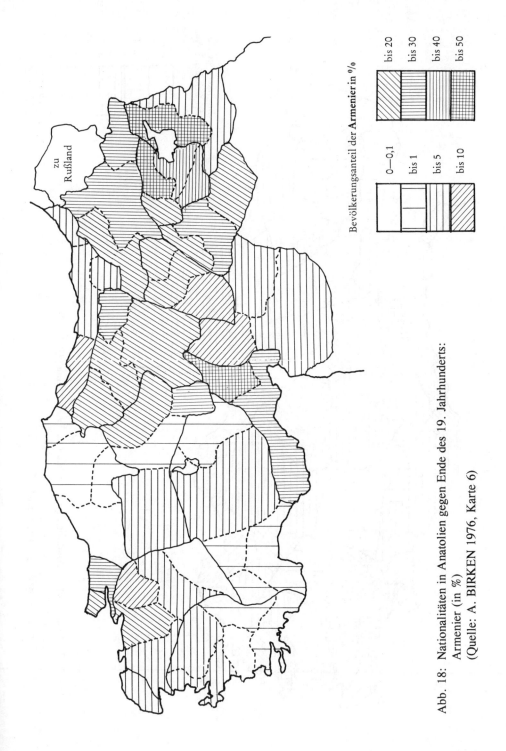

Abb. 18: Nationalitäten in Anatolien gegen Ende des 19. Jahrhunderts: Armenier (in %)
(Quelle: A. BIRKEN 1976, Karte 6)

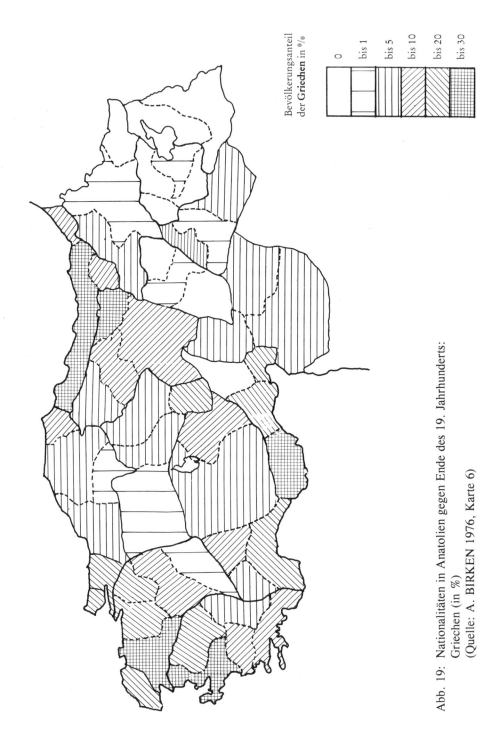

Abb. 19: Nationalitäten in Anatolien gegen Ende des 19. Jahrhunderts: Griechen (in %)
(Quelle: A. BIRKEN 1976, Karte 6)

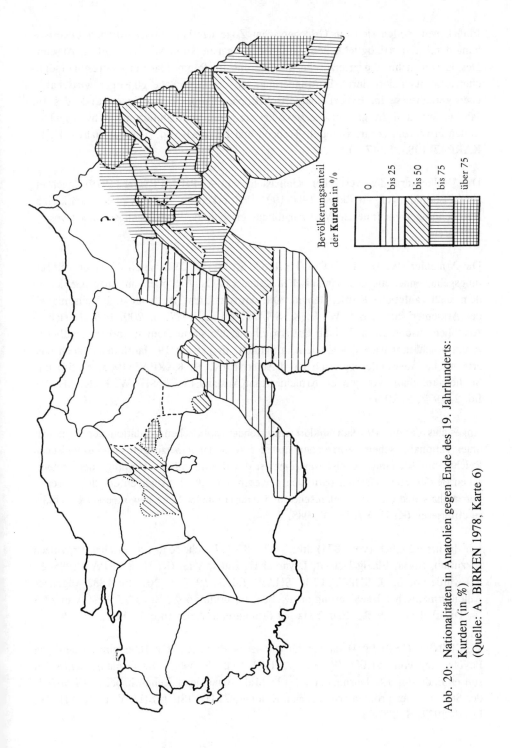

Abb. 20: Nationalitäten in Anatolien gegen Ende des 19. Jahrhunderts: Kurden (in %)
(Quelle: A. BIRKEN 1978, Karte 6)

Flußebenen, sollen sich die Griechen - im Zuge der landwirtschaftlichen Inwertsetzung durch Exportmöglichkeiten - ausgebreitet haben, so in Manisa, Aydın, Akşehir. Desgleichen nahm die griechische Bevölkerung im Raum Trabzon - Giresun, möglicherweise auch dort durch Einwanderung, auf der Grundlage günstiger wirtschaftlicher Verhältnisse im Export landwirtschaftlicher Produkte zu. Gegen Ende des 19. Jahrhunderts soll die griechische Bevölkerung allein in Anatolien mit Schwerpunkten in den Provinzen Izmir, Istanbul, Trabzon und Edirne 1 Mio. betragen haben (K. H. KARPAT 1985, S. 47 f.).

Die "Völkerkarte des westlichen Kleinasien" von A. PHILIPPSON (1919) "nach eigenen Erkundungen auf Reisen 1900-1904" läßt erkennen, daß in vielen, auch kleineren Siedlungen im Inneren West-Anatoliens griechische Bevölkerungsgruppen vertreten waren.

Die Armenier (W.-D. HÜTTEROTH 1982, S. 282, S. 232) hatten ihr Hauptverbreitungsgebiet innerhalb des Osmanischen Reiches in Ost-Anatolien, in einem Gebiet, in dem auch zahlreiche Kurden lebten. Die wirtschaftliche Aktivität und Vielseitigkeit der Armenier (St. J. SHAW, E. K. SHAW, Bd. 2, 1977, S. 200) ließ sie sich in Anatolien ausbreiten, außerhalb Ost-Anatoliens, wo sie in Städten **und** im ländlichen Raum beschäftigt waren, vor allem in Städten. Es gab im 19. Jahrhundert auch eine armenische Auswanderung nach Nord-Amerika (K. H. KARPAT 1985, S. 54) und Studienaufenthalte von jungen Armeniern im Ausland (St. J. SHAW, E. K. SHAW, Bd. 2, 1977, S. 202).

Angesichts der im 19. Jahrhundert einsetzenden politischen Agitation der Armenier unter nationalistischem Vorzeichen und der Auseinandersetzungen des Osmanischen Reiches mit Rußland um Ost-Anatolien ist die Ermittlung des Umfangs der armenischen Bevölkerung vielfach parteilich gewesen, so daß die Angaben des armenischen Patriarchats und die von osmanischer und internationaler Seite gewonnenen Ergebnisse differieren (K. H. KARPAT 1985, S. 54).

Für die ursprünglich (vor 1874) drei, nach 1876/77 sechs sog. armenischen Provinzen (Erzurum, Sivas, Elazığ/Harput, Diyarbakır, Bitlis, Van) (K. H. KARPAT 1985, S. 51) wurde von St. J. SHAW, E. K. SHAW (Bd. 2, 1977, S. 201) für 1882 folgender Anteil armenischer Bevölkerung angegeben: Erzurum 16 %, Bitlis 38,9 %, Van 22,3 %, Diyarbakır 22,9 %, Elazığ/Harput (Mamuret al-Aziz) 16,6 %, Sivas 13,1 %.

V. CUINET (1890-1894) nannte für die sechs Provinzen für 1896 eine armenische Bevölkerung von 651.000 (K. H. KARPAT 1985, S. 54 f.). Im Osmanischen Reich soll es Ende des 19. Jahrhunderts 1,125 Mio. Armenier gegeben haben, in Istanbul, der Stadt mit der größten armenischen Kolonie, 97.000 (St. J. SHAW, E. K. SHAW, Bd. 2, 1977, S. 200 f.).

Die Militanz und sogar der Terrorismus, der von armenischen Nationalisten gegen Ende des 19. Jahrhunderts in Ost-Anatolien und in Istanbul praktiziert wurden, darunter Attentate, Massaker, Überfall auf die Osmanische Bank in Istanbul (St. J. SHAW, E. K. SHAW, Bd. 2, 1977, S. 202 ff.; J. MATUZ 199, S. 249) und die drohende Gefahr der Loslösung Armeniens - nach der russischen Okkupation Ost-Anatoliens (W.-D. Hütteroth 1982, Fig. 3) - führten im Ersten Weltkrieg von osmanischer Seite zur Organisation des Todesmarsches - nach russischem Vorbild - der Armenier in die Syrische Wüste, führte zum Genozid (J. MATUZ 1990, S. 265; O. SCHMIEDER 1969, S. 45; R. G. HOVANNISIAN 1986), wobei die Zahl der Toten, je nach Seite, unterschiedlich angegeben wurde.

Unter den nicht-islamischen Bevölkerungsgruppen im Osmanischen Reich spielten außer den Griechen und Armeniern auch die Juden (W.-D. HÜTTEROTH 1982, S. 284; Ch. ISSAWI 1980, S. 68 ff.), die in der Spätzeit des Osmanischen Reiches überwiegend in Istanbul konzentriert waren, eine - im Verhältnis zu ihrer geringen Zahl - wirtschaftlich bedeutsame Rolle (B. BRAUDE, B. LEWIS 1982).

Auch ist die Zahl der nicht-islamischen Ausländer im Osmanischen Reich, die vor allem in der Spätzeit im Zuge des wirtschaftlichen Eindringens europäischer Mächte gekommen waren, nicht zu unterschätzen; vor allem waren es Briten und Franzosen infolge der wirtschaftlichen Führungsposition ihrer Länder. Ihre Zahl wurde für 1897 mit 172.000 männlichen und 64.000 weiblichen Personen angegeben (Ch. ISSAWI 1980, S. 58). Sie konzentrierten sich auf Istanbul und auf die großen Hafenstädte Anatoliens an der Ägäis, am Schwarzen Meer und am östlichen Mittelmeer.

Die Kurden (W.-D. HÜTTEROTH 1982, S. 277 f.) waren - wie die Armenier - in Ost- und Südost-Anatolien verbreitet und sind es noch heute, bis weit über die Staatsgrenzen der Türkei hinaus, in den Iran und Irak hinein. Durch frühe Islamisierung sind sie zwar Muslime, aber nach ihrer Herkunft keine Türken. Neben nomadischen, tribal organisierten Kurden gab es auch seßhafte; der Mehrheit der Sunniten stand eine Minderheit von Schiiten gegenüber; um die fehlende eigene Schriftsprache zu ersetzen, wurde die persische Sprache benutzt; um 1880 soll es 1,8 Mio. Kurden im Osmanischen Reich gegeben haben (K. H. KARPAT 1985, S. 57).

Die größte Bevölkerungsveränderung in der Spätzeit des Osmanischen Reiches war die Rückwanderungsbewegung (osm.-türk. sing. muhacir), von der Anatolien tiefgreifend betroffen wurde (W.-D.HÜTTEROTH 1982, S. 235 ff:). Sie hatte einerseits damit zu tun, daß in der Hochzeit des Osmanischen Reiches in den eroberten Gebieten viele Menschen zum Islam übergetreten waren, die Religion der Eroberer und neuen Landesherren angenommen hatten, um wirtschaftliche Vorteile zu erringen, andererseits mit dem Verlust der eroberten Gebiete in der Spätzeit des Osmanischen Reiches. Wer die übernommene Religion nicht wieder ablegen wollte, dem blieb in den Gebieten, die wieder unter christliche Oberhoheit gelangt waren (St. J. SHAW, E. K. SHAW, Bd. 2, 1977, S. 116), nur Auswanderung in das immer kleiner werdende Osmanische Reich der Spätzeit und sein Kerngebiet Anatolien.

Entsprechend setzte die Rückwanderungsbewegung mit den Gebietsverlusten auf dem Balkan, in Süd-Rußland und dem Kaukasus schon im 17. Jahrhundert, mit allerdings wenig bekannten Anfängen, ein (Abb. 12-14), schwoll im 19. Jahrhundert zu einer kleinen Völkerwanderung an (St. J. SHAW in K.-D. GROTHUSEN 1985, S. 53, Tab. 3).

W.-D. HÜTTEROTH(1982, S. 235) zählte zur ersten Welle die (islamischen) Nogai-Tataren, die schon 1782/83 ihr Land verließen. Nach dem Krimkrieg (1853-1856) kamen die Krim-Tataren hinzu. Zwischen 1854 und 1860 sollen 176.000 Türken aus Süd-Rußland nach Anatolien eingewandert und angesiedelt worden (St. J. SHAW, E. K. SHAW, Bd. 2, 1977, S. 116), zwischen 1854 und 1876 1,4 Mio. Tataren in das Osmanische Reich ausgewandert sein.

Nach den osmanischen Gebietsverlusten im Kaukasus sind vor allem Tscherkessen (türk. çerkes), auch Tschetschenen, Georgier, Lasen, Abchasen, nach Ost- und Nord-Anatolien gekommen (W.-D. HÜTTEROTH 1982, S. 235; St. J. SHAW, E. K. SHAW, Bd. 2, 1977, S. 117).

Die Verselbständigung vieler Balkan-Völker in der zweiten Hälfte des 19. Jahrhunderts brachte islamisierte Bosnier, Pomaken (aus Bulgarien), Albaner, Montenegriner nach Anatolien, auch Kreter (K. H. KARPAT 1985, S. 57).

Zwischen 1876 und 1885 sind mindestens 673.000, zwischen 1886 und 1895 etwa 157.000 islamische Glaubensflüchtlinge in das Osmanische Reich eingewandert (St. J. SHAW, E. K. SHAW, Bd. 2, 1977, S. 117). Bis 1908 sollen sich insgesamt 5 Mio. islamische Einwanderer vom Balkan, aus Süd-Rußland und dem Kaukasus im Osmanischen Reich, vor allem in Anatolien, niedergelassen haben (K. H. KARPAT 1985, S. 55). Wenn man diesen Angaben - besonders was den Umfang angeht - Glauben schenken darf, dann bedeuten sie folgendes:
- Vollendung des Islamisierungsprozesses in Anatolien;
- Heterogenisierungsprozeß der Muslime Anatoliens aufgrund der unterschiedlichen ethnischen und linguistischen Herkunft der Zuwanderer, die im ländlichen Raum Inner-Anatoliens von der einheimischen Bevölkerung noch lange als Fremde empfunden wurden (W.-D. HÜTTEROTH 1968, S. 72 ff.);
- Ausbau der ländlichen Siedlungen in großem Umfang in vielen Teilen Antoliens ohne vorgegebenes Muster (W.-D. HÜTTEROTH 1968; W.-D. HÜTTEROTH 1982, S. 290 ff.; N. TUNÇDILEK 1959).

Nach der statistischen Erfassung der Bevölkerung des Osmanischen Reiches und Anatoliens gegen Ende des 19. Jahrhunderts geben die von K. H. KARPAT (1985, S. 124-149) nach der Volkszählung von 1881/82-1893 aufbereiteten Daten auch über die räumliche Verteilung - bis zu kleinräumlichen Verwaltungseinheiten (türk. sing. kaza) - ein differenziertes Bild der verschiedenen Religionsgemeinschaften, das bei den Muslimen die ethnischen Gruppierungen jedoch nicht berücksichtigt.

Die Bedeutung der Bevölkerungsverhältnisse und ihrer Entwicklung kommt - nicht nur in Anatolien und im Osmanischen Reich, sondern generell - im Rahmen gesellschaftlicher Entwicklung erst im sozialen und sozialstrukturellen Kontext zum Ausdruck. Ökonomische Aspekte, die überwiegend in den nachfolgenden Abschnitten darzulegen sind, spielen dabei eine Rolle.

Im Rahmen gesellschaftlicher Entwicklung stellen sich zwei Fragen; die eine läuft darauf hinaus, zu ermitteln, ob eine Veränderung der auf der Stufe der traditional society ererbten dichotomischen Sozialstruktur eintrat - eine Veränderung des Gegensatzes zwischen der kleinen, herrschenden Elite und der Masse des Volkes, die zur Unterschicht zählt, durch Entstehung einer mittleren sozialen Schicht.

Auf den Britischen Inseln und in Europa war bereits auf der Stufe der traditional society durch das Aufkommen der Städte, die zu Standorten der Kaufleute, Händler und Handwerker wurden, eine in sich differenzierte mittlere soziale Schicht entstanden, die in den Genuß liberaler Stadtverfassungen gelangte, so daß sich ein freies Stadtbürgertum entfalten konnte. Diese soziale Schicht wurde auf den Britischen Inseln und in Europa in vieler Hinsicht Motor und Träger kommender Entwicklung zur Industriegesellschaft.

Die sozialen Verhältnisse in Anatolien und im Osmanischen Reich der Spätzeit, über die es - bis auf einige engl. case studies von D. QUATAERT (1983) - keine systematischen soziologischen Untersuchungen gibt, sind vor dem Hintergrund nicht nur der Bevölkerungsveränderungen, sondern auch der europäischen ökonomischen Penetration in das Osmanische Reich zu sehen. Dieser ökonomische Prozeß schuf in besonderem Maße Voraussetzungen für den sozialen Aufstieg einiger Bevölkerungsgruppen, speziell der Armenier und Griechen, weniger der Juden, in Anatolien und im Osmanischen Reich (A. J. SUSSNITZKI 1917).

Zwar nahmen auch die türkischen Großgrundbesitzer (St. J. SHAW, E. K. SHAW, Bd. 2, 1977, S. 113 f.), die im 19. Jahrhundert nicht mehr als türk. sing. ayan, sondern als türk. sing. ağa bezeichnet wurden (J. MATUZ 1990, S. 223), durch die Entwicklung der Landwirtschaft über das Subsistenzwirtschaftsniveau hinaus zur Markt- und sogar zur Exportmarktwirtschaft herausgehobene soziale Positionen ein, begnügten sich aber weitgehend mit dem Abschöpfen von Erträgen des primären

Sektors, betätigten sich nur begrenzt im Sinne eines Unternehmertums, wie es von Armeniern und Griechen praktiziert wurde. Dabei kamen Armeniern und Griechen ihr allgemein höheres Ausbildungsniveau und ihre Fremdsprachenkenntnisse zugute (Ch. ISSAWI 1980, S. 13).

Armenier waren im Osmanischen Reich der Spätzeit in Istanbul und zahlreichen Städten Anatoliens als Geldwechsler und Bankiers, Goldschmiede und Juweliere, Außenhandelskaufleute, Bauunternehmer, Ärzte und auch auf dem kulturellen Sektor (Theater) tätig (St. J. SHAW, E. .K. SHAW, Bd. 2, 1977, S. 200). In ihrem Hauptverbreitungsgebiet, Ost-Anatolien, betätigten sie sich zahlreich auch in der Landwirtschaft.

Offenbar entfalteten die Armenier gegen Ende des 19. Jahrhunderts so starke Aktivitäten, daß sie sich sogar in West-Anatolien - dem angestammten Raum griechischer Einwanderung - ausbreiteten.

Insgesamt nahmen die Griechen im Osmanischen Reich der Spätzeit in Istanbul und zahlreichen Städten Anatoliens, besonders in West- und Nord-Anatolien (K. H. KARPAT 1985, S. 47), ähnliche Positionen wie die Armenier ein. Zumindest in West-Anatolien waren Griechen auch im ländlichen Raum tätig, darunter auch als Händler (K. H. KARPAT 1985, S. 47).

Soweit gegen Ende des 19. Jahrhunderts außer den staatlichen industriellen Werkstätten zur Versorgung der Armee im Raume Istanbul (H. STANDL 1994, S. 10 ff.) auf privatwirtschaftlicher Basis kleinere Industriebetriebe zur Verarbeitung heimischer Rohstoffe entstanden, wie die Seidenspinnereien in Bursa (R. STEWIG 1970, S. 135), zogen sie neben ausländischem Kapital auch armenisches und griechisches Kapital auf sich.

1912 sollen von 40 privaten Bankgeschäften in Istanbul 12 Armeniern, 12 Griechen, 8 Juden und 5 Levantinern oder Europäern gehört haben (Ch. ISSAWI 1980, S. 13 f.); unter 34 Börsenmaklern in Istanbul waren 18 Griechen, 6 Juden, 5 Armenier, kein Türke.

Im Außenhandel war ebenfalls der Anteil der Armenier und Griechen überwältigend. So sollen 1906 von den Textilimporteuren in Istanbul 28 Armenier, 3 Türken, 3 Griechen und 1 Jude gewesen sein (Ch. ISSAWI 1980, S. 14).

Nach einer anderen Statistik - allerdings aus armenischer Quelle - sollen sich 1912 drei Wirtschaftsbereiche prozentual wie folgt verteilt haben (Ch. ISSAWI 1980, S. 14):

	Türken	Griechen	Armenier	übrige
Binnenhandel	15	43	23	19
Industrie und Handwerk	12	49	30	10
Akademische Berufe	14	44	22	20.

Trotz der unsicheren Quellenlage und spärlicher Informationen, speziell über die sozialen Verhältnisse, dürfte feststehen, daß sich in der Spätzeit des Osmanischen Reiches in Anatolien, vor allem in den Städten, eine herausgehobene soziale Schicht entwickelt hatte, die allerdings - als Angehörige von nicht-islamischen Religionsgemeinschaften - nicht voll in den islamischen Gottesstaat des Osmanischen Reiches integriert war. Dennoch erschienen sie in der zweiten Hälfte des 19. Jahrhunderts in Anatolien - im Rahmen der ökonomischen Penetration fremder Mächte in das Osmanische Reich - als Träger der wirtschaftlichen Entwicklung im handwerklich-sekundären, zum Teil industriell-sekundären und tertiären Sektor. Um so negativer wirkte es sich auf die wirtschaftliche Entwicklung in Anatolien aus, als am Ende des Ersten Weltkrieges gerade diese Gruppen, Armenier und Griechen, aus dem Gesellschaftsprozeß weitgehend ausschieden.

Die zweite Frage, die sich im Rahmen gesellschaftlicher Entwicklung unter sozialem Aspekt stellt, ist die nach der Industriearbeiterschaft. Von Ch. ASSAWI (1980, S. 15) wurde die Entstehung sowohl einer Bourgoisie als auch einer engl. industrial working class für die Spätzeit des Osmanischen Reiches angenommen. Was die Bourgoisie betrifft, so kann man - wenn man sie als soziale Mittelschicht versteht - zustimmen; die Auffassung von der Entstehung einer engl. industrial working class muß allerdings für die Spätzeit des Osmanischen Reiches bezweifelt werden.

Wenn man den ländlichen Raum und die Frage nach der Landarbeiterschaft ausklammert, so kann in der Spätzeit des Osmanischen Reiches für Anatolien die Entstehung einer Schicht von Arbeitskräften registriert werden, die beim Bau und Betrieb der neuen Verkehrseinrichtungen, Eisenbahnen und Hafenanlagen, der neuen Infrastruktureinrichtungen, wie Gas- und Elektrizitätswerke, in staatlichen und privaten (quasi-)industriellen, landwirtschaftliche Produkte verarbeitenden (Tabak, Seide, Baumwolle) und Armeebedarf herstellenden Betrieben und in Bergwerken (Steinkohle-bergbau im Raum Ereğli-Zonguldak) tätig waren.

Die Arbeitskräfte der französischen Tabakmonopolgesellschaft ("Régie") in deren Händen die Organisation von Anbau, Verarbeitung und Absatz von Tabak lag, der deutschen Anatolischen Eisenbahngesellschaft und der französischen Steinkohlenbergbaugesellschaft in Ereğli-Zonguldak wurden von D. QUATAERT (1983) unter sozialem Aspekt untersucht. Die Verhältnisse im Steinkohlebergbau scheinen ein typisches Bild abgegeben zu haben.

Der osmanische Staat war Ende des 19. Jahrhunderts an einer Steigerung des Steinkohleabbaus interessiert, waren doch seine Kriegsschiffe im Laufe des Jahrhunderts auf Dampfmaschinenantrieb umgestellt worden und bestand Absatz bei der übrigen aufkommenden Dampfschiffahrt, bei den neuen Eisenbahnen, Gas- und Elektrizitätwerken, auch bei den Militär-Fabriken in Istanbul, so daß sogar englische Steinkohle importiert werden mußte (D. QUATAERT 1983, S. 46).

Angesichts der primitiven Abbaumethoden benötigte man zahlreiche Arbeitskräfte für die Steigerung der Produktion im Raum Zonguldak. Deshalb wurden - in dem zertalten Bergland des nord-anatolischen Randgebirges - Arbeitskräfte aus dem Raum selbst und aus den Dörfern der Umgebung rekrutiert. Dabei bildete sich ein Rotationsprinzip heraus: gruppenweise wechselten die Arbeitskräfte alle 12 Tage, um danach in ihre Dörfer und zu landwirtschaftlicher Tätigkeit zurückzukehren (D. QUATAERT 1983, S. 55 f.).

Angesichts dieser Bedingungen, der weiter bestehenden Verwurzelung im ländlichen Raum, kann es nicht überraschen, daß sich keine typische Industriearbeiterschaft herausbildete, die Tätigkeit im Bergbau nur als supplementäre Einnahmequelle angesehen wurde (D. QUATAERT 1983, S. 62).

Für kurdische, lasische, montenegrinische Wanderarbeiter - auch zahlreiche türk. sing. muhacir fanden eine Beschäftigung -, mußten spezielle Unterkünfte geschaffen werden, aber auch bei ihnen entstand keine engl. group identity als (Industrie-) Arbeiterschaft.

Die Arbeiter, zu denen auch junge Leute zwischen 14 und 18 Jahren, überwiegend unausgebildet, gehörten, gliederten sich in Hauer, Träger - die Kohle wurde in Körben aus den Stollen herausgetragen - und Leute, die die Pumpen bedienten (D. QUATAERT 1983, S. 56); hinzukamen - meist ausländische - Ingenieure und leitendes Personal.

Bei der Entlohnung traten Erscheinungen auf, die auch für die frühindustriellen Verhältnisse auf den Britischen Inseln typisch waren, nämlich das sog. truck-system (R. STEWIG 1995), d. h. die Bezahlung mit (übertreuerten) Naturalien (D. QUATAERT 1983, S. 58).

Angesichts der heterogenen Zusammensetzung der Arbeiterschaft kam es öfter zu handgreiflichen Auseinandersetzungen, zu deren Beilegung bisweilen Militär eingesetzt wurde (D. QUATAERT 1983, S. 59, S. 67).Wegen der niedrigen Löhne wurde wiederholt spontan die Arbeit niedergelegt und gestreikt (ohne gewerkschaftliche Organisation) (D. QUATAERT 1983, S. 64 ff.).

Auch bei den Beschäftigten der Anatolischen Eisenbahngesellschaft gab es eine Hierarchie mit ausländischem Personal an der Spitze (deutsche, Schweizer, österreichische, auch französische und italienische Ingenieure und Manager) und türkische, armenische und griechische Arbeitskräfte für die manuellen Tätigkeiten (D. QUATAERT 1983, S. 78).

Über das Lohnniveau und den Lebensstandard der Arbeiterschaft in der Spätzeit des Osmanischen Reiches in Anatolien ist es schwer, ein angemessenes Bild zu gewinnen (Ch. ISSAWI 1980, S. 37 ff., S. 47 ff.), so daß es bei der Feststellung bleiben muß, daß sich im Vergleich zu kontemporären Verhältnissen auf den Britischen Inseln große Unterschiede aufgetan hatten (Ch. ISSAWI 1980, S. 38), was angesichts der Tatsache, daß sich die Britischen Inseln damals bereits auf einer höheren Stufe gesellschaftlicher Entwicklung befanden (drive to maturity) keine Überraschung darstellt.

Unter dem Eindruck frühindustrieller Mißstände bei den sozialen Verhältnissen der Industriearbeiterschaft auf den Britischen Inseln war es dort schon Anfang des 19. Jahrhunderts zu Vorläufern gewerkschaftlicher Organisation gekommen (R. STEWIG 1995), allerdings mit zahlreichen Verboten, um ein Überspringen des Geistes der Französischen Revolution von 1789 zu verhindern. Die Herausbildung von Gewerkschaften setzte deshalb auf den Britischen Inseln erst spät, gegen Ende des 19. Jahrhunderts ein.

Um so erstaunlicher ist es, daß im Osmanischen Reich, nachdem 1908 die Verfassung von 1876 wiederhergestellt worden war, erste kleine gewerkschaftliche Zusammenschlüsse und organisierte Streiks entstanden waren (Ch. ISSAWI 1980, S. 50 ff.). So bildete sich 1908 die Gewerkschaft der Beschäftigten der Anatolischen Eisenbahngesellschaft, die Lohnerhöhungen durchsetzte (D. QUATAERT 1983, S. 81 ff.; vgl. H. GÜMRÜKÇÜ 1981, S. 450 f.).

d) Agrarverfassung, Agrarwirtschaft, ländlicher Raum

In der Spätzeit des Osmanischen Reiches wurde die traditionelle Agrarverfassung tiefgreifenden Änderungen unterworfen.

Ausgangssituation war das türk. timar-System, das als Organisationsform militärische und ökonomische Bereiche miteinander verknüpfte und insofern in der Hochzeit des Osmanischen Reiches, zumindest in der Zeit von Mehmet II. (1451-1481) bis zu Suleyman I. (1520-1566), die Grundlage der Struktur und der Expansion des Osmanischen Reiches gebildet hatte (J. MATUZ 1990, S. 320).

Die Vergabe von Lehen oder Pfründen, gestaffelt nach Größe als türk. timar bzw. türk. zeamet bzw. türk. has, setzte die Empfänger agrar-ökonomisch in den Stand, für den Sultan ein Provinz-Aufgebotsheer zu organisieren. Jedoch traten in der zweiten Hälfte des 16. Jahrhunderts erste Degenerationserscheinungen in der Form auf, daß auch Zivilbedienstete in den Genuß von Lehen oder Pfründen kamen, die sich nicht mehr an der Organisation des Provinz-Aufgebotsheeres beteiligten; dadurch wurde die militärische Kraft des Osmanischen Reiches geschwächt.

Mehrere Umstände trugen zur weiteren Degeneration des türk. timar-Systems bei, und zwar das Überhandnehmen der Vergabe von Lehen oder Pfründen an Zivilisten, die Einführung der Steuerpacht (türk. iltizam) (J. MATUZ 1990, S. 71, S. 106), d. h. der Verkauf oder sogar die Versteigerung des Rechtes der Steuereinziehung innerhalb eines bestimmten Gebietes gegen Vorauszahlung einer vereinbarten Summe an den Sultan, wofür sich der Steuerpächter an der nachgeordneten Bevölkerung des ländlichen Raumes schadlos hielt, die Abschwächung und der Verlust der Zentralgewalt des Osmanischen Reiches im 17., 18.und bis ins 19. Jahrhundert, so daß es zur Erscheinung der Talfürsten (türk. sing. derebey) und lokalen und regionalen Potentaten/Notabeln (türk. sing. ayan) (J. MATUZ 1990, S. 204) kam, wobei die Talfürsten vielfach Führer von Nomadenstämmen (A. G. GOULD 1976) waren, die Notabeln aus Steuerpächtern oder ehemaligen Lehen- oder Pfründenempfängern hervorgingen.

Mit der Entstehung solcher regionalen, von der Zentralgewalt weitgehend unabhängigen Talfürsten und Potentaten in vielen Teilen Anatoliens wurde das türk. timar-System praktisch ausgehöhlt, bevor es 1831 offiziell abgeschafft wurde (J. MATUZ 1990, S. 222).

Die Entstehung der Talfürsten und Notabeln als herrschende Schicht im ländlichen Raum Anatoliens führte zur Herabdrückung der nachgeordneten Bevölkerung in ein Abhängigkeitsverhältnis, das es zuvor im türk. timar-System nicht gegeben hatte (J. MATUZ 1990, S. 204). Dazu gehörte die Bindung an die Scholle und der Zwang zu (Fron-)Dienstleistungen, wie sie aus der europäischen Gutswirtschaft des Mittelalters bekannt sind. Die nachgeordnete ländliche Bevölkerung verlor weitgehend ihre ökonomische und juristische Selbständigkeit, während die Talfürsten und Notabeln zu (Groß-)Grundbesitzern aufstiegen (J. MATUZ 1990, S. 204 f.), obwohl das Land weiter - nominell - dem Sultan gehörte. Diese (Groß-)Grundbesitzer im ländlichen Raum wurden in der Folgezeit, im 19. Jahrhundert und seitdem, als türk. sing. ağa bezeichnet. Anfang des 19. Jahrhunderts sollen die großen Landgüter ein Drittel der Gesamtertragsfläche des Osmanischen Reiches ausgemacht haben (J. MATUZ, 1990, S. 223; W.-D. HÜTTEROTH 1982, S. 222 ff.: über die schillernde Qualität des Begriffes türk. sing. ağa).

Im Laufe des 19. Jahrhunderts setzten allerdings Wandlungen ein, vor allem in der Reformzeit (türk. tanzimat) seit 1839, die diese Agrarverfassung wiederum veränderten: 1818 war es zur Aufhebung der Frondienste gekommen, 1831 wurde das türk. timar-System offiziell abgeschafft. Entscheidende Voraussetzung für weitere Reformen und die Änderung der Agrarverfassung war, daß seit Anfang des 19. Jahrhunderts die Zentralgewalt allmählich die Herrschaft über Anatolien zurückgewann, die Talfürsten und Notabeln - einige besaßen eigene kleine Armeen - wieder unterworfen werden konnten, allerdings unter offizieller Anerkennung ihres (Groß-)Grundbesitzes (J. MATUZ 1990, S. 223). Einiges Land der regionalen Potentaten kam in den Besitz des Sultans zurück und wurde in große Staatsdomänen umgewandelt, wobei bezweifelt werden muß, ob sie den von J. MATUZ (1990, S. 320) angenommenen sehr großen Umfang aufzuweisen hatten. Nach Ş. PAMUK (1987, S. 186) verteilte sich der Grundbesitz 1869 zu nur 5 % auf Staatsland, zu 25 % auf Stiftungsland und zu 70 % auf Privatland.

Damit war für die Struktur des ländlichen Raumes in Anatolien eine neue Grundlage gegeben, nämlich die Existenz großer staatlicher und großer privater Landgüter (türk. sing. çiftlik) der (Groß-)Grundbesitzer (türk. sing. ağa) (J. MATUZ 1990, S. 223; St. J. SHAW, E. K. SHAW, Bd. 2, 1977, S. 114).

Im Zuge der Reformen des 19. Jahrhunderts erfolgten weitere Neuerungen, deren wichtigste die Abschaffung der Steuerpacht, 1839, durch Erlaß des Sultans war (J. MATUZ 1990, S. 230; vgl. dagegen D. QUATAERT 1973, S. 27 f.). In einem Erlaß von 1856 wurden die Landbesitzkategorien neu geregelt und der traditionellen, islamischen Unterscheidung von Privatbesitz (türk. mülk), Staatsbesitz (türk. miri) und (religiösem) Stiftungsbesitz (türk. vakıf) zwei neue Kategorien, Kommunalbesitz (türk. metruk) und Ödland (türk. mevat), hinzugefügt (St. J. SHAW, E. K. SHAW, Bd. 2, 1977, S. 14; R. H. DAVISON 1963, S. 3 ff.). Auch wurden die Abgaben und Steuern im ländlichen Raum - nach Aufhebung der Steuerpacht - neu geregelt, mit generell 10 % Abgabe auf die Produkte (St. J. SHAW, E. K. SHAW, Bd. 2, 1977, S. 114).

Im Laufe des 19. Jahrhunderts kam - als Folge der ökonomischen Schwäche des Osmanischen Reiches und der Penetration europäischer Mächte durch die Kapitulationen - hinzu, daß 1867 auch Ausländern Landbesitz gestattet wurde (R. H. DAVISON 1963, S. 260).

Damit war nach der Phase der Talfürsten und Notabeln, der Steuerpacht und der Frondienste, im 19. Jahrhundert wiederum ein Wandel der Agrarverfassung eingetreten, die nun bis zum Ende des Osmanischen Reiches den rechtlichen Rahmen der Entwicklung abgab (vgl. Schema bei J. MATUZ 1990, S. 320). Alle tiefgreifenden ökonomischen Veränderungen der Landwirtschaft Anatoliens in der zweiten Hälfte des

19. Jahrhunderts durch die Einflußnahme europäischer Wirtschaftsmächte spielten sich im Rahmen der durch die Bestimmungen von 1818, 1831, 1839, 1856 und 1867 geschaffenen Agrarverfassung ab.

Von den vorangegangenen Ausführungen her stellt sich die Frage nach der Entwicklung der Grundbesitzstruktur und der Organisation der Produktion in der Spätzeit des Osmanischen Reiches in Anatolien, besonders angesichts der Tatsache, daß die heutige Türkei als Land eines selbständigen (Klein-)Bauerntums angesehen werden muß (W.-D. HÜTTEROTH 1982, S. 320, S. 322 Fig. 86). Wie ist dieser Übergang zur (Klein-)Besitzstruktur zu verstehen, und was hat die Spätzeit des Osmanischen Reiches dazu beigetragen?

Trotz der insgesamt als dunkel (engl. obscure: Ch. ISSAWI 1980, S. 201) empfundenen Zusammenhänge läßt sich doch folgendes ausmachen. In der zweiten Hälfte des 19. Jahrhunderts gab es umfangreichen Kleinbesitz (mit kleinen Nutzungsparzellen), wie Ch. ISSAWI (1980, S. 203) mit einer Tabelle für 1863 belegte. Nach Ş. PAMUK (1987, S. 187) gehörte 1869 agrarisch bewirtschaftbares Land zu 75-82,5 % dem Kleinbesitz, dem Großbesitz nur zu 17,5-25 %.

Auf alle Fälle gab es (Groß-)Grundbesitz in Form von Landgütern, wenn auch unregelmäßig innerhalb Anatoliens verteilt, so vor allem in Südost- (Kurdistan), Süd- (Çukurova), West- (in den großen Flußebenen) und in Inner-Anatolien (in der Steppe) (Ş. PAMUK 1987, S. 191-201).

Natürlich brauchten die (Groß-)Grundbesitzer Arbeitskräfte zur Bewirtschaftung ihrer Nutzflächen. Dafür wurden (teils saisonale) Wander- und Landarbeiter (ohne Grundbesitz) oder Teilbauern/Teilpächter (engl. share-cropper) beschäftigt. Allerdings muß man bei dem Begriff Teilbauer in Anatolien nicht die negativen Assoziationen herstellen, die mit diesem Begriff in den östlich und südöstlich der Türkei benachbarten, viel trockeneren, wüstenhaften Räumen verbunden werden, wo - bis heute -, vor allem in Iran, der Anbau in den Oasen in hohem Maße auf der Gewinnung von Bewässerungswasser durch diffizile Kunstbauten, den unterhaltungsaufwendigen Qanaten/Karizen, beruht. Dort bringt der Teilbauer im Rahmen der Organisation der Produktion nur seine Arbeitskraft ein, während der Grundbesitzer nicht nur den Grund und Boden als Produktionsfaktor, sondern auch das Saatgut, das Bewässerungswasser und die tierische oder maschinelle Arbeitskraft stellt und deswegen den Hauptteil des Ernteertrages abschöpft, so daß dem Teilbauern oft nur ein kärglicher Rest bleibt.

In Anatolien dagegen, wo auch im innersten Teil des Landes Steppe - und nicht Wüste - verbreitet ist, spielte deshalb der Faktor Bewässerungswasser keine so große Rolle - außer in einigen relativ kleinen Gebieten mit künstlicher Bewässerung -, also auch nicht beim Abschöpfen der Erträge durch den Grundherrn. Die landwirtschaftliche

Produktion in Anatolien basierte und basiert überwiegend auf natürlichem Regenfall, der allerdings - an der Trockengrenze in Inner-Anatolien - gelegentlich ausbleibt (W.-D. HÜTTEROTH 1982, S. 108-121; E. TÜMERTEKIN 1954). So gibt es Belege für eine starke Varianz der Teilpachtverträge zwischen dem Grundherrn und den Teilbauern in verschiedenen Gebieten Anatoliens (Ch. ISSAWI 1980, S. 207 ff.), bei denen die Teilbauern nicht so schlecht bedient waren wie anderswo (außerhalb der Türkei).

Die großen Landgüter in Anatolien waren es vor allem, die auf die ökonomischen Herausforderungen mit Übergang zu weltmarktorientierter Produktion reagieren konnten, die sich in der zweiten Hälfte des 19. Jahrhunderts im Zuge der Penetration europäischer Wirtschaftsmächte in das Osmanische Reich auftaten (D. QUATAERT 1973, S. 342 ff.).

Zugunsten des bäuerlichen Kleinbesitzes wirkten im 19. Jahrhundert in Anatolien noch mehrere Umstände: es gab keine Landknappheit (Ch. ISSAWI 1980, S. 204, S. 206), sondern - nach der vorangegangenen Entvölkerung des ländlichen Raumes und der nur geringen natürlichen Bevölkerungszunahme - eine Knappheit an Arbeitskräften (Ş. PAMUK 1987, S. 184). Dadurch kam der Kleinbauer und Teilbauer in eine ökonomisch günstigere Position im Verhältnis zu den Grundbesitzern, die auf Arbeitskräfte angewiesen waren. Zum anderen erfolgten nach den massenhaften Zuwanderungen nach Anatolien von Glaubensflüchtlingen aus den verloren gegangenen Gebieten des Osmanischen Reiches auch massenhafte Ansiedlungen innerhalb Anatoliens. Vielfach kam es dabei zu genossenschaftlicher Niederlassung und entsprechender Fluraufteilung (W.-D. HÜTTEROTH 1982, S. 316 f.), wodurch die Kleinbesitzstruktur gefördert wurde.

Des weiteren führte die islamische Erbrechtssitte, die im Sinne von Realteilung wirkt, wobei männliche Erben stärker berücksichtigt werden als weibliche, zur Verkleinerung der Besitzgrößen (W.-D. HÜTTEROTH 1982, S. 320) - doch waren im 19. Jahrhundert durch die damals geringe natürliche Bevölkerungszunahme im ländlichen Raum kaum derartige Effekte zu erwarten.

So gab Ş. PAMUK (1987, S. 190) für 1869 den Anteil der grundbesitzenden Kleinbauern in Anatolien mit 31 % an, den der Teilbauern/Teilpächter und sonstigen Pächter mit 52 % und den der ständigen Teilbauern und landlosen Landarbeiter mit 16 %.

Ansiedlung der sehr zahlreichen Einwanderer und Seßhaftmachung der Nomadenstämme waren Vorgänge und Ziele, die die Landwirtschaft in Anatolien in der Spätzeit des Osmanischen Reiches mit prägten.

Die Entvölkerungsprozesse des 17. und 18. Jahrhunderts im ländlichen Raum der Türkei, der Rückzug der ländlichen Bevölkerung - vor den Steuerpächtern - in entlegene Gebirgslagen (W.-D. HÜTTEROTH 1982, S. 227), so daß man fast von Kabyleien (im Sinne H. Bobeks) sprechen kann, und das geringe natürliche Bevölkerungswachstum, so daß eine nur geringe einheimische Ausbaubewegung stattfand, ließen viel Land zur Ansiedlung der Zuwanderer übrig.

Ohne über systematische Untersuchungen zu dieser Thematik zu verfügen, läßt sich nur ein Überblicksbild zeichnen. Offenbar wurden vielfach Ebenen (türk. sing. ova) auf der Binnen- und der Außenseite der süd-anatolischen Randgebirge für die Ansiedlungen ausgewählt, in West-Anatolien Teile der großen Flußebenen - Gebiete, die auch von Nomaden als Winterweiden genutzt wurden (W.-D. HÜTTEROTH 1982, S. 237); dabei kam es auch zur Zurückdrängung, wenn nicht teilweisen Sedentarisierung der Nomaden.

Im südlichen Inner-Anatolien haben sich W.-D. HÜTTEROTH (1968), im Gebiet um Eskişehir N. TUNÇDILEK (1959), in den Küstenebenen von Antalya X.de PLANHOL (1958), von Adana M. SOYSAL (1976) und H. H. KARABORAN (1976) mit der Siedlungsentwicklung beschäftigt; von E. WIRTH (1963, S. 17) gibt es eine Karte über die Tataren-Niederlassungen in Anatolien und im Osmanischen Reich.

Manche islamischenGlaubensflüchtlinge, die überwiegend der Landwirtschaft entstammten, brachten Innovationen nach Anatolien mit, so den eisernen Pflug und Mähmaschinen (W.-D. HÜTTEROTH 1982, S. 238). Die in Nordwest-Anatolien, im Raum Bolu, Hendek, Adapazarı, angesiedelten Tataren behielten zunächst ihre tribale Organisation bei, führten aber die Großviehhaltung (Rinder) und die Pferdezucht ein (K. H. KARPAT 1985, S. 75).

Im Zuge der osm.-türk. muhacir-Ansiedlung entstanden in Anatolien - wo man angesichts des noch weit verbreiteten Nomadismus mit Überfällen rechnen mußte - überwiegend dörfliche Siedlungen, zum guten Teil mit regelmäßigen Grundrissen (W.-D. HÜTTEROTH 1968, Abb. 59-64), die aber im Laufe der Zeit oft wieder verschwanden, so daß zu den weit verbreiteten Haufendorf-Grundrissen der Einheimischen (W.-D. HÜTTEROTH 1968, Abb. 50-56) ein neues Formelement zumindest vorübergehend in das südliche Inner-Anatolien hineinkam.

Die genossenschaftlichen, geschlossenen Ansiedlungen von kleinen homogenen Bevölkerungsgruppen führte zur Entstehung von Streifenfluren - auch bei Ansiedlung von Nomadenstämmen -, so daß im Flurbild, zu den traditionell verbreiteten, unregelmäßigen Klein- und Großblockfluren ebenfalls ein neues Formelement hinzukam (W.-D. HÜTTEROTH 1982, S. 317; W.-D. HÜTTEROTH 1968, Abb. 17-32).

Die Landwirtschaft Anatoliens erlebte in der zweiten Hälfte des 19. Jahrhunderts und bis zum Ende des Osmanischen Reiches im Ersten Weltkrieg einen beträchtlichen Aufschwung (D. QUATAERT 1973). Zwischen 1876 und 1908 stiegen der Wert der landwirtschaftlichen Exporte um 45 %, die Steuereinnahmen aus der Landwirtschaft um 79 % (D. QUATAERT 1975, S. 210 f.).

Dies bedeutet jedoch nicht, daß generell das Subsistenzwirtschaftsniveau überwunden worden wäre; vielmehr verharrte die Masse der kleinen bäuerlichen Betriebe, besonders in Gebirgsgegenden und abgelegen von Küsten und Städten, auf Subsistenzwirtschaftsniveau, und zwar noch lange über die Spätzeit des Osmanischen Reiches hinaus. Jedoch konnte eine Reihe von landwirtschaftlichen Betrieben Anatoliens, meist größere, nicht nur marktwirtschaftliches Niveau mit Absatz im eigenen Land, in den großen Städten, vor allem in Istanbul, sondern sogar exportmarktwirtschaftliches Niveau erringen. Dabei spielten mehrere Bedingungen zusammen.

Eine dieser Bedingungen war die Förderung von seiten des osmanischen Staates (O. OKYAR 1980), die der Landwirtschaft Anatoliens in der zweiten Hälfte des 19. Jahrhunderts in erstaunlichem Umfang zuteil wurde (St. J. SHAW, E. K. SHAW, Bd. 2, 1977, S. 230 ff.; D. QUATAERT 1973).

Dazu gehörte 1892 die Errichtung einer Landwirtschaftsschule in Halkalı, bei Küçük Çekmece, westlich von Istanbul, die sich auch mit Veterinärmedizin befaßte, und einer weiteren Landwirtschaftsschule in Bursa (D. QUATAERT 1973, S. 92 ff.).

Dazu gehörte die Errichtung einer Reihe von Mustergütern, auf Staatsdomänen, die nicht nur auf Istanbul und Umgebung - dort in Izmit - konzentriert waren, sondern über den anatolischen Raum gestreut wurden, und zwar in Adana, Sivas und Konya (D. QUATAERT 1973, S. 110 ff.).

Dazu gehörte 1893 die Einrichtung eines Landwirtschaftsministeriums (Ministerium für Forsten, Bergbau und Landwirtschaft).

Im quasi-staatlichen Rahmen wurden weitere Einrichtungen für die Landwirtschaft geschaffen, und zwar 1876 eine Gesellschaft zur Förderung der Landwirtschaft (osm.-türk.Ziraat Cemiyeti), 1880 eine Landwirtschaftskammer (osm.-türk. Ziraat Odası) und 1885 ein Journal der Handelskammer Istanbul, das für die Landwirtschaft förderliche Nachrichten verbreitete (St. J. SHAW, E. K. SHAW, Bd. 2, 1977, S. 231).

Noch wichtiger waren zwei weitere neue Einrichtungen, wiederum im quasi-staatlichen Rahmen, nämlich nach 1864 die landwirtschaftlichen Cooperativen, die den kleinen bäuerlichen Betrieben niedrig zu verzinsende Kredite verschaffen und sie aus der Abhängigkeit von örtlichen Geldverleihern befreien sollten.

Die wichtigste neue Einrichtung war die 1888 gegründete Landwirtschafts-Bank (osm.-türk. Ziraat Bankası) mit sehr zahlreichen Filialen (über 400) in Anatolien (D. QUATAERT 1973, S. 129 ff.), die der Landwirtschaft auch größere Kredite zur Verfügung stellen konnte.

Die regionale Verteilung der von der Landwirtschaftsbank 1889-1895 und 1898-1903 gewährten Kredite (D. QUATAERT 1975, Tabelle 1, S. 217) zeigt deutlich, daß die Provinzen Bursa und Aydın (Smyrna/Izmir) das meiste Geld erhielten, d. h. die westliche Peripherie Anatoliens am günstigsten ausgestattet wurde - wo auch die umfassendste Entwicklung stattfand.

So sinnvoll alle diese neuen Einrichtungen waren, kamen sie doch überwiegend den größeren landwirtschaftlichen Betrieben, meist den großen Landgütern zugute (D. QUATAERT 1973, S. 342), da ihre Nutzung ein Mindestniveau an Ausbildung voraussetzte: zum Besuch der Schulen, zum Erhalt der Informationen, zum Abfassen von Kreditverträgen mußte man lesen und schreiben können; bei der bäuerlichen Bevölkerung jedoch war der Analphabetismus noch sehr weit verbreitet; außerdem war es für diese Bevölkerungsgruppe - auch lange über die osmanische Zeit hinaus - ungewohnt und unüblich, anonym, d. h. nicht von Person zu Person, Kredite aufzunehmen.

Immerhin wurde es möglich, auf der Basis von Krediten in begrenztem Umfang Innovationen in die Landwirtschaft Anatoliens einzuführen, so - auch von kleinen Bauern - durch den Kauf besserer, eiserner Pflüge (D. QUATAERT 1975, S. 216); bei der landwirtschaftlichen Inwertsetzung der Çukurova durch Baumwollanbau im großen Stil waren es sogar Dampfpflüge (Ch. ISSAWI 1980, S. 204; vgl. L. ROTHER 1971, S. 74) - 1913 soll es dort 300 Dampfpflüge gegeben haben; auch konnten hydraulische Pressen für die Gewinnung von Olivenöl angeschafft werden - 1914 sollen bereits 260 Stück in den mediterranen Gebieten Anatoliens mit Olivenanbau vorhanden gewesen sein (Ch. ISSAWI 1980, S. 247).

Die übrigen Bedingungen der neuen Entwicklung wurden durch die ökonomische Penetration der europäischen Märkte in das Osmanische Reich und nach Anatolien geschaffen, und zwar formal-juristisch durch die - weitergehenden - Kapitulationen und konkret-empirisch durch Aufbau einer Infrastruktur, vor allem einer modernen Verkehrsinfrastruktur - in spezifischer Weise.

Das alte Übel des Osmanischen Reiches, die Geldnot der osmanischen Sultane, die aus dieser Situation heraus - gegen entsprechende Zahlungen - Handelsprivilegien an ausländische Mächte erteilten, hatte schon in der Hochzeit begonnen, als den italienischen Städte-Republiken Venedig, Genua, Pisa, Florenz und anderen das Eindringen in den Levante- und Orient-Handel über Istanbul erlaubt worden war (O. NEBIOĞLU 1941).

Nach der Ablösung der Italiker durch die Franzosen im Levante- und Orienthandel war die Methode der Kapitulationen unverändert weitergegangen (O. NEBIOĞLUs zweite Periode: 1535-1740), bis die Franzosen - seit 1580 - durch die Engländer hart bedrängt und in der Führungsposition allmählich abgelöst wurden. In O. NEBIOĞLUs dritter Periode der Entwicklung der Kapitulationen zwischen 1740 und 1840 wurden vom Osmanischen Reich mit Frankreich 7, mit England 9, mit Holland 6, mit Österreich 3 kapitulatorische Handelsverträge geschlossen (O. NEBIOĞLU 1941 S. 22 f.). Diese Entwicklung setzte sich in der vierten Periode von 1840 bis 1920 fort; 1914 wurde einseitig - vom Osmanischen Reich - versucht, die Kapitulationen aufzuheben (J. MATUZ 1990, S. 264), was letztlich erst durch die Entstehung der Republik Türkei auf neuer rechtlicher Grundlage gelang.

Zu den erwähnten ausländischen Mächten kamen noch hinzu: Rußland, Polen, Dänemark, Schweden(-Norwegen), Belgien, Spanien, Preußen(-Deutschland), Portugal, Griechenland, die U.S.A. (O. NEBIOĞLU 1941, S. 22 ff.)

Ökonomisch sehr bedeutsam für die Entwicklung in Anatolien war die Kapitulation gegenüber England von 1838 (J. MATUZ 1990, S. 231), weil die Britischen Inseln zu diesem Zeitpunkt - vor den kontinentalen europäischen Mächten - die wirtschaftliche und gesellschaftliche Führungsrolle in der Welt übernommen hatten, mit umfangreichem Export auf die Weltmärkte drängten und deshalb Freihandel propagierten (R. STEWIG 1995).

Eine weitere wichtige Voraussetzung für die ökonomische Penetration europäischer Mächte nach Anatolien war auch der Bankrott des Osmanischen Reiches im Jahre 1875 (J. MATUZ 1990, S. 246), nachdem etwa 80 % der Einnahmen des osmanischen Staates zur Tilgung der Auslandsanleihen und Zinsen ausgegeben werden mußten. Nachdem eine internationale Gesellschaft zur Verwaltung der osmanischen Staatsschulden (Administration de la Dette Publique Ottomane) 1881 geschaffen worden war, hat man mehrere Einnahmequellen des osmanischen Staates, aus dem Tabak-Monopol, der "Régie" (Société de la Régie cointéressée des tabacs de l'Empire Ottoman) (D. QUATAERT 1983, S. 13 ff.), aus dem Salz-Monopol und verschiedenen Steuern, der Schuldenverwaltung übertragen. Mit dieser Einflußnahme auf den Staatshaushalt des Osmanischen Staates wurde Anatolien für ausländische Kapitalinvestionen im wirtschaftlichen und infrastrukturellen Bereich noch mehr geöffnet (O. OKYAR 1980, S. 156).

Für die Landwirtschaft Anatoliens gewannen die von englischer, französischer und deutscher Seite betriebenen und umgesetzten Eisenbahnprojekte in der zweiten Hälfte des 19. Jahrhunderts große Bedeutung, räumlich weitgehend beschränkt auf die westliche Peripherie, auf West-Anatolien, und auf Inner-Anatolien.

Wenn man von der Eisenbahnverbindung von Istanbul nach Mittel-Europa, für den Orient-Expreß von Wien aus, 1888, der kurzen französischen Bahnstrecke vom Hafen Mudanya am Marmara-Meer nach Bursa zur Erschließung der Bursa-Ebene, 1891, die später wieder abgebaut wurde, und der ebenfalls kurzen Stichbahn von Mersin am östlichen Mittelmeer nach Adana zur Erschließung der Çukurova, 1886, absieht, waren drei umfangreiche Bahnprojekte von großer landwirtschaftlicher Bedeutung (Ch. ISSAWI 1980, S. 149):

- die englische Bahnstrecke von Izmir aus in die landwirtschaftlich ertragreiche Flußebene des Büyük Menderes, mit Abzweigung in die Flußebene des Küçük Menderes, die Aydın-Bahn, seit 1866 (Ch. ISSAWI 1980, S. 183 ff.),

- die französische Bahnstrecke von Izmir aus in die landwirtschaftlich ertragreiche Flußebene des Gediz, mit Abzweigung nach Akhisar und Soma, die Manisa-Bahn, seit 1865 (Ch. ISSAWI 1980, S. 185 ff.),

- die deutsche Bahnstrecke von Istanbul aus nach Inner-Anatolien über Izmit und Eskişehir nach Konya, mit Abzweigung nach Ankara (Angora), die Anatolische Bahn (mit späterer Verlängerung als Bagdad-Bahn), seit 1888 (Ch. ISSAWI 1980, S. 188 ff.).

Damit waren wichtige Voraussetzungen für das Erreichen von Exportmärkten für landwirtschaftliche Produkte West- und Inner-Anatoliens geschaffen; hinzu kam der Ausbau der Hafenanlagen nicht nur in Izmir, sondern auch in Samsun und Trabzon, so daß landwirtschaftliche Produkte auch aus Teilgebieten Nord- und Süd-Anatoliens Exportmärkte erreichen konnten.

Insgesamt erfolgte eine umfangreiche landwirtschaftliche Inwertsetzung der westlichen, nördlichen und südlichen Peripherie Anatoliens (in Teilgebieten) und auch von Teilen Inner-Anatoliens in den letzten Jahrzehnten des Osmanischen Reiches.

Seit prä-osmanischer Zeit wurde in Anatolien Brotgetreide, Weizen und Gerste, als Grundlage der Nahrungsmittelversorgung angebaut. Die räumliche Differenzierung des Getreideanbaus wurde bestimmt durch die Qualität der Böden - Weizen auf den besseren, Gerste auf den schlechteren Böden -, durch die Steilheit der Hänge im Gebirge - bei extremer Hangneigung und fehlender Bodenauflage war kein Anbau möglich -, durch die Höhenlage - besonders in Ost-Anatolien stieß der Getreideanbau an seine (Kälte-)Grenze - und vor allem durch die Verteilung der Niederschläge: in Teilen Inner-Anatoliens lagen (und liegen) die Niederschläge so niedrig, daß der Getreideanbau seine (Trocken-)Grenze erreicht (W.-D. HÜTTEROTH 1982, Fig. 35, S. 109); außerdem war und ist dort die Variabilität der Niederschläge von Jahr zu Jahr und von einer Reihe von feuchten zu einer Reihe von trockenen Jahren sehr groß (Ch. ISSAWI 1980, S. 213 ff.).

Trotz seit altersher praktizierter Methoden des Trockenfarmens - mit langen Brachzeiten, um die Niederschläge mehrerer Jahre für eine Ernte zu sammeln - schwankten und schwanken die Erträge stark. Deshalb ist es auch nicht sinnvoll, längerfristige Vergleiche über die Entwicklung der Hektarerträge anzustellen, wie von Ch. ISSAWI (1980, S. 215) geschehen.

Insgesamt stieg die Getreideproduktion in Anatolien zwischen 1876 und 1908 um das Fünffache (Ch. ISSAWI 1980, S. 213). Diese Feststellung wurde nach umfangreichen Recherchen über die Entwicklung des Getreideexports aus den vier Haupthäfen Anatoliens (Izmir, Mersin, Samsun, Trabzon) von D. QUATAERT (1973) ermittelt.

Als Massengut wurde Getreide - vor dem Bahnbau - durch Kamelkarawanen aus Inner-Anatolien nach Istanbul mit hohen Kosten transportiert (D. QUATAERT 1977); doch reichte die Versorgung der Bevölkerung Istanbuls mit Brotgetreide aus Inner-Anatolien wegen der rasanten Zunahme der Stadtbevölkerung im Laufe des 19. Jahrhunderts nicht aus.

Der Bahnbau veränderte die Situation grundlegend, nachdem 1892 Ankara, 1895 Konya erreicht worden waren; D. QUATAERT (1977, S. 139) hat die Veränderung als engl. limited revolution bezeichnet, obwohl auch der gestiegene Getreideanbau in Inner-Anatolien noch nicht zur Versorgung der Istanbuler Bevölkerung genügte.

Der Bahnbau hatte großen Einfluß auf die Reduzierung der Transportkosten und die Umorientierung der Getreidetransporte durch Kamelkarawanen aus dem östlichen Inner-Anatolien zu den Endpunkten der Anatolischen Bahn hin (D. QUATAERT 1977, S. 144 f.).

Auch das erste große Bewässerungsprojekt in Anatolien, das Çumra-Projekt bei Konya (W-D. HÜTTEROTH 1982, S. 345 ff.; Ch. ISSAWI 1980, S. 229 f.), ist sowohl im Zusammenhang mit dem Bau der Anatolischen Bahn als auch der Steigerung und Diversifizierung der landwirtschaftlichen Produktion in Inner-Anatolien zu sehen.

Von der frühindustriellen Situation der Britischen Inseln her stellt sich die Frage nach dem Stand der Brotgetreideversorgung im Sinne der Problematik von Th. R. Malthus (1766-1834). Auf den Britischen Inseln hatte sich die Schere zwischen deutlich zunehmender Bevölkerung und nur mäßig zunehmender Nahrungsmittelerzeugung geöffnet, so daß Befürchtungen der Unterversorgung auftauchten (R. STEWIG 1995).

Diese Situation war jedoch in Anatolien selbst in den letzten Jahrzehnten des Osmanischen Reiches nicht gegeben. Zwar konnte die große Bevölkerungsmenge in Istanbul nicht allein aus dem eigenen Land heraus versorgt werden, so daß Einfuhren, besonders wenn in Inner-Anatolien Dürrejahre aufgetreten waren, getätigt werden mußten (D. QUATAERT 1977, S. 143), aber insgesamt bestand für die Bevölkerung Anatoliens kein Problem der Unterversorgung; es konnte sogar Getreide umfangreich exportiert werden (D. QUATAERT 1977, S. 149).

Dies hing nicht nur mit der insgesamt gestiegenen Getreideproduktion zusammen, sondern auch damit, daß die Bevölkerung im ländlichen Raum Anatoliens nur mäßig zunahm, die zahlreichen Zuwanderer/Rückwanderer überwiegend aus der Landwirtschaft stammten und in Anatolien wiederum landwirtschaftlich tätig wurden, nicht zuletzt im Getreidebau (W.-D. HÜTTEROTH 1968).

Großen Aufschwung nahm auch der Baumwollanbau in Anatolien (Ch. ISSAWI 1980, S. 233 ff.; D. QUATAERT 1973, S. 278 ff.). Als einjährige Pflanze, die in der Wachstumszeit viel Wasser an den Wurzeln, aber unbedingte Trockenheit in der Erntezeit verlangt, wenn die Baumwollkapseln aufspringen - um ein Verkleben der Baumwollfäden zu vermeiden -, kamen für den Anbau in Anatolien die sommertrockenen, winterfeuchten mediterranen Küstengebiete in West-Anatolien - die großen, tief ins Land eingreifenden Flußebenen - und in Süd-Anatolien - die Çukurova - in Frage.

Obwohl dort Baumwolle in begrenztem Umfang seit prä-osmanischer Zeit angebaut wurde (S. FAROQHI 1987, S. 262 ff.), trat eine bedeutende Produktionssteigerung erst im 19. Jahrhundert durch zwei Umstände ein: die Nachfrage der englischen Baumwollindustrie (H. INALCIK 1987, S. 374 ff.), die sich in Lancashire großartig entwickelt hatte, und als weiterer Impuls das Ausbleiben der Rohstofflieferungen aus Nord-Amerika infolge des Bürgerkrieges zwischen den Nord- und Süd-Staaten (1861-1865) (O. KURMUŞ 1987). Allerdings war der Baumwollanbau in Ägypten eine starke Konkurrenz.

Auch im Zusammenhang mit dem Baumwollanbau und -export über die Häfen Izmir und Mersin spielte der Eisenbahnbau in West- und in Süd-Anatolien eine große Rolle (O. KURMUŞ 1987, S. 163 S. 166 f.).

Während in der Çukurova der Baumwollanbau bis in den Ersten Weltkrieg hinein kontinuierlich gesteigert werden konnte (Ch. ISSAWI 1980, S. 242) und damit die ökonomische Grundlage für die landwirtschaftliche Inwertsetzung dieses Gebietes schuf, ebbte der Baumwollanbau in West-Anatolien nach bedeutenden Steigerungen ab (Ch. ISSAWI 1980, S. 245) - aber dort etablierte sich die Produktion anderer landwirtschaftlicher Erzeugnisse für den Export.

Dazu gehörte der Anbau von Feigen (als Baumkultur) im Raum Aydın, die als Smyrna-Feigen von Izmir aus exportiert wurden (Ch. ISSAWI 1980, S. 261 f.).

Dazu gehörte auch der Weinbau im mediterranen West-Anatolien, wobei die Trauben entweder - von der einheimischen muslimischen Bevölkerung - frisch gegessen wurden oder in getrockneter Form - als Sultaninen - in den Export gingen (Ch. ISSAWI 1980, S. 265 f.; D. QUATAERT 1973, S. 217 ff.). Da das islamische Religionsgesetz den Muslimen Alkohol verbietet, wurden Trauben von der griechischen Bevölkerung West-Anatoliens gekeltert.

Über Izmir gelangte auch Opium, aus dem Mohnanbau im Hinterland Izmirs stammend, in den Export (Ch. ISSAWI 1980, S. 261 f.).

Ein weiteres Produkt der mediterranen Landwirtschaft West-Anatoliens war Olivenöl, das teilweise exportiert wurde und für dessen Herstellung hydraulische Pressen (als Innovation) verwendet wurden (Ch. ISSAWI 1980, S. 246 ff.).

Als supplementäre Einnahmequelle der Nomaden in West-Anatolien wurden Teppiche hergestellt und ebenfalls über Izmir als Smyrna-Teppiche exportiert (A. PHILIPPSON 1916; D. QUATAERT 1994, S. 108 f.).

In Inner-Anatolien brachte die Haltung von Angora-Ziegen durch den Mohair-Verkauf - auch für den Export nach England - der Landwirtschaft zusätzliche Einnahmen (Ch. ISSAWI 1980, S. 268 f.).

Vor allem erlebte ein weiteres landwirtschaftliches Produkt in West-Anatolien und - umfangreicher noch - in Nord-Anatolien einen Aufschwung, der Tabakanbau, besonders seitdem ab 1884 die französische "Régie" (Société de la Régie cointéressée des tabacs de l'Empire Ottoman) das Tabak-Monopol, d. h. die Organisation von Anbau, Verarbeitung und Absatz von Tabak im Lande und für den Export - und auch die Einnahmen (zur Abdeckung der Staatsschulden des Osmanischen Reiches nach dem Bankrott von 1875) - übernommen hatte (D. QUATAERT 1973, S. 245 ff.; D. QUATAERT 1983, S. 13-40; Ch. ISSAWI, 1980, S. 249 ff.). Die schon damals dichter, von Griechen besiedelten Gebiete um Samsun und Trabzon erlebten dadurch einen landwirtschaftlichen Aufschwung.

Voraussetzung war, daß im Osmanischen Reich das Rauchverbot aufgehoben und in Europa der Genuß von Orient-Tabaken aufgekommen war, nachdem durch den nordamerikanischen Bürgerkrieg (1861-1865) die Tabakversorgung von dort ausblieb.

Schließlich erlebte noch eine landwirtschaftliche Produktionsausrichtung im Laufe des 19. Jahrhunderts, und zwar in Nordwest-Anatolien, ein beträchtliches Wachstum: der

Anbau von Maulbeerbäumen zur Fütterung von Seidenraupen, die Kokons spinnen, aus denen mittels Haspeleien handwerklich (ohne Dampfantrieb) oder früh-industriell (mit Dampfantrieb) Rohseidengarn gewonnen wurde (R. STEWIG 1970, S. 133 ff.); insofern hingen landwirtschaftliche und handwerkliche bzw. früh-industrielle Produktion, vor allem in der Stadt Bursa, zusammen.

Nachdem die Seidenraupenzucht schon früh, im 6. Jahrhundert, in das Byzantinische Reich eingeführt und im Raum Bursa ansässig geworden war, hatte sich die handwerkliche Produktion von Seidenstoffen, vor allem zum Absatz am osmanischen Hof in Istanbul, stark entwickelt (L. T. ERDER 1976; D. QUATAERT 1987, S. 284 ff.; D. QUATAERT 1994; M.ÇIZAKÇA 1987).

Die Weiterentwicklung gegen Ende des 19. Jahrhunderts und bis zum Ersten Weltkrieg ist ein Beispiel dafür, daß auch in diesem Bereich der osmanische Staat durch Gründung eines Institut Séricole mit französischen Fachleuten 1888 helfend eingriff (Ch. ISSAWI 1980, S. 256), aber auch eine Illustration und ein Beleg für die - noch darzulegenden - negativen Auswirkungen des ökonomischen Einflusses europäischer Mächte, die durch die Entwicklung ihrer eigenen Seidenindustrie - in Frankreich und Italien - die handwerkliche Seidenstoffproduktion in Bursa und Umgebung zerstörten (R. STEWIG 1970, S. 134 ff.). Doch waren sie an einer gesteigerten Rohstoffversorgung mit (Roh-)Seidengarn interessiert, was zu einer erhöhten Erzeugung auf der Produktionsstufe Spinnen (Garnherstellung) - mit damals relativ modernen Maschinen - führte, nachdem die Produktionsstufe Weben (Stoffherstellung) zum Erliegen gekommen war.

So hatte die gestiegene Produktion von Rohseide auf agrarer Basis in Nordwest-Anatolien ein Janus-Gesicht.

Ohne Zweifel erlebte die Landwirtschaft in Teilen Nord-, West-, Süd- und Inner-Anatoliens in der zweiten Hälfte des 19. Jahrhunderts und bis in den Ersten Weltkrieg einen bedeutenden Aufschwung und das Überschreiten des binnenmarkt-orientierten Produktionsniveaus bis zum Export. Aber die Vielfalt der Exportgüter - Getreide, Baumwolle, Tabak, Rohseide, Mohair, getrocknete Weintrauben, Feigen, auch Haselnüsse (aus Nord-Anatolien), Opium, Olivenöl, Teppiche (St. J. SHAW, E. K. SHAW, Bd. 2, 1977, Tabellen S. 234, S. 237) - vorwiegend landwirtschaftliche Produkte - zeigte, daß Anatolien zum Rohstofflieferanten der europäischen, wirtschaftlich führenden und gesellschaftlich weiter fortgeschrittenen Länder geworden war. Damit geriet Anatolien - trotz nominell politischer Selbständigkeit - in quasi-koloniale Abhängigkeit, die sich auch in dem zweiten Aspekt des quasi-kolonialen Status zeigte, nämlich darin, daß Anatolien und das Osmanische Reich - infolge der Kapitulationen - zum Absatzgebiet der europäischen Industrieproduktion mutierte.

e) Handel, Handwerk, Industrie, städtische Siedlungen

Die additive, lose Reihung der vier Begriffe in der Überschrift dieses Abschnittes täuscht: in der Wirklichkeit bestanden in der Spätzeit des Osmanischen Reiches enge Verknüpfungen, Wechselbeziehungen, zwischen der Entwicklung des Handels, genauer der Außenhandelsbeziehungen, der Entwicklung des Handwerks und der möglichen bzw. verhinderten Entstehung von Industrie mit entsprechenden Einflüssen auf die städtischen Siedlungen.

Der Prozeß der Entwicklung der Außenhandelsbeziehungen des Osmanischen Reiches war in der Spätzeit geprägt durch den Niedergang des Transithandelsverkehrs zwischen Orient und Okzident über Anatolien und Istanbul und das Aufkommen von Regionalhandelsbeziehungen zwischen den europäischen Industrieländern und dem Osmanischen Reich im Rahmen eines (quasi-)kolonialen Status: Anatolien wurde zum Herkunftsgebiet von Rohstoffen und Agrarprodukten und zum Absatzgebiet von industriellen Fertigwaren.

Ausgangssituation war der Orient-Okzident-Handelsverkehr über Istanbul, in den sich schon in der Hochzeit des Osmanischen Reiches die italienischen Städte-Republiken, vor allem Venedig, Genua, Pisa und Florenz, mit Handelsniederlassungen in Istanbul eingeklinkt hatten. Die politische Macht des Osmanischen Reiches war damals noch so groß und die wirtschaftliche Attraktion der Bevölkerungsmenge in Istanbul so hoch, daß der Warenfernverkehr über Istanbul gelenkt werden konnte (R. STEWIG 1964, S. 30 f.), obwohl bereits von seiten der Süd-Europäer Tendenzen bestanden, die Handelswaren an der Ostküste des Mittelmeeres, in der Levante, abzufangen.

Damals, gegen Ende der Hochzeit des Osmanischen Reiches, entstand die Methode der Gewährung von Handelsprivilegien an Ausländer - gegen Geldzahlungen - d. h. die Entstehung der Kapitulationen (O. NEBIOĞLU 1941) als Institution, die bis zum Ende des Osmanischen Reiches weiter bestehen und sogar erweitert werden sollte und die, zusammen mit anderen ungünstigen Umständen, negative wirtschaftliche Auswirkungen auf Anatolien und das Osmanische Reich hatte.

In zwei Etappen vollzog sich der Niedergang des Orient-Okzident-Handels über Istanbul.

Die erste Etappe wurde geprägt durch die Entdeckung des Seeweges nach Indien um Afrika herum durch Vasco da Gama 1498. Wenn auch die durch diese Entdeckung geschaffenen Möglichkeiten eines - langen - direkten Seeweges nach Süd- und auch Ost-Asien erst allmählich wirtschaftliche Bedeutung erhielten, leiteten sie doch den

Niedergang des Handelsverkehrs von Süd-Asien nach Europa über das Osmanische Reich (und Anatolien) ein.

Die zweite Etappe wurde durch eine technische Neuerung eröffnet, den Bau des Suez-Kanals, der 1869 in Betrieb genommen werden konnte. Nun stand ein - kürzerer - direkter Seeweg nach Süd- und Ost-Asien für die aufkommende Dampfschiffahrt zur Verfügung (R. STEWIG 1964, Abb. 8, S. 32). Zwar gehörte Ägypten damals noch - nominell - zum Osmanischen Reich - erst die Besetzung durch England 1882 brachte die endgültige Loslösung -, aber in der ersten Hälfte des 19. Jahrhunderts war, durch Muhammed Ali, Ägypten so gut wie selbständig geworden.

Das Osmanische Reich und Istanbul verloren ihre Stellung im Orient-Okzident-Handel und damit entsprechende Einnahmequellen; Istanbul blieb zunächst die Funktion als Warenverteiler für die Schwarzmeer-Häfen.

Zeitlich parallel zu dieser Entwicklung hatte in West-Europa, hauptsächlich auf den Britischen Inseln, mit begrenzter Zeitverschiebung auch in anderen Ländern West-Europas, die Entstehung der Industriegesellschaft eingesetzt (R. STEWIG 1995). Sie war im Kern durch dem Umfang nach außerordentlich zunehmende Warenproduktion gekennzeichnet, wobei der Einsatz von Maschinen den Stückpreis der Produkte in bis dahin ungeahntem Ausmaß senkte.

Diese Preissenkung war so außerordentlich, daß selbst die Preise der in Anatolien handwerklich produzierten Waren unterboten werden konnten (am Beispiel von Baumwollprodukten: H. INALCIK 1987, S. 375, S. 378 f.). Die von der britischen Regierung seit der ersten Hälfte des 19. Jahrhunderts propagierte Politik des Freihandels (engl. Free Trade) sollte den massenhaft produzierten Waren Absatzmöglichkeiten außerhalb der Britischen Inseln verschaffen. Jetzt wurden die auf viele Nationen erweiterten und inhaltlich umfangreicher werdenden Sonderhandelsverträge/Kapitulationen zum Schlüssel, der das Osmanische Reich und Anatolien als Absatzgebiet öffnete (O. NEBİOĞLU 1941).

Zwischen 1740 und 1840 waren noch - aus der alten Tradition der politisch-militärischen Beziehungen und des Orient-Handels heraus - 27 Verträge mit Frankreich und nur 9 mit England abgeschlossen worden (O. NEBİOĞLU 1941, S. 21 ff.). Doch übernahm England nach den Verträgen von 1838 (O. NEBİOĞLU 1941, S. 48) und aufgrund des wirtschaftlichen Vorsprungs im Industrialisierungsprozeß, den es errungen hatte, die Führung (Ch. ISSAWI 1980, S. 79). Die Kapitulationen weiteten sich aus auf Österreich, Schweden, Norwegen, Dänemark, Belgien, Holland, Preußen und Deutschland, Spanien, Portugal, Rußland, die U.S.A. und Griechenland (O. NEBİOĞLU 1941, S. 23 f.).

Inhaltlich erweiterte man ebenfalls die Verträge. Ging es ursprünglich nur um Bestimmungen über Warenverkehr, wie Ein- und Ausfuhr von Waren, Steuern und Abgaben, Benutzung von Häfen etc., kamen Rechtsprivilegien, wie das Recht auf Eigentum, Unverletzlichkeit der Person, eigene Gerichtsbarkeit etc., und religiöse und politische Privilegien, wie Glaubensfreiheit, Recht auf eigenen Gottesdienst, eigene Administration, eigenen Postverkehr etc., hinzu (O. NEBIOĞLU 1941, S. 2, S. 44 ff.).

Damit waren das Osmanische Reich und Anatolien für die wirtschaftliche Penetration ausländischer Märkte, für die Einbeziehung in die Weltwirtschaft geöffnet (H. ISLAMOĞLU-INAN 1987; I. WALLERSTEIN, H. DECDELI, R. KASABA 1987).

Die bei weitem führende Nation war England, ihr folgten Frankreich, Österreich, Rußland, Italien und Belgien noch vor Deutschland und den U.S.A.. England kam - in % - auf 45 (1878-80), 35 (1899-1901) und 21 (1911-13) bei den Importen, auf 39 (1878-80), 35 (1899-1901) und 23 (1911-13) bei den Exporten (Ch. ISSAWI 1980, S. 79).

Die Struktur des Außenhandels (vgl. A. BIRKEN 1980) - Rohstoffe und Agrarprodukte beim Export, Fertigwaren beim Import - spiegelte sich auch in den Warenlisten. So gehörten zu den Exportwaren Anatoliens und des Osmanischen Reiches (1897): Tabak, Baumwolle, Getreide, Rohseide, Haselnüsse, Mohair, Feigen, Oliven(öl), Opium, getrocknete Früchte (St. J. SHAW, E. K. SHAW, Bd. 2, 1977, S. 234, S. 237), dagegen zu den Importwaren (1897): Wollstoffe, Baumwollstoffe, Leinenstoffe, Decken, Taschentücher, Papier, Glaswaren, Steingut, alkoholische Getränke, Nägel, Streichhölzer, Uhren, Lederwaren (St. J. SHAW, E. K. SHAW, Bd. 2, 1977, S. 238), auch Reis, Kaffee, Zucker, Mehl.

Angesichts dieser Struktur des Außenhandels ist es keine Überraschung, daß die Außenhandelsbilanz stark negativ war; einige Beispieljahre:

1878-79 standen	839,6 Mio. türk. kuruş	(Wert des Exports)
	2.000,4 Mio. türk. kuruş	(Wert des Imports) gegenüber;
1888-89 waren es	1.300,6 Mio. türk. kuruş	(Wert des Exports)
zu	1.945,6 Mio. türk. kuruş	(Wert des Imports);
1908-09 waren es	1.843,2 Mio. türk. kuruş	(Wert des Exports)
zu	3.143,2 Mio. türk. kuruş	(Wert des Imports);
1911-12 waren es	2.471,2 Mio. türk. kuruş	(Wert des Exports)
zu	4.499,0 Mio. türk. kuruş	(Wert des Imports)

(St. J. SHAW, E. K. SHAW, Bd. 2, 1977, S. 237).

Bei dieser weiten Öffnung des Osmanischen Reiches und Anatoliens für den Weltmarkt nimmt es nicht wunder, daß von den ausländischen Wirtschaftsmächten auch Investitionen in erstaunlichem Umfang getätigt wurden, und zwar in Eisenbahnen, Bergbau, verarbeitendem Gewerbe (handwerkliche bzw. industrielle Produktion), Banken, Versicherungen und infrastrukturelle Projekte wie Hafenanlagen, Gas-, Elektrizitäts- und Wasserwerke. Diese Investitionen verteilten sich 1909-1912 zu 43 % auf französische, 33,8 % auf britische, 16,7 % auf deutsche und 6 % auf belgische und U.S.-Unternehmungen. Von den ausländischen Gesamt-Investionen im Osmanischen Reich entfielen auf Anatolien (das Gebiet der heutigen Türkei) beim Eisenbahnbau 63 %, beim Bergbau 91 %, beim verarbeitenden Gewerbe 100 %, bei Banken und Versicherungen 68 %, bei Infrastruktur-Projekten 61 % (Ch. ISSAWI 1980, nach Tabelle 2, S. 324).

Diese massive Einflußnahme führte zwangsläufig zu tiefgreifenden strukturellen Veränderungen im Gewerbe des Osmanischen Reiches und Anatoliens; dies kann an der Entwicklung der Baumwoll- (Garn und Stoff) und Seiden-Produktion (Garn und Stoff) nach vorliegenden Untersuchungen aufgezeigt werden (S. FAROQHI 1987; H. INALCIK 1987; D. QUATAERT 1987; L. T. ERDER 1976; M. ÇIZAKÇA 1980; H. GERBER 1976; R. STEWIG 1970).

Was die Baumwolle als Agrarprodukt betrifft, so ist sie in Anatolien im Rahmen der Ansprüche, die die Pflanze stellt, und der klimatischen und edaphischen Bedingungen des Landes in Anatolien von alters her, im 16. und 17. Jahrhundert sogar in erstaunlichem Umfang in der Çukurova in Süd-Anatolien, in den Flußebenen des Büyük und des Küçük Menderes in West-Anatolien und in einigen anderen Gegenden (Alanya, Erzincan, Malatya, Amasya, Tokat) angebaut worden (S. FAROQHI 1987, S. 263 ff.). Früh schon, im 17. Jahrhundert, bezog die englische Levante-Handelsgesellschaft über ihre Faktorei in Izmir Baumwolle aus West-Anatolien (A. C. WOOD 1964, S. 73).

Auf dieser Basis hatte sich eine handwerkliche Produktion von Baumwollgarn und Baumwollstoffen, überwiegend für den lokalen Bedarf, entwickelt.

Im 19. Jahrhundert setzte - zwischen 1770 und 1840 - in drei Phasen das Eindringen englischer Baumwollprodukte ein (H. INALCIK 1987, S. 375). In der ersten Phase war es - nach H. INALCIK - englisches Baumwollgarn, in der zweiten Phase waren es englische Baumwollstoffe, die die feineren, importierten indischen Baumwollstoffe im Osmanischen Reich verdrängten, und in der dritten Phase sogar gröbere englische Baumwollstoffe, die die heimischen, in Anatolien hergestellten verdrängten.

Bekanntermaßen fand auf den Britischen Inseln zwischen 1750 und 1850 das statt, was man im W. W. ROSTOW'schen Sinne als take-off oder allgemein als Industrielle Revolution bezeichnet hat (R. STEWIG 1995). Dabei spielte das technologische Moment eine bedeutende Rolle: keine der Erfindungen der neuen Textil-Technologie und -maschinen wurde in Anatolien gemacht, vielmehr alle auf den Britischen Inseln im Raum Lancashire, wo die erste Baumwolltextilindustrie der Welt entstand.

Mehrere Erfindungen der Produktionsstufe Spinnen - 1764 durch J. Hargreaves (1720-1778); 1769 durch R. Arkwright (1732-1792); 1775 durch S. Crompton (1751-1827) (R. STEWIG 1995, S. 111; vgl. H. INALCIK 1987, S. 377) - senkten die Preise für Baumwollgarn außerordentlich; nachdem auch Erfindungen zur Verbesserung der Produktionsstufe Weben gemacht worden waren - 1785 durch E. Cartwright (1743-1785) -, hatte dies eine entsprechende Wirkung auf die Preise für Baumwollstoffe.

Damit konnte die Baumwollspinnerei und -weberei in Anatolien nicht mehr konkurrieren. Die Importe von Baumwollgarn nach Anatolien stiegen zwischen 1825 und 1830 um das Dreifache, zwischen 1825 und 1860 um das Sechsfache, die Importe von Baumwollstoffen nach Anatolien stiegen zwischen 1825 und 1830 um das Fünffache, zwischen 1825 und 1860 um das Fünfundsechzigfache (H. INALCIK 1987, S. 380).

Dies bedeutete für viele handwerkliche Baumwollspinnereien und -webereien in Anatolien Konkurrenzunfähigkeit und Niedergang. Darüber gibt es wenig Belege. Von 600 handwerklichen Webstühlen für Baumwollstoffe sollen schon 1821 auf der asiatischen Seite Istanbuls nur noch 21 übriggeblieben sein (H. INALCIK 1987, S. 381). Die berühmten Handtücher von Bursa kamen nun aus Manchester.

Der weitgehende Niedergang der handwerklichen Baumwollspinnerei und -weberei bedeutete auch, daß aus handwerklichen Anfängen heraus - wie das in Lancashire der Fall gewesen war - keine industrielle Entwicklung - auch wenn andere, günstigere Rahmenbedingungen hinzugekommen wären -, keine türkische Baumwollindustrie entstehen konnte.

Für die agrare Produktion von Baumwolle in Anatolien allerdings bedeutete die umfangreiche englische Baumwollgarn- und -stoffproduktion eine gesteigerte Nachfrage - vor allem als durch den nord-amerikanischen Bürgerkrieg (1861-1965) die Rohstoffversorgung von dort ausfiel; dies wirkte sich förderlich auf den Anbau von Baumwolle in Süd- und West-Anatolien aus.

Ein ähnliches, aber differenzierteres Bild ergab sich bei der Seidenproduktion, vor allem im Raum und in der Stadt Bursa. Auch sie war ein handwerklicher Produktionszweig mit langer Tradition, auf Anfänge im Byzantinischen Reich zurückgehend (R. STEWIG 1970, S. 133), und zwar sowohl was die Herstellung von Seidengarn und Seidenstoffen betrifft als auch hinsichtlich der Verflechtung mit der agraren Produktion durch Anbau von Maulbeerbäumen zur Fütterung der Seidenraupen mit den Blättern. Die Seidenraupen erzeugten die Kokons, von denen in handwerklicher Manier die Seidenfäden gelöst und zu Seidengarn gesponnen wurden, das man durch Weben weiter zu Seidenstoffen verarbeitete (D. QUATAERT 1987, S. 285).

In der ersten Hälfte des 19. Jahrhunderts hatte die süd-französische und die nord-italienische Seidenproduktion industrielles Produktionsniveau erreicht, so daß französische und italienische Seidenstoffe - ähnlich billig wie englische Baumwollstoffe - in das Osmanische Reich exportiert wurden (R. STEWIG 1970, S. 134).

So trat auch eine ähnliche Wirkung wie bei der handwerklichen Baumwollproduktion in Anatolien, mit einem gewissen Unterschied, ein. Die handwerkliche Produktionsstufe Seidenweberei ging weitgehend ein; zwischen 1900 und 1908 wurden nur noch 2 bzw. 7 % der Rohseidenproduktion in Bursa am Ort selbst zu Stoffen weiter verarbeitet (D. QUATAERT 1987, S. 293).

Der Unterschied bestand darin, daß die süd-französische und die nord-italienische Seidenindustrie wegen ihres gestiegenen Produktionsvolumens mehr Rohseide (Seidengarn) benötigte. Dazu wurde die Kapazität der Seidengarnerzeugung in Bursa genutzt; um sie zu steigern, führte man im Rahmen ausländischer, französischer Investitionen und auch durch Griechen und Armenier um 1830 modernere, durch Dampfmaschinen angetriebene Spinnmaschinen ein (R. STEWIG 1970, S. 134 f.; D. QUATAERT 1987, S. 286; L. T. ERDER 1976). Ende des 19. Jahrhunderts sollen in Bursa 23 bis 26 Seidenfabriken Griechen und Armeniern, 6 Ausländern, eine dem osmanischen Staat und etwa 10 Türken gehört haben (D. QUATAERT 1987, S. 295).

Die Produktion von Seidengarn für den Export nahm einen entsprechenden Aufschwung, mit Rückwirkungen auf die landwirtschaftlichen Verhältnisse beim Anbau von Maulbeerbäumen zur Aufzucht der Seidenraupen.

Auch die Arbeitskräfte in den Seidenhaspeleien in Bursa wurden weitgehend von den Nationalitäten der Griechen und Armenier gestellt, zu 95 % sollen es weibliche gewesen sein (D. QUATAERT 1987, S. 296), nach Ch. ISSAWI (1980, S. 313) zu 84 %. Die (Tages-)Arbeitszeit soll 7½ Stunden im Winter und 13½ Stunden im Sommer betragen haben, bei 52½ Stunden wöchentlicher Arbeitszeit (Ch. ISSAWI 1980, S. 313).

Nach dem Untergang der Armenier im Osmanischen Reich im Ersten Weltkrieg, dem griechisch-türkischen Krieg unmittelbar nach dem Ersten Weltkrieg, der sich in West-Anatolien abspielte, wobei auch die Maulbeerpflanzungen vernichtet wurden, und nach dem griechisch-türkischen Bevölkerungsaustausch im Anschluß an den Ersten Weltkrieg kamen die bescheidenen Ansätze einer mit relativ modernen Maschinen arbeitenden Seidenindustrie (Seidenhaspelei) in Bursa so gut wie zum Erliegen (R. STEWIG 1970, S. 138; Ch. ISSAWI 1980, S. 313 f.; L. T. ERDER 1976) und damit auch der mögliche Ansatz zur Bildung einer (weiblichen) Industriearbeiterschaft dort.

Es wäre falsch, den Schluß zu ziehen, daß das gesamte Handwerk in Anatolien im Laufe des 19. Jahrhunderts durch die massive ausländische wirtschaftliche Einflußnahme untergegangen ist.

Die Masse der kleinen Basar-Handwerker, die auf den lokalen Markt orientiert waren, produzierte weiter. Dies traf nicht nur auf abgelegene Gegenden Anatoliens, Gebirgsräume und Ost- und Südost-Anatolien zu, sondern auch auf den westlichen Bereich Anatoliens (Ch. ASSAWI 1980, S. 299). Offenbar bildete sich eine Differenzierung der Märkte innerhalb Anatoliens heraus, die auch für die nachfolgende Zeit der Republik Türkei typisch ist, nämlich einerseits die Nachfrage im ländlichen Raum, wo nicht sehr hohe Qualitätsansprüche gestellt wurden und dessen Kaufkraft gering war, andererseits die Nachrage in den Städten, vor allem in den größeren Städten West-Anatoliens und in Istanbul, wo die Kundschaft lebte, die sich importierte Fertigwaren leisten konnte und von der Geschmacksausrichtung entsprechend disponiert - urbanisiert - war (R. STEWIG 1972, S. 37).

Wurde bisher überwiegend das privatwirtschaftliche Gewerbe im Osmanischen Reich in Anatolien angeführt, das in erster Linie der massiven Einflußnahme ausländischer Ökonome unterlag, so darf darüber nicht vergessen werden, daß in der Spätzeit des Osmanischen Reiches auch der Staat Industrialisierungsversuche unternahm.

Die Betätigung des osmanischen Staates im wirtschaftlichen Bereich hatte Tradition, allerdings in beschränkter, spezifischer Weise: aus militärischem Interesse und von militärischen Notwendigkeiten her. Deshalb konzentrierte sich diese Betätigung auf Istanbul, das nicht nur Hauptstadt und Sitz des Sultans, sondern auch Hauptstandort des Militärs, der Armee und der Marine, war (W. MÜLLER-WIENER 1988).

Zur Zeit Sultan Mehmet II. (1451-1481) waren bereits Militär-Werkstätten in Istanbul entstanden, die Kanonengießerei (türk. Tophane) nördlich des Goldenen Hornes und die Werft (türk. Tersane) am nördlichen Ufer des Goldenen Hornes (W. MÜLLER-WIENER 1988, S. 260 ff.).

Im 18. Jahrhundert kamen durch die Anwerbung und Beschäftigung französischer militärischer Berater (F. de Tott (1733-1793) weitere Einrichtungen dieser Art, wiederum in Istanbul, hinzu (W. MÜLLER-WIENER 198, S. 268 ff.).

Vor allem aber wurden in der ersten Hälfte des 19. Jahrhunderts unter den Sultanen Mahmut II. (1808-1839) und Abdülmecit I. (1839-1861) verstärkte Anstrengungen zur Industrialisierung von seiten des Staates unternommen (O. OKYAR 1980), was als engl. defensive modernization (E. C. CLARK 1974, S. 67) und - vielleicht ironisch gemeint - als engl. Ottoman Industrial Revolution bezeichnet worden ist.

Nachdem 1804 eine Woll- und eine Papierfabrik am Bosporus erbaut worden waren, entstanden 1827 eine Spinnerei in Eyüp am Goldenen Horn und eine Schuhfabrik in Beykoz am Bosporus - für Uniformen und Schuhwerk der Soldaten -, 1835 eine Fes-Fabrik, nachdem als neue Kopfbedeckung der Fes eingeführt worden war (E. C. CLARK 1974, S. 66; W. MÜLLER-WIENER 1988, S. 271 ff.). Noch umfangreicher wurden Fabriken in den 1840er Jahren außerhalb der Landmauer, am Marmara-Meer in Zeytinburnu/Bakırköy errichtet (E. C. CLARK 1974, S. 67 f.). Dazu gehörten auch eisenverarbeitende Betriebe, die Messer, Schwerter, Lanzenspitzen und andere gußeiserne Klein-Eisenteile, Zaumzeug aus Eisen und Leder für die Kavallerie herstellten, aber auch Textil- und Maschinenfabriken. Der Standort, zu dem kasernenartige Unterkünfte für die Beschäftigten gehörten, scheint umfangreich gewesen zu sein, wurde er doch von E. C. CLARK (1974, S. 67) als engl. industrial park bezeichnet.

Nimmt man als Kriterium der schwierigen Abgrenzung von Handwerks- und Industriebetrieben (R. STEWIG 1970, S. 89) das Vorhandensein von Dampfmaschinen als Antriebsmittel, so waren mindestens einige der Fabriken der 1840er Jahre in Istanbul als Industriebetriebe anzusehen.

Die kleine Welle der staatlich-militärischen Industriegründungen griff auch außerhalb Istanbuls auf Hereke (Wollfabrik) und Izmit (Wollfabrik) über; am See von Küçük Çekmece wurde eine Pulverfabrik geschaffen (E. C. CLARK 1974, S. 67 f.; W. MÜLLER-WIENER 1988, S. 275).

Doch ebbte diese kleine Gründungswelle bald ab; einerseits waren es Unglücksfälle - die Pulverfabrik flog in die Luft (E. C. CLARK 1974, S. 73) -, andererseits die Zwänge der vom Ausland auferlegten Freihandelspolitik nach 1838, die den osmanischen Staat die Industrieförderung aufgeben ließ (E. C. CLARK 1974, S. 73).

Doch setzte gegen Ende des 19. Jahrhunderts auf privatwirtschaftlicher Basis, teilweise getragen von ausländischem Kapital, eine neue kleine Gründungswelle ein, die eine Bierbrauerei, eine Zigarettenfabrik am Goldenen Horn, zahlreiche Mühlenbetriebe mit Dampfantrieb entstehen ließ (W. MÜLLER-WIENER 1988, S. 277); auch zwei Werftbetriebe am Goldenen Horn und in Istinye am Bosporus, eine Glasfabrik in Paşabahce am Bosporus (die heute noch produziert), auch drei Gaswerke, je eines für die Altstadt südlich, für die Neustadt nördlich des Goldenen Hornes und für den Bereich östlich des Bosporus, können als Industriebetriebe bezeichnet werden (W. MÜLLER-WIENER 1988, S. 277 f.).

Zeilenartige Erstreckungen von Handwerks- bzw. Industriebetrieben hatten sich zu beiden Seiten des Goldenen Hornes, am Marmara-Meer außerhalb der Landmauer, außerdem verschiedene Einzelstandorte auf beiden Seiten des Bosporus in Richtung auf das Schwarze Meer hin herausgebildet (Karten S. 259, 262, 265, 267, 270, 272, 276, 278 bei W. MÜLLER-WIENER 1988).

Daneben bestanden in Istanbul zahlreiche rein handwerkliche Produktionsstätten, die auf die große Nachfrage der hohen Bevölkerungskonzentration in der Stadt orientiert waren und über die N. HONIG (1916, 1917) einen detaillierten Überblick für die Zeit vor dem Ersten Weltkrieg gegeben hat.

1913 wurde von seiten des Staates der Versuch einer ersten statistischen Erfassung der Industrie im Osmanischen Reich unternommen, wobei als Abgrenzungskriterien zum Handwerk festgelegt wurde, daß alle Betriebe mit mehr als 10 Beschäftigten als Industriebetriebe angesehen werden sollten, wenn sie über motorische Antriebskraft verfügten, und - wenn dies nicht der Fall war - alle Betriebe mit mehr als 20 Beschäftigten (Ch. ISSAWI 1980, S. 317). Erneut deutet sich mit dieser Definition das Problem einer vergleichbaren Erfassung von Industrie an (R. STEWIG 1970, S. 83).

Großräumlich war Industrie im engeren und modernen Sinne in Anatolien ansatzweise auf die Städte Istanbul, Izmir, Bursa, Izmit, d. h. hauptsächlich auf Nordwest-Anatolien beschränkt.

Unter dem Aspekt industriegesellschaftlicher Entwicklung stellt sich die Frage, ob nicht - wie das auf den Britischen Inseln der Fall war - eine Zwischenstufe gewerblicher Produktion zwischen Handwerk und Industrie, nämlich Manufakturen, auch im Osmanischen Reich und in Anatolien vorhanden waren. Dabei wird unter Manufaktur die Produktion auf handwerklichem Niveau unter Zusammenfassung einer Vielzahl von Handwerkern an einem Standort, in einem größeren Betrieb, verstanden, so daß - wie bei einem Industriebetrieb - eine größere Stückzahl (aber handwerklich) produziert wird.

Es scheint - vereinzelt - auch solche Manufakturen gegeben zu haben. So wurde von einer Seidenweberei in Üsküdar, auf der asiatischen Seite des Bosporus, mit 1500 Handwerkern und 1000 Webstühlen berichtet (W. MÜLLER-WIENER 1988, S. 269). Auch einige wenige andere Beispiele ließen sich anführen. Doch scheinen Manufakturen im Osmanischen Reich Einzelfälle geblieben zu sein. Das liegt im wesentlichen daran, daß es Absatzmöglichkeiten für größere Stückzahlen - außer vielleicht in der Bevölkerungskonzentration Istanbul, wofür das angeführte Beispiel spricht - kaum gegeben haben dürfte, jedenfalls noch nicht in der Spätzeit des Osmanischen Reiches.

Das Nebeneinander von privaten und staatlichen Gewerbebetrieben in der Spätzeit des Osmanischen Reiches war in mancher Hinsicht eine Vorwegnahme der späteren frz. économie mixte der Republik Türkei.

Insgesamt fehlten dem Osmanischen Reich in seiner Spätzeit trotz aller Reformen wesentliche Voraussetzungen für die Entstehung und Entwicklung einer eigenständigen, tragfähigen, zukunftsträchtigen Industrie (J. MATUZ 1985; J. MATUZ 1990, S. 205 f.), an die die Republik Türkei später hätte anknüpfen können. Daran war nicht nur die massive Einflußnahme ausländischer Wirtschaftsmächte schuld.

Es gab im Osmanischen Reich und gerade in Anatolien durchaus ein Unternehmertum, das wirtschaftliche Aktivitäten, auch in gewerblicher und industrieller Richtung, entfaltete. Das waren die (osmanischen) Angehörigen der Nationalitäten der Griechen und Armenier, die aber mit dem Ende des Osmanischen Reiches aus dem Gesellschaftsprozeß ausschieden. Vom Militärdienst ausgeschlossen, jedoch nicht von Tätigkeiten in der Verwaltung des Osmanischen Reiches, hatten sie als wirtschaftliche Katalysatoren ähnliches Gewicht wie auf den Britischen Inseln in der frühindustriellen Zeit die Non-Conformisten, Christen außerhalb der anglikanischen Staatskirche, die selbst zu Tätigkeiten im britischen Staatsdienst nicht zugelassen waren (R. STEWIG 1995).

Zwar gab es in der Spätzeit des Osmanischen Reiches eine Schicht ländlicher Großgrundbesitzer, die durch ihre Landgüter, die in die aufkommende agrarwirtschaftliche Exportproduktion eingeschaltet waren, an dem wirtschaftlichen Aufschwung der zweiten Hälfte des 19. Jahrhunderts partizipierten, aber sie übten ihre wirtschaftliche Aktivität nach traditioneller, rentenkapitalistischer Manier durch Abschöpfen von Erträgen (H. Bobek) aus, nicht durch langfristige Investition von Kapital in Unternehmen wie Industriebetrieben mit geringer Verzinsung (vgl. J. MATUZ 1985, S. 14).

Nach traditionellen Maßstäben erfreute sich in der osmanisch-islamischen Gesellschaft eine Tätigkeit beim Militär oder in der Verwaltung des Staates höherer Wertschätzung als eine Tätigkeit in der Wirtschaft.

Auch war von der Religion her, dem Islam, der osmanisch-türkischen Gesellschaft ein starkes verharrendes Element - schon seit der Frühzeit des Osmanischen Reiches - eigen. Man war Neuerungen und Innovationen gegenüber eher abweisend gesonnen. Von daher konnte man nicht erwarten, daß technische Erfindungen - auf den Britischen Inseln ein wichtiger Teilbereich industriegesellschaftlicher Entwicklung - gemacht wurden. Gerade auf technologischem Gebiet wies das Osmanische Reich in seiner Spätzeit einen beträchtlichen Rückstand gegenüber West-Europa auf.

Durch das Ausbleiben der Anfänge einer Industriegesellschaft war jedoch das Osmanische Reich in seiner Spätzeit auch nicht von der sozialen und sozialstrukturellen Problematik der Entstehung einer Industriearbeiterschaft belastet, wie sie auf den Britischen Inseln in der ersten Hälfte des 19. Jahrhunderts durchlebt werden mußte und erschreckende Auswüchse angenommen hatte (R. STEWIG 1995) -, selbst wenn Ansätze dazu vielleicht auch im Osmanischen Reich der Spätzeit zu erkennen waren (D. QUATAERT 1983).

Was die städtischen Siedlungen angeht, so war die grundsätzliche Struktur der osmanisch-türkisch-islamischen Stadt in Anatolien schon in der Früh- und Hochzeit des Osmanischen Reiches geschaffen worden:

- der Standort der geistigen Macht in Gestalt der großen Moschee im Zentrum der Stadt;

- der Standort der politischen Macht in Gestalt des Sultanspalastes in der Hauptstadt bzw. der Sitze seiner Stellvertreter in den Hauptstädten der Provinzverwaltung im Zentrum oder an der Peripherie der Städte;

- der Standort der wirtschaftlichen Macht in Gestalt des Basars im Zentrum der Stadt, der großen Moschee meist benachbart, wobei sich das Basargebiet in den gedeckten Basar (türk. bedesten) und den offenen Basar, beide für Klein-Händler und Handwerker, und die Karawansereien (türk. sing. han) für die Fern- und Großhändler differenzierte und die Basarstraßen nach Branchen aufgeteilt waren: Devotionalien bei der Moschee, Gold und Silber im gedeckten Basar, die anderen Branchen je nach Wert, Lärm- oder Geruchsbelästigung zur Peripherie hin;

- die (flächenhaften) Standorte der Wohngebiete, die nach der religiösen Zugehörigkeit ihrer Bewohner, Muslime, Griechen, Armenier und Juden - nicht in allen Städten - in Stadtviertel (türk. sing. mahalle) gegliedert waren, mit eigenen kleinen Viertelzentren und Gotteshäusern, Moschee, Kirche oder Synagoge.

Den vielfältigsten Wandel zeigte die Hauptstadt Istanbul, weil dort die Einflußnahme der kulturellen und geistigen Verwestlichung und der Penetration ausländischer Wirtschaftsmächte konzentriert war und am stärksten in Erscheinung trat.

Die Stadt Istanbul hatte bis in die Zeit des Ersten Weltkriegs hinein eine außerordentliche Zunahme ihrer Einwohnerzahl zu verzeichnen. Die Einwohnerzählungen der Jahre 1844 und 1856 berücksichtigten nur die erwachsene männliche Bevölkerung; wenn man in einem angemessenen Verhältnis weibliche Personen dazuaddiert (St. J. SHAW, E. K. SHAW, Bd. 2, 1977, S. 242, Tabelle), gewinnt man mit späteren Volkszählungen, die die weibliche Bevölkerung mitzählten, vergleichbare Angaben.

Danach ergibt sich für Istanbul etwa folgende Zunahme der Bewohner:

1844:	391.000	1897:	903.000
1856:	430.000	1906:	864.000
1878:	547.000	1910:	855.000
1886:	851 000	1913:	909.000;

nach dem Ersten Weltkrieg ging die Bevölkerung in Istanbul - laut erstem Census der Republik Türkei von 1927 - auf 690.000 zurück (St. J. SHAW, E. K. SHAW, Bd. 2, 1977, S. 241 f.; R. STEWIG 1964, S. 44 f.).

Die rasante Zunahme der Stadtbevölkerung von rund 400.000 im Jahr 1844 auf annähernd 1 Mio. im Ersten Weltkrieg ist nicht durch natürliches Bevölkerungswachstum zu erklären.

Wesentlich spielten Wanderungen eine Rolle, und zwar Zuwanderungen muslimischer Glaubensflüchtlinge aus den dem Osmanischen Reich verlorengegangenen Gebieten auf dem Balkan, in Süd-Rußland und im Kaukasus. Viele dieser türk. sing. muhacir erreichten das Osmanische (Rest-)Reich in Istanbul und blieben dort. So nahm zwischen 1878 und 1886 die Zahl der Muslime in Istanbul - 1886 waren es 384.000 - um 90 % zu (St. J. SHAW, E. K. SHAW, Bd. 2, 1977, S. 242).

Doch ist festzuhalten, daß auch die griechische, armenische und jüdische Bevölkerung zwischen 1878 und 1886 bedeutsam anwuchs, und zwar um 60 % bzw. 53 % bzw. 131 % (St. J. SHAW, E. K. SHAW, Bd. 2, 1977, S. 242). Bei den Griechen, Armeniern und Juden, die 1886 in Istanbul auf 152.000 bzw. 149.000 bzw. 22.000 Einwohner kamen - bei 129.000 Ausländern -, handelte es sich nicht um Glaubensflüchtlinge; die wirtschaftliche Attraktivität Istanbuls muß für diese Zunahme - wie auch die hohe Zahl der Ausländer - verantwortlich gemacht werden.

Die politische Entwicklung in der Spätzeit des Osmanischen Reiches, die kulturelle Entwicklung, die Entstehung eines weltlichen Schulwesens außerhalb der Moscheen, die Erweiterung der staatlichen Verwaltung, die Einrichtung diplomatischer Vertretungen - als Folge der umfangreichen Einflußnahme des Auslandes -, wirtschaftlich die Organisation des Imports zur Versorgung der großen Bevölkerungsmenge und die Organisation des Exports der landwirtschaftlichen Produkte Anatoliens - auch wenn Izmir die Hauptstadt im Export nach Warenumfang übertraf -, die Zunahme der Handwerks- und die Entstehung erster Industriebetriebe - all dies spielte sich innerhalb des Osmanischen Reiches in Istanbul und fast nur in Istanbul ab.

So war die gesellschaftliche Entwicklung innerhalb des Osmanischen Reiches in Istanbul weiter fortgeschritten als sonst irgendwo in Anatolien, vom ländlichen Raum und von Ost- und Südost-Anatolien ganz zu schweigen. Dadurch taten sich ausgeprägte räumliche Disparitäten auf.

Die Differenzierung der gesellschaftlichen Strukturen in Istanbul in der Spätzeit des Osmanischen Reiches zeigte sich in der zunehmenden Arbeitsteilung der Bevölkerung. K. H. KARPAT (1985, S. 216 f.) hat allein für den Bereich des Handels, Handwerks und der Dienstleistungen 234 verschiedene Berufe in Istanbul im Jahre 1838 aufgelistet.

Der hohe Anteil (St. J. SHAW, E. K. SHAW, Bd. 2, 1977, S. 242, Tabelle) von Griechen: 17,9 %, von Armeniern: 17,5 %, von Juden: 2,6 % und von Ausländern: 15,1 % in Istanbul im Jahre 1886 - zusammen 53,1 % der Bevölkerung - machte deutlich, daß auch die sozialstrukturelle Entwicklung in der Spätzeit des Osmanischen Reiches am weitesten in Istanbul fortgeschritten war (vgl. E. WIRTH 1966), stellten doch die nicht-muslimischen Nationalitäten und die Ausländer sozio-ökonomisch herausgehobene gesellschaftliche Gruppen dar, die zur sozialen Mittelschicht zu rechnen waren (K. H. KARPAT 1985, S. 95; R. MANTRAN 1996, S. 299 f.).

Die Zunahme der Griechen, Armenier und Juden in Istanbul dürfte nicht auf Zuwanderung aus dem ländlichen Raum Anatoliens, sondern auf Zuwanderung aus städtischen Siedlungen, wo sie generell ihre Quartiere hatten, zurückzuführen sein, so daß es in der Spätzeit des Osmanischen Reiches offenbar Stadt-Stadt-Wanderung - wenn auch in begrenztem Umfang - gegeben haben muß.

Die politische, kulturelle, demographische, ökonomische und soziale Entwicklung in der Spätzeit des Osmanischen Reiches schlug sich in Istanbul auch in der räumlichen Entwicklung und Differenzierung der Stadt nieder (G. TANKUT 1975).

Während traditionell die Muslime in der Altstadt zwischen Goldenem Horn, Bosporus, Marmara-Meer und theodosianischer Landmauer ihre Quartiere hatten und dominierten, Griechen, Armenier und Juden in eigenen Quartieren am Goldenen Horn, am Marmara-Meer und an der Landmauer in der Altstadt wohnten (R. STEWIG 1964, Abb. 11, S. 46; K. H. KARPAT 1985, S. 87; R. MANTRAN 1962, Karte 5), entwickelte sich das alte Quartier der Genuesen in Galata nördlich des Goldenen Hornes (R. MANTRAN 1962, Karte 69) und das daran anschließende Gebiet von Pera/ Beyoğlu zur (quasi-)kolonialen Neustadt, zum Standort insbesondere der Ausländer, nicht nur der diplomatischen, sondern auch der Wirtschafts-Vertretungen, zu denen sich die Niederlassungen und Quartiere von Griechen und Armeniern gesellten (K. H. KARPAT 1985, S. 87, S. 97 f.).

In Galata-Pera/Beyoğlu setzte auch - wie sich das für eine (quasi-)koloniale Neustadt gehört - zuerst die Entstehung moderner Geschäfte mit Schaufenstern und Türen nach europäischem Vorbild ein (K. H. KARPAT 1985, S. 97 f.), während im Altstadt-Basar die offenen Verkaufsstände die Regel waren.

Lange mußte man zwischen Altstadt und Neustadt mit Booten das Goldene Horn, den traditionellen alten Hafen der Stadt Istanbul, überqueren, bis zwei Brücken gebaut wurden (K. H. KARPAT 1985, S. 101), darunter die alt-berühmte Galata-(Ponton-)-Brücke (R. MANTRAN 1996, S. 305 f.).

Trotz der bedeutenden Bevölkerungszunahme Istanbuls in der Spätzeit des Osmanischen Reiches erfolgte nur begrenzt außerhalb der Land- und Seemauern der Altstadt eine Stadterweiterung, weil es noch viele Freiflächen innerhalb des Mauerringes, bei der Landmauer, gab, die aufgesiedelt werden konnten.

Trotzdem ließ sich in Istanbul in der Spätzeit des Osmanischen Reiches ein typischer Stadtentwicklungsprozeß erkennen, nämlich der der Suburbanisierung, und zwar in zweifacher Weise.

Einerseits war es ein Prozeß der Gewerbe- und Industrie-Suburbanisierung. Zu beiden Seiten des Goldenen Hornes, auch außerhalb der Landmauer, taten sich neben der Marine-Werft auf der Nordseite, auf der Südseite innerhalb und außerhalb der Landmauer zahlreiche gewerbliche Betriebe auf, meist auf handwerklichem Niveau produzierend, aber einige, wie die Fes-Fabrik, die Zigaretten-Fabrik der "Régie" und die Mühlen, auch mit Maschinen und Dampfantrieb (H. STANDL 1994, Karte 1; W. MÜLLER-WIENER 1988, S. 279 ff.; E. C. CLARK 1914, S. 67 ff.).

Eine andere Erscheinung der Gewerbe- und Industriesuburbanisierung war die Entstehung von entsprechenden Betrieben (Gaswerk, Maschinenfabrik, Gerberei) außerhalb der Landmauer am Marmara-Meer entlang, von Yedikule über Bakırköy nach Zeytinburnu (W. MÜLLER-WIENER 1988, S. 279 ff.; E. C. CLARK 1914, S. 67 ff.).

Schließlich ist auch die punktuelle, aber an der Leitlinie des Bosporus orientierte Schaffung von Gewerbe-, im Ansatz auch Industriebetrieben (Werft Istinye, Glasfabrik Paşabace und andere) als Suburbanisierung zu werten (H. STANDL 1994, Karte 1; W. MÜLLER-WIENER 1988).

Die zweite Form von Vorortbildung im Raume Istanbul in der Spätzeit des Osmanischen Reiches kann als Wohn-Suburbanisierung bezeichnet werden. Freilich ist damit nicht die moderne europäisch-kosmopolitische Erscheinung der Hinausverlagerung der Wohnstandorte der städtischen Mittelschicht an den Stadtrand gemeint, die es damals in Istanbul noch nicht gab, sondern die Verlagerung der Wohnsitze (Paläste) höchst- und hochrangiger, sehr kleiner Bevölkerungsgruppen aus der Altstadt an die Ufer des Bosporus, punktuell und zu beiden Seiten.

Dazu zählte vorrangig die Einrichtung des Dolmabahçe-Palastes seit 1839 am Bosporus (R. STEWIG 1964, Abb. 12, S. 48), nachdem früher, zum Teil im 18. Jahrhundert, Paläste und Gartenanlagen mit Pavillonen/Kiosken (türk. sing. köşk) in Beylerbeyi und Kandilli auf der asiatischen Seite und in Çıragan auf der sog. europäischen Seite entstanden waren (St. J. SHAW, E. K. SHAW, Bd. 2, 1977, S. 82 f.). So begann ein Trend, der Paläste ausländischer diplomatischer Vertretungen auf der sog. europäischen Seite des Bosporus in Richtung auf das Schwarze Meer hin im Laufe des 19. Jahrhunderts entstehen ließ (R. MANTRAN 1996, S. 295 f.).

Durch den Bau der Anatolischen Bahn von Istanbul (Haydarpaşa) aus am Golf von Izmit entlang - ehemals als bithynische Riviera bezeichnet - deutete sich auf der Strecke Derince-Izmit durch die punktuelle Entstehung von einigen industrieähnlichen Betrieben eine Entwicklung an, die sehr viel später - in der Zeit der Republik Türkei - zur Bildung einer Industrieachse führen sollte (R. STEWIG 1969).

Schon in der traditional society des Osmanischen Reiches hatte Istanbul eindeutig den Rang einer engl. primate city Anatoliens erreicht und behielt diese Position unangefochten - sogar noch verstärkt - bis zum Ende des Osmanischen Reiches bei (vgl. L. T. ERDER, S. FAROQHI 1980, S. 294 und S. 297).

Doch gab es in der Hierarchie der Städte Anatoliens unterhalb des herausgehobenen Ranges von Istanbul Veränderungen.

Tab. 4: Einwohnerzahlen der Städte des Osmanischen Reiches im Gebiet der heutigen Türkei, 1890, 1912

Städte	1890	1912
Istanbul	900.000	1.125.000
Izmir	200.000	200.000
Edirne	87.000	83.000
Bursa	76.000	80.000
Sivas	43.000	60.000
Urfa	55.000	50.000
Kayseri	72.000	50.000
Trabzon	35.000	50.000
Konya	40.000	45.000
(Gazi)Antep	43.000	45.000
Erzurum	39.000	43.000
Eskişehir	14.000	42.000
Adana	30.000	42.000
Bitlis	39.000	40.000
Manisa	35.000	38.000
Diyarbakır	35.000	38.000
Afyon(Karahisar)	17.000	37.000
Ankara	28.000	35.000

Fortsetzung Tab. 4: Einwohnerzahlen der Städte des Osmanischen Reiches im Gebiet der heutigen Türkei, 1890, 1912

Städte	1890	1912
Aydın	36.000	35.000
Malatya	30.000	34.000
Tokat	30.000	30.000
Amasya	30.000	30.000
Antalya	25.000	30.000
Van	30.000	30.000
Antakya	24.000	30.000
Mardin	25.000	27.000
Zile	20.000	27.000
Muş	27.000	27.000
Isparta	20.000	26.000
Tarsus	17.000	26.000
Erzincan	23.000	25.000
Kasaba (Turgutlu)	23.000	25.000
Maraş	52.000	25.000
Izmit	25.000	25.000
Samsun	11.000	25.000
Adapazarı	24.000	25.000
Ayvalık	21.000	25.000
Nevşehir	--------	24.000
Burdur	27.000	23.000
Nazilli	22.000	23.000
Kütahya	22.000	22.000
Alaşehir	22.000	22.000
Tekirdağ	20.000	22.000
Bergama	15.000	20.000
Harput (Elaziğ)	20.000	20.000
Arapkir	20.000	20.000
Merzifon	20.000	20.000
Kilis	20.000	20.000
Kırkağaç	20.000	20.000
Kastamonu	16.000	20.000
Balıkesir	13.000	20.000
Mersin	9.000	20.000
	2.547.000	3.046.000

(Quelle: Ch. ISSAWI 1980, S. 34 f.)

Bei insgesamt leichter Zunahme der Einwohnerzahlen vieler Städte in Anatolien gegen Ende des Osmanischen Reiches (Tab. 4) - ohne daß man von einer Verstädterung des Landes (als bedeutende Zunahme des Prozentanteils der in Städten lebenden Bevölkerung) sprechen könnte; eine nennenswerte Land-Stadt-Wanderung hatte noch nicht eingesetzt - lassen sich doch räumliche Unterschiede erkennen: generell nahm die Einwohnerzahl städtischer Siedlungen in den Küstenbereichen West-, Süd- und Nord-Anatoliens und in Teilen des Landesinneren mehr zu als in Ost- und Südost-Anatolien.

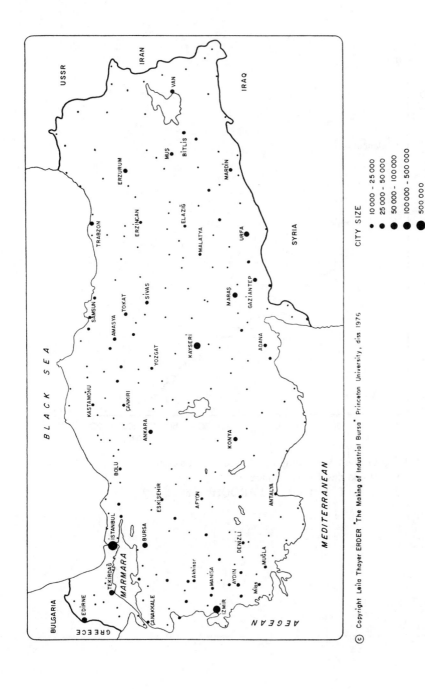

Abb. 21: Die städtischen Siedlungen in Anatolien gegen Ende des 19. Jahrhunderts
(Quelle: L. T. ERDER, S. FAROQHI 1980, S. 290)

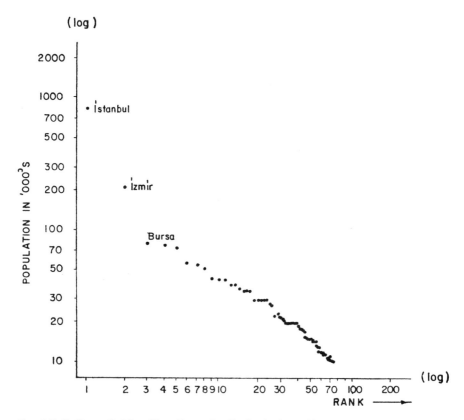

Graphik 2: Rang-Größen-Verteilung der Städte in Anatolien
gegen Ende des 19. Jahrhunderts
(Quelle: L. T. ERDER, S. FAROQHI 1989, S. 297)

Diese Feststellung ist keine Überraschung, erfolgte doch die (land-)wirtschaftliche Inwertsetzung Anatoliens in der zweiten Hälfte des 19. Jahrhunderts in (quasi-)kolonialer Weise von den Küsten her.

In diesem Zusammenhang schob sich die Stadt Izmir (E. GRÄF 1955; C. von SCHERZER 1875; N. ÜLKER 1974; A. N. ÖKTEN 1933/35; D. BEDIZ 1935) als wichtigster Export-Hafen Anatoliens deutlich - der Einwohnerzahl nach - vor Bursa, das im 16. Jahrhundert - zwar mit Abstand - noch auf den zweiten Rang hinter Istanbul gekommen war (L. T. ERDER, S. FAROQHI 1980, S. 294) - und dies, obwohl auch in Bursa gegen Ende des 19. Jahrhunderts eine (bescheidene) Industrialisierung eingesetzt hatte (L. T. ERDER 1975).

Auch innerhalb kleiner Teilräume Anatoliens, so in der Çukurova, kamen Verschiebungen in der Rangordnung vor (L. ROTHER 1971). Die dort lange führende städtische Siedlung Tarsus wurde in ihrer Funktion von Adana abgelöst, nachdem die landwirtschaftliche Inwertsetzung der Çukurova durch den Baumwollanbau und die Einrichtung der (Stich-)Bahnstrecke von Mersin nach Adana, mit Mersin als Export-Hafen, erfolgt war.

Ankara und Konya haben als Endpunkte der Anatolischen Bahn und damit Verkehrssammelstellen für Inner-Anatolien wirtschaftlichen Auftrieb und Wachstumsimpulse erhalten (H. HEIMANN 1935, S. 49; R. STEWIG 1966; G. BARTSCH 1954).

Was die kleineren städtischen Siedlungen Anatoliens angeht, so stellt sich zunächst das Problem ihrer Definition und Abgrenzung (E. TÜMERTEKIN 1965; H. H. KARABORAN 1976; V. HÖHFELD 1977, S. 15 ff.).

In Anatolien wurden und werden Dorf (türk. köy), Land-Stadt (türk. kasaba) und Stadt (türk. şehir) unterschieden; fraglich ist, bei welcher Einwohnerzahl man die Grenze ziehen soll; für die post-osmanische Zeit wurden 2.000, 10.000 und 20.000 Einwohner als Grenzen angeboten (E. TÜMERTEKIN 1965, S. 23; H. H. KARABORAN 1976).

Sicherlich war der Übergang zwischen Dorf und Land-Stadt fließend, wurden doch selbst in sehr viel späterer Zeit bei der funktionalen Bestandsaufnahme von E. TÜMERTEKIN (1965) noch 51 Land-Städte (als städtische Siedlungen mit dominanter Landwirtschaft) bei einer Einwohnerzahl zwischen 10.00 und 39.00 (!) (Edirne) gezählt (E. TÜMERTEKIN 1965, S. 40 und Fig. 3, S. 34).

Auf die Entwicklung dörflicher Siedlungen zu Land-Städten wirkten sich in der Spätzeit des Osmanischen Reiches sowohl die Auffüllung des ländlichen Raumes durch Siedlungsausbau der Einheimischen, Niederlassung der Flüchtlinge und Sedentarisierung von Nomadenstämmen (W.-D. HÜTTEROTH 1968; W.-D. HÜTTEROTH 1959), als auch die straffere Organisation der Provinzverwaltung mit ihren hierarchischen Abstufungen (türk. vilayet-sancak-kaza-nahiye) aus, von denen die unteren Stufen ihre Sitze in kleineren Siedlungen des ländlichen Raumes nehmen mußten (V. HÖHFELD 1977, S. 16 ff.).

So kam es zu einer Aufwertung dörflich-städtischer Siedlungen unteren Ranges zu kleinen zentralen Orten: tertiär-wirtschaftliche Funktionen, wirtschaftliche und administrative Dienstleistungen ließen sich nieder.

Im Ansatz entstand dadurch ein - im 19. Jahrhundert - weitmaschiges Netz niedrigrangiger zentraler Orte, das sich, je nach wirtschaftlichem und demographischem Entwicklungsstand, in West- und Teilen Nord- und Inner-Anatoliens etwas enger, in Ost- und Südost-Anatolien aber sehr weitmaschig präsentierte (V. HÖHFELD 1977; L. T. ERDER, S. FAROQHI 1980, S. 290).

f) Verkehr und Verkehrswege, Infrastruktur

Die Spätzeit des Osmanischen Reiches war in Anatolien - im Laufe des 19. Jahrhunderts - durch das Aufkommen moderner, technologisch geprägter Verkehrsmittel, wie Dampfschiff, Eisenbahn, Telegraph, Telephon, neben den weiter bestehenden, traditionellen Verkehrseinrichtungen bestimmt. Außer dieser neuen, exogenen Verkehrs-Technologie spielte die wirtschaftliche Entwicklung des Landes, besonders in der zweiten Hälfte des 19. Jahrhunderts, ebenso eine Rolle wie die kapitulatorische Öffnung gegenüber ausländischen Wirtschaftsmächten. Das Zusammenspiel der Faktoren wirkte sich räumlich unterschiedlich aus und steigerte die regionalen Disparitäten innerhalb Anatoliens.

Ausgangssituation war der Stand der Entwicklung des osmanischen Wegenetzes in der ersten Hälfte des 19. Jahrhunderts, vor Beginn der Dampfschiffahrt und dem Eisenbahnbau (F. TAESCHNER 1926).

Istanbul als politische und ökonomische Hauptstadt hatte sich schon früher zur engl. primate city herausgebildet und den Land- (und See-)Verkehr im Raum Anatolien auf sich gezogen.

So waren - nach F. TAESCHNER (1926) - folgende, auf Istanbul ausgerichtete Hauptkarawanenwege entstanden:

- die nördliche Karawanenstraße von Istanbul nach Erzurum und weiter nach Täbriz, auf weiten Strecken mit einer älteren Heerstraße übereinstimmend;

- die Karawanenstraße von Istanbul nach Ankara und weiter nach Kayseri;

- die große, diagonale Karawanenstraße von Istanbul über Eskişehir, Konya, Ereğli, Adana nach Syrien, die auch als Pilgerroute zu den heiligen Stätten in Arabien benutzt wurde und als solche in Nordwest-Anatolien nicht nur über Land, sondern - mit Übersetzen über den Golf von Izmit - über Hereke und Gebze führte;

- die Karawanenstraße von Bursa nach Izmir;

- die Karawanenstraße von Bursa an die Dardanellen nach Çanakkale (F. TAESCHNER 1926, S. 205; vgl. Ch. ISSAWI 1980, S. 146).

Auf diesen überregionalen Karawanenwegen war - soweit es sich um Transitwege nach Persien und Mesopotamien handelte, der Orient-Okzident-Verkehr schon vor Eröffnung des Suez-Kanals (1869) weitgehend zum Erliegen gekommen; sie dienten hauptsächlich der Verbindung Istanbuls mit Anatolien in wirtschaftlicher und politischer Hinsicht.

Außer diesen großen Karawanenwegen gab es in allen Teilen des Landes Karawanenverkehr im Umland der größeren und kleinen Städte, die jeweils ihr eigenes, größeres oder kleines Hinterland besaßen.

Als Transporttiere für Personen und Lasten wurden Kamele, Pferde, Maultiere, Ochsen und Esel verwendet, wobei die Kamele die schwereren Lasten schleppen konnten (560 lbs.), die Maultiere 420 lbs., die Pferde 360 lbs., die Ochsen 250 lbs. und die Esel 160 lbs. Im Durchschnitt wurden täglich, je nach Gelände, 20 bis 30 km zurückgelegt (Ch. ISSAWI 1980, S. 177).

Im Zuge der Rückwanderungsbewegung war die Tatarenreiterei entstanden, die im 19.Jahrhundert in Anatolien die schnelle Nachrichtenübermittlung durchführte. Ihre Routen wichen nur insofern von den Hauptkarawanenstraßen ab, als sie möglichst viele größere Städte in ihr Verkehrsnetz einbezogen (F. TAESCHNER 1926, S. 205).

Vor Beginn des Eisenbahnbaues in Anatolien um die Mitte des 19. Jahrhunderts setzte die Umstellung vom Segel- zum Dampfschiff ein. Dabei waren die ausländischen Gesellschaften, die ja die neue Technologie mitbrachten, im Vorteil, während die türkische Schiffahrt noch lange, besonders die Küstenschiffahrt, in die aber auch ausländische Reeder, vor allem Griechen, eindrangen, beim Segelschiff blieb.

Istanbul wurde 1880 von 12.532 Segelschiffen und 4.787 Dampfschiffen angelaufen, 1890 waren es 8.248 Segelschiffe und 10.125 Dampfschiffe, 1900 5.326 Segelschiffe

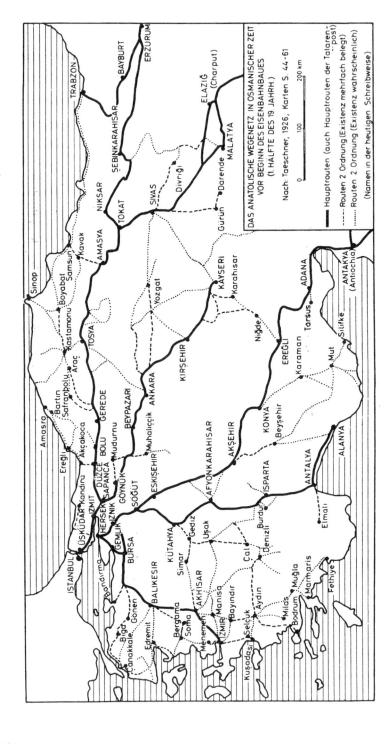

Abb. 22: Das anatolische Wegenetz in der 1. Hälfte des 19. Jahrhunderts
(Quelle: R. STEWIG 1968, S. 102, nach
F. TAESCHNER 1962, Karten S. 44-61)

und 9.068 Dampfschiffe, 1910 6.537 Segelschiffe und 13.731 Dampfschiffe (A. BIRKEN 1980, S. 311). Bei anderen Häfen Anatoliens ergab sich ein ähnliches Bild. Izmir wurde 1892 von 3.815 Segelschiffen und 2.415 Dampfschiffen angelaufen, 1902 waren es 3.475 Segelschiffe und 2.426 Dampfschiffe (A. BIRKEN 1980, S. 327). Bei Trabzon waren es 1890 9.013 Segelschiffe und 570 Dampfschiffe, 1900 6.600 Segelschiffe und 487 Dampfschiffe, 1910 6.350 Segelschiffe und 590 Dampfschiffe (A. BIRKEN 1980, S. 318). Mersin wurde 1890 von 385 Segelschiffen und 280 Dampfschiffen, 1901 von 745 Segelschiffen und 336 Dampfschiffen, 1910 von 538 Segelschiffen und 575 Dampfschiffen angelaufen (A. BIRKEN 1980, S. 322).

Damit sind - bis auf Samsun - die wichtigsten Häfen Anatoliens in der zweiten Hälfte des 19. Jahrhunderts aufgeführt.

Mit der Zunahme der Dampfschiffe, die Häfen Anatoliens anliefen - dabei handelte es sich in der Regel um größere Schiffseinheiten als bei den Segelschiffen - ergab sich aus wirtschaftlichen Gründen eine Orientierung auf wenige und größere Häfen. So bildete sich bei den Häfen allmählich eine hierarchische Abstufung heraus (H. AKGÜN 1988). Auch wurde es notwendig, Hafenanlagen zu bauen. Relativ spät setzte dieser Ausbau, zuerst 1875 in Izmir, ein, das der große Exporthafen West-Anatoliens wurde, 1890 erst in Istanbul im Bereich Galata/Beyoğlu, später auch in Haydarpaşa (und Derince) (Ch. ASSAWI 1980, S. 147 f.). Ausländische Gesellschaften übernahmen den Ausbau, die Organisation und Abwicklung des Umschlags (Ch. ASSAWI 1980, S. 108 ff.).

Bei der einsetzenden hierarchischen Abstufung der Häfen Anatoliens spielten außer den technologischen Bedingungen der Dampfschiffahrt die ökonomischen Entwicklungen innerhalb des Landes eine wesentliche Rolle; es begann schon der Kampf um Hinterlandsbereiche (H. AKGÜN 1988).

Die landwirtschaftliche Aufwärtsentwicklung in West-Anatolien bis zum Exportmarktniveau und der von Izmir ausgehende, zweifache Eisenbahnbau, in den südlichen und in den nördlichen Teil West-Anatoliens mit Erschließung der ertragreichen, sich zur Ägäis öffnenden Flußebenen, machten Izmir zum führenden Exporthafen Anatoliens überhaupt (Ch. ISSAWI 1980, S. 108 ff.). Dabei ist erstaunlich, daß Izmir bereits vor dem Eisenbahnbau sein Hinterland offenbar bis in das westliche Inner-Anatolien durch Aktivitäten der Griechen, Armenier und Juden hatte ausdehnen können (G. B. RAVNDAL 1926, S. 51; Ch. ISSAWI 1980, S. 108; vgl.dagegen H. AKGÜN 1988, S. 168).

Istanbul wurde - durch seine hohe Bevölkerungskonzentration - zum Hauptimporthafen (Ch. ISSAWI 1980, S. 113), bei dem man allerdings die bedeutenden Exporte nicht zu gering einschätzen sollte, die von den hohen Importen überschattet wurden.

Von 30 Schiffahrtsgesellschaften, die 1901 Istanbul anliefen, waren 26 europäische, nur 4 türkische (A. BIRKEN 1980, S. 128).

Mersins Entwicklung als Hafen der Çukurova stand mit der landwirtschaftlichen Inwertsetzung durch den Baumwollanbau in engem Zuammenhang, besonders seitdem 1888 die Eisenbahn in das Hinterland, nach Adana, fertiggestellt worden war (H. AKGÜN 1988, S. 124 ff.).

Zonguldak war Spezialhafen für den Abtransport der im Hinterland geförderten Steinkohle; wegen der Wichtigkeit, nicht zuletzt für die osmanische Marine, wurden dort auch Hafenanlagen gebaut (Ch. ASSAWI 1980, S. 147; D. QUATAERT 1983, S. 41 ff.).

Der Hafen von Samsun diente weitgehend dem Export von Tabak.

Vor dem Eisenbahnbau in Anatolien in der zweiten Hälfte des 19. Jahrhunderts setzte - durch den schnellen Seeverkehr mit Dampfschiffen - beim weiterführenden Verkehr nach Persien und Mesopotamien die Umgehung Anatoliens ein. Bis Trabzon gelangte man mit dem Dampfschiff und trat von dort mit Karawanen die Landreise nach Täbriz an; ähnlich war es im Süden, bis Payas, später Iskenderun, fuhr man mit dem Dampfschiff, um von dort über Land weiterzugelangen (F. TAESCHNER 1926, S. 206). So verwundert es nicht, wenn in Inner-Anatolien die infrastrukturellen Einrichtungen des Wegenetzes, wie Brücken und Karawansereien, im 19. Jahrhundert Verfallserscheinungen aufzuweisen hatten.

Der (quasi-)koloniale Status des Osmanischen Reiches öffnete im 19. Jahrhundert, nachdem die (west-)europäischen Länder in der industriegesellschaftlichen Entwicklung einen deutlichen Vorsprung errungen hatten, Anatolien für den Import ausländischer Industriewaren, so daß zur Kennzeichnung der Häfen auch die Relation Export-Import interessant ist; dadurch ergibt sich auch eine Charakterisierung der Hinterlandsbereiche (H. AKGÜN 1988).

Bei den bedeutendsten Häfen Anatoliens in den letzten Jahrzehnten des Osmanischen Reiches zeigte sich nach dem Wert der umgeschlagenen Waren im Export und Import (in 1000 engl. L.) folgendes Bild:

	1840		1873/77		1900		1910/12	
	Import	Export	Import	Export	Import	Export	Import	Export
Istanbul	2.000	500	10.000	500	7.500	2.800	13.500	4.300
Izmir	800	1.200	1.700	4.300	2.700	4.000	4.200	4.300
Mersin	40	60	500	600	400	700	700	900
Samsun	150	150	400	300	500	700	1.000	1.700
Trabzon	200	100	600	300	500	500	1.500	1.600

(Ch. ISSAWI 1980, S. 82).

Im Falle Trabzon ist der Transitwarenverkehr von und nach Persien in der Aufstellung enthalten (vgl. Ch. ASSAWI 1980, S. 121); bei den Angaben für 1900 und 1910/12 sind wahrscheinlich die Exporte für Trabzon zu niedrig, die Importe zu hoch angegeben.

Bei allen Häfen belegen die angeführten Werte, daß Anatolien durch die kapitulatorischen Bedingungen des Außenhandels des Osmanischen Reiches im 19. Jahrhundert von Importen aus den Industrieländern überschwemmt wurde und - als Folge davon - eine überwiegend negative Handelsbilanz aufzuweisen hatte (vgl. St. J. SHAW, E. K. SHAW, Bd. 2, 1977, S. 239 -Tabelle).

Aus den vorangegangenen Ausführungen ist deutlich geworden, daß der Eisenbahnbau in Anatolien, der um die Mitte des 19. Jahrhunderts einsetzte, nur ein Element in dem System darstellte, das aus dem Zusammenspiel der landwirtschaftlichen Entwicklung in West-, Süd- und Inner-Anatolien bis zum Exportmarktniveau, aus der Erschließung der Küsten Anatoliens durch die Dampfschiffahrt mit Bevorzugung größerer Häfen und aus der kapitulatorischen Öffnung des Landes bestand. Dieser Zusammenhang erklärt, warum es Stichbahnen waren, die von bestimmten Häfen aus in das Landesinnere hinein angelegt wurden. Der Eisenbahnbau durch ausländische Gesellschaften und als Stichbahnen unterstrich den (quasi-)kolonialen Status des Osmanischen Reiches im 19. Jahrhundert.

Zu den Jahreszahlen, die in der Literatur über den Bahnbau in Anatolien vorliegen, ist anzumerken, daß sie differieren, je nachdem, ob die Konzessionserteilung, der Baubeginn, die Fertigstellung eines oder mehrerer Abschnitte oder der Zeitpunkt der Inbetriebnahme zugrundegelegt wurde.

Alle Eisenbahnstrecken entstanden eingleisig; die Normal-Spurweite (1,435 m) herrschte vor. Es gab keine direkte Streckenkonkurrenz im Gegensatz zum Beginn des Eisenbahnbaues auf den Britischen Inseln, wo oft mehrere konkurrierende Linien parallel angelegt wurden und die Spurweiten differierten (R. STEWIG 1995).

Die erste Eisenbahnstrecke in Anatolien war die von Izmir nach Aydın, die von einer englischen Gesellschaft gebaut und betrieben wurde (Ch. ISSAWI 1980, S. 183 ff.; G. B. RAVNDAL 1926, S. 46 ff.; A. Ritter von KRAL 1942, S. 143 ff.). 1866 war sie bis Aydın befahrbar. Sie diente dem Zweck, zwei der vier großen ertragreichen Flußebenen West-Anatoliens, die des Büyük Menderes (Maiandros) und des Küçük Menderes (Kaystros) zu erschließen, wobei in die letztgenannte Flußebene von der Hauptbahnlinie abzweigende Stichbahnen hineinführten.

Bestanden auf der Strecke von Izmir bis Aydın keine orographischen Schwierigkeiten, so stellten sich diese - wie bei allen Eisenbahnen Anatoliens, die in das hochgelegene Inner-Anatolien hinein gebaut wurden - bei der Weiterführung der Strecke ein, und zwar bis Dinar, 1890, das auf 869 m Höhe liegt, und bis Eğridir, 1912, das auf 980 m Höhe liegt (A. Ritter von KRAL 1942, S. 143 f.; Ch. ISSAWI 1980, S. 184).

Der Betrieb der Bahn scheint wirtschaftlich gewesen zu sein, gab es doch ab 1888 keine staatlichen Zuschüsse mehr (G. B. RAVNDAL 1926, S. 47).

Die Bahn verfügte in Izmir über einen Hafengleisanschluß und besaß einen eigenen, extravaganten Bahnhof (K. KLINGHARDT 1924, Stadtplan nach S. 166; Ch. ISSAWI 1980, S. 184).

Auch die zweite Eisenbahnstrecke wurde bezeichnenderweise in West-Anatolien gebaut. Es war die Izmir-Kasaba/Turgutlu-Bahn, die die große, landwirtschaftlich ebenfalls ertragreiche Flußebene des Gediz (Hermos) erschloß (Ch. ISSAWI 1980, S. 185 ff.; G. B. RAVNDAL 1926, S. 47 ff.; A. Ritter von KRAL 1942, S. 144).

Die Bauarbeiten waren zwar von einer englischen Gesellschaft ausgeführt worden, doch wurde die Bahn nach einiger Zeit von der osmanischen Regierung - um den englischen Einfluß in West-Anatolien zu begrenzen - an eine französische Gesellschaft übertragen (Ch. ISSAWI 1980, S. 186; G. B. RAVNDAL 1926, S. 47).

1866 konnte der Betrieb bis Kasaba/Turgutlu aufgenommen werden. Die Verlängerung der Strecke erfolgte in zwei Richtungen, einmal über Alaşehir, das 1875 erreicht wurde, bis Soma, das 1890 Bahnanschluß erhielt. Durch diesen Zweig erhielt auch die vierte große, landwirtschaftlich ertragreiche Flußebene West-Anaroliens, des Bakır (Kaikos), Eisenbahnanschluß. Bis 1912 wurde diese Strecke nach Norden verlängert zum Hafen Bandırma am Marmara-Meer.

Die andere Fortsetzung der Linie Izmir-Kasaba/Turgutlu verlief in der Flußebene des Gediz aufwärts. Da von dort die Weiterführung bis in das westliche Inner-Anatolien

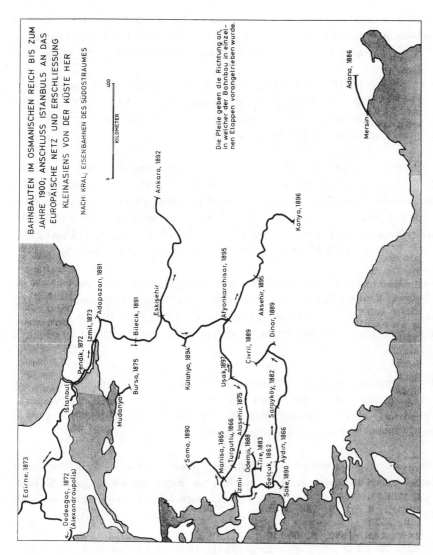

Abb. 23: Eisenbahnbau in Anatolien, 1866-1900
(Quelle: R. STEWIG 1964, Abb. 9, S. 34)

erfolgte, bestand - wie bei der Verlängerung der Izmir-Aydın-Linie - das technische Problem der Bewältigung des Anstiegs auf 907 m Höhe bei Uşak und auf 1.007 m Höhe bei Afyonkarahisar, das 1893, nach anderen Angaben 1897, erreicht wurde (Ch. ISSAWI 1980, S. 186; A. Ritter von KRAL 1942, S. 144).

Immerhin fand in Afyonkarahisar der Anschluß an die (inner-)anatolische Eisenbahn statt, so daß in diesem einzigen Fall (vor Ende des Osmanischen Reiches) der Stichbahn-Charakter eingeschränkt und ein rudimentärer Netzansatz hergestellt wurde.

In der Stadt Izmir kreuzten sich beide Bahnen, die Izmir-Aydın-Bahn und die Izmir-Kasaba/Turgutlu-Bahn, doch gab es keine Verknüpfung (K. KLINGHARDT 1926, Stadtplan nach S. 166); die Izmir-Kasaba/Turgutlu-Bahn verfügte über einen eigenen Bahnhof, aber nicht über ein Hafenanschlußgleis.

War durch die zwei von Izmir ausgehenden langen Stichbahnen mit ihren Abzweigungen der wirtschaftlich lukrative west-anatolische Raum - außer dem äußersten Süden und dem äußersten Nordwesten - durch Eisenbahnen linear abgedeckt, so erschloß die dritte große Eisenbahn in Anatolien, die von deutscher Seite unter Mitwirkung der Deutschen Bank geschaffen wurde, den inner-anatolischen Raum (Ch. ISSAWI 1980. S. 188 ff.; G. B. RAVNDAL 1926, S. 50 ff.; A. Ritter von KRAL 1942, S. 145 f.).

Ein Teil der Strecke der Anatolischen Eisenbahngesellschaft - von der asiatischen Seite des Bosporus bis Izmit - war schon früher, 1873, vom Osmanischen Reich - wohl zur Verknüpfung Istanbuls mit den staatlichen Betrieben in Hereke und Izmit - gebaut worden, aber wirtschaftlich nicht erfolgreich (A. Ritter von KRAL 1942, S. 145).

Mit der Konzessionserteilung zum Bau der inner-anatolischen Eisenbahn, 1888, ging auch der Abschnitt Haydarpaşa-Izmit mit prächtigem Bahnhof in Haydarpaşa(-Istanbul) auf die neue Gesellschaft über, die den Bau der Strecken Izmit-Eskişehir, Eskişehir-Ankara und Eskişehir-Konya unternahm.

Auch bei diesen Strecken mußte der Aufstieg auf die inner-anatolische Hochebene bewältigt werden, bis Konya auf 1.027 m Höhe (A. Ritter von KRAL 1942, S. 145). 1891 war Eskişehir erreicht, 1892 die Stichbahn nach Ankara, 1896 nach Konya fertiggestellt (Ch. ISSAWI 1980, S. 188; G. B. RAVNDAL 1926, S. 50 f.).

Diese neuen Strecken bedeuteten tiefgreifende Umstrukturierungen in Inner-Anatolien. Beim Personenverkehr reduzierte sich der Zeitaufwand für die Bewältigung der Strecke Istanbul-Ankara von 3 Tagen auf 22 Stunden (G. B. RAVNDAL 1926, S. 51); für die Landwirtschaft Inner-Anatoliens war eine - gegenüber dem Karawanenverkehr - verbilligte Transportmöglichkeit für das Massengut Getreide entstanden, das für die Versorgung der Bevölkerung Istanbuls und zum Export bereitstand; dadurch war für weite Teile Inner-Anatoliens ein Anreiz zu erhöhter Produktion gegeben (D. QUATAERT 1985, S. 73), was nicht nur das westliche Inner-Anatolien betraf, sondern auch die östlichen Gebiete - durch Umorientierung der Karawanentransportwege auf Ankara und Konya als Bahnstationen; auch scheint das von griechischen Kaufleuten aus Izmir als Hinterland eroberte westliche Inner-Anatolien an Istanbul verlorengegangen zu sein (G. B. RAVNDAL 1926, S. 51).

Nicht zuletzt bestand von seiten des osmanischen Staates ein militärisch-politisches Interesse an der modernen Verkehrserschließung Inner-Anatoliens und Anatoliens überhaupt, galt es doch, den Zustand der Überwindung der Talfürsten (türk. sing. derebey), der gerade erst erreicht worden war, zu perpetuieren (D. QUATAERT 1983, S. 72 f.).

Aus diesen militärisch-politischen Überlegungen des osmanischen Staates ist es auch verständlich, daß die Verlängerung und Weiterführung der anatolischen Eisenbahn als Bagdadbahn unternommen wurde (Ch. ISSAWI 1980, S. 190 ff.; G. B. RAVNDAL 1926, S. 32 ff.; A. Ritter von KRAL 1942, S. 145 f.; E. BANSE 1913; A. SCHMID 1916; K. H. MÜLLER 1917; P. ROHRBECK 1902; R. HÜBER 1943). Dies geschah wiederum mit Hilfe der Deutschen Bank aufgrund von wirtschaftlichen Interessen mit politisch-strategischen Absichten des Deutschen Reiches im Hintergrund.

Bis 1904 wurde - über Konya und Ereğli - Bulgurluk erreicht, mit 1.467 m der höchste Punkt der Anatolischen und Bagdadbahn. Für den weiteren Verlauf der Strecke stellte sich das technische Problem des Abstiegs auf nahezu Meeresniveau durch das süd-anatolische Randgebirge (Taurus).

Während im relativ ebenen, südlichen Vorland des Taurus-Gebirges bis 1914 sogar Nusaybin erreicht und ein langer Streckenabschnitt fertiggestellt wurde, der heute die türkisch-syrische Grenze markiert, konnten die Lücken in der schwierigen Gebirgsstrecke im Taurus mit Hilfe eines langen und mehrerer kurzer Tunnel erst gegen Ende des Ersten Weltkrieges, 1918, geschlossen werden (Ch. ISSAWI 1980, S. 190; A. RITTER von Kral 1942, S. 146).

Trotz einer Zweigbahn zum Hafen Iskenderun dürfte die wirtschaftliche Bedeutung der Bagdadbahnstrecke im südlichen Vorland des Taurus-Gebirges hinter ihrer millitärisch-politischen Bedeutung zurückgestanden haben.

Zu den drei großen Eisenbahnen in Anatolien, den zwei in West-Anatolien und der Anatolischen und Bagdadbahn, kamen in der zweiten Hälfte des 19. Jahrhunderts noch einige kürzere Strecken hinzu, von denen die Verbindung von Istanbul nach Nordwesten, nach Europa, die größte Bedeutung hatte. 1872 war die Eisenbahnstrecke von

Istanbul nach Edirne fertiggestellt und eröffnet worden (A. Ritter von KRAL 1942, S. 144); 1888 wurde der durchgehende Anschluß bis Wien erreicht, so daß von da an der Orient-Expreß auf der Strecke Wien-Istanbul verkehren konnte.

Eine kurze Stichbahn, als Schmalspurbahn mit 1,05 m Spurweite, wurde 1875 für die Strecke von Mudanya, dem Hafen am Marmara-Meer, nach Bursa geschaffen, die aber erst, nachdem sie in französischen Besitz übergegangen war, einige wirtschaftliche Bedeutung für die landwirtschaftliche Erschließung der Ebene von Bursa und die handwerklich-industrielle Entwicklung der Stadt Bursa erlangte (A. Ritter von KRAL 1942, S. 145; G. B. RAVNDAL 1926, S. 48). Als Stichbahn reihte sie sich in das (quasi-)koloniale Erschließungsmuster von der Küste her ein; heute besteht sie nicht mehr; 1940 wurde sie stillgelegt und abgebaut (R. STEWIG, 1970, S. 201, Karte 15).

Das gleiche gilt für die Stichbahn vom Hafen Mersin nach Adana zur Erschließung der Çukurova, die 1886, nach anderen Angaben 1888, eröffnet wurde (A. Ritter von KRAL 1942, S. 147; G. B. RAVNDAL 1926, S. 49). Mit dem Voranschreiten des Bagdadbahnbaues über und durch das Taurusgebirge erhielt die Mersin-Adana-Bahn auch Anschluß sowohl nach Osten, in das Taurus-Vorland, als auch nach Inner-Anatolien, was sich als Ausweitung des Hinterlandes des Hafens Mersin nach Inner-Anatolien auswirkte (H. AKGÜN 1988, S. 132), später, nach dem Ende des Osmanischen Reiches, auch nach Südost-Anatolien.

Die Eisenbahnen, die in Nordost-Anatolien, im Zusammenhang mit dem russischen Vordringen dorthin (W.-D. HÜTTEROTH 1982, S. 6, Fig. 3, S. 429 f.), vom russischen, transkaukasischen Netz aus gebaut wurden, wiesen unterschiedliche Spurweiten, teils Breitspur (1,524 m), teils Schmalspur (0,75 m) auf (A. Ritter von KRAL 1942, S. 147 f.); sie sind früh verfallen bzw. beim Abzug der Russen aus Nordost-Anatolien gesprengt worden (A. RITTER von Kral 1942, S. 148).

Zu den modernen Kommunikationsmitteln des 19. Jahrhunderts, speziell der Nachrichtenübermittlung, gehörten Telegraph und Telephon. Zuvor, d. h. vor dem 19. Jahrhundert, war es zur Entstehung von Postdiensten in einer den (quasi-)kolonialen Status des Osmanischen Reiches widerspiegelnden Weise gekommen.

1721 erhielt Österreich, 1722 Rußland die Erlaubnis zur Errichtung eines Auslandspostdienstes zwischen ihren diplomatischen Vertretungen in Istanbul und dem Heimatland. Entsprechende Verträge wurden 1812 mit Frankreich, 1832 mit England, 1834 mit Griechenland, 1879 mit Deutschland, 1873 mit Ägypten und 1908 mit Italien abgeschlossen (St. J. SHAW, E. K. SHAW, Bd. 2, 1977, S. 229). Es war üblich geworden, nicht nur die diplomatische Auslandspost auf diesem Wege zu befördern, sondern überhaupt die der Ausländer im Osmanischen Reich.

Innerhalb Anatoliens bediente sich der osmanische Staat der Tatarenreiterei zur Übermittlung von Nachrichten; 1841 wurde ein allgemeiner Postdienst aufgenommen (St. J. SHAW, E. K. SHAW, Bd. 2, 1977, S. 229). Ab 1901 bemühte sich die osmanische Post, mit den speziellen Auslandspostdiensten der europäischen Staaten zu konkurrieren und deren Tätigkeit einzuschränken (St. J. SHAW, E. K. SHAW, Bd. 2, 1977, S. 229).

Die Einrichtung von Telegraphie kam mit den (eingleisigen) Eisenbahnen verstärkt auf, deren Verkehr geregelt werden mußte. Auf diesem Gebiet übernahmen zunächst Ausländer die Arbeiten des Streckenbaues und des Betriebes, bis einheimisches Personal ausgebildet war (St. J. SHAW, E. K. SHAW, Bd. 2, 1977, S. 228). Der erste Anstoß zur Schaffung von Telegraphendiensten war schon durch den Krimkrieg (1853-1856) erfolgt.

Die Telegraphenlinien wurden sowohl nach Europa als auch nach Persien erweitert; Mitte der 1860er Jahre war die Verbindung nach Indien fertiggestellt (Ch. ISSAWI 1980, S. 151), so daß über Anatolien, wenn auch nicht mehr der Orient-Okzident-Handelsverkehr, so doch der telegraphische Nachrichtenverkehr zwischen Europa und (Süd-)Asien verlief.

Das Telephon wurde nach ersten Versuchen 1881 in Istanbul und 1911 in Izmir eingeführt, allerdings nur - in Istanbul - zur Verbindung der Altstadt südlich mit der Neustadt nördlich des Goldenen Hornes (St. J. SHAW, E. K. SHAW, Bd. 2, 1977, S. 230; Ch. ISSAWI 1980, S. 151).

Die ersten Automobile tauchten 1908 in Istanbul in den nördlichen Vororten am Bosporus auf; sie wurden noch nicht in der Innenstadt geduldet (Ch. ISSAWI 1980, S. 150). 1914 soll es in Istanbul 110 Automobile, in Izmir 22 und im übrigen Osmanischen Reich 55 gegeben haben (Ch. ISSAWI 1980, S. 150). Auch was die modernen Verkehrsmittel angeht, erwiesen sich Istanbul und Izmir als die Eingangstore für Innovationen in das Osmanische Reich.

Die altangelegten räumlichen Disparitäten zwischen dem Nordwesten der anatolischen Halbinsel und den übrigen Teilräumen Anatoliens, besonders im Osten und Südosten, bildeten sich im Lauf des 19. Jahrhunderts durch die moderne Verkehrsentwicklung verstärkt aus. Der Osten und Südosten verharrte in traditioneller Verkehrsabgeschiedenheit. Allerdings konnten Teile der Peripherie Anatoliens im Westen, Süden und Norden, und zwar die küstennahen, bzw. die sich zu den Küsten hin öffnenden Gebiete, bedingt Anschluß an die Entwicklung halten. Dagegen verharrten weite Teile Inner-Anatoliens, trotz der Anatolischen und Bagdadbahn, trotz Ansiedlung von Glaubensflüchtlingen und trotz - allerdings einseitiger - landwirtschaftlicher Aufwärtsentwicklung (durch Getreideanbau), auf traditionellem (Verkehrs-)Erschließungsniveau.

g) Wertung des gesellschaftlichen Entwicklungsstandes: Entstehung von Unterentwicklung als Entwicklungsrückstand

Wenn es um die Beurteilung der Spätzeit des Osmanischen Reiches geht, so hat die gesellschaftliche Entwicklung in Anatolien leitender Gesichtspunkt und Beurteilungsmaßstab zu sein. In diesem Rahmen ist ein Aspekt der Wertung in der Überschrift dieses Kapitels bereits angedeutet, nämlich wie weit die Spätzeit des Osmanischen Reiches positive oder negative Beiträge zur gesellschaftlichen Entwicklung in Anatolien geleistet hat. Der andere Aspekt ist in der Überschrift dieses Abschnittes enthalten, nämlich in dem zentralen Begriff der Entwicklung bzw. Unterentwicklung.

Die Frage nach dem gesellschaftlichen Entwicklungsstand am Ende des Osmanischen Reiches stellt sich als Frage nach der Erklärung des (Unter-)Entwicklungsstandes.

In der wissenschaftlichen Diskussion über gesellschaftliche Entwicklung konkurrieren zahlreiche Theorien, die (Unter-)Entwicklung mit Hilfe jeweils einer Theorie erklären wollen.

So gibt es (M. BOHNET 1971; U. MENZEL 1993) die Klimatheorie, die den gesellschaftlichen Zustand der Entwicklungsländer durch die andersgearteten physischen Verhältnisse, vor allem klimatischer Art, im Vergleich mit den Industrieländern, begründet sieht.

So gibt es die demographische Theorie, die den gesellschaftlichen Zustand der Entwicklungsländer durch die im Vergleich mit den Industrieländern unterschiedlichen Geburten- und Sterberaten und die außerordentliche Bevölkerungszunahme verursacht sieht.

So gibt es die sozialstrukturelle und die sozial-psychologische Theorie, die den gesellschaftlichen Zustand der Entwicklungsländer durch ihre dichotomische Sozialstruktur und die andere Einstellung der Bevölkerung zur Arbeit im Vergleich mit den Industrieländern bedingt sehen.

So gibt es die ökonomischen Theorien, die große Vielfalt aufweisen und die - um zwei Beispiele zu nennen - den gesellschaftlichen Zustand der Entwicklungsländer durch dualistische Wirtschaftsstrukturen oder - im marxistischen Sinne (E. MANDEL 1971) - die Ausbeutung der Entwicklungsländer durch die Industrieländer erklären.

Es sei daran erinnert, daß es bei der Wertung des gesellschaftlichen Entwicklungsstandes Anatoliens am Ende des Osmanischen Reiches um eine historische Perspektive, nicht um den heutigen Entwicklungsstand der Türkei geht; doch ist der heutige gesellschaftliche Entwicklungsstand des Landes von dem der Vergangenheit in nicht geringem Maße beeinflußt worden.

Nicht beabsichtigt ist, die zahlreichen Entwicklungstheorien (U. MENZEL 1993) auf den gesellschaftlichen Zustand des Osmanischen Reiches in seiner Spätzeit anzuwenden und zu erkunden, welche der Entwicklungstheorien erklärend zutreffend sein könnte. Vielmehr wird die Auffassung vertreten, daß ein vielfältiges Zusammenspiel exogener und endogener Faktoren für den Entwicklungsstand Anatoliens gegen Ende des Osmanischen Reiches verantwortlich ist und negative wie positive Voraussetzungen für die gesellschaftliche Weiterentwicklung geschaffen hat.

Bisher liegen wenige Versuche vor, die gesellschaftlichen Verhältnisse in der Spätzeit des Osmanischen Reiches in einen entwicklungstheoretischen Zusammenhang einzuordnen.

Von H. KESKIN (1976/77) war der Entwicklungsstand der Türkei - im Stile der 68er-Generation - als Ergebnis eines Werdeganges von Unterentwicklung und - im Sinne von K. Marx und E. MANDEL (1971) - als ("halb-koloniale") Ausbeutung dargestellt worden, die in der Spätzeit des Osmanischen Reiches eingesetzt hatte, unter Anerkennung interner Faktoren, die zur Unterentwicklung beigetragen hatten.

Von D. QUATAERT wurden die Darstellungen der Geschichte des Osmanischen Reiches von B. LEWIS (1961) und St. J. SHAW (1976, 1977) als zur Schule der engl. early modernists, die Ausführungen von I. WALLERSTEIN et alii (1987) als zur dependenztheoretischen Schule gehörig klassifiziert (D. QUATAERT 1983, S. 2 f.).

H. ISLAMOĞLU-INAN (1987) scheint in ihrem Sammelband über engl. The Ottoman Empire and the World Economy, in dem auch der Aufsatz von I. WALLERSTEIN et alii (1987) enthalten ist, dem dependenztheoretischen Modell umfassenden Erklärungsgehalt zuzuschreiben.

In der Tat spricht einiges - aber nicht alles - dafür. Die vorangegangenen umfangreichen Ausführungen über die Penetration ausländischer Wirtschaftsmächte nach Anatolien, die weitreichende Beeinträchtigung bis Vernichtung des einheimischen Handwerks, die andauernden Kapitulationen des Osmanischen Reiches auf wirtschaftlichem Gebiet, die überwiegend negativen Außenhandelsbilanzen, kurz der lang anhaltende (quasi-)koloniale Status des Osmanischen Reiches belegen die Abhängigkeit des Landes von fremden Mächten, eine Abhängigkeit, die - als exogener Faktor - eine deutlich negativ zu wertende Voraussetzung für die gesellschaftliche Weiterentwicklung darstellte.

Von osmanischer Seite mußte in der Spätzeit des Reiches eine Vielzahl von militärischen Niederlagen und - nach den Friedensschlüssen - auch eine Vielzahl von politischen Mißerfolgen hingenommen werden. Um diese Verhältnisse abzustellen, wurden militärische Berater und Lehrer aus Frankreich, England und Deutschland angeworben und ein der sich differenzierenden, arbeitsteiligen Gesellschaft Rechnung tragendes weltliches Schulsystem neben dem religiösen aufgebaut, wobei wiederum Ausländer eingeschaltet waren.

Die ausgesprochene Orientierung an europäischen Vorbildern und die geistige Verwestlichung einiger Eliten in der Spätzeit des Osmanischen Reiches - auch in politischer, nationaler Hinsicht - kann als Beleg dafür angesehen werden, daß mindestens diese Eliten die gesellschaftlichen Verhältnisse ihres Landes als Rückständigkeit gegenüber Europa, als Entwicklungsrückstand, empfanden.

So sehr exogene Faktoren die gesellschaftliche Entwicklung in der Spätzeit des Osmanischen Reiches bestimmt haben, sind doch endogene Bedingungen nicht zu unterschätzen.

In Europa hatte sich beim Übergang vom Mittelalter zur Neuzeit eine geistige Revolution vollzogen, die zu einer kritischen Einstellung gegenüber den Sichtweisen und Lebensverhältnissen der traditionellen Agrargesellschaft führte und die Verantwortung für die Verhaltensweisen der Menschen in das Individuum verlegte. Ob man - im Sinne M. Webers - Zusammenhänge zwischen protestantischer Ethik und dem Geist des Kapitalismus, zwischen Religion und kapitalistischem Wirtschaftsgeist - im Sinne von R. H. Tawney - erkennt oder nicht, die geistige Revolution an der Wende vom Mittelalter zur Neuzeit hat wesentliche Grundlagen für die industrielle Revolution in Europa - zuerst auf den Britischen Inseln - geschaffen, bei der technische Erfindungen und wirtschaftliches Unternehmertum wichtige Rollen spielten.

Eine vergleichbare, geistige Revolution hat im Osmanischen Reich nicht stattgefunden. Vielmehr mußten angesichts der bewahrenden, verharrenden, unveränderlichen, im Koran festgelegten Grundhaltung des Islam Schwierigkeiten bei der Rezeption von technischen und geistigen Innovationen aus Europa in der Spätzeit des Osmanischen Reiches überwunden werden.

Wenn man von der technologischen Modernisierung durch die Europäer absieht, blieb die Technologie der Osmanen bis zum Ende des Osmanischen Reiches beim Transportwesen und bei der handwerklichen und landwirtschaftlichen Produktion auf traditionellem Niveau, das als Entwicklungsrückstand gegenüber dem kontemporären Europa zu bewerten ist.

In der - wie in der traditionellen Agrargesellschaft der Hochzeit - in der Spätzeit des Osmanischen Reiches wirtschaftlich weiter dominierenden Landwirtschaft herrschte rentenkapitalistischer Wirtschaftsgeist, der auf das Abschöpfen der Erträge ausgerichtet war (H. Bobek). Bedingt durch die innenpolitischen Unsicherheiten, den häufigen Wechsel der Herrschenden - noch bis in das 19. Jahrhundert hinein gab es Talfürsten in Anatolien -, waren langfristige Investitionen mit geringer Verzinsung, wie sie Industriebetriebe darstellen, nicht ratsam, Rechtstitel auf Ernteerträge im Rahmen des Rentenkapitalismus weniger konfiszierbar.

Diese Gegebenheiten stellten einen weiteren endogenen Faktor dar, der als Voraussetzung für die Entstehung einer Industriegesellschaft negativ zu bewerten ist.

Doch war andererseits die Überwindung des Subsistenzwirtschaftsniveaus durch zumindest größere landwirtschaftliche Betriebe in West-, Süd- und Inner-Anatolien in der Spätzeit des Osmanischen Reiches und der Beginn exportmarktwirtschaftlicher Produktion in der Landwirtschaft ein positives Phänomen, nicht zuletzt durch exogene Einflüsse verursacht.

Unter sozialstrukturellem Aspekt ist die Entstehung einer Mittelschicht in der Spätzeit des Osmanischen Reiches - und damit die Überwindung der dichotomischen Sozialstruktur der traditionellen Gesellschaftsstufe der Früh- und Hochzeit des Osmanischen Reiches - als positiv zu werten. Angehörige der Nationalitäten der Armenier, Griechen und Juden im Osmanischen Reich entwickelten auf der Basis ihrer Aufgeschlossenheit und Innovationsbereitschaft, auch in Zusammenarbeit mit Ausländern, ein Unternehmertum, das sich im handwerklich- und industriell-sekundären und im tertiären Sektor niederschlug und für diese Wirtschaftsbereiche in der Spätzeit des Osmanischen Reiches förderlich war.

Doch wurden solche, für die zukünftige gesellschaftliche Entwicklung Anatoliens hoffnungsvollen, positiven Ansätze am Ende des Osmanischen Reiches zunichte - ein endogener Faktor.

Die Einflußnahme ausländischer Wirtschaftsmächte, besonders in der zweiten Hälfte des 19. Jahrhunderts, brachte Kapitalinvestitionen in das Osmanische Reich, so daß die begrenzte eigene, einheimische Kapitalakkumulation nicht als Hindernis für die wirtschaftliche Entwicklung anzusehen ist.

Durch die ausländischen Investitionen wurden eine ganze Reihe von Verkehrs- und Infrastruktureinrichtungen, wie Eisenbahnstrecken, Hafenanlagen, Gas-, Wasser- und Elektrizitätsversorgungseinrichtungen, Postdienste, in Anatolien realisiert. Für sie stellte man zunächst ausländisches Personal in den Führungspositionen und im technischen Bereich ein, so daß es nur bedingt - wie auch in den wenigen industriellen Betrieben - zur Entstehung einer einheimischen Facharbeiterschicht kommen konnte.

Auch war - wie das Beispiel der Steinkohleförderung im Gebiet von Zonguldak zeigte
- die einheimische Bevölkerung stark in den Traditionen des ländlichen Raumes verwurzelt und betrachtete gewerbliche Tätigkeit als - wenn notwendig - supplementäre Einkommensquelle.

Die ausländischen Unternehmen im Osmanischen Reich, die im Transportwesen, im Außenhandel, im Export und Import und im verarbeitenden Gewerbe tätig waren, transferierten - als Folge der Kapitulationen - mindestens Teile ihrer Gewinne, ohne sie in Anatolien zu re-investieren, in ihre Heimatländer - ein weiterer, negativ zu beurteilender Faktor.

Doch dienten die von ausländischen Unternehmen geschaffenen Verkehrs- und Infrastruktureinrichtungen auch der einheimischen Wirtschaft und stellten eine Grundlage dar, die im Lande verblieb und auf der (später) die Republik Türkei aufbauen konnte - eine positive Voraussetzung.

Angesichts der umfassenden ausländischen Einflußnahme auf das Osmanische Reich und Anatolien im wirtschaftlichen Bereich und die Gründung von privatwirtschaftlichen Unternehmen des sekundären und tertiären Sektors erscheint die Schaffung staatlicher handwerklicher und einiger industrieller Betriebe, die überwiegend der Ausrüstung des Militärs dienten, als eine notwendige Gegenbewegung, allerdings aus militärischen Erfordernissen heraus.

In der Rückschau, von der frz. économie mixte aus gesehen, die lange die wirtschaftlichen Strukturen der Republik Türkei bestimmte, läßt sich das Nebeneinander von privaten und staatlichen Wirtschaftsbetrieben in der Spätzeit des Osmanischen Reiches als positive Voraussetzung für die zukünftige gesellschaftliche Entwicklung werten.

Die wirtschaftliche Aufwärtsentwicklung, die sich in der Spätzeit des Osmanischen Reiches in einigen peripheren Teilen Anatoliens, vor allem im Nordwesten, im Raum Istanbul, vollzog und eine Verschärfung (groß-)räumlicher Disparitäten innerhalb Anatoliens darstellte, muß wohl als notwendiges Übel gesellschaftlicher Entwicklung angesehen werden.

Insgesamt ist festzuhalten, daß das Osmanische Reich keine Industriegesellschaft war, nicht in der Spätzeit, auch nicht in Ansätzen, wenn auch einige positive Voraussetzungen neben vielen negativen für eine spätere Entwicklung in dieser Richtung bestanden. Das Osmanische Reich der Spätzeit war noch immer eine Agrargesellschaft.

Wenn man an die sozialen Auswüchse und Mißstände der frühindustriellen Zeit auf den Britischen Inseln, besonders in der ersten Hälfte des 19. Jahrhunderts, denkt, mag man - dies ist eine zwiespältige Wertung - die ausgebliebene Entstehung der Industriegesellschaft im Osmanischen Reich des 19. Jahrhunderts als positiv beurteilen.

Um Mißverständnissen vorzubeugen, sei abschließend bemerkt: hier ging es nicht um die positive oder negative Bewertung der Industriegesellschaft an und für sich - die soll dahingestellt bleiben; hier ging es um positive oder negative Voraussetzungen für die mögliche Entstehung der Industriegesellschaft (in der Republik Türkei), und es ging um den (Unter-)Entwicklungsstand des Osmanischen Reiches im 19. Jahrhundert im Verhältnis zu West-Europa als Entwicklungsrückstand.

Literatur

AKGÜN, H.: Türkische Häfen und ihre Hinterlandsbeziehungen am Beispiel der Mittelmeerhäfen. Institut für Entwicklungsforschung und Entwicklungspolitik, Materialien und kleine Schriften, 117, Bochum 1988.

BANSE, E.: Auf den Spuren der Bagdadbahn. Weimar 1913.

BANSE, E.: Die Türkei. Eine moderne Geographie. Braunschweig, Berlin, Hamburg 1915.

BANSE, E.: Die Länder und Völker der Türkei. Eine kleine ästhetische Geographie. Braunschweig, Berlin, Hamburg 1916.

BARTSCH,G.: Ankara im Wandel der Zeiten und Kulturen. In: Petermanns Geographische Mitteilungen, 98. Jahrgang, Gotha 1954, S. 256-266.

BECKER, C. H.: Das türkische Bildungsproblem. Bonn 1916.

BEDIZ, D.: Izmir (Smyrna) und sein wirtschaftsgeographisches Einzugsgebiet. Diss. München 1935.

BIRKEN, A.: Die Provinzen des Osmanischen Reiches. Beihefte zum Tübinger Atlas des Vorderen Orients, Reihe B, Nr. 13, Wiesbaden 1979.

BIRKEN, A.: Die Wirtschaftsbeziehungen zwischen Europa und dem Vorderen Orient im ausgehenden 19. Jahrhundert. Beihefte zum Tübinger Atlas des Vorderen Orients, Reihe B, Nr. 37, Wiesbaden 1980.

BRAUDE, B., LEWIS, B. (Hrsg.): Christians and Jews in the Ottoman Empire. 2 Bde, New York, London 1982.

ÇELIK Z.: The Remaking of Istanbul. Portrait of an Ottoman City in the Nineteenth Century. Seattle, London 1986.

CHAPMAN, M. K.: Great Britain and the Bagdad Railway 1888-1914. Northampton Mass. 1948.

ÇIZAKÇA, M.: A Short History of the Bursa Silk Industry (1500-1950). In: Journal of the Economic and Social History of the Orient. Bd. XXIII, Leiden 1980, S. 142-152.

ÇIZAKÇA, M.: Price History and the Bursa Silk Industry: A Study in Ottoman Industrial Decline, 1550-1650: In: ISLAMOĞLU-INAN, H. (Hrsg.): The Ottoman Empire and the World-Economy. Cambridge, Paris 1987; S. 247-261.

CLARK, E. C.: The Ottoman Industrial Revolution. In: International Journal of Middle East Studies, Bd. 5, Cambridge 1974, S. 65-76.

CUINET, V.: La Turquie d'Asie. Géographie Administrative, Statistique, Descriptive et Raisonnée de Chaque Province de l'Asie-Mineure. 4 Bde, Paris 1890-1894.

DAVISON, R. H.: Reform in the Ottoman Empire 1856-1876. Princeton N. J. 1963.

DRURY I., RUGGERI, R.: The Russo-Turkish War 1877. Men-at-Arms Nr. 277, London 1994.

ERDER, L. T.: The Measurement of Preindustrial Population Changes: The Ottoman Empire from the Fifteenth to the Seventeenth Century. In: Middle East Studies, Bd. 11, London 1975, S. 284-301.

ERDER, L. T.: Factory Districts in Bursa during the 1860's. In: Middle East Technical University, Journal of the Faculty of Architecture, Bd. 1, Ankara 1975, S. 85-99.

ERDER, L. T.: The Making of Industrial Bursa: Economic Activity and Population in a Turkish City 1835-1975. Princeton N. J. 1976.

ERDER, L. T., FAROQHI, S.: The Development of the Anatolian Urban Network during the Sixteenth Century. In: Journal of the Economic and Social History of the Orient, Bd. XXIII, Leiden 1980, S. 265-303.

FAROQHI, S.: Towns and Townsmen of Ottoman Anatolia. Trade, Crafts and Food Production in an Urban Setting. Cambridge 1984.

FAROQHI, S.: Stadt-Landbeziehungen und die regionale Organisation im osmanischen Anatolien des 16.-17. Jahrhundert. In: Jahrbuch zur Geschichte und Gesellschaft des Vorderen und Mittleren Orients; Berlin 1985/86, S. 137-163.

FAROQHI, S.: Notes on the Production of Cotton and Cotton Goods in Sixteenth and Seventeenth Century Anatolia. In: ISLAMOĞLU-INAN, H. (Hrsg.): The Ottoman Empire and the World Economy; Cambridge, Paris 1987, S. 262-270.

FAROQHI, S.: Kultur und Alltag im Osmanischen Reich. Vom Mittelalter bis zum Anfang des 20. Jahrhunderts. München 1995.

FESCA, M.: Anatolien. Über die landwirtschaftlichen Verhältnisse. In: Der Tropenpflanzer, VI. Jahrgang, Berlin 1902, S. 1-35.

FITZNER, R.: Anatolien. Wirtschaftsgeographie. Berlin 1902.

GENÇ, U.: Ottoman Industry in the Eighteenth Century. In: QUATAERT, D. (Hrsg.): Manufacturing in the Ottoman Empire and Turkey, 1500-1950. Albany N. Y. 1994, S. 59-86.

GERBER, H.: Guilds in Seventeenth Century Anatolian Bursa. In: Asian and African Studies, Bd. 11, Jerusalem 1978, S. 59-86.

GERBER, H.: Economy and Society in an Ottoman City. Bursa, 1600-1700. Jerusalem 1988.

GOLTZ, C. von der: Anatolische Ausflüge. Reisebilder. Berlin 1896.

GOODWIN, G.: A History of Ottoman Architecture. London 1971.

GOULD, A. G.: Lords or Bandits? The Derebeys of Cilicia. In: International Journal of Middle East Studies, Bd. 7, Cambridge 1976, S. 485-506.

GRÄF, E.: Die Geschichte eines Chan's in Smyrna. Eine wirtschaftliche Studie. Wiesbaden 1955.

GROTHE, H.: Türkisch Asien und seine Wirtschaftswerte. Frankfurt am Main 1916.

GÜMRÜKÇÜ, H.: Die Gewerkschaftsbewegung in der Türkei. Ein historischer Abriß. In: Orient, 22. Jahrgang, Opladen 1981 S. 450-469.

HASSERT, K.: Das Türkische Reich. Tübingen 1918.

HEIMANN, H.: Konya. Geographie einer Oasenstadt. Diss. Hamburg 1935.
HELLE von SAMO, A. RITTER zur: Die Völker des osmanischen Reiches. Wien 1877.
HERRMANN, R.: Anatolische Landwirtschaft auf Grund sechsjähriger Erfahrung. Leipzig 1900.
HÖHFELD, V.: Anatolische Kleinstädte. Anlage, Verlegung und Wachstumsrichtung seit dem 19. Jahrhundert. Erlanger Geographische Arbeiten, Sonderband 6, Erlangen 1977.
HONIG, N.: Über Industrie und Handwerk in Konstantinopel. In: Archiv für Wirtschaftsforschung im Orient; Jahrgang I, Weimar 1916, S. 421-448 und Jahrgang II, Weimar 1917, S. 76-108.
HOVANNISIAN, R. G. (Hrsg.): The Armenian Genocide in Perspective. New Brunswik N. J., Oxford 1986.
HÜBER, R.: Die Bagdadbahn. Berlin 1943.
HÜTTEROTH, W.-D.: Bergnomaden und Yaylabauern im mittleren kurdischen Taurus. Marburger Geographische Schriften, Heft 11, Marburg 1959.
HÜTTEROTH, W.-D.: Ländliche Siedlungen im südlichen Inneranatolien in den letzten vierhundert Jahren. Göttinger Geographische Abhandlungen, Heft 45, Göttingen 1968.
HÜTTEROTH, W.-D.: Die Türkei. Darmstadt 1982.
IMHOFF, C.: Das Eisenbahnnetz der Asiatischen Türkei vor dem Kriegsausbruch. In: Petermanns Mitteilungen, 61. Jahrgang, Gotha 1915, S. 264-266.
INALCIK, H.: The Foundations of the Ottoman Economico-Social System in Cities. In: Studia Balcanica, Bd. 3, Sofia 1970, S. 17-24.
INALCIK, H.: Istanbul. In: Encyclopédie de l'Islam; Bd. IV, Leiden, Paris 1978, S. 233-259.
INALCIK, H.: Studies in Ottoman Social and Economic History. (Nachdruck von 10 Aufsätzen) London 1985.
INALCIK, H.: When and How British Cotton Goods Invaded the Levant Markets. In: ISLAMOĞLU-INAN, H. (Hrsg.): The Ottoman Empire and the World Economy. Cambridge, Paris 1987, S. 374-383.
INALCIK, H., QUATAERT, D. (Hrsg.): An Economic and Social History of the Ottoman Empire 1600-1914. Cambridge 1994.
ISLAMOĞLU-INAN, H. (Hrsg.): The Ottoman Empire and the World Economy. Cambridge, New York etc. 1987.
ISSAWI, Ch.: The Economic History of Turkey 1800-1914. Chicago, London 1980.
KAERGER, K.: Kleinasien. Ein deutsches Kolonisationsfeld. Berlin 1892.
KANNENBERG, K.: Kleinasiens Naturschätze. Berlin 1897.

KARABORAN, H. H.: Historisch-geographische Wandlungen der Kulturlandschaft der oberen Çukurova von der Antike bis in die 2. Hälfte des 19. Jahrhunderts, unter besonderer Berücksichtigung des 16. und 17. Jahrhunderts sowie der Aktionen und Sozialreformen des Unternehmens Firka-i-Islahiye in den Jahren 1864-1866. Heidelberg 1976.

KARABORAN, H. H.: Die Modifikation der Stadtbegriffe in der Türkei und in der modernen türkischen Geographie. In: Zeitschrift für Wirtschaftsgeographie, 20. Jahrgang, Hagen 1976, S. 5-7.

KARPAT, K. H.: Ottoman Population Records and the Census of 1881/82-1893. In: International Journal of Middle East Studies, Bd. 9, Cambridge 1978, S. 237-274.

KARPAT, K. H.: Ottoman Population 1830-1914. Demographic and Social Characteristics. Madison Wis. 1985.

KESKIN, H.: Die Türkei. Vom Osmanischen Reich zum Nationalstaat - Werdegang einer Unterentwicklung. Diss. Berlin 1976, Berlin 1977.

KEYDER, Ç.: Manufacturing in the Ottoman Empire and in Republican Turkey, ca 1900-1950. In: QUATAERT, D. (Hrsg): Manufacturing in the Ottoman Empire and Turkey, 1500-1950. Albany N. Y. 1994, S. 123-163.

KIEPERT, H.: Memoir über die Construction der Karte von Kleinasien und Türkisch Armenien. Berlin 1854.

KRAL, A. Ritter von: Entwicklung und Stand des türkischen Eisenbahnbaues bis Frühjahr 1942. In: Mitteilungen der Geographischen Gesellschaft Wien, Bd. 85, Wien 1942, S. 142-160.

KRAUSE, K.: Die Wälder Kleinasiens. In: Archiv für Wirtschaftsforschung im Orient; Jahrgang II, Weimar 1917, S. 161-201.

KREISER, K.: Edirne im 17. Jahrhundert nach Evliya Çelebi. Ein Beitrag zur Kenntnis der osmanischen Stadt. Freiburg Br. 1975.

KREISER, K.: Über den Kernraum des Osmanischen Reiches. In: K.-D. GROTHUSEN (Hrsg.): Die Türkei in Europa. Göttingen 1979, S. 53-63.

KURMUŞ, O.: The Cotton Famine and its Effect on the Ottoman Empire. In: ISLAMOĞLU-INAN, H. (Hrsg.): The Ottoman Empire and the World Economy. Cambridge, Paris 1987, S. 160-169.

LANGENSIEPEN, B., GÜLERYÜZ, A.: The Ottoman Steam Navy 1828-1923. London 1995.

LEWIS, B.: The Emergence of Modern Turkey. London, New York, Toronto 1961.

LIMAN von SANDERS, O.: Fünf Jahre Türkei. 2. Auflage Berlin o. J. (1919).

MAJOROS, F., RILL, B.: Das Osmanische Reich (1300-1922). Die Geschichte einer Großmacht. Regensburg, Graz, Wien, Köln 1994.

MANTRAN, R.: Istanbul dans la Seconde Moitié du XVIIe Siècle. Essai d'Histoire Institutionelle, Économique et Sociale. Paris 1962.

MANTRAN, R.: L'Empire Ottoman du XVIe au XVIIIe Siècle. Administration, Économie, Societé. (Nachdruck von 15 Aufsätzen) London 1984.

MANTRAN, R. (et alii): Histoire de l'Empire Ottoman. Paris 1989.

MANTRAN, R.: Histoire d'Istanbul. Paris 1996.

MATUZ, J.: Warum es in der ottomanischen Türkei keine Industrieentwicklung gab. In: Südosteuropa-Mitteilungen, 24. Jahrgang, München 1985, S. 43-46.

MATUZ, J.: Das Osmanische Reich. Grundlinien seiner Geschichte. 2. Auflage, Darmstadt 1990.

MELINZ, G.: Erfahrungen mit importsubstituierender und importorientierter Industrialisierungsstrategie. Die Fallstudie Türkei (1838-1990). In: FELDBAUER, F., GÄCHTER, A., HARDACH, G., NOVY, A. (Hrsg.): Industrialisierung. Entwicklungsprozesse in Afrika, Asien und Lateinamerika. Beiräge zur Historischen Sozialkunde, Beiheft 6, Frankfurt am Main 1995, S. 65-81.

MOLTKE, H. von: Briefe über Zustände und Begebenheiten in der Türkei in den Jahren 1835 bis 1839. Berlin 1893.

MÜLLER, K. H.: Die wirtschaftliche Bedeutung der Bagdadbahn. Land und Leute der asiatischen Türkei. Hamburg 1917.

MÜLLER-WIENER, W.: Der Bazar von Izmir. Studien zur Geschichte und Gestalt des Wirtschaftszentrums einer ägäischen Handelsmetropole. In: Mitteilungen der Fränkischen Geographischen Gesellschaft, Bd. 27/28, Erlangen 1982, S. 420-445.

MÜLLER-WIENER, W.: Manufakturen und Fabriken in Istanbul vom 15.-19. Jahrhundert. In: Mitteilungen der Fränkischen Geographischen Gesellschaft, Bd. 33/34, Erlangen 1988, S. 257-320.

MÜLLER-WIENER, W.: Die Häfen von Konstantinopulis, Istanbul. Tübingen 1994.

NEBIOĞLU, O.: Die Auswirkungen der Kapitulationen auf die türkische Wirtschaft. Probleme der Weltwirtschft. 68, Jena 1941.

NICOLLE, D., MCBRIDE, A.: Armies of the Ottoman Turks 1300-1774. Men-at-Arms No. 140, London 1983.

NICOLLE, D., RUGGERI; R.: The Ottoman Army. Men-at-Arms No. 269, London 1994.

ÖKTEM, A. N.: Die Stellung (Izmir-)Smyrnas im Weltverkehr und Welthandel. Diss. Berlin 1933/35.

OKYAR, O.: The Role of the State in the Economic Life of the Nineteenth Century Ottoman Empire. In: Asian and African Studies, Bd. XIV, Jerusalem 1980, S. 143-164.

OKYAR, O.: A New Look at the Problem of Economic Growth in the Ottoman Empire (1800-1914). In: The Journal of European Economic History, Bd.16, Bonn 1987, S. 7-49.

OKYAR, O., INALCIK, H. (Hrsg.): Social and Economic History of Turkey (1071-1920). Ankara 1980.

PADEL, W.: Der Vertrag von Sèvres. Berlin 1921.

PALMER, A.: Verfall und Untergang des Osmanischen Reiches. München, Leipzig 1992.

PAMUK, Ş.: Commodity Production for World-Markets and Relations of Production in Ottoman Agriculture, 1880-1913. In: ISLAMOĞLU-INAN, H. (Hrsg.): The Ottoman Empire and the World Economy. Cambridge, Paris 1987, S. 178-202.

PHILIPPSON, A.: Das Türkische Reich. Eine geographische Übersicht. Weimar 1915.

PHILIPPSON, A.: Wirtschaftliches aus dem westlichen Kleinasien. In: Archiv für Wirtschaftsforschung im Orient; Jahrgang I, Weimar 1916, S. 66-77, S. 243-256, S. 344-362; Jahrgang II, Weimar 1917, S. 20-40.

PLANHOL, X. de: De la Pleine Pamphylienne aux Lacs Pisidiens. Nomadism et Vie Paysanne. Paris 1958.

QUATAERT, D.: Ottoman Reform and Agriculture in Anatolia, 1876-1908. Los Angeles 1973.

QUATAERT, D.: Dilemma of Development: The Agricultural Bank and Agricultural Reform in Ottoman Turkey, 1888-1900. In: International Journal of Middle East Studies, Bd. 6, Cambridge 1975, S. 210-227.

QUATAERT, D.: Limited Revolution: The Impact of the Anatolian Railway on Turkish Transportation and the Provisioning of Istanbul, 1890-1908. In: Business History Review, Bd. LI, Boston Mass. 1977, S. 139-160.

QUATAERT, D.: Social Disintegration and Popular Resistance in the Ottoman Empire, 1881-1908. Reactions to European Economic Penetration. New York, London 1983.

QUATAERT, D.: Mashine Breaking and the Changing Carpet Industry of Western Anatolia, 1860-1908. In: Journal of Social History, Bd. 19, Pittsburgh Pa. 1986, S. 473-489.

QUATAERT, D.: The Silk Industry of Bursa, 1880-1914. In: ISLAMOĞLU-INAN, H. (Hrsg.): The Ottoman Empire and the World Economy. Cambridge, Paris 1987, S. 284-299.

QUATAERT, D.: Ottoman Manufacturing in the Nineteenth Century. In: QUATAERT, D. (Hrsg.): Manufacturing in the Ottoman Empire and Turkey, 1500-1950. Albany N. Y. 1994, S. 87-122.

QUATAERT, D. (Hrsg.): Manufacturing in the Ottoman Empire and Turkey, 1500-1950. Albany N. Y. 1994.

RAVNDAL, G. B.: Turkey. A Commercial and Industrial Handbook. Washington 1926.

ROHRBACH, P.: Die Bagdadbahn. Berlin 1902.

ROTHER, L.: Die Städte der Çukurova: Adana-Mersin-Tarsus. Ein Beitrag zum Gestalt-, Struktur- und Funktionswandel türkischer Städte. Tübinger Geographische Studien, Heft 42, Tübingen 1971.

SCHERZER, C. von: Smyrna. Wien 1873.

SCHLAGINTWEIT, M.: Verkehrswege und Verkehrsprojekte in Vorderasien: Schriften der Deutsch-Arabischen Gesellschaft, 2. Heft, Berlin 1906.

SCHMID, A.: München-Bagdad. Eine bayerische Zukunftsfrage. München 1916.
SCHMIDT, H.: Das Eisenbahnwesen in der asiatischen Türkei. Diss.Berlin 1913.
SCHMIEDER, O.: Die Alte Welt. Bd. II. Anatolien und die Mittelmeerländer Europas. Kiel 1969.
SHAW, St. J.: History of the Ottoman Empire and Modern Turkey. Bd.1: Empire of the Gazis. The Rise and Decline of the Ottoman Empire 1280-1808. Cambridge 1976.
SHAW, St. J., SHAW, E. K.: History of the Ottoman Empire and Modern Turkey. Bd. 2, Reform, Revolution and Republic. The Rise of Modern Turkey 1808-1975. Cambridge 1977.
SHAW, St. J.: The Ottoman Census System and Population, 1831-1914. In: International Journal of Middle East Studies. Bd. 9, Cambridge 1978, S. 325-338.
SOUSA, N.: The Capitulary Regime of Turkey. Its History, Origin, and Nature. Baltimore 1933.
SOYSAL, M.: Die Siedlungs- und Landwirtschaftsentwicklung der Çukurova. Erlanger Geographische Arbeiten, Sonderband 4, Erlangen 1976.
STANDL, H.: Der Industrieraum Istanbul. Genese der Standortstruktur und aktuelle Standortprobleme des verarbeitenden Gewerbes in der türkischen Wirtschaftsmetropole. Bamberger Geographische Schriften, Heft 14, Bamberg 1994.
STEWIG, R.: Byzanz-Konstantinopel-Istanbul. Ein Beitrag zum Weltstadtproblem. Schriften des Geographischen Instituts der Universität Kiel, Bd. XXII, Heft 2, Kiel 1964.
STEWIG, R.: Ankara. Standortaspekte einer Hauptstadtverlagerung. In: Zeitschrift für Wirtschaftsgeographie, 10. Jahrgang, Hagen 1966, S. 180-185.
STEWIG, R.: Izmit, Nordwestanatolien. In: Geographische Zeitschrift, 57. Jahrgang, Wiesbaden 1969, S. 268-285.
STEWIG, R.: Bursa, Nordwestanatolien. Strukturwandel einer orientalischen Stadt unter dem Einfluß der Industrialisierung. Schriften des Geographischen Instituts der Universität Kiel, Bd. 32, Kiel 1970.
STEWIG, R.: Die Industrialisierung in der Türkei. In: Die Erde, 103. Jahrgang, Berlin 1972, S. 21-47.
STICH, H.: Die weltwirtschaftliche Entwicklung der anatolischen Produktion seit Anfang des 19. Jahrhunderts. Diss.Kiel 1929.
SUSSNITZKI, A. J.: Zur Gliederung wirtschaftlicher Arbeit nach Nationalitäten in der Türkei. In: Archiv für Wirtschaftsforschung im Orient. Jahrgang II, Weimar 1917, S. 382-407.
TAESCHNER, F.: Das anatolische Wegenetz nach osmanischen Quellen. 2 Bde, Leipzig 1924, 1926.
TAESCHNER, F.: Die Verkehrslage und das Wegenetz Anatoliens im Wandel der Zeiten. In: Petermanns Mitteilungen, 72. Jahrgang, Gotha 1926, S. 202-206.

TANKUT, G.: Urban Transformation in the Eighteenth Century. In: Middle East Technical University, Journal of the Faculty of Architecture, Bd. 1, Ankara 1975, S. 247-262.
TÜMERTEKIN, E.: Note on the Rainfall Intensity in Turkey. In: Review of the Geographical Institute of the University of Istanbul, Nr. 1, Istanbul 1954, S. 183-186.
TÜMERTEKIN, E.: A Functional Classification of Cities in Turkey; Publications of the Geographical Institute of the University of Istanbul, Nr. 43, Istanbul 1965.
TUNÇDILEK, N.: Eine Übersicht über die Geschichte der Siedlungsgeographie im Gebiet von Eskişehir; in: Review of the Geographical Institute of the University of Istanbul, Nr. 5, Istanbul 1959, S. 123-137.
ÜLKER, N.: The Rise of Izmir, 1688-1740. Ann Arbor Mich. 1974.
WALLERSTEIN, I., DECDELI, H., KASABA, R.: The Incorporation of the Ottoman Empire into the World Economy. In: ISLAMOĞLU-INAN, H. (Hrsg.): The Ottoman Empire and the World Economy. Cambridge, Paris 1987, S. 88-97.
WARD, R. E., RUSTOW, D. A. (Hrsg.): Political Modernization in Japan and Turkey. Studies in Political Development, 3, Princeton N. J. 1970.
WIRTH, E.: Die Rolle der tscherkessischen "Wehrbauern" bei der Wiederbesiedlung von Steppe und Ödland im Osmanischen Reich. In: Bustan, 4. Jahrgang, Wien 1963, S. 16-19.
WIRTH, E.: Die soziale Stellung und Gliederung der Stadt im Osmanischen Reich des 19. Jahrhunderts, In: MAYER, T. (Hrsg.): Untersuchungen zur gesellschaftlichen Struktur der mittelalterlichen Städte in Europa. Konstanz 1966, S. 403-427.
WOOD, A. C.: A History of the Levant Company. London 1935/1964.
YÜZÜNCÜ, U.: Die türkische Landwirtschaft im Entwicklungsprozeß. Eine Analyse unter besonderer Berücksichtigung des Einflusses der Industrialisierung. Aachen 1993.

Atlanten

BIRKENFELD, W. (Bearbeiter): Westermann. Großer Atlas zur Weltgeschichte; Braunschweig 1981/82; Geschichtsatlas. Neuausgabe; Braunschweig 1991
ENGEL ,J. (Bearbeiter): Bayerischer Schulbuch-Verlag. Großer Historischer Weltatlas. 3. Teil Neuzeit. 3.Auflage, München 1967.
LIESERING, W. (Hrsg.): Putzger. Historischer Weltatlas. 100. Auflage, Berlin, Bielefeld 1982; 102. Auflage, Düsseldorf 1992.

STEWIG, R., TURFAN, R.: Batı Anadolu Bölgesinin Kültürel Gelişmesini Gösteren Kartografik Bilgiler. Kartographische Beiträge zur Darstellung der Kulturlandschaftsentwicklung in Westanatolien. Istanbul 1968; 2. Auflage, Istanbul 1975 (Türkiye Turing ve Otomobil Kurumu)

Karten des Tübinger Atlas des Vorderen Orients (TAVO)

B IX 8   Osmanisches Reich. Die Provinzialverwaltung im 17. und 18. Jahrhundert. 1 : 8 Mio., Wiesbaden 1979 (A. BIRKEN).

B IX 9/10/11/12   9: Das Osmanische Reich 1683-1718.
10: Das Osmanische Reich 1718-1812.
11: Das Osmanische Reich 1812-1881.
12: Das Osmanische Reich 1881-1912.
1 : 18 Mio., Wiesbaden 1981 (A. BIRKEN).

B IX 13   Osmanisches Reich. Die Provinzialverwaltung am Ende des 19. Jahrhunderts. 1 : 8 Mio., Wiesbaden 1979 (A. BIRKEN).

B X 2/3   2: Die Türkei 1920.
3: Die Türkei 1923.
1 : 4 Mio.; Wiesbaden 1978 (A. BIRKEN).

Karten und Pläne

KLINGHARDT, K.: Angora-Konstantinopel. Ringende Gewalten. Frankfurt am Main 1924 (Stadtpläne von Istanbul, Izmir, Ankara/Angora).
PHILIPPSON A.: Völkerkarte des westlichen Kleinasien nach eigenen Erkundungen und Reisen 1900-1904. Petermanns Mitteilungen, 65. Jahrgang, Gotha 1919, Tafel 3.

3. Die Türkei in der ersten Phase des take-off:
Entstehung der türkisch-islamischen Industriegesellschaft (1920-1950)

Der Übergang vom Ende des Osmanischen Reiches zum Beginn der Republik Türkei (G. JÄSCHKE 1939) vollzog sich in sechs bis sieben Jahren, von 1918 bis etwa 1924, je nachdem welche Ereignisse man zugrunde legt (F. ADANIR 1995, S. 21-36).

1918 beendete der Waffenstillstand von Mudros auf einem Kriegsschiff vor der Insel Lemnos (J. MATUZ 1990, S. 268; B. LEWIS 1961, S. 234) den an der Seite des Deutschen Reiches verlorenen Ersten Weltkrieg für das Osmanische Reich. Dadurch wurde eine Reihe militärischer Besetzungen eingeleitet, die nicht nur - wie früher - das Territorium des Osmanischen Reiches außerhalb Anatoliens betrafen, sondern auch Anatolien selbst - den Kernraum des Osmanischen Reiches: durch Engländer und Franzosen in Südost-Anatolien (Maraş, Urfa; Mersin, Adana, teilweise auch Istanbul und Samsun), durch Italiener in Süd-Anatolien (Antalya, Konya) (F. ADANIR 1995, S. 22). 1919 kam es zur Besetzung Izmirs durch griechische Truppen (F. ADANIR 1995, S. 23).

Die drohende Aufteilung Anatoliens, die von der osmanischen Regierung des Sultans in Istanbul hingenommen wurde, provozierte Mustafa Kemal, den osmanischen Truppenkommandeur und späteren Atatürk (D. MIKUSCH 1929; H. MELZIG 1937; B. RILL 1985; D. GRONAU 1994; B. LEWIS 1961, S. 237 ff.), zur Organisation von Widerstand im verbliebenen, freien Inner- und Nord-Anatolien in den Kongressen von Erzurum und Sivas, 1919 (F. ADANIR 1995, S. 25; F. AHMAD 1993, S. 49; St. J. SHAW, E. K. SHAW 1977, S. 344 ff.), noch bevor im Friedensvertrag von Sèvres 1920 die Aufteilung Anatoliens festgeschrieben und danach zwangsweise durchgeführt werden sollte (W. PADEL 1921; K. ZIEMKE 1930, S. 141 ff. und Karte nach S. 112), eingeleitet von der Besetzung Istanbuls durch die Siegermächte.

Der verstärkten Drohung des Verlustes weiterer Teile Anatoliens durch eine Offensive griechischer Truppen aus ihrem Brückenkopf in West-Anatolien heraus stand 1920 die Eröffnung der von der Istanbuler Regierung unabhängigen Großen Nationalversammlung (türk. Büyük Millet Meclisi) in Ankara gegenüber (F. ADANIR 1995, S. 26; J. MATUZ 1990, S. 272).

Unter Aufbietung aller Kräfte des Widerstandes wurde 1921 in der gewonnenen Schlacht von Sakarya, dem Höhepunkt des Türkischen Unabhängigkeitskrieges gegen die vorrückenden Griechen (St. J. SHAW, E. K. SHAW 1977, S. 340 ff.), die Wende erzielt, die die Grundlage für die territorialen Vereinbarungen im Friedensvertrag von Lausanne, 1923 (St. J. SHAW, E. K. SHAW 1977, S. 365 f.), darstellte und die Rückgewinnung ganz Anatoliens (bis auf die erst 1939 hinzugekommene Provinz Hatay) als einheitliches Territorium des neuen Staates Türkei brachte.

1922 war mit dem Waffenstillstand von Mudanya als Schlußpunkt der militärischen Auseinandersetzung mit Griechenland in Anatolien (J. MATUZ 1990, S. 276; F. ADANIR 1995, S. 30; St. J. SHAW, E. K. SHAW 1977, S. 364) die Aufgabe der griechischen Ansprüche auf West-Anatolien und die Abwanderung der griechischen Bevölkerung eingeleitet worden.

Nach dem militärischen und politischen Sieg der Gegenkräfte der Istanbuler Regierung erfolgte 1922 die Abschaffung des Sultanats; der letzte osmanische Sultan, Mehmet VI., verließ 1922 nach über 600jährigem Bestehen der Dynastie Istanbul per Schiff, doch wurde sein Vetter, Abdülmecit II., noch als Kalif eingesetzt, bis 1924 auch das Kalifat abgeschafft wurde (J. MATUZ 1990, S. 276 ff; F. ADANIR 1995, S. 33 f.).

Mit der Ausrufung der Türkischen Republik (türk. Türkiye Cumhuriyeti) 1923 und der Erhebung der Kleinstadt Ankara in Inner-Anatolien zur Hauptstadt (R. STEWIG 1966), ebenfalls 1923, wurde der Umschwung vom Osmanischen Reich zum neuen Staat Türkei beendet (St. J. SHAW, E. K. SHAW 1977, S. 373 ff.; K. ZIEMKE 1930, S. 375 ff.; F. ADANIR 1995, S. 30 ff.).

Waren die militärischen, politischen und territorialen Veränderungen beim Übergang vom Osmanischen Reich zur Republik Türkei außerordentlich tiefgreifend, so gilt dies für die demographischen, ökonomischen und sozialen Veränderungen nicht minder. Eine neue Ausgangslage zeichnete sich auch in diesen Bereichen ab.

Durch die Zuwanderung der islamischen Glaubensflüchtlinge aus den außerhalb Anatoliens verlorengegangenen Gebieten des Osmanischen Reiches war es seit dem 19. Jahrhundert verstärkt zur Ansiedlung islamischer Bevölkerung in Anatolien gekommen und als Folge der Vernichtung von Teilen der christlichen armenischen Bevölkerung und der Vertreibung und Abwanderung im Zuge des Bevölkerungsaustausches der christlichen griechischen Bevölkerung nach dem Ersten Weltkrieg hatte sich eine Homogenisierung der Bevölkerungsstruktur in Anatolien im Religiösen vollzogen, doch waren die Flüchtlinge (türk. sing. muhacir) von unterschiedlicher räumlicher und sprachlicher Herkunft, so daß eine ethnische Heterogenisierung in Anatolien eingetreten war.

Demographisch brachte der Erste Weltkrieg und der Unabhängigkeitskampf im Anschluß daran Bevölkerungsverluste, so daß - im Kontrast zu heute - eine Situation der Bevölkerungsverknappung, bezogen auf die vorhandenen Arbeitsplätze, entstanden war.

Ökonomisch und sozial wirkten sich die Verluste der armenischen und griechischen Bevölkerung, die große Teile der Wirtschaft, vor allem außerhalb der Landwirtschaft, den Handel und die aufkommende Industrie dominierte und die entstehende Mittelschicht stellte, verheerend aus: die Wirtschafts- und Sozialstruktur Anatoliens war am Beginn der Republik Türkei tragender Elemente der gesellschaftlichen Entwicklung verlustig gegangen.

a) militärisch-politisch-administrative Verhältnisse

In der Entwicklungsphase von 1920 bis 1950 hat der neue Staat Türkei außerhalb Anatoliens - sehr im Gegensatz zum Osmanischen Reich - keine Kriege geführt. In den Zweiten Weltkrieg war die Türkei nicht durch Kampfhandlungen verwickelt. Auf Drängen der Alliierten erfolgte die Kriegserklärung an Deutschland erst am 23. Februar 1945 (F. ADANIR 1995, S. 75), als der Zweite Weltkrieg schon so gut wie beendet war. Am Korea-Krieg (1950-1953) nahm die Türkei durch ein Truppenkontingent in den 50er Jahren teil. Dennoch werden die militärischen Verhältnisse in der Darstellung und an erster Stelle berücksichtigt. Das hängt mit mehreren Gegebenheiten zusammen.

Eine bedeutende Rolle spielte die Tatsache, daß durch Militärs (G. WEIHER 1978; R. SEROZAN 1986; D. A. RUSTOW in R. E. WARD, D. A. RUSTOW 1970, S. 352 ff.), allen voran Mustafa Kemal, nach 1934 - nach der Einführung von Familiennamen - Atatürk genannt, nach dem Friedensvertrag von Sèvres 1920, der eine Aufteilung Anatoliens und damit die Beseitigung der territorialen Integrität des neuen Staates vorsah, für die Republik Türkei ganz Anatolien als räumliche Grundlage der staatlichen Einheit zurückgewonnen werden konnte.

Praktisch geschah dies in hohem Maße infolge der militärischen Erfolge gegen die 1919 nach West-Anatolien eingefallenen Griechen, die in mehreren Offensiven (St. J. SHAW, E. K. SHAW 1977, S. 340 ff.) bis an den Sakarya, unweit des Tagungsortes der neuen Großen Nationalversammlung und - ab 1923 - der neuen Hauptstadt Ankara, vorgedrungen waren. Gleichzeitig erfolgte die Reduzierung des ethnischen Elements der Griechen, vor allem in West-Anatolien, wobei es 1922 zu schweren Zerstörungen der west-anatolischen Handelsmetropole Izmir (M. HOUSEPIAN 1972) kam; während des Ersten Weltkrieges war das ethnische Element der Armenier im Anatolien des Osmanischen Reiches im militärischen Rahmen weitgehend ausgeschaltet worden (R. G. HOVANNISIAN 1986).

Das türkische Militär hatte sich durch den Sieg im Unanhängigkeits- und Freiheitskrieg von 1919 bis 1922 - 1922 schloß man den Waffenstillstand von Mudanya (St. J. SHAW, E. K. SHAW 1977, S. 364) - als Retter des Vaterlandes erwiesen.

Diese Erfolge wurden im Friedensvertrag von Lausanne 1923 (St. J. SHAW, E. K. SHAW 1977, S. 365 f.) in Form der (Wieder-)Erringung der territorialen Integrität und Geschlossenheit umgesetzt; 1939 kam zu Anatolien die Provinz Hatay - aus dem französischen Mandatsgebiet in Syrien - auf dem Verhandlungswege hinzu (St. J. SHAW, E. K. SHAW 1977, S. 377 f.).

Das türkische Militär, das im Osmanischen Reich einen hohen Rang in der Werteskala der Bevölkerung eingenommen hatte, rettete diese Position über den verlorenen Ersten Weltkrieg durch den Sieg im Unabhängigkeitskrieg, konnte seine Wertschätzung auf moralischer und emotionaler Ebene noch steigern und ins Politische umsetzen.

Die politischen Verhältnisse in der neuen Republik Türkei wurden in der Entwicklungsphase von 1920 bis 1950 durch Militärs bestimmt, die nominell aus der Armee ausgeschieden waren und - um die Trennung sichtbar zu machen - zivile (westliche) Kleidung trugen. Über diese Entwicklungsphase hinaus blieb das türkische Militär Hüter der im politischen Rahmen festgelegten, neuen staatlichen Prinzipien der Republik Türkei - bis heute.

Außerdem spielte das Militär als Organisationsform in der neuen Türkei eine nicht zu unterschätzende Rolle als Integrations- und Akkulturationsfaktor, bei der Ausbildung, im Zusammenhang mit sozialer Mobilität und für die (militärische) Infrastruktur (G. WEIHER 1978, S. 108 ff.; D. A. RUSTOW in R. E. WARD, D. A. RUSTOW 1970, S. 352 ff.).

Der Integrationsfaktor bestand - und besteht - darin, daß junge Männer sowohl aus dem städtischen als auch aus dem ländlichen Raum eingezogen wurden und werden. Zwischen 1920 und 1950, als sich ein weltliches Schulsystem im ländlichen Raum im Aufbau befand, trug das Militär durch entsprechende Kurse zur Alphabetisierung der ländlichen Rekruten und ihre Einführung in die moderne technische Welt - als im ländlichen Raum noch Holzpflüge und Karren mit Scheibenrädern verwendet wurden - wesentlich bei und schuf Voraussetzungen für eine - wenn auch bescheidene - soziale (Aufwärts-)Mobilität (D. A. RUSTOW in R. E. WARD, D. A. RUSTOW 1970, S. 387), die der ländlichen Bevölkerung neue Wertmaßstäbe vermittelte.

Die Einschätzung des Militärs als Schule der Nation - auch im Politischen - ist zumindest für die Entwicklungsphase von 1920 bis 1950 nicht verfehlt.

Was die politischen Verhältnisse in der „neuen Türkei" (K. ZIEMKE 1930), im „neuen Anatolien" (R. HARTMANN 1927), im „Land Kamal Attatürks" (A. Ritter von KRAL 1935) angeht, so war der tiefgreifende Umbruch gegenüber dem Osmanischen Reich und der Neuanfang offensichtlich.

Im Osmanischen Reich hatte es im 19. Jahrhundert Ansätze des Parlamentarismus und zur Bildung von politischen Parteien gegeben. Das war - diskontinuierlich - 1876 bis 1878 im Rahmen der ersten Verfassung von 1876 mit dem Versuch einer konstitutionellen Monarchie und erneut 1908 bis 1920 in der sog. jung-türkischen Zeit geschehen (B. LEWIS 1961, S. 164, S. 372).

Als Gegengewicht zu dem Istanbuler Parlament berief Mustafa Kemal 1920 in Ankara die Große Nationalversammlung (türk. Büyük Millet Meclisi) ein, die sich aus 100 Abgeordneten des Istanbuler Parlaments und 190 Deputierten zusammensetzte, die von anatolischen Widerstandsgruppen (aus)gewählt (?) worden waren (St. J. SHAW, E. K. SHAW 1977, S. 349).

Angesichts des damaligen Ringens um nationale Unabhängigkeit kann man es verstehen, daß dieses Parlament - für ein Parlament ungewöhnlich - gleichzeitig legislative und exekutive Gewalt ausübte (St. J. SHAW, E. K. SHAW 1977, S. 378).

Doch zeigten sich selbst in der Zeit des Unabhängigkeitskrieges auch Ansätze zur Bildung von Parteien sehr unterschiedlicher Provenienz (St. J. SHAW, E. K. SHAW 1977, S. 341, S. 353 f.).

Nachdem der letzte Sultan ziemlich fluchtartig Istanbul 1920 verlassen hatte - zuerst nach Malta, später ins Exil nach San Remo ging (St. J. SHAW, E. K. SHAW 1977, S. 365) -, lag die Regierungsgewalt der neuen Türkei bei der Großen Nationalversammlung in Ankara und bei Mustafa Kemal mit seinen Kollegen vom Militär.

1923 wurde von diesem Parlament die Republik ausgerufen, Mustafa Kemal zum Präsidenten und Ismet Inönü - ein weiterer führender Militär, der im Unabhängigkeitskrieg die Schlacht von Inönü (nördlich von Kütahya) gewonnen hatte (St. J. SHAW, E. K. SHAW 1977, S. 357 ff.) - daher auch sein Familienname - zum Premierminister gewählt und Ankara zur Hauptstadt gemacht (F. ADANIR 1995, S. 30 f.).

Bei der Wahl Ankaras (R. STEWIG 1966) spielte eine große Rolle, daß ein politisches Gegengewicht zu Istanbul, dessen wirtschaftliche Bedeutung nicht zu erschüttern war, geschaffen werden sollte, aber wahrscheinlich auch - angesichts der Absicht der neuen Machthaber, Staat und Religion voneinander zu trennen, daß Ankara - im Gegensatz zu Istanbul mit seinen prächtigen, die skyline prägenden, osmanischen Moscheen - eine (Klein-)Stadt ohne größere Moschee war (F. AHMAD 1993, S. 92) - und während der 27jährigen Alleinregierung der Republikanischen Volkspartei (türk. Cumhuriyet Halk Partisi) ohne neuen Moscheebau blieb (F. AHMAD 1993, S. 92).

Mit der Wahl Ankaras zur Hauptstadt und ihrem modernen Ausbau (A. CUDA 1939) wurde - vielleicht ursprünglich unbewußt - eine regionalpolitische Entscheidung ersten Ranges getroffen, die einen Anfang machte mit der Reduzierung der räumlichen Disparitäten innerhalb Anatoliens.

Nach westlichem parlamentarischen Vorbild brachte man erneut die Bildung politischer Parteien in Gang (K. H. KARPAT 1959, S. 393 ff.; M. HEPER, J. M. LANDAU 1991), aber zunächst, ohne Pluralität im Parteien-Spektrum anzustreben. Es setzte sich die Partei Mustafa Kemals, die Republikanische Volkspartei (ursprünglich türk. Halk Fırkası, später türk. Cumhuriyet Halk Partisi) als staatstragende Partei rigoros und für lange Zeit durch; mißliebige parteiliche Ansätze wurden teils verboten, teils unterdrückt (F. ADANIR 1995, S. 34, S. 43 f.; B. LEWIS 1961, S. 260, S. 274); erst 1945, nach dem Tode Atatürks 1938, gab es Schritte in Richtung auf einen Pluralismus politischer Parteien durch Ismet Inönü, wurde das engl. multiparty system auf den Weg gebracht (K. H. KARPAT 1959), was zur Entstehung von neuen, kleinen Parteien führte (B. LEWIS 1961, S. 377), von denen aber nur eine, die Demokratische Partei (türk. Democrat Parti), nach dem Gewinn der Wahlen von 1950, Bedeutung erlangen konnte, wodurch eine neue Phase der gesellschaftlichen Entwicklung in der Türkei begann.

Kemal Atatürk und seine Staatspartei - nach kontemporären Vorbildern in der Sowjetunion, Deutschland und Italien - stellten ein Programm auf, das als kemalistisches Entwicklungsmodell bezeichnet worden ist (F. ADANIR 1995, S. 39 ff.). Dieses (Partei- und Staats-)Programm bestand aus sechs Grundsätzen/Prinzipien/Zielen (St. J. SHAW, E. K. SHAW 1977, S. 375 ff.; F. ADANIR 1995, S. 45; F. K. KIENITZ 1959, S. 28 ff.). Es war nicht nur ein Programm im engeren politischen Sinne, sondern ein auf viele gesellschaftliche Sachverhalte ausgreifendes, auf den wirtschaftlichen Bereich, dabei besonders den angestrebten Industrialisierungsprozeß berücksichtigend, und vor allem auf den geistig-religiösen und kulturellen Bereich, dabei von der Trennung von Staat und Religion - eine einschneidende Veränderung - ausgehend.

Die letztgenannten Aspekte werden in den nachfolgenden Abschnitten ausführlich berücksichtigt, während hier nur der Rahmen abgesteckt wird.

Eines der sechs Prinzipien war das als Republikanismus (türk. Cumhuriyetçilik) bezeichnete. Mit der Ablösung der Sultans-Monarchie in Istanbul und der Ausrufung der Republik Türkei in Ankara 1923 wurde diese Zielsetzung früh verwirklicht. Allerdings gehörte auch die Volkssouveränität zum Konzept des Republikanismus. Bei dessen Umsetzung bestanden aber in der Entwicklungsphase von 1923 bis 1950 noch Defizite im Demokratie-Verständnis, war doch nur eine Partei, die Republikanische Volkspartei Atatürks, die konkurrenzlose Trägerin des Staates, und das (Ein-Kammer-)Parlament (M. W. THORNBURG et alii 1949, S. 18) war Atatürk ergeben.

Ein zweiter Partei-Programmpunkt bestand in der Propagierung des Nationalismus (türk. Milliyetçilik). Durch die Reduzierung der christlichen armenischen und der christlichen griechischen Bevölkerung gegen Ende des Osmanischen Reiches und am Beginn der Republik Türkei war zwar eine Homogenisierung der Bevölkerung des neuen Staates im Religiösen mit über 90 % Anteil der Muslime erfolgt, aber nicht im Ethnischen - eine Auffassung, die erstaunlicherweise von St. J. SHAW und E. K. SHAW (1977, S. 375) nicht geteilt wird.

Nationalismus im Partei-Programm war eine Möglichkeit, den vielen islamischen Glaubensflüchtlingen disparater regionaler Herkunft und sprachlicher Heterogenität eine übergreifende, auf den neuen Staat gerichtete Orientierung zu geben. Dabei konnte der neue türkische Nationalismus an Ursprünge im Osmanischen Reich des 19. Jahrhunderts anknüpfen (G. SCHÖDL 1985; B. LEWIS 1961, S. 317 ff.; B. LEWIS 1953). Es war damals ein Zug der Zeit, daß sich die zahlreichen ethnischen und religiösen Gruppen im Osmanischen Reich, besonders auf dem Balkan, aber auch Armenier und Griechen innerhalb und außerhalb Anatoliens, in nationalen Bewegungen sammelten, zur Selbständigkeit und politischen Unabhängigkeit unter Herauslösung aus dem Osmanischen Reich erstarkten.

So besannen sich auch die Türken im Osmanischen Reich auf ihre nationale Identität, die sie - im Kreise intellektueller Zirkel der sozialen Elite (Z. Gökalp) - im Zusammenhang mit ihrer räumlichen und geschichtlichen Herkunft aus Mittelasien (B. LEWIS 1953), ihrer sprachlichen Eigenständigkeit - unterstützt durch Turkologen (A. M. Vambery, 1832-1913) (B. LEWIS 1961, S. 340) - und ihrer Affinität zum Islam sahen, um daraus ihre Liebe zum Vaterland (türk.vatan) abzuleiten (B. LEWIS 1961, S. 328).

Praktisch knüpfte das Programm der Republikanischen Volkspartei Atatürks an osmanische Vorbilder an, wahrte Kontinuität. Als Fortsetzung der Osmanischen Historischen Gesellschaft wurde die Gesellschaft für Türkische Geschichte (türk. Türk Tarih Kurumu) 1925 (nach F. ADANIR 1995, S. 45: 1931) und die Gesellschaft für Türkische Sprache (türk. Türk Dil Kurumu) 1926 geschaffen (St. J. SHAW, E. K. SHAW 1977, S. 376) (nach F. ADANIR 1995, S. 45: 1932).

Der nationale Furor schoß bisweilen so weit über das Ziel hinaus, daß die frühgeschichtlichen Hethiter in Anatolien in die türkische Geschichte einbezogen wurden (F. ADANIR 1995, S. 459). Andere nationale Bestrebungen betrafen den geistig-kulturellen Bereich.

Auch die Beendigung des Arabisch- und Persisch-Unterrichts an türkischen Schulen, 1929, und die Einführung des Türkischen - anstelle des Arabischen (des Korans) - als Gebetssprache und beim Ruf des Muezzin, 1932, waren Ausdruck nationaler Gesinnung (F. ADANIR 1995, S. 38; St. J. SHAW, E. K. SHAW 1977, S. 386).

Der erste türkische Historiker-Kongreß fand 1932, der erste türkische Geographen-Kongreß 1941 in Ankara (H. LOUIS 1941) statt.

Die Gewinnung des Gebietes um Alexandrette (Iskenderun), das aus dem französischen Mandatsgebiet Syrien kam und 1939 durch Verhandlungen zur türkischen Provinz Hatay mit Antakya (Antiochia) als Hauptstadt (L. ROTHER 1977) wurde, ist ebenfalls als Erfolg der nationalen Orientierung des Atatürk-Regimes zu werten (St. J. SHAW, E. K. SHAW 1977, S. 377 f.).

Ein dritter - vager - Partei-Programmpunkt war der als Populismus (türk. Halkçılık) bezeichnete (St. J. SHAW, E. K. SHAW 1977, S. 378 ff.). Es ging dabei um die Ausübung der Regierungsgewalt durch und für das Volk, wobei unter Volk durchaus die breite Masse der anatolischen Bevölkerung im ländlichen Raum verstanden wurde.

In der Verfassung von 1924 wurde festgelegt, daß türkische Staatsbürgerschaft unabhängig von religiöser und (ethnisch-)rassischer Zugehörigkeit bestehen sollte (St. J. SHAW, E. K. SHAW 1977, S. 378).

Auf diese Weise waren die verbliebenen Angehörigen der Nationalitäten (türk. sing. millet) der osmanischen Zeit, aber auch die zahlreichen Angehörigen der verschiedenen ethnischen Gruppen, darunter die Kurden als größte, offiziell und nominell in den neuen türkischen Staat integriert.

Der Volkssouveränität wurde bis 1945, als die Bildung weiterer Parteien - neben der Republikanischen Volkspartei Atatürks - gestattet wurde, in eigentümlicher, spezifischer Weise Rechnung getragen, nämlich indem das Programm nur einer einzigen staatstragenden Partei, der türk. Cumhuriyet Halk Partisi, gewählt werden konnte.

Auch war die Trennung von exekutiver Gewalt der Regierung in Gestalt des Kabinetts Atatürks und der legislativen Gewalt in Gestalt der Großen Nationalversammlung - das Ein-Kammer-Parlament - nomineller Art: die Regierungsbeschlüsse wurden in der Regel vom Parlament abgesegnet.

Es muß anerkannt werden, daß die Regierung im Sinne des Populismus für die breite Masse des Volkes, die ländliche Bevölkerung Anatoliens, die in osmanischer Zeit vernachlässigt worden war, tätig wurde. Zu diesem Zweck wurden nach einigen osmanischen Vorbildern und Vorläufern (K. H. KARPAT 1963, S. 55 f.) 1932 die Volkshäuser (türk. Halk Evleri) geschaffen (St. J. SHAW, E. K. SHAW 1977, S. 383 f.; K. H. KARPAT 1963). Ihre Hauptverbreitung im ländlichen Raum Anatoliens - Verbreitungskarte des Jahres 1932 bei M. D. RIVKIN 1965, S. 62 - spricht für das grundsätzliche Anliegen der Atatürkschen Regierung; etwa 1.920 Volks-Räume (türk. Halk Odaları) - die große Mehrheit - befanden sich in Dörfern (K. H. KARPAT 1963, S. 63).

Sicherlich dienten die Volkshäuser auch der politischen Indoktrination der Atatürk-Partei, doch förderten sie in erster Linie - in umfangreicher Weise - die Alphabetisierung, gerade im ländlichen Raum, und stellten ein bis zu neun Sparten umfassendes kulturelles Angebot (K. H. KARPAT 1963, S. 60).

Die Einrichtung der Volkshäuser wurde seit 1937 unterstützt durch die Schaffung von Dorf-Instituten (türk. Köy Enstitütleri), die als Lehrerausbildungsstätten ebenfalls den Kampf gegen den Analphabetismus im ländlichen Raum Anatoliens aufnahmen (F. ADANIR 1995, S. 46). Allerdings blieb ihre Zahl - 1948 gab es nur 20 - gering (F. AHMAD 1993, S. 83 f.; F.-W. FERNAU 1963, S. 63 f.). Immerhin waren praktische Schritte zur Minderung der sozialen und ökonomischen, räumlichen Gegensätze zwischen Stadt und Land in Anatolien unternommen worden.

Unter dem Konzept vom Populismus kann man noch einen weiteren Aspekt des Atatürkschen Regimes fassen (B. LEWIS 1961, S. 456 f.).

In einer gesellschaftlichen Entwicklungsphase, in der durch die benachbarte Sowjetunion international sozialistisch-kommunistisches Gedankengut propagiert wurde und sich in der neuen Türkei kommunistische Umtriebe bis hin zu Parteigründungen zeigten (B. LEWIS 1961, S. 279), verabscheute das Atatürksche Konzept vom Populismus die Unterscheidung von sozialen Klassen und Klassenkämpfe - zumal sich in der neuen Türkei noch keine städtische Industriearbeiterschicht herausgebildet hatte; die landlosen Landarbeiter, die es gab, waren in den Traditionen des ländlichen Raumes verwurzelt und aufgefangen.

Statt dessen anerkannte Atatürk vier gesellschaftliche Gruppen (bei Z. Y. HERSHLAG 1958, S. 289: sieben Gruppen) - in funktionaler Sichtweise -: die Händler, die Bauern, die Handwerker und die Arbeiter (B. LEWIS 1961, S. 460); die Bemühungen um Landreform (B. LEWIS 1961, S. 461) sollten gerade den weniger günstig ausgestatteten Bereichen des ländlichen Raumes in Anatolien zugute kommen.

Radikale und sozial-revolutionäre Umstürze nach dem Vorbild der Vorgänge, die zur Entstehung der Sowjetunion geführt hatten, waren in Atatürks Partei-Programm nicht vorgesehen; der private Besitz von (land-)wirtschaftlich genutztem Grund und Boden blieb unangetastet.

Deshalb ist ein weiterer Partei-Programmpunkt, der bisweilen als Revolutionismus bezeichnet wird (St. J. SHAW, E. K. SHAW 1977, S. 384), besser mit Reformismus (türk.-arab. Inkılapçılık; später türk. Devrimcilik - F.-W. FERNAU 1963, S. 62) zu umschreiben (F. ADANIR 1995, S. 45). Es handelt sich um eine formale, summarische Bezeichnung für alle Veränderungen, politische, ökonomische, soziale, geistig-kulturelle, die im Rahmen des Programms von Atatürks Partei vorgenommen wurden. Allerdings waren einige - ohne Rückgriff auf die osmanische Zeit, unter Bruch der Kontinuität - so tiefgreifend, speziell die religiös-geistig-kulturellen durch die Trennung von Staat und Religion, daß sie - zusammen mit den aus dieser Zielsetzung sich ergebenden kulturpolitischen Maßnahmen - als revolutionär, als Kultur-Revolution, eingeschätzt werden können.

In diesen Zusammenhang gehört der fünfte Punkt des Partei-Programms unter dem Stichwort Säkularismus (türk. Layiklik) (St. J. SHAW, E. K. SHAW 1977, S. 384 ff.). Darauf soll in dem nachfolgenden Abschnitt eingegangen werden.

Dagegen ist der sechste und letzte Punkt des Atatürkschen Parteiprogramms, der Etatismus (türk. Etatism, engl. statism), in erster Linie in Verbindung mit der Veränderung der ökonomischen Rahmenbedingungen der Gesellschaft zu sehen, ein Sachverhalt, der durch die vom Staat betriebenen, quasi-industriellen Rüstungsbetriebe in osmanischer Zeit einen Vorläufer hatte (O. OKYAR 1980), wenn auch die Rolle des Staates im wirtschaftlichen Bereich unter Atatürk sehr viel stärker ausgebaut wurde (M. HEPER 1985; H. J. BARKEY 1990; Ç. KEYDER 1987). Darauf soll in den Abschnitten über die wirtschaftliche Entwicklung, speziell den staatlich geförderten und gelenkten Industrialisierungsprozeß, eingegangen werden.

Was die administrativen Verhältnisse in der neuen Türkei nach dem Ersten Weltkrieg angeht, so wurde früh, 1921, ein neuer Rahmen geschaffen (B. LEWIS 1961, S. 385), der die Provinzialordnung von 1864 abwandelte (St. J. SHAW, E. K. SHAW 1977, S. 350).

Aus osmanischer Zeit stammte die Hierarchie der Verwaltungseinheiten, die türk. vilayet, türk. sancak, türk. kaza und türk. nahiye - in absteigender Rangfolge - unterschied, außerdem Städte (türk. sing. şehir) und Dörfer (türk. sing. köy) anerkannte; diese Ordnung war an der französischen Gebietsgliederung in frz. départment und arrondissement orientiert (B. LEWIS 1961, S. 382).

1921 wurde die Bezeichnung türk. sancak abgeschafft, die entsprechenden Verwaltungseinheiten zu Vilayets gemacht. So gab es nun - in absteigender Rangfolge der Verwaltungshierarchie - das türk. vilayet (dt. etwa Provinz), dem ein türk. vali (dt. etwa Provinzgouverneur), das türk. kaza (dt. etwa Kreis), dem ein türk. kaymakam (dt. etwa Landrat), und das türk. nahiye (dt. etwa Amtsbezirk), dem ein türk. müdür (dt. etwa Amtsleiter) vorstand (B. LEWIS 1961, S. 385 f.). Daneben wurden Stadt (türk. şehir) und Dorf (türk. köy) unterschieden; das Dorf besaß einen Ortsvorsteher (türk. muhtar), das Stadtviertel (türk. mahalle) ebenfalls einen Ortsvorsteher (türk. muhtar) (B. LEWIS 1961, S. 385 f.).

Später, Mitte der 40er Jahre, wurden die Bezeichnungen türk. vilayet durch türk. il, türk. kaza durch türk. ilçe und türk. nahiye durch türk. bucak ersetzt.

In der Frühzeit der neuen Provinzverwaltung unter Atatürk änderten sich die Grenzen der Provinzen und damit auch die Zahl der Provinzen häufig, so daß zeitliche Vergleiche erschwert, wenn nicht gar unmöglich sind.

1923 gab es 72 Provinzen (G. B. RAVNDAL 1926, S. 119); St. J. SHAW, E. K. SHAW (1977, S. 380) nannten - ohne zeitliche Spezifizierung - 62 Provinzen; bei der ersten Volkszählung der Republik Türkei, 1927, bestanden 63 Provinzen, bei der Volkszählung von 1935 57 Provinzen, nach der Neuorganisation von 1940 65 Provinzen; bei der Volkszählung von 1950 wurde wieder ein höherer Stand, 71 Provinzen, erreicht (ISTATISTIK Yıllığı - Statistische Jahrbücher - von 1930, 1938/39, 1959) (vgl. dagegen E. FRANZ 1994, S. 30, S. 36).

Sicherlich waren die räumlichen Neuordnungen der Verwaltungseinheiten durch die Bevölkerungsveränderungen am Ende des Osmanischen Reiches und in der neuen Türkischen Republik ausgelöst worden, standen aber möglicherweise auch im Zusammenhang mit der räumlichen Neugliederung der Wählerschaft, da die Provinzen auch Wahlbezirke waren (B. LEWIS 1961, S. 373).

Die Neuordnung der Verwaltungsgliederung von 1921 und die nachfolgenden Änderungen der Zahl und Grenzen der Provinzen konnte einen grundsätzlichen Sachverhalt nicht beseitigen, nämlich den der räumlichen Disparitäten innerhalb Anatoliens, daß es Provinzen ungleicher Größe und mit deutlich unterschiedlicher Bevölkerungszahl gab.

b) religiös-geistig-kulturelle Verhältnisse

Mustafa Kemal Atatürk war davon überzeugt, daß es keine eigenständige islamische Zivilisation geben könne, sondern nur eine allgemeine (westliche) Zivilisation, die als Leitbild für die Entwicklung seines Landes, die neue Türkei, genommen werden sollte (B. RILL 1985, S. 82). Damit setzte Atatürk - wie schon einige elitäre Vorläufer im Osmanischen Reich des 19. Jahrhunderts - voll auf Verwestlichung (frz. occidentalisation) der Republik Türkei (kritisch dazu: O. C. AKTAR 1985).

Es gibt Belege dafür, daß sich Atatürk abwertend über den Islam als Staatsreligion geäußert hat (B. RILL 1985, S. 80). Von dieser Einstellung leitete sich - nach seiner

Auffassung - die Notwendigkeit ab, eine Trennung von Staat und Religion herbeizuführen.

Schon in den ersten Jahren der neuen Republik Türkei ging Atatürk an die Verwirklichung dieses Zieles, woraus sich tiefgreifende Veränderungen nicht nur im religiösgeistigen Bereich, sondern - als Konsequenz - auch im juristischen, edukativen und allgemein kulturellen ergaben.

1924 wurden durch Gesetze das Kalifat, das (osmanische) Ministerium für religiöse Stiftungen (türk. vakıf) und das Amt des obersten Mufti im Osmanischen Reich, d. h. des obersten islamischen Rechtsgelehrten (türk. şeyhülislam) abgeschafft, die islamische Geistlicheit (türk. ulema) in Pension geschickt und die "Vereinheitlichung" des Schulwesens auf den Weg gebracht, d. h. der edukative Bereich dem Islam entzogen, aber zunächst noch der Islam als Staatsreligion anerkannt (F. ADANIR 1995, S. 33 f.; St. J. SHAW, E. K. SHAW 1977, S. 384 f.; B. LEWIS 1961, S. 406 ff.). Doch erfolgte 1928 die Streichung des Islam als Staatsreligion aus der Verfassung. Immerhin wurde die hochrangige islamische Rechtsschule (türk. medrese) der Süleymaniye(-Moschee) als theologische Fakultät der Universität Istanbul angegliedert (B. LEWIS 1961, S. 408).

Doch richtete sich Atatürks Abneigung gegenüber dem Islam als staatliche Institution - für den privaten, persönlichen und familiären Bereich ließ er den Islam durchaus gelten - auch gegen den Volks-Islam, wie er von den populären Bruderschaften und Derwisch-Orden vertreten wurde; um deren Einfluß auszuschalten - und damit regionale Widerstandsgruppen, die sich wegen der Abschaffung des Kalifats gebildet hatten -, wurden 1925 auch die Bruderschaften verboten und die Derwischkonvente geschlossen; die religiösen Würdenträger sollten fortan in der Öffentlichkeit zivile Kleidung tragen (F. ADANIR 1995, S. 37; B. LEWIS 1961, S. 405).

Angesichts der Tatsache, daß das Osmanische Reich in Theorie und weitgehend auch in Praxis ein Gottesstaat war, in dem der Koran als heilige Schrift und das in ihm enthaltene islamische Religionsgesetz (türk. şeriat) als oberste Norm galt - auch wenn sich im Laufe des 19. Jahrhunderts eine zivile Rechtsprechung und ein weltliches Schulwesen neben dem islamischen herausgebildet hatte, weil nicht alle neuen gesellschaftlichen Bereiche vom Islam und Koran abgedeckt werden konnten -, stellten doch die Atatürkschen Reformen mit der Aufhebung des Gottesstaates in der neuen Türkei eine quasi-revolutionäre Veränderung dar.

Atatürk war bei der Durchsetzung seiner Reformen auch auf optische Effekte bedacht; so legte er großen Wert auf die Änderung der erst 1828 eingeführten Standard-Kopfbedeckung, des Fes (türk. fez), der durch eine Schirmmütze - 1925 durch staatliche Anordnung (!) - ersetzt werden mußte (B. LEWIS 1961, S. 261 ff.), wobei Zuwiderhandlungen sogar strafrechtlich verfolgt worden sind (F. ADANIR 1995, S. 37). Im Zusammenhang mit der Änderung der Kopfbedeckung - Atatürk trug bisweilen einen Panamahut - stand auch das Vorgehen gegen den Schleier der Frauen, der 1935 verbannt wurde (B. LEWIS 1961, S. 265 f.).

Durch die Atatürkschen Maßnahmen gegen den Islam als Staatsreligion wurde - dies muß betont werden - die Masse der türkischen Bevölkerung, insbesondere im ländlichen Raum, in ihrem Verständnis als Muslime und ihrer Praktizierung des Islam im täglichen, familiären und lokalen Rahmen kaum berührt - in einem Bereich, den auch Atatürk dem Islam zugestand, so daß schon vor 1950, nachdem 1945 der Weg zum engl. multi-party system eingeschlagen worden war, die Wiederbelebung des Islam besonders durch die Demokratische Partei (türk. Democrat Parti) (K. H. KARPAT 1959, S. 408 ff.; B. LEWIS 1961, S. 410 ff.) einsetzen konnte.

Dennoch erreichte Atatürk durch solche - nicht nur äußerlichen - Maßnahmen, wie die grundsätzliche Änderung der traditionellen Kopfbedeckung, die Masse der Bevölkerung im ländlichen Raum - ein Vorgehen, das durch die Schaffung der vielen Volkshäuser und Volksräume (türk. Halk Evleri, Halk Odaları) in den 30er Jahren unterstützt wurde.

Wenn Atatürk die Trennung von Staat und Religion nach westlichem Vorbild in der neuen Türkei herbeiführte, so war er sich darüber im klaren, daß für zwei große Bereiche neue Ordnungen geschaffen werden mußten, und zwar für den nicht mehr dem islamischen Religionsgesetz unterstehenden juristischen und für den ebenfalls dem Islam entzogenen edukativen Bereich.

Was den juristischen Bereich angeht, so wurden schon 1924 die islamischen Gerichte weitgehend abgeschafft - nur für die familiären und persönlichen Angelegenheiten blieben sie noch bestehen (B. LEWIS 1961, S. 266). Dafür wurden 1926 neue Rechtsformen nach westlichem Vorbild eingeführt, und zwar ein Zivilgesetzbuch nach Schweizer Muster (B. LEWIS 1961, S. 267; F. ADANIR 1995, S. 37), ein Strafgesetzbuch nach italienischem Muster und ein Handelsgesetzbuch nach deutschen und italienischen Normen (F. AHMAD 1993, S. 80).

Inhaltlich gehörten zu diesen Neuerungen die Verbürgerlichung der Institution der Ehe durch die standesamtliche Erfassung der Bevölkerung und die Abschaffung der Polygamie (F. ADANIR 1995, S. 37).

Notwendigerweise ergab sich zur Ausbildung derjenigen, die die neuen Rechtsnormen anwenden sollten, die Schaffung einer juristischen Ausbildungsstätte, 1925, die in die neue Universität in Ankara als juristische Fakultät eingehen sollte (B. LEWIS, S. 268).

Umfangreicher und differenzierter waren die Neuerungen im edukativen Bereich (F. K. KIENITZ 1959, S. 43, S. 59 ff.; F. W. FREY in R. E. WARD, D. A. RUSTOW 1970, S. 217 ff.).

Die gesellschaftliche Ausgangssituation war durch die weite Verbreitung des Analphabetismus in Anatolien gekennzeichnet. Nach den Ergebnissen der Volkszählung von 1927 betrug der Anteil der Analphabeten in der Republik Türkei 89 % (ISTATISTIK Yıllığı - Statistisches Jahrbuch - 1959, S. 79; F. K. KIENITZ 1959, S. 43). Regional dokumentierten sich die Unterschiede in dem relativ entwickelten Istanbul, wo 45 % der Bevölkerung (53 % der Männer, 36 % der Frauen) lesen und schreiben konnten, und ost-anatolischen Provinzen, wo nur etwa 5 % der Bevölkerung als Nicht-Analphabeten eingestuft werden konnten (F. K. KIENITZ 1959, S. 43); in ost-anatolischen Provinzen fanden sich bisweilen unter 100 Männern nur 3 bis 5, die lesen und schreiben konnten, Frauen überhaupt nicht.

Ohne Zweifel waren Mustafa Kemal Atatürk diese regionalen Disparitäten und die Tatsache der hohen Prozentsätze des Analphabetentums unter der Masse der Bevökerung nicht unbekannt; er hat sie in sein politisches Kalkül einbezogen.

In diesem Zusammenhang - wie auch dem nationalen - ist die Schriftreform von 1928 zu sehen, d. h. die Abschaffung der arabischen Schriftzeichen und die Einführung der lateinischen Schrift (B. LEWIS 1961, S. 270 ff., S. 419 f.; F. ADANIR 1995, S. 37). Die lateinische Schrift konnte die Reduzierung des Analphabetentums erleichtern und den Zugang zu westlichen Veröffentlichungen der verschiedensten Art öffnen.

Gleichzeitig erfuhr die türkische Spache eine Aufwertung, was sich in der Abschaffung des Arabisch- und Persisch-Unterrichts seit 1929 und der Einführung des Türkischen im Gebet und Gebetsruf in den Moscheen seit 1932 niederschlug.

Freilich war die Umstellung auf die lateinische Schrift auch mit technischen Schwierigkeiten verbunden, so daß 1932 eine Türkische Linguistische Gesellschaft gegründet wurde (B. LEWIS 1961, S. 427), 1932 ein Sprachen-Kongreß im Dolmabahçe-Palast in Istanbul stattfand.

Auch für die türkische Sprache wurde eine hochrangige Ausbildungsstätte als eine der Fakultäten - die für Sprache, Geschichte und Geographie, praktisch die geisteswissenschaftliche Fakultät (türk. Dil, Tarih-Coğrafya Fakültesi) - der neuen Universität in Ankara geschaffen.

Die Einheitlichkeit von gesprochener und geschriebener Sprache förderte man dadurch (B. LEWIS 1961, S. 430), daß das gesprochene Türkisch in lateinischer Schrift transkribiert wurde.

Im Laufe des allmählichen Abbaus des Analphabetismus eröffneten sich große Möglichkeiten für die Veröffentlichung von Büchern und Zeitungen, woran eine zunehmend größere Öffentlichkeit in der Türkei partizipieren konnte (W. F. WEIKER 1981, S. 165 ff.).

Allerdings wurde der lesende Zugang zur eigenen, osmanischen Vergangenheit abgeschnitten, teilweise bewußt durch Verkauf osmanischer Akten als Altpapier (F. K. KIENITZ 1959, S. 61) verhindert.

Die „Vereinheitlichung" des Schulwesens, d. h. die alleinige Existenz eines staatlichen Schulwesens, erforderte entsprechende organisatorische Maßnahmen. So kam es zur Schaffung eines dreigliedrigen Systems, zu dem die universitäre Ebene hinzutrat. Seitdem gibt es in der Türkei die Ebene der Volksschule (türk. ilk okul), der Mittel/Realschule (türk. orta okul) und des Gymnasiums (türk. lise) (F. K. KIENITZ 1959, S. 62 ff.).

Die Etablierung dieses Schulsystems ist eine nicht zu unterschätzende Leistung der jungen Republik - auch wenn bis 1950 noch sehr viele der rund 34.000 Dörfer in der Türkei ohne Schulen blieben.

Von 1923/24 bis 1949/50 stieg die Zahl der Schulen von 5.000 auf 18.000. Am stärksten nahmen die Volksschulen/Dorfschulen zu, die zwischen 1923/24 und 1950/51 von 4.800 auf 17.000 anwuchsen; die Mittelschulen/Realschulen nahmen im gleichen Zeitraum von 72 auf 406, die Gymnasien von 23 auf 88 zu (ISTATISTIK Yıllığı - Statistisches Jahrbuch - 1959, S. 145), so daß 1950 - am Ende dieser Entwicklungsphase - noch nicht in allen Städten der Türkei Gymnasien zur Verfügung standen.

Gleichzeitig ging die Zahl der Priesterseminare (türk. sing. imam - hatip okul) von 1923/24 29 auf 0 zurück (ISTATISTIK Yıllığı - Statistisches Jahrbuch - 1959, S. 145). Erst Ende der 40er Jahre wurden wieder neue eröffnet (F. W. FREY in R. E. WARD, D. A. RUSTOW 1970, S. 22; B. AKŞIT in R. TAPPER 1991, S. 146).

Angesichts der Ausbreitung des Schulwesens in der Türkei ist es keine Überraschung, daß bis 1950 deutliche Fortschritte bei der Bekämpfung des Analphabetismus erzielt worden sind; er ging von 1927 mit 89 % der Bevölkerung über 1935 80 %, 1945 70 % auf 1950 65 % zurück (ISTATISTIK Yıllığı - Statistisches Jahrbuch - 1959, S. 79).

Allerdings blieben ausgeprägte räumliche Disparitäten zwischen Nordwest- und Südost-Anatolien bestehen; auch die Unterschiede bei den Geschlechtern waren 1950 im

Landesdurchschnitt beim Analphabetismus noch erheblich: 52 % der Männer, 80 % der Frauen (F. K. KIENITZ 1959, S. 65; F. W. FREY in R. E. WARD, D. A. RUSTOW 1970, S. 218 ff.).

Die Bedeutung des neuen Schulwesens der neuen Türkei ist auch über den engeren edukativen Bereich hinaus im gesamt-gesellschaftlichen Rahmen nicht zu übersehen (F. W. FREY in R. E. WARD, D. A. RUSTOW 1970, S. 223 ff.).

Die Schulen brachten neues, sehr weltliches Gedankengut in die Dörfer, die von dem lokalen Patriarchen im Religiösen, dem Leiter der islamischen Gemeinde (türk. imam/hoca), und im Wirtschaftlichen von dem örtlichen (Groß-)Grundbesitzer (türk. ağa) beherrscht wurden. M. MAKAL (1950, 1952, 1965) hat - als Dorflehrer - in seinem Roman türk. Bizim Köy (dt. Unser Dorf) über die Schwierigkeiten berichtet (F. K. KIENITZ 1959, S. 63).

Von D. LERNER (1958), der an der Wende zu den 50er Jahren engl. The Passing of Traditional Society im Nahen Osten, darunter auch in der Türkei (S. 111-166) untersuchte, wurde herausgestellt, daß es die Schulbildung war, die im wesentlichen den Übergang von der engl. traditional society über die transitional society zur modernen Gesellschaft bewerkstelligte (F. W. FREY in W. E. WARD, D. A. RUSTOW 1970, S. 230).

Die Auffassung von D. LERNER läßt den Eindruck entstehen, als sei der engl. prime mover, die einzige, letzte, bestimmende Ursache, der Motor der Entwicklung zur Moderne, gefunden. Dies ist jedoch eine zu einseitige Sichtweise. In Wirklichkeit spielen eine Fülle weiterer Gegebenheiten, demographische, ökonomische, raumstrukturelle und auch andere soziale, eine Rolle bei (gesamt-)gesellschaftlicher Entwicklung.

Dem Schulwesen der neuen Türkei - zu dem Schulgeld- und Lehrmittelfreiheit, teilweise auch unentgeltliche Unterbringung in Internaten gehörte - wurde, nach Vorläufern in Gestalt der Universität Istanbul in osmanischer Zeit, ein reformierter und erweiterter Universitätsbereich aufgesetzt.

In Istanbul kam zu der neu organisierten, alten Universität mit den Fakultäten Natur-, Geisteswissenschaften, Rechts-, Wirtschaftswissenschaften, Medizin und Forstwirtschaft eine 1943 neu gegründete technische Universität (türk. Teknik Üniversitesi) mit den Fakultäten Bau, Bergbau, Architektur, Mechanik und Elektrik hinzu (F. K. KIENITZ 1959, S. 66; ISTATISTIK Yıllığı - Statistisches Jahrbuch - 1959, S. 165 f.).

Natürlich mußte in der neuen Hauptstadt Ankara auch eine Universität geschaffen werden, 1935/36, nach Vorläufern einer schon 1925/26 von Istanbul nach Ankara verlagerten höheren Ausbildungsstätte für Rechts- und Verwaltungswesen, zu der sich die geisteswissenschaftliche Fakultät (türk. Dil, Tarih-Coğrafya Fakültesi) gesellte. Noch zu Lebzeiten Atatürks (bis 1938) wurden weitere Fakultäten angefügt, für Naturwissenschaften, Medizin und Veterinärmedizin, für Forst- und Landwirtschaft, so daß die Universität Ankara nach der Zahl der Lehrenden und Lernenden die größte Hochschule der Türkei in den 40er Jahren wurde (ISTATISTIK Yıllığı - Statistisches Jahrbuch - 1959, S. 165-167).

Ende der 40er Jahre entstanden auch in Izmir und Erzurum pädagogische Einrichtungen, die sich in den 50er Jahren zu Universitäten ausweiteten und entwickelten (F. K. KIENITZ 1959, S. 67; M. SINGER 1977, S. 423 f.), aber bis 1950 blieben Istanbul und Ankara die einzigen Universitätsstandorte in der Türkei.

Die Universitätsausbildung in der neuen Türkei besaß eine Bedeutung weit über den wissenschaftlichen und pädagogischen Bereich hinaus. Von den 2.210 Abgeordneten der Großen Nationalversammlung hatten zwischen 1920 und 1957 73 % eine Universität absolviert, 12 % ein Gymnasium, 10 % die Mittelschule/Realschule, nur 2 % die Volksschule, 2 % eine Privatschule und 1 % eine islamische Rechtsschule (türk. medrese) (F. W. FREY in W. E. WARD, D. A. RUSTOW 1970, S. 231 f.); dabei ist bemerkenswert, daß bereits in der Sitzungsperiode 1920-1923 der Anteil der Hochschulabsolventen bei 70 % lag.

Was den allgemeinen, zivilisatorisch-kulturellen Bereich angeht, spielten sich in der jungen Republik Türkei nicht weniger tiefgreifende Veränderungen gegenüber der osmanischen Zeit ab.

Dazu gehörte die Einführung - durch Gesetz 1926 - des metrischen Systems in Gestalt der Jahreszählung nach Christi Geburt und des internationalen Kalenders (F. ADANIR 1995, S. 37). Von gewissen Kreisen mußte auch dies als Affront gegen den Islam aufgefaßt werden, wurde doch nicht mehr die Jahreszählung nach der Flucht Mohammeds (türk. hicret) von Mekka nach Medina (622) als Ausgang genommen und der Freitag, der islamischer Feiertag war, durch den Sonntag abgelöst.

Zur neuen Kultur gehörte auch, daß Darstellungen von Menschen - vom Islam verpönt - stärkere Verbreitung fanden. 1926 wurde auf einem öffentlichen Platz in Istanbul (an der Spitze der Altstadt, wo Goldenes Horn und Bosprus zusammenfließen - türk. Sarayburnu) eine Statue Atatürks (türk. Atatürk Heykeli) aufgestellt (B. LEWIS 1961, S. 435); allmählich verbreitete sich das Bild Atatürks bis in jede Amtsstube.

1934 wurden Familiennamen, die sich jede Familie selbst wählen konnte, eingeführt (F. AHMAD 1993, S. 63).

Wichtiger noch erscheint, daß sich Atatürk auch für die Rechte der Frauen einsetzte (F. AHMAD 1993, S. 83). Dabei war die Einführung von Koeducation in Dorfschulen ein zu früher Schritt, der wieder zurückgenommen werden mußte. Doch wurde 1934 das passive Wahlrecht auf alle Bürger der Republik Türkei, Männer und Frauen, ab dem 22. Lebensjahr, erweitert, nachdem davor das Wahlrecht nur männlichen Steuerzahlern zugestanden worden war.

Wiederum als Affront muß von strenggläubigen Muslimen die Teilnahme von Frauen an nationalen und internationalen Miss-Wahlen empfunden worden sein. 1929 wurde erstmals eine Miss Türkei gewählt; die 1932 gewählte Miss Türkei gewann in Rio de Janeiro sogar den Titel Miss Universum (F. AHMAD 1993, S. 87)

Bedeutsamer war, daß Frauen auch auf die Universität vordrangen, durch ihre Ausbildung sozial aufstiegen und in das öffentliche Leben, darunter in das Parlament, eindringen konnten (B. LEWIS 1961, S. 431 ff.; F. AHMAD 1993, S. 86).

Die in der Atatürk-Zeit geschaffenen Veränderungen im religiösen, geistigen und kulturellen Leben der Türkei brachten - auch wenn sie nur bedingt in die Breite der (ländlichen) Bevölkerung wirkten - mehr Angleichungen an die in fortgeschrittenen Industrieländern schon bestehenden Verhältnisse als die in der neuen Türkei entstandenen Veränderungen im politischen Bereich.

c) Bevölkerungs- und Sozialstruktur

Nach einigen Bemühungen um Volkszählungen im Osmanischen Reich - in großen zeitlichen Abständen, mit unterschiedlichen und ungleichmäßigen Erfassungsmethoden, in einem über das Territorium der heutigen Türkei hinausgehenden Raum (K. H. KARPAT 1985) - fand ein moderner Census in der Republik Türkei 1927 statt, danach erneut 1935 und seitdem - auch über 1950 hinaus bis heute - alle fünf Jahre, so daß 1927, 1935, 1940, 1945 und 1950 Censusjahre waren.

Obwohl für die Zählungstage - im Oktober, nach der Erntezeit - Ausgehverbote erlassen wurden, muß doch mit Ungenauigkeiten der Erfassung gerechnet werden (E. FRANZ 1994, S. 17 ff.; vgl. Z. Y. HERSHLAG 1958, S. 313 ff.). Dies lag und liegt nicht nur an den Schwierigkeiten bei der Zählung der nomadischen Bevölkerung, besonders in Südost-Anatolien, und den unbestimmten Antworten der Befragten, besonders was das Alter und die weibliche Bevölkerung angeht, auch sollen bisweilen ganze Zählbereiche übersehen worden sein (F. C. SHORTER 1985, S.421), so daß man sich mit ungenauen Ergebnissen abfinden muß.

Es ist deshalb sinnvoll, bei (Gesamt-)Zahlenangaben selbst einige Stellen vor dem

Komma abzurunden, um nicht eine Genauigkeit vorzuspiegeln, die der Wirklichkeit nicht entspricht.

So ergibt sich eine Bevölkerungszahl und -entwicklung für die Republik Türkei in folgendem Umfang:

1927:	13.648.000
1935:	16.158.000
1940:	17.821.000
1945:	18.790.000
1950:	20.947.000

(Quelle: ISTATISTIK YILLIĞI - Statistisches Jahrbuch - 1959, S. 34).

Die Angaben lassen eine begrenzte Bevölkerungszunahme für die Entwicklungsphase von 1920 bis 1950 erkennen. Die umfassende Bevölkerungszunahme als biologisch-demographische Voraussetzung für die Entstehung des Massenkonsums einer Industriegesellschaft ist vor 1950 in der Türkei nicht erfolgt, erst in den letzten Jahren vor 1950 eingeleitet worden.

Bevölkerungsveränderungen innerhalb eines definierten Territoriums ergeben sich grundsätzlich - außer durch Grenzänderungen - aus der Entwicklung des Verhältnisses von Geburten- und Sterberate der Bevölkerung und den (grenzüberschreitenden) Wanderungen (Ein- und Auswanderung).

Für die Zeit vor 1927 hat man die Bevölkerungsmenge der Türkei durch rückwärts gerichtete Bevölkerungsprojektion zu ermitteln versucht (F. C. SHORTER 1985). Danach ist man - für 1923 - auf Werte von 12,9 und 13,2 Mio. gekommen. Andererseits lagen für 1924 Angaben über 8 oder 9 Mio. vor (F. C. SHORTER 1985, S. 420 f.).

Für die Bevölkerung des Osmanischen Reiches um 1900 kam man nach K. H. KARPAT 1985 auf 12,5 Mio.; Th. LEFEBVRE (1928, S. 521) gab 13,9 Mio. an. Um 1914 soll die Einwohnerzahl des Osmanischen Reiches nach Th. LEFEBVRE (1928, S. 521) 15,7 Mio. betragen haben.

Für die Zeit des Überganges vom Osmanischen Reich zur Republik Türkei schwanken die Bevölkerungsangaben also beträchtlich.

St. J. SHAW, E. K. SHAW (1977, S. 373) gaben die Kriegsverluste (im Ersten Weltkrieg und im anschließenden Unabhängigkeitskrieg von 1919-1922) mit 4,5 Mio. auf türkischer Seite an.

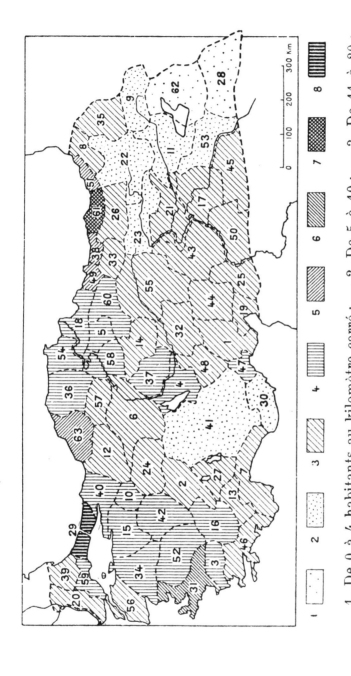

1. De 0 à 4 habitants au kilomètre carré ; — 2, De 5 à 10 ; — 3, De 11 à 20 ; — 4, De 21 à 30 ; — 5, De 31 à 40 ; — 6, De 41 à 50 ; — 7, De 51 à 100 ; — 8, Plus de 100.

Die Ziffern 1-63 bezeichnen die Provinzen der Türkei beim ersten Census von 1927.

Abb. 24: Bevölkerungsdichte in der Türkei 1927
(Quelle: Th. LEFEBVRE 1928, S. 523)

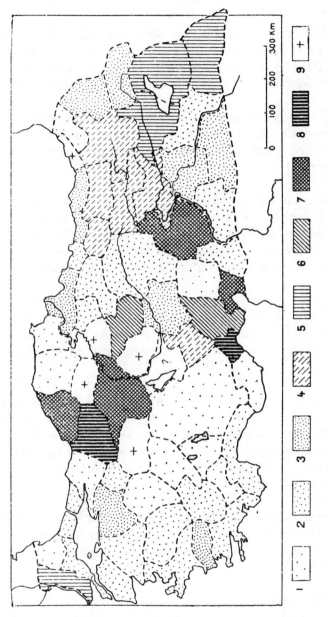

Vilayets où la population présente, par rapport à celle de 1914 : 1, Une diminution de 1 à 10 p. 100 ; 2, De 11 à 20 p. 100 ; 3, De 21 à 30 p. 100 ; 4, De 31 à 50 p. 100 ; 5, De 51 à 80 p. 100 ; — 6, Une augmentation de 1 à 10 p. 100 ; 7, De 11 à 20 p. 100 ; 8, De 21 à 30 p. 100. — 9, Vilayets où la population est restée stationnaire.

Abb. 25: Bevölkerungsveränderung in der Türkei 1914-1927
(Quelle: Th. LEFEBVRE 1928, S. 523)

Th. LEFEBVRE (1928, S. 521) sah ein Minus von 2,0 Mio. in der Bevölkerungsbilanz von 1927, verglichen mit 1914, entsprechend einem Verlust von 13 % der Bevölkerung.

Ohne Zweifel haben die erwähnten Kriege zu Verlusten bei der männlichen Bevölkerung geführt. So kamen 1927 auf 1.000 weibliche Personen nur 927 männliche (H. CILLOV in F. KARADAYI et al. 1974, S. 59); noch 1940 waren es 966; erst 1950 hatte die männliche Bevölkerung die weibliche wieder übertroffen (1.018 zu 1.000).

Bevölkerungsverluste traten in Anatolien aber nicht nur durch Kriegseinwirkungen auf, sondern auch durch den 1923 mit Griechenland vereinbarten Bevölkerungsaustausch, nachdem seit 1922 bereits Teile der griechischen Bevölkerung West-Anatoliens geflohen waren.

Beim griechisch-türkischen Bevölkerungsaustausch - im Anschluß an den Vertrag von Lausanne 1923 - wurde vereinbart (R. BLANCHARD 1925, S. 452), daß die griechische Bevölkerung Anatoliens das Land verlassen und türkische Muslime aus Griechenland in die Türkei übersiedeln mußten; nur die griechische Bevölkerung Istanbuls, die vor 1918 dort ansässig war, brauchte sich nicht am Austausch zu beteiligen.

Bei etwa 1,3 bis 1,5 Mio. Griechen (R. BLANCHARD 1925, S. 452 ff.; St. J. SHAW, E. K. SHAW 1977, S. 368), die das Land verließen, und etwa 353.000 Türken, die aufgenommen wurden, ergab sich eine deutlich negative Bevölkerungsbilanz für die Republik Türkei (vgl. Tabelle über die Einwanderung in die Türkei bei U. PLANCK 1972, S. 53).

Obwohl Griechen aus Nord-Anatolien, aus Süd-Anatolien und auch aus Inner-Anatolien abwanderten (R. BLANCHARD 1925, S. 452), war räumlich vor allem West-Anatolien von starken Bevölkerungsverlusten betroffen, wo Griechen im städtischen und auch im ländlichen Raum gesiedelt hatten und nicht nur als Kaufleute und Händler, sondern auch in der Landwirtschaft tätig waren (W. J. EGGLING 1975, Karte S. 346; W. J. EGGLING 1973).

Am Beispiel des Küçük-Menderes-Graben ist von W. J. EGGLING (1973, 1974) aufgezeigt worden, daß Griechen die ertragreichen Ebenen und flachen Hänge eingenommen hatten, der türkischen Bevölkerung die weniger lukrativen steileren Hangpartien verblieben waren.

Bei der Wiederbesiedlung unterschied W. J. EGGLING (1974, S. 345 ff.) mehrere Phasen. In einer Frühphase (1922-1925) kam es zu wilder, unkontrollierter Landnahme, wobei sich nicht nur Umsiedler aus Griechenland, sondern auch Türken aus Inner-Anatolien niederließen. Erst in späteren Phasen, in einer zweiten und dritten Phase (seit 1929), setzte eine staatliche Planung und Kontrolle der Ansiedlung ein.

Oft wurde die Anbauart der abgewanderten Griechen, die Ölbaum- und Obstkultur, nicht weitergeführt, weil die Neusiedler nur mit ihren gewohnten Tabak- und Regenfeldbaumethoden vertraut waren. Auch die ländlichen Siedlungen wurden vielfach grundlegend umgestaltet.

(Türkisch-)Thrakien war ebenfalls Ansiedlungsgebiet von aus Griechenland vertriebenen Türken, wie auch der Raum von Eskişehir (N. Tunçdilek 1959; zusammenfassende Karten bei X. de PLANHOL 1993, S. 694; vgl. dagegen H. WENZEL 1937, S. 396).

Es ist erstaunlich, daß auf den Karten der Bevölkerungsveränderung von 1914 zu 1927 in Anatolien von Th. LEFEBVRE (1928, S. 523) die Bevölkerungsverluste gerade in West-Anatolien nicht stärker in Erscheinung treten.

Natürlich führte die Auswanderung der Griechen, auch wenn in Istanbul eine griechische Restbevölkerung zurückblieb, wie auch die zuvor, im Ersten Weltkrieg, erfolgte Vernichtung und Abwanderung der armenischen Bevölkerung Anatoliens (R. BLANCHARD 1925, S. 451) zu einer Homogenisierung der Bevölkerung der jungen Republik Türkei im Religiösen. Schon 1927 wurde ein Anteil von 97 % muslimischer Bevölkerung gezählt, der bis 1945 auf 98 % anstieg (ISTATISTIK YILLIĞI - Statistisches Jahrbuch - 1959, S. 83).

Doch gilt dies nicht in gleicher Weise für die ethnische Zusammensetzung der Bevölkerung. Zwar stellten auch in diesem Bereich die Türken die überwiegende Mehrheit; nach der muttersprachlichen Erfassung stieg ihre Zahl von 11,7 Mio. 1927 auf 18,2 Mio. 1950 (ISTATISTIK YILLIĞI - Statistisches Jahrbuch - 1959, S. 81), doch nahm auch die (muttersprachlich) kurdische Bevölkerung von 1,1 Mio. 1927 auf 1,8 Mio. 1950 zu.

Nachdem 1939 die Provinz Hatay zur Republik Türkei hinzugekommen war, wo arabisch sprechende Bevölkerung lebte, stieg auch der Anteil dieser ethnischen Gruppe von 134.000 1927 auf 269.000 1950 an (ISTATISTIK YILLIĞI - Statistisches Jahrbuch - 1959, S. 81).

Dagegen verminderte sich die - überwiegend in Istanbul - verbliebene (muttersprachlich) griechische und armenische Bevölkerung, bei den Griechen von 120.000 1927 auf 89.000 1950, bei den Armeniern von 65.000 1927 auf 28.000 1950 (ISTATISTIK YILLIĞI - Statistisches Jahrbuch - 1959, S. 81).

Andere, kleinere ethnische Gruppen bestanden - muttersprachlich - auch noch 1950, die überwiegend von der Rückwandererbewegung des 19. Jahrhunderts stammten, so - laut statistischer Benennung - die Georgier (73.000), Tscherkessen (76.000), Lasen (70.000), Bulgaren (43.000), Bosniaken (24.000) (ISTATI-STIK YILLIĞI - Statistisches Jahrbuch - 1959, S. 81).

Mit der großen Gruppe der über den Staatsraum hinaus verbreiteten Kurden hatte die Republik Türkei - auch wenn die Kurden Muslime waren - ein nicht nur ethnisches, sondern auch politisches Problem übernommen, das auch in der Zukunft bedeutende Schwierigkeiten bereiten sollte.

Außer der durch territoriale Veränderungen, Kriege, Abwanderungen und Zuwanderungen bedingten Bevölkerungsentwicklung und -zusammensetzung werden die demographischen Verhältnisse eines Landes durch die Entwicklung der Geburten- und Sterberaten der Bevölkerung tiefgreifend beeinflußt.

Angesichts der Schwierigkeiten bei der Ermittlung von Geburten- und Sterberaten in einem islamischen Land kann man für die Frühzeit keine allzu großen Genauigkeiten erwarten. Für die Regierungszeit Abdulhamits II. (1876-1909) haben St. J. SHAW, E. K. SHAW (1977, S. 238) die Geburtenrate mit 37,5 und die Sterberate mit 21,2 pro Tausend der Bevölkerung, allerdings für das Osmanische Reich - also nicht nur das Gebiet der heutigen Türkei -, angegeben.

Für die Zeit von 1935 bis 1950 liegen folgende Werte vor:

1935-1940 Geburtenrate 51,0 Sterberate 34,6 (jeweils pro Tausend der Bevölkerung)
1940-1945 "   50,2 "   39,6   "
1945-1950 "   47,8 "   28,1   "
(G. KUNT et al. 1975, S. 29; F. KARADAYI in F. KARADAYI et al. 1974, S. 17).

Bei M. D. RIVKIN (1969, S. 99) sind an geschätzten Werten angegeben:

	Geburtenrate	Sterberate
1935	34,6	18,0
1940	35,7	20,0
1945	28,7	18,7
1950	36,8	15,7.

Im einzelnen ergibt sich aus der Graphik von F. C. SHORTER, B. TEKÇE (in P. BENEDICT, E. TÜMERTEKIN, F. MANSUR 1974, S. 282), daß nach einem Anstieg der Sterberate zwischen 1940 und 1945 ein deutlicher Abfall eintrat, während die Geburtenrate kontinuierlich leicht absank (vgl. G. KUNT et al. 1975, S. 30).

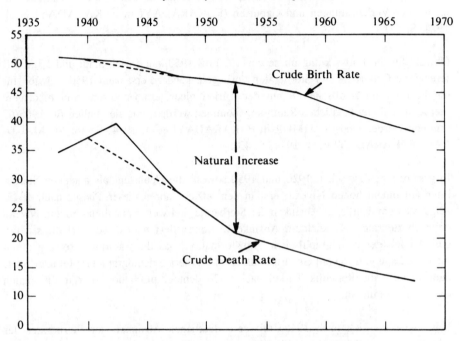

Graphik 3: Geburten- und Sterberate in der Türkei, 1935-1965
(Quelle: F. C. SHORTER, B. TEKÇE in P. BENEDICT;
E. TÜMERTEKIN, F. MANSUR 1974, S. 282)

Im Zweiten Weltkrieg (1939-1945) war die Türkei zwar nicht an Kampfhandlungen beteiligt, doch hatte man die männliche Bevölkerung über mehrere Jahre eingezogen und für eventuelle Kampfhandlungen an den Grenzen des Landes in Bereitschaft gehalten, so daß dadurch die Zuwachsrate der Bevölkerung zurückging (F. KARADAYI in F. KARADAYI et al. 1974, S. 12 f.); doch erfolgte danach eine beträchtliche Zunahme der Verheiratungen und Geburten (F. KARADAYI in F. KARADAYI et al. 1974, S. 14).

Obwohl für die Entwicklungsphase von 1920 bis 1950 kaum nach Stadt und Land differenzierte Geburten- und Sterberaten vorliegen, sondern erst nach 1950, dürften für die Frühzeit im städtischen Raum der Türkei niedrigere Geburten- und niedrigere Sterberaten als im ländlichen Raum angenommen werden, wie sie ähnlich für 1965/67 ermittelt worden sind (S. TIMUR in F. KARADAYI et al. 1974, S. 28; M. MACURA in F. KARADAYI et al. 1974, S. 43).

Insgesamt lagen zwischen 1920 und 1950 sowohl die Geburten- als auch die Sterberaten auf einem hohen Niveau; erst in den letzten Jahren dieser Phase, nach 1945, zeigte sich ein deutliches Absinken der Sterberate, bei weiter anhaltend hohem Niveau der Geburtenrate (mit leichtem Absinken). Kontrastiert man diese Verhältnisse mit dem Modell der demographischen Transformation, das die traditional society durch die hohe Lage von sowohl Geburten- als auch Sterberate demographisch kennzeichnet, dann gehörte die Republik Türkei nach 1920 demograpisch noch der traditionellen Gesellschaftsstufe an.

Doch kündigte sich nach 1945, mit dem deutlichen Absinken der Sterberate, der Übergang zur nächsten Entwicklungsphase an, die demographisch durch das Auseinanderklaffen von Geburten- und Sterberate bestimmt ist. Mit der sich öffnenden Schere setzte in der Republik Türkei ein gewaltiges, natürliches Bevölkerungswachstum ein. Die außerordentliche Bevölkerungszunahme ist das grundlegende demographische Phänomen der zweiten Phase des take-off in der Türkei von 1950 an.

Bei der Seuchenbekämpfung, insbesondere der Malaria in vielen Teilen des Landes, und der Bekämpfung der Säuglingssterblichkeit wurden große Erfolge erzielt (F. KARADAYI in F. KARADAYI et al. 1974, S. 14; M. MACURA in F. KARADAYI et al. 1974, S. 39 ff.), die sich in der Senkung der Sterberate ausdrückten (F. CHRISTIANSEN-WENIGER 1964, S. 74).

Mit dem in den letzten Jahren der ersten Phase des take-off in der Türkei beginnenden Bevölkerungswachstum wurde der demographische Anfang der Entstehung der Massengesellschaft gemacht.

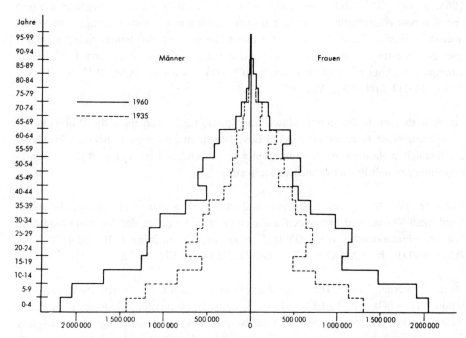

Graphik 4: Altersstruktur der Bevölkerung in der Türkei, 1935 und 1960
(Quelle: F. CHRISTIANSEN-WENIGER 1965, S. 145)

Da es sich dabei nach 1945 erst um einen Anfang handelte, zeigte sich in der Alterspyramide der Bevölkerung des Landes von 1935 (F. CHRISTIANSEN-WENIGER 1965, S. 145; G. KUNT et al. 1975, S. 20) noch die typische, ausgeglichene Form der Altersstrukturanteile einer harmonisch zunehmenden Bevölkerung - ohne die überbreite Basis späterer Jahre, die für einen überproportional hohen Anteil jugendlicher Bevölkerung kennzeichnend ist. Erst bei der Alterspyramide von 1950 ist ein Übergang zu einer deutlich breiteren Basis zu erkennen (A. TANOĞLU, S. ERINÇ, E. TÜMERTEKIN 1961, Abb. 59).

Damit bestanden in der ersten Entwicklungsphase auch noch nicht die Probleme der Ausbildung einer zunehmend jüngeren Bevölkerung und auch noch nicht die Probleme des ländlichen Raumes durch - infolge der herrschenden Realteilungserbsitte - Besitzzersplitterung und Betriebsgrößenverkleinerung.

Auch die Wanderungsbewegung innerhalb des Landes war noch gering; die große Land-Stadt-Wanderung hatte noch nicht eingesetzt. So nahm der Verstädterungsgrad nur sehr bescheiden zu: von 1935 16,5 % auf 18,1 % im Jahre 1940 und 18,8 % im Jahre 1950 (F. KARADAYI in F. KARADAYI et al. 1974, S. 22).

Dennoch wurden einige Teilräume Anatoliens von deutlicher Bevölkerungszunahme schon früh erfaßt (Th. LEFEBVRE 1928, S. 523), wenn sie, wie Ankara, in Inner-Anatolien, zur Hauptstadt gemacht, oder wenn sie, wie das Steinkohlen-Bergbau- und Eisen- und Stahlindustriegebiet von Zonguldak und Karabük, in Nord-Anatolien, vom Industrialisierungsprozeß im engeren Sinne, der Entstehung des industriell-sekundären Sektors, erfaßt wurden.

Sind die statistischen Angaben zur differenzierteren Erfassung der demographischen Situation in der Entwicklungsphase von 1920 bis 1950 nicht gerade umfangreich, so ist die sozialstatistische Datenlage - mit fließenden Übergängen von der Demographie - zur Kennzeichnung der sozialstrukturellen Verhältnissen noch ungünstiger.

An der Wende vom Osmanischen Reich zur Republik bestand sozialstrukturell eine desolate Ausgangslage.

Der Verlust der griechischen und armenischen Bevölkerungsteile, die gegen Ende des Osmanischen Reiches praktisch die Mittelschicht stellten und die Träger des privaten wirtschaftlichen Unternehmertums in vielen Bereichen waren, nicht nur beim Handel, sondern auch bei der aufkommenden Industrie, oft in Verbindung mit ausländischen Wirtschaftsunternehmen, bedeutete: Ausfall der sozioökonomisch führenden Gruppe.

Eine Industriearbeiterschicht hatte sich angesichts der wenigen Industriebetriebe im modernen Sinne gegen Ende des Osmanischen Reiches noch nicht gebildet; dort wo Ansätze dazu bestanden, wie im Steinkohlenbergbaugebiet von Zonguldak, verhinderte die mentale Verwurzelung der Arbeitskräfte im ländlichen Raum, den sie nur zum Zuerwerb saisonal verließen, die Ausbildung eines Arbeiterbewußtseins.

Die Sozialstruktur der Türkei in der Anfangszeit des neuen Staates war nach dem Muster der traditional society weiter dichotomisch bestimmt: durch eine kleine städtische Oberschicht, die von den führenden Militärs, Politikern, der Intelligenz und Großgrundbesitzern aus dem ländlichen Raum bestand, der die Masse der ländlichen Unterschicht-Bevölkerung gegenüberstand, die auch die (land-)wirtschaftliche Basis der jungen Republik war.

So stellt sich für die Entwicklungsphase von 1920 bis 1950 die Frage, ob es - wenigstens in Ansätzen - zur Entstehung einer türkischen Mittelschicht und einer türkischen Industriearbeiterschicht gekommen ist.

Angesichts des Fehlens sozialstatistischer Daten für die Entwicklungsphase von 1920 bis 1950, aus denen man Rückschlüsse auf die Entstehung einer türkischen Mittelschicht ziehen könnte, muß auf indirektem Wege versucht werden, eine Antwort auf die gestellte Frage zu geben.

Zunächst bedarf es der Erwähnung zweier beeinträchtigender Umstände.

In der Werteskala der alten osmanischen Elite war die Zugehörigkeit zum Militär oder eine Tätigkeit in der Verwaltung des Osmanischen Reiches erstrebenswert, nicht die wirtschaftliche Betätigung (A. P. ALEXANDER 1960, S. 350), die - außer in der Landwirtschaft - den Nicht-Muslimen überlassen wurde. Soweit diese osmanische Elite den Umschwung zur neuen Republik Türkei überlebt hatte, bestanden auch die alten Werte weiter. Die handels- und produktionswirtschaftlichen Bereiche waren - außer in der Landwirtschaft - von christlichen und jüdischen Gruppen, Armeniern, Griechen und Juden, abgedeckt worden (N. NEYZI 1973, S. 125). Es ging also darum, daß neue Maßstäbe für die wirtschaftliche Tätigkeit der türkischen Bevölkerung im handels- und produktionswirtschaftlichen Bereich entstanden (N. NEYZI 1973, S. 125).

Das andere Hemmnis der Entwicklung einer türkischen Mittelschicht in der Entwicklungsphase von 1920 bis 1950 bestand darin, daß der Staat, in seiner etatistischen Rolle - wie noch zu zeigen sein wird -, die Industrialisierung in der Türkei im engeren Sinne, d. h. die Schaffung eines (modernen) industriell-sekundären Sektors, selbst in die Hand nahm, nehmen mußte - wegen des Fehlens privatwirtschaftlicher Ressourcen nach dem Verlust der griechischen, armenischen und jüdischen Bevölkerungsteile.

Trotz Industrialisierung durch den Staat blieben aber industrielle Bereiche, vor allem in der Textilindustrie und anderen Bereichen übrig (Z. Y. HERSHLAG 1958, Tabelle S. 120; S. SZÖERI 1955, Tabelle S. 78), in denen privates Unternehmertum sich entwickeln konnte (A. P. ALEXANDER 1960; N. NEYZI 1973, S. 134 f.), wenn nur die Bereitschaft bestand, langfristige Investitionen mit geringer Verzinsung vorzunehmen und nicht - wie traditionell üblich - das Geld in Grundbesitz und anderen Immobilien anzulegen.

Andererseits gab es in der Phase zwischen 1920 und 1950 auch Umstände, die für die Herausbildung eines türkischen Unternehmertums günstig waren.

Während des Zweiten Weltkrieges hatte die Türkei lange - bis auf die letzten Kriegstage - Neutralität gewahrt, so daß die zwei großen Blöcke der kriegsführenden Parteien, die Achsenmächte und die Alliierten, an der Lieferung von Erzen, besonders Chromerz, und Industrieprodukten - Deutschland bezog Rohseide aus Bursa zur Herstellung von Fallschirmen (R. STEWIG 1970, S. 140; ANONYMUS 1941, S. 10) - aus der Türkei interessiert waren. Außerdem standen große Armeen in den an die Türkei angrenzenden Räumen, die verpflegt werden wollten.

So bestanden, bei geringer eigener Bevölkerungszunahme während des Zweiten Weltkrieges, Anreize zur Produktionssteigerung sowohl im ländlichen als auch im städtischen Raum für den Export (vgl. dagegen Z. Y. HERSHLAG 1958, S. 215). Dies hat sich in einer (zum Teil sehr) positiven (Außen-)Handelsbilanz der Türkei in allen Jahren von 1938 bis 1946 niedergeschlagen (Z. Y. HERSHLAG 1958, S. 245, S. 248; F. ÖKTE 1987, S. 8), die allerdings auch durch zurückgegangene Importe bedingt war.

Konkret wirkte sich diese Entwicklung in einer Zunahme der bei der Handelskammer in Istanbul registrierten Firmen seit 1943 aus (N. NEYZI 1973, Tabelle S. 139).

Außerdem muß es auch zu Kriegsgewinnen gekommen sein, die der Staat 1942 mit der berühmt-berüchtigten Vermögenssondersteuer (türk. Varlık Vergisi; engl. capital tax, capital levy) abzuschöpfen suchte (F. ÖKTE 1987; F. ADANIR 1995, S. 77; St. J. SHAW, E. K. SHAW 1977, S. 398/399; B. LEWIS 1961, S. 291 ff.). Wenn fiskalisch nichts zu holen gewesen wäre, hätte die Erhebung dieser Steuer keinen Sinn gehabt. Die Tatsache, daß sie erhoben wurde, deutet auf das Vorhandensein einer türkischen Mittel- und Oberschicht hin.

Allerdings wurde diese Vermögenssondersteuer - angesichts des Fehlens von zuverlässigen statistischen Informationen über die Besitzstände der Staatsangehörigen - in unterschiedlicher, zum Teil willkürlicher Weise erhoben. Beabsichtigt war offenbar, daß die nicht-muslimischen Minderheiten, vor allem die in Istanbul verbliebenen griechischen, armenischen und jüdischen Geschäftsleute, überproportional (F. ADANIR 1995, S. 77 B. LEWIS 1961, S. 292) herangezogen wurden, was sicherlich zu ihrer weitergehenden Abwanderung und Verminderung ihrer Zahl - Verbreitungskarte für 1945 bei A. TANOĞLU, S. ERINÇ, E. TÜMERTEKIN (1961, Abb. 66) - beigetragen hat. Dies dürfte die Position der entstehenden türkischen Geschäftswelt und des türkischen privaten Unternehmertums - und damit die Entstehung einer türkischen Mittelschicht - gefördert haben.

Bei ersten wissenschaftlichen sozialstrukturellen Untersuchungen in der Türkei am Beginn der nachfolgenden Entwicklungsphase, nach 1950 und Anfang der 60er Jahre, wurde der Umfang der nun überwiegend türkischen Mittelschicht - unter Benutzung der Berufszugehörigkeit und der Einkommensverhältnisse als Kriterien - pauschal in der Türkei, vor allem in den größeren Städten, mit 20 % - wahrscheinlich etwas zu hoch - angegeben (N. NEYZI 1973, S. 127, Tabelle S. 128), während die Unterschicht auf 75 %, die Oberschicht auf 4 % veranschlagt wurde.

Vergleicht man die Entstehung des privatwirtschaftlichen Unternehmertums und der Industriearbeiterschicht im Rahmen gesellschaftlicher Entwicklung auf den Britischen Inseln und der Türkei, dann sind gegenläufige Prozesse zu registrieren.

Auf den Britischen Inseln entstand der industriell-sekundäre Sektor auf der Grundlage technischen Fortschritts und Erfindergeistes durch privates Unternehmertum und zunehmenden Rückzug des reglementierenden Staates aus der Wirtschaft im Sinne der Überlegungen von A. Smith (1723-1790), getragen von einer schon vor der Phase des take-off herausgebildeten, bürgerlichen Mittelschicht (R. STEWIG 1995).

In der Republik Türkei entwickelte sich ein privatwirtschaftlich-industrielles Unternehmertum zwischen 1920 und 1950 nur in dem Rahmen, den der Staat, der den Industrialisierungsprozeß in eigener Regie in die Hand nahm, frei ließ. Technologisch, produktionstechnisch, kam es zu keinen eigenen Neuschöpfungen, sondern zu Übernahmen aus den im Industrialisierungsprozeß fortgeschritteneren Industrieländern.

Die Industriearbeiterschicht bildete sich auf den Britischen Inseln durch massenhafte Zuwanderung aus dem ländlichen Raum in die entstehenden Industriestädte mit sozial ungünstigen Lebens- und Arbeitsbedingungen heraus und entwickelte sich im Laufe des anhaltenden Industrialisierungsprozesses über die Bildung von Gewerkschaften zu einer engl. pressure group, die erst nach der Entstehung der Labour Party, Ende des 19. Jahrhunderts, politisch wirksam wurde. Die Anfänge einer Gegensteuerung gegen die ungünstigen Lebens- und Arbeitsverhältnisse der frühindustriellen Phase erfolgte auf den Britischen Inseln zunächst im intellektuell-philantropischen Rahmen, bis - nach Bestandaufnahmen durch engl. Royal Commissions - staatlicherseits Regelungen und eine soziale Absicherung eingeleitet wurden (R. STEWIG 1995).

Auch in diesem Zusammenhang zeigte sich in der Republik Türkei zwischen 1920 und 1950 eine gegenläufige Entwicklung.

Zunächst geht es darum, zu ermitteln, in welchem Umfang in der ersten Phase des take-off in der Türkei überhaupt eine Industriearbeiterschicht entstanden ist. Die massenhafte Land-Stadt-Wanderung war in der Republik Türkei noch keine Erscheinung der Phase von 1920 bis 1950.

Innerhalb des größeren Sachverhaltes Unterschicht ist zwischen Landarbeitern und Industriearbeitern in der Türkei deutlich zu unterscheiden.

Die - meist landlosen - Landarbeiter waren in der Türkei - zumindest bis 1950 und auch darüber hinaus - im ländlichen Raum mental und materiell verhaftet (B. ECEVIT in K. H. KARPAT et alii 1973, S. 151). Auf sie trafen daher - im Hinblick auf die fehlende Ausbildung eines Arbeiterbewußtseins - die Charaktersistika der bäuerlichen Bevölkerung des ländlichen Raumes zu.

Soweit bäuerliche Bevölkerung und Landarbeiter im Steinkohlenbergbau von Ereğli-Zonguldak am Schwarzen Meer tätig wurden, geschah dies im planmäßigen Rotationsverfahren, mit Austausch der beschäftigten Gruppen im Rhythmus von 30 bis 40 Tagen (G. WINKLER 1961, S. 53 ff.), so daß unter diesen Bedingungen die für den ländlichen Raum typische, mentale Einstellung erhalten blieb: die Tätigkeit im Bergbau wurde nur als supplementäre Einkommensquelle angesehen. So konnte es auch nicht zur Entstehung eines Bergarbeiterbewußtseins kommen, von einem Bergmann-Ethos (im Sinne der sozialgeographischen Unterscheidung von Braunkohlenarbeiter-Steinkohlenbergmann von I. Vogel 1959) ganz zu schweigen.

Was die Erfassung des Umfanges einer entstehenden Industriearbeiterschicht in der Zeit zwischen 1920 und 1950 in der Türkei angeht, bestehen enge Zusammenhänge mit der Definition von Industrie auf statistischer Ebene. Die allerdings hat seit der ersten Industriezählung im Osmanischen Reich von 1913/15 über die Industriezählungen in der Republik Türkei von 1927 und 1932/41 bis zu der von 1950 grundlegend und andauernd gewechselt (H. CILLOV 1951/52; H. CILLOV 1953/55).

Für 1923 gab K. H. KARPAT (in K. H. KARPAT et alii 1973, S. 269) eine Zahl von 23.000 Industriearbeitern an, ohne Benennung der Quelle, also eine sehr geringe Anzahl. Bei S. SÖZERI (1955, S. 21) wurde für die Zeit von 1927 bis 1933 eine Steigerung der Industriearbeiter von 17.000 auf 62.000 genannt.

Der Industriecensus von 1913/15 im Osmanischen Reich ging von einem engen Industriebegriff aus (H. CILLOV 1951/52, S. 163; H. CILLOV 1953/55, S. 77); auch wurde der Vorwurf einer unvollständigen Erfassung innerhalb Anatoliens erhoben (H. CILLOV 1951/52, S. 165). Danach gab es 1913 im Osmanischen Reich 264 Industriebetriebe mit rund 17.000 Beschäftigten (H. CILLOV 1953/55, S. 76).

Der erste Industriecensus der Republik Türkei von 1927 war auf eine umfassende Bestandsaufnahme aus; folglich legte er einen zu weiten Industriebegriff zugrunde, der alle Handwerksbetriebe einschloß; nur ambulante Händler, Wind- und Wassermühlen, die agrare Produktion und Dienstleistungen wurden ausgeschlossen (H. CILLOV 1951/52, S. 166 f.). Danach gab es 1927 65.000 „Industrie"-Betriebe mit 256.000 Beschäftigten in der Türkei. Davon wiesen über 23.000 Betriebe nur **einen** Beschäftigten auf und nochmals über 23.000 Betriebe zwei bis drei Beschäftigte (H. CILLOV 1953/55, S. 79 f.); nur 4 % der Betriebe verfügten über motorische Antriebskraft. Eine angemessene Erfassung der Industriebeschäftigtenzahl ergibt sich daraus nicht.

In der Industriezählung von 1932/41, die schriftlich durchgeführt wurde - mit vielen ausbleibenden Antworten - und sich über zehn Jahre hinzog, dabei die Klassifizierung änderte (H. CILLOV 1953/55, S. 81 ff.), wurde zwar der Begriff Industrie enger gefaßt (H. CILLOV 1951/52, S. 169), aber angesichts der Unzulänglichkeiten der Ermittlung lieferte auch sie keine angemessene Aussage über den Umfang der entstehenden Industriearbeiterschicht.

Der türkische Industriecensus von 1950 erweiterte wiederum den Industriebegriff so umfassend, daß auch der Dienstleistungsbereich (mit Groß- und Einzelhandel, Restaurants, Transport und akademischen Berufen) einbezogen wurde (H. CILLOV 1951/52, S. 171). Der Begriff Industrie ist also im Sinne von engl. industries gleich Beschäftigung - unter Ausschluß der agraren Produktion - verwendet worden, wobei kritisch anzumerken ist, daß keine vollständige Erfassung aller Siedlungen - die mit weniger als 500 Einwohnern wurden ausgelassen - erfolgte (H. CILLOV 1951/52, S. 172). Danach gab es 1927 in der Türkei 98.000 „Industrie"-Betriebe mit 354.000 Beschäftigten (H. CILLOV 1953/55, S. 85).

Von B. ECEVIT (in K. H. KARPAT et alii 1973, S. 181) wurden für 1951 348.000 Sozialversicherte in rund 10.000 Betrieben genannt. Für Ende der 50er, Anfang der 60er Jahre ist die Zahl der Industriebeschäftigten auf 1 bis 2 Mio. geschätzt worden (B. ECEVIT in K. H. KARPAT et alii 1973, S. 151; K. H. KARPAT in K. H. KARPAT et alii 1973, S. 269) - ohne Zweifel viel zu hoch.

In anderen Quellen (so bei A. le GENISSEL 1948, S. 338) war schon für 1943 von 300.000 Industriebeschäftigten die Rede, von denen sich rund 60 % in fünf der damaligen 62 Vilayets/Provinzen der Türkei befanden, nämlich den Vilayets/Provinzen Istanbul, Izmir, Ankara, Bursa und Zonguldak (A. le GENISSEL 1948, S. 77).

Sicherlich war - soweit sich eine Industriearbeiterschicht herausgebildet hatte - diese in den größeren Städten des Landes, zum Teil auch im Steinkohlenbergbau- und Eisen- und Stahlindustriegebiet von Ereğli-Zonguldak-Karabük (in Nord-Anatolien) anzutreffen.

Allerdings ist festzuhalten, daß selbst um 1950 die Industriearbeiterschaft in der Türkei noch nicht 300.000 Personen umfaßte, sondern deutlich weniger.

Unter diesen Umständen konnte - bis 1950 war auch eine Land-Stadt-Wanderung nur begrenzt erfolgt - die zahlenmäßig kleine, in ihrem genauen Umfang unbekannte Industriearbeiterschaft in der Türkei keine soziale engl. pressure group darstellen. So kam es dazu, daß in der Türkei die Anfänge der Organisation der Industriearbeiterschaft und der Beginn der sozialen Absicherung - nicht zuletzt wegen des etatistischen Grundprinzips der Republik - vom Staat und nicht von der Industriearbeiterschaft ausgingen (A. le GENISSEL 1948; INTERNATIONAL LABOUR OFFICE 1950; Z. Y. HERSHLAG 1958; F. SÖNMEZ 1965).

Bereits 1921 wurde ein Gesetz zur Verbesserung der sozialen Verhältnisse im Steinkohlenbergbaugebiet Ereğli-Zonguldak erlassen, mit Ergänzungen 1923, 1935 und 1936 (INTERNATIONAL LABOUR OFFICE 1950, S. 11; Z. Y. HERSHLAG 1958, S. 290 f.). Motiviert war dieses Vorgehen wahrscheinlich einerseits durch den Arbeitskräftemangel infolge der Bevölkerungsverluste durch die zwei Kriege (den Ersten Weltkrieg und den Nationalen Befreiungskrieg), andererseits um die Produktion von Steinkohle - als Energieträger einer modernen, industriewirtschaftlichen Entwicklung - zu fördern. Ziele waren verbesserte Unterbringung der Beschäftigten, verbesserte hygienische Verhältnisse am Arbeitsplatz (INTERNATIONAL LABOUR OFFICE 1950, S. 11) und Regelung der Arbeitszeiten: der 8-Stunden-Arbeitstag und die 60-Stunden-Arbeitswoche sollten eingeführt werden; die Umsetzung blieb jedoch aus (Z. Y. HERSHLAG 1958, S. 290).

In einem Gesetz von 1925 waren die Festsetzung eines wöchentlichen Ruhetages und eines Jahresurlaubs ins Auge gefaßt worden (INTERNATIONAL LABOUR OFFICE 1950, S. 11).

Im Rahmen der Gesundheitsgesetzgebung von 1930 wurden Grenzwerte für die Beschäftigung von Jugendlichen unter Tage und in Industriebetrieben (12 Jahre) und zum Schutz schwangerer Frauen festgelegt (INTERNATIONAL LABOUR OFFICE 1950, S. 11; St. J. SHAW, E. K. SHAW 1977, S. 394).

Ein umfassenderes Arbeitsgesetz verabschiedete 1936 das Parlament und setzte es 1937 in Kraft (INTERNATIONAL LABOUR OFFICE 1950, S. 12 f.; Z. Y. HERSHLAG 1958, S. 291 ff.; F. K. KIENITZ 1959, S. 118). Darin ging es - zumindest in Betrieben mit mehr als 10 Beschäftigten, meist Industriebetrieben - um Mindestlöhne, Arbeitszeiten - die 48-Stunden-Woche wurde angestrebt, der Sonnabend sollte nur ½ Arbeitstag sein -, den Abschluß von Arbeitsverträgen zwischen Arbeitgebern und Arbeitnehmern, die Bezahlung von Überstunden, die Verantwortung bei Arbeitsunfällen, die Begrenzung der Beschäftigung von Jugendlichen (erst ab 18 Jahren) und Frauen unter Tage und nachts, aber auch - im Sinne der Staatsdoktrin der Republikanischen Volkspartei Atatürks, die nur funktionale Beziehungen zwischen den Gruppen einer Gesellschaft, keine Klassen und Klassenkämpfe kannte, um das Verbot von Streiks und Aussperrungen und - in Streitfällen - um die Verpflichtung zu Verhandlungen zwischen Kapital und Arbeit (Z. Y. HERSHLAG 1958, S. 291). Angesichts der vorgegebenen Fürsorge des Staates (Z. Y. HERSHLAG 1958, S. 294) bei den engl. industrial relations erschienen Gewerkschaften - von seiten der Industriearbeiterschaft entstanden sie nicht - als überflüssig.

Der Ausbruch des Zweiten Weltkrieges verhinderte in der Republik Türkei - auch wenn sie an Kampfhandlungen nicht beteiligt war - durch das nationale Sicherungsgesetz von 1940, das dem Staat umfassende Vollmachten bei der Regelung der Wirtschaft einräumte, die Umsetzung des - mindestens teilweise - hoffnungsvollen Ansatzes staatlicher Sozialgesetzgebung von 1936/37 (INTERNATIONAL LABOUR OFFICE 1950, S. 12).

Erst nach dem Zweiten Weltkrieg, unter neuen politischen Rahmenbedingungen, im Zuge der Entstehung des Mehrparteien-Systems seit 1946 (K. H. KARPAT 1959), wehte ein neuer Geist der konkurrierenden Meinungen: die politische Oppositionspartei, die Demokratische Partei (türk. Democrat Parti), die durch die Wahlen von 1950 an die Regierung kam (St. J. SHAW, E. K. SHAW 1977, S. 406), brachte Veränderungen in die Beziehungen zwischen Kapital und Arbeit.

So kam es 1945 - durch Gesetz - zur Einrichtung einer Sozialversicherung gegen Arbeitsunfälle, 1946 zur Schaffung eines Arbeitsministeriums und eines Arbeitsvermittlungsamtes (INTERNATIONAL LABOUR OFFICE 1950, S. 12; Z. Y. HERSHLAG 1958, S. 293). Besonders wichtig war 1947 die Genehmigung - durch Gesetz - zur Bildung von Gewerkschaften und Zusammenschlüssen von Gewerkschaften (INTERNATIONAL LABOUR OFFICE 1950, S. 12, S. 166; Z. Y. HERSHLAG 1958, S. 293; St. J. SHAW, E. K. SHAW 1977, S. 41; H. GÜMRÜKÇÜ 1981, S. 450 ff.).

Aber noch immer waren Streiks und Aussperrungen verboten. Im Wahlkampf von 1950 schien sich die Demokratische Partei für das Streikrecht einzusetzen, stellte aber - trotz Druckes der entstandenen Gewerkschaften - nach Gewinn der Wahlen die Einführung zurück (Z. Y. HERSHLAG 1958, S. 294).

So waren bis 1950 immerhin Gewerkschaften entstanden, bis 1949 etwa 75 verschiedene mit etwa 75.000 Mitgliedern; die ausufernde Gewerkschaftsbewegung suchte man durch Zusammenschluß in drei größeren Verbänden (in Istanbul, Bursa und Izmit) einzudämmen (INTERNATIONAL LABOUR OFFICE 1950, S. 166 f.). 1950 hatte sich die Zahl der Gewerkschaften auf 88 erhöht (M. SINGER 1977, S. 144).

Noch vor den Wahlen des Jahres 1950 wurde die Sozialgesetzgebung durch eine Sozialversicherung im Alter und für Witwen und Waisen erweitert (M. SINGER 1977, S. 144), so daß 1950 die Zahl der Sozialversicherten schon rund 350.000 betrug, die nicht nur Industriebeschäftigte waren (M. SINGER 1977, S. 145; vgl. B. ECEVIT in K. H. KARPAT et alii 1973, S. 181).

Doch muß betont werden, daß von der beginnenden Sozialgesetzgebung und sozialen Absicherung nur eine begrenzte Gruppe türkischer Arbeitnehmer profitierte. Die große Masse der türkischen Bevölkerung, insbesondere die im ländlichen Raum arbeitenden Menschen, waren weiter, wie in der traditional society üblich, im Falle von Arbeitsunfällen, bei Krankheit, Arbeitslosigkeit oder im Alter, auf Hilfe ihrer Familie, auf familiäre Unterstützung angewiesen.

Ein Arbeiterbewußtsein, speziell ein Industriearbeiterbewußtsein, dürfte es vor 1950 in der Türkei nicht gegeben haben.

Sprach schon das Rotationsprinzip der aus dem ländlichen Raum - meist der Umgebung - stammenden Arbeitskräfte im Steinkohlenbergbaugebiet von Ereğli-Zonguldak (E. WINKLER 1961, S. 53 ff.) gegen die Entstehung eines Bergmann-Ethos, so dürfte die außerordentlich hohe Fluktuation der Arbeitskräfte in den frühen Industriebetrieben der Republik Türkei als Indiz gegen die Ausbildung eines Industriearbeiterbewußtseins zu werten sein.

In einer Textilfabrik in Izmir beispielsweise wurde 1948 bei 3.000 Beschäftigten insgesamt ein Zugang von 2.132 und ein Abgang von 2.424 registriert (Z. Y. HERSHLAG 1958, S. 296), d. h. praktisch ein Austausch von mehr als 2/3 der Belegschaft innerhalb eines Jahres. In der großen Textilfabrik von Kayseri erreichte die Fluktuation 35 bis 75 % der Beschäftigten innerhalb eines Jahres (Z. Y. HERSHLAG 1958, S. 160).

Dies mag auch Ausdruck der - so auch im frühindustriellen England - psychisch belastenden Gewöhnung der meist aus dem ländlichen Raum stammenden Arbeitskräfte an die notwendige Disziplin und Ordnung beim Produktionsablauf eines Industriebetriebes gewesen sein. Die Herausbildung eines Industriearbeiterstammes und eines entsprechenden Industriearbeiterbewußtseins wurde dadurch nicht gefördert.

Der Verneinung von sozialen Klassen und Klassenkämpfen durch die staatliche Doktrin in der Türkei in der Phase von 1920 bis 1950 ist nicht nur - aus heutiger Sicht - kritisch zu begegnen. Die staatliche Industrie - meist Großbetriebe - ließ eine durchaus als fürsorglich zu bezeichnende Einstellung gegenüber den Beschäftigen erkennen - auch wenn sie unter streng ökonomischen Gesichtspunkten nicht empfehlenswert war (M. W. THORNBURG, G. SPRY, G. SOULE 1949, besonders das Eisen- und Stahlwerk Karabük betreffend, S. 108, S. 111).

Wenn man von der - noch darzustellenden - regionalen Streuung der staatlichen Industriebetriebe als Mittel zum Abbau der räumlichen Disparitäten in Anatolien absieht - was auch eine Kostensteigerung mit sich brachte -, so zahlten die staatlichen Großbetriebe meist höhere Löhne als die privaten Industriebetriebe, kümmerten sich um die Unterbringung von zumindest Teilen der Belegschaft, boten in ihren Kantinen verbilligte Verpflegung an, sorgten für medizinische Betreuung und auch die Ausbildung der Beschäftigten und übernahmen auf diese Weise einen Teil der engl. social costs industrieller Produktionsweise (Z. Y. HERSHLAG 1958, S. 296 f.; vgl. F. K. KIENITZ 1959, S. 119; M. W. THORNBURG, G. SPRY, G. SOULE 1949, S. 130).

d) Agrarverfassung, Agrarwirtschaft, ländlicher Raum

Man kann den Begriff Agrarverfassung im engeren und weiteren Sinne verstehen. Wenn man ihn eng auslegt - wie U. PLANCK (1972, S. 210; vgl. F. K. KIENITZ 1954, S. 85) -, dann gehören nur die sozio-ökonomischen, von der Gesellschaft bestimmten Rahmenbedingungn dazu.

Doch die Agrarwirtschaft ist - zumal in einem wenig entwickelten Land - in hohem Maße abhängig von der naturräumlichen Ausstattung und den genetisch bedingten Ansprüchen der Naturpflanzen und Nutztiere, die im Rahmen der sozio-ökonomischen Gegebenheiten eingesetzt werden. Erst das Zusammenspiel von naturräumlicher Ausstattung, Ansprüchen der Nutzpflanzen und Nutztiere und sozio-ökonomischen Erfordernissen ergibt das System Agrarwirtschaft auf betriebs- und volkswirtschaftlicher Ebene.

Es ist deshalb sinnvoll, in weiter Auslegung des Begriffes Agrarverfassung auch auf die physischen Grundlagen der Agrarwirtschaft einzugehen, die gerade in der Türkei in großer Vielfalt, in klein- und großräumlicher Variation, vorhanden sind.

Zur naturräumlichen Ausstattung eines Landes gehört dessen Reliefgestalt, die in Anatolien durch die Gebirgsumrahmung um das innere Hochland großräumlich geprägt ist. Daraus ergibt sich eine Differenzierung des Landes nach Höhenlage, die von annäherndem Meeresniveau bis zur Spitze des höchsten Berges der Türkei, dem Ararat (türk. Büyük Ağrı Dağı) in den Provinzen Kars und Ağrı in Ost-Anatolien, an den Grenzen zu Iran und zu Armenien, mit 5.137 m reicht.

Für die agrare Nutzung kommen von der Reliefgestaltung her in erster Linie die kleinen Küstenebenen auf der Nordseite des nord-anatolischen Gebirges, die zwei großen Küstenebenen auf der Südseite des süd-anatolischen Gebirges, die tief in das Land eingreifenden, breiten Flußebenen (Grabenbrüche) West-Anatoliens, das innere Hochland, die Tiefebenen Südost-Anatoliens (im Übergang zu Syrien), im Gebirge die flachen Hänge, im hochgebirgigen Ost-Anatolien die Becken und (Hoch-)Täler in Frage (W.-D. HÜTTEROTH 1982, Fig. 26).

Türk. ova ist die landesübliche Bezeichnung (W.-D. HÜTTEROTH 1982, S. 57 f.) für das mehr oder weniger gebirgig umrahmte, hoch oder tief gelegene, für die agrare Nutzung prädestinierte, bisweilen - wie in Inner-Anatolien - abflußlose, schwach reliefierte Becken, das im Karst-Gebirge Süd-Anatoliens eine Polje, am Gebirgsrand auch ein schwach geneigter Schwemmfächer sein kann (H. WENZEL 1937).

Die vom Relief her - in Verbindung mit dem Klima - von türkischen Geographen entwickelte Einteilung des Landes in sieben Großeinheiten (Marmara-Gebiet, Ägäis-Gebiet, Nord-Anatolien, Inner-Anatolien, Süd-Anatolien, Ost-Anatolien, Südost-Anatolien), die in türkischen wissenschaftlichen Veröffentlichungen und türkischen Schul-Atlanten Einzug gehalten hat, wurde von der türkischen Agrarstatistik und von agrarwissenschaftlichen Veröffentlichungen nicht übernommen, die neun Groß-Regionen, zum Teil andere, unterscheiden (U. PLANCK 1972, Karte S. 22; F. FREY 1966, Karte S. 4, S. 35), während S. ERINÇ und N. TUNÇDILEK (1952, S. 179-203) als engl. Agricultural Regions of Turkey sechs Großregionen ausgegliedert haben.

Wie auch immer man die Grenzen zieht, in den Agrar-Regionen der Türkei ergibt sich durch die differenzierten Höhenlagen, die unterschiedliche Breitenlage des Landes - zwischen 35° und 42° nördlicher Breite - und die räumlich und jahreszeitlich unterschiedliche Niederschlagsverteilung zusammen mit der unterschiedlichen Exposition zur Sonneneinstrahlung (R. STEWIG 1977, S. 50), besonders in den Gebirgsregionen - eine deutliche Abstufung und Differenzierung des agraren Nutzungs-Potentials, das in der potentiellen natürlichen Vegetation zum Ausdruck kommt. Zu diesem Thema hat H. LOUIS (1939) die grundlegende Untersuchung geschaffen.

Sie unterscheidet potentiellen Trockenwald und potentiellen Feuchtwald; bis auf die Meeresseite des nord-anatolischen Gebirges, wo das schmale, langgestreckte Verbreitungsgebiet potentiellen - und tatsächlichen - Feuchtwaldes anzutreffen ist, dominiert in den Gebirgsräumen der Türkei der potentielle Trockenwald, der aber - infolge jahrhundertelanger Rodung - nur noch in Restarealen vorhanden ist (H. LOUIS 1939, Karten am Schluß).

Durch die unterschiedlichen Höhenlagen sind die Verbreitungsgebiete sowohl des potentiellen Feucht- als auch des potentiellen Trockenwaldes nach Kälteempfindlichkeit (winterhart, mäßig winterhart, kälteempfindlich) gestuft (H. LOUIS 1939).

In Verknüpfung mit der potentiellen oder tatsächlichen Laub- bzw. Nadelwaldvegetation (W.-D. HÜTTEROTH 1982, Fig. 50, vgl. Fig. 92) ergibt sich für die verschiedenen (Höhen-)Stufen folgendes Agrar-Potential:
- kälteempfindliche (mediterrane, subtropische) nord-anatolische Feuchtwaldstufe:
    - Laubmischwald
    - Mais, Haselnuß, Tee, Zitrus
- mäßig winterharte, nord-anatolische Feuchtwaldstufe:
    - Buche, Rhododendron
    - Mais, Haselnuß
- winterharte, nord-anatolische Feuchtwaldstufe:
    - Tanne, Fichte, Buche, Rhododendron
    - Gerste, Kartoffel
- kälteempfindliche (mediterrane, subtropische) west- und süd-anatolische Trockenwaldstufe:
    - Hartlaubgewächse, Kiefer
    - Olive, Feige, Baumwolle, Zitrus
- mäßig winterharte, west- und süd-anatolische Trockenwaldstufe:
    - Kiefer, Eiche
    - Feige, Baumwolle, Pistazie
- winterharte, süd-anatolische Trockenwaldstufe:
    - Zeder, Tanne, Kiefer, Wacholder
    - Gerste, Weizen, Roggen.

Wenn man von der alpinen Stufe in den Hochgebirgen Ost-Anatoliens absieht, die mit Mattenvegetation für viehwirtschaftliche Nutzung jahreszeitlich (im Sommer) in Frage kommt, ist noch eine wichtige, in Anatolien räumlich weit verbreitete, zweiteilige Stufe der potentiellen natürlichen Vegetation herauszustellen (H. LOUIS 1939; W.-D. HÜTTEROTH 1982, Fig. 50), die Steppenvegetationszone in der winterkühlen Variante in Inner-Anatolien und in den Hochbecken Ost-Anatoliens mit ursprünglich Gräsern, Kräutern, Zwergsträuchern - waldlos, nicht baumlos - und dominantem Getreidebau, vor allem Weizen, auch Gerste in ungünstigen Lagen, und der wintermilden Variante in Südost-Anatolien mit ursprünglich Gräsern, Kräutern, Zwergsträuchern und ebenfalls dominantem Getreidebau (Weizen).

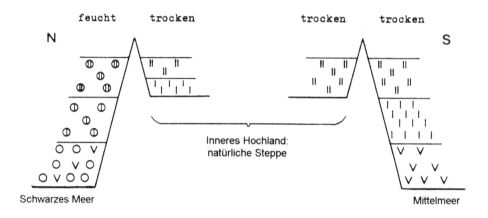

Abb. 26: Potentielle natürliche Vegetation Anatoliens, schematisiert
(Quelle: R. STEWIG 1977, S. 57, nach H. LOUIS 1939)

Die Unterscheidung von potentieller natürlicher Trocken- und Feuchtwaldvegetation leitet über zu der anderen, parallelen, im agraren Zusammenhang von F. CHRISTIANSEN-WENIGER (1934; 1970) vorgenommenen Unterscheidung von Trocken-, Feucht- und Bewässerungslandwirtschaft, wobei unter Trockenlandwirtschaft die unter Bedingungen der knappen, natürlichen Niederschläge, unter Feuchtlandwirtschaft die unter Bedingungen des Wasserüberschusses stehende Bewirtschaftung zu verstehen ist, zu der sich die auf künstlicher Bewässerung beruhende Landwirtschaft hinzugesellt. In den trockenen Bereichen Inner-Anatoliens, am Binnensaum der Randgebirge, sind durch die in den Gebirgen gesammelten und in Wasserläufen heraustretenden Niederschläge Bewässerungsoasen entstanden, die eine Vielfalt agrarer Nutzungsmöglichkeiten in garten- bis feldbaulicher Art bieten (H. WENZEL 1932; H.-J. SPÄTH 1974; F. SENTÜRK 1959).

Überblickt man die Karten der Verbreitung von 14 ackerbaulichen Produkten in der Türkei um 1950 von S. ERINÇ und N. TUNÇDILEK (1952, S. 182), so ergibt sich - auch aus den vorangegangenen Ausführungen - bei Weizen und Gerste das Bild des Anbaus in allen agraren Regionen der Türkei, in Ost-Anatolien auf die Becken und (Hoch-)Täler beschränkt (G. STRATIL-SAUER 1933).

Zu diesem Bild paßt, daß Weizen- und Gerstenmehl die Hauptbestandteile des Brotes als Ernährungsgrundlage in der Türkei im ländlichen Raum sind (U. PLANCK 1972, S. 90; F. von BISMARCK-OSTEN 1951, S. 29) und diese Nahrungsquelle in Subsistenzwirtschaft von den überwiegend kleinen Betrieben - wie noch zu zeigen ist - im Rahmen der Trockenlandwirtschaft gewonnen wird.

Allerdings sind die Anbaubedingungen für Weizen und Gerste - die übrigen Getreidearten, Roggen, Mais, Hafer, waren und sind in der Türkei nicht gleichmäßig verbreitet, Mais überwiegend im Rahmen der Feuchtlandwirtschaft an der anatolischen Küste des Schwarzen Meeres - nicht überall gleich günstig.

Die Hauptanbaugebiete für Weizen, Inner-Anatolien und Südost-Anatolien, sind die trockenen Räume. Der Anbau erfolgt dort an der Trockengrenze des Weizenanbaus auf Regenfall.

Zur naturräumlichen Ausstattung dieser Gebiete gehört nicht nur, daß die Niederschläge von Jahr zu Jahr von einer Reihe von feuchten zu einer Reihe von trockenen Jahren stark schwanken, sondern daß sich auch Lage und Ausdehnung der Trockengebiete in den einzelnen Jahren stark verändern (E. TÜMERTEKIN 1955; E. TÜMERTEKIN 1956; vgl. W.-D. HÜTTEROTH 1982, S. 125).

Zur Überwindung dieser Schwierigkeiten hat man seit alters her die in den U.S.A.

wieder entdeckten und dort als engl. dry farming bezeichneten Methoden angewendet (E. TÜMERTEKIN 1956), die darauf hinauslaufen, mittels umfangreicher Brachflächen die Feuchtigkeit zweier oder mehrerer Jahre für eine Ernte zu nutzen. Entsprechend wurden und werden dort für die Betriebseinheiten - seien es große oder kleine Betriebe - größere Flächen benötigt als in anderen Teilen Anatoliens, besondes in den feuchteren Gebieten.

Der Weizen wird überwiegend als Winterweizen angebaut, der ertragreicher ist als Sommerweizen (Aussaat im Frühjahr); überwiegend wird auch Hart-Weizen angebaut, teilweise Weich-Weizen; in unterschiedlicher Weise sind die Weizensorten für die Mehlerzeugung geeignet, zum Teil besser für die Brot-, zum Teil besser für die Nudelherstellung (G. STRATIL-SAUER 1933, S. 326).

Der Weizenanbau an der Trockengrenze bringt es mit sich, daß die Erträge von Jahr zu Jahr stark schwanken, so daß kein einheitliches Bild einer Ertragsentwicklung über längere Zeit im positiven oder negativen Sinne gewonnen werden kann (Z. Y. HERSHLAG 1958, S. 221 f.; S. SÖZERI 1955, Tabelle S. 56; M. W. THORNBURG et alii 1946, S. 262).

Im Landesdurchschnitt lagen die Weizenerträge - um zwei unterschiedliche Jahre herauszugreifen - 1945 bei 585, 1948 bei 1.086 kg je ha (W. LAUERSEN et alii 1959, S. 12; vgl. M. SINGER 1977, S. 105). Der Ernteertrag des ganzen Landes wurde und wird beim Weizenanbau weitgehend von den Niederschlagsverhältnissen in Inner-Anatolien, dem Hauptanbaugebiet, bestimmt. Nach H. WENZEL (1937, S. 309) waren im Jahre 1928, als die Niederschläge um Eskişehir bei 287 mm, um Konya bei 314 mm und um Ankara bei 221 mm - also unterhalb den für den Weizenanbau zuträglichen Maßen - lagen, nur halb so hoch wie im Jahre 1931, als die Niederschläge um Eskişehir 381 mm, um Konya 419 mm und um Ankara 432 mm ausmachten.

In den 20er und 30er Jahren, als die türkische Bevölkerung nur mäßig zunahm, kam es bereits zur Ausweitung des Weizenanbaus in Anatolien; die mengenmäßige Zunahme der Ernteerträge wurde damals noch überwiegend durch Flächenausweitung des Anbaus, kaum - außer bei den großen Staatsgütern (M. SINGER 1977, S. 94) - durch intensivierten Anbau erzielt.

H. WENZEL (1937, S. 406) hat vom Jahre 1927 auf das Jahr 1934 eine Ausweitung der Weizenanbaufläche - in 1.000 ha - für das Gebiet um Ankara von 141,7 auf 371,3, für Eskişehir von 72,2 auf 106,5, für Kütahya von 51,0 auf 93,5, für Kayseri von 26,8 auf 92,6, für Sivas von 62,5 auf 134,5, für Yozgat von 54,1 auf 101,5 und für Amasya von 17,8 auf 40,3 angegeben (vgl. E. HIRSCH 1963, S. 374, S. 376). Entsprechendes gilt für die Ausweitung des Weizenanbaus in Südost-Anatolien (H. WENZEL 1937, S. 408).

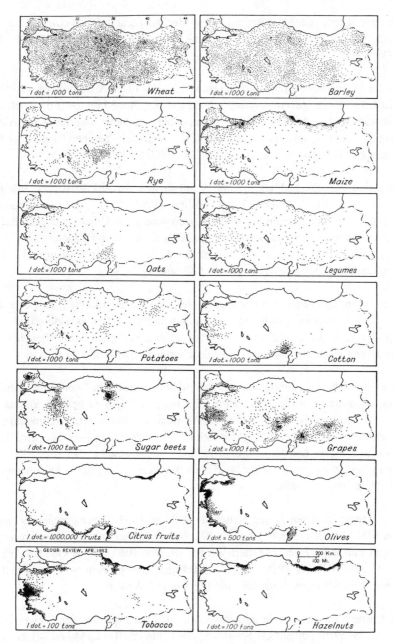

Abb. 27: Verbreitung des Anbaus von Weizen, Gerste, Roggen, Mais, Hafer, Hülsenfrüchten, Kartoffeln, Baumwolle, Zuckerrüben, Wein, Zitrusfrüchten, Oliven, Tabak und Haselnüssen in der Türkei, um 1950 (Quelle: S. ERINÇ, N. TUNÇDILEK 1952, S. 182)

In den 50er Jahren setzte die umfangreiche Mechanisierung des Weizenanbaus in Inner-Anatolien mit noch größerer Zunahme der Anbauflächen ein (W.-D. HÜTTEROTH 1962).

Die frühe Flächenausweitung des Weizenanbaus in Inner-Anatolien wurde von H. WENZEL (1937) im Zusammenhang mit dem in der Phase von 1920 bis 1950 dominierenden staatlichen Ausbau der Eisenbahnen und den dadurch verbesserten Abtransportmöglichkeiten, besonders aus dem östlichen Anatolien, gesehen, wohin der Bahnbau vorangetrieben worden war (H. WENZEL 1937, S. 406 f.).

Im Vergleich mit den frühindustriellen Verhältnissen auf den Britischen Inseln, als dort erkannt worden war - durch Th. R. Malthus (1766-1834) -, daß die Brotgetreideerzeugung hinter der starken Bevölkerungszunahme zurückblieb und entsprechende restriktive Schlüsse gezogen wurden - das Th. R. Malthus-Problem (R. STEWIG 1995) -, stellt sich eine ähnliche Frage für die Nahrungsmittelversorgung der Türkei in der ersten Phase des take-off zwischen 1920 und 1950.

Aus den vorangegangenen Ausführungen folgt, daß die Bevölkerung in dieser Phase nur bescheiden zunahm - nach hohen Verlusten in den Kriegen und durch Abwanderung großer Teile der griechischen, armenischen und jüdischen Minderheiten -, während es bereits zu einer Ausdehnung der Brotgetreideanbauflächen kam.

Damit ergibt sich eine, verglichen mit den Britischen Inseln auf der frühindustriellen Entwicklungsstufe, grundlegend andere Situation; auch im Gegensatz zu manchen anderen Entwicklungsländern - wie z. B. Ägypten, mit dort allerdings ungünstigeren Bedingungen - war die Ernährung der türkischen Bevölkerung - wenn auch überwiegend auf der Basis der Subsistenzwirtschaft - sichergestellt. So stieg die agrare (Weizen-)Produktion pro Kopf der ländlichen Bevölkerung - außer in Dürrejahren - an (E. HIRSCH 1963, S. 388).

Es konnte sogar in vielen Jahren zwischen 1920 und 1950 Getreide exportiert werden (F. von BISMARCK-OSTEN 1951, S. 29). Nur in Jahren ungünstiger Witterungsbedingungen mußte Weizen importiert werden (F. von BISMARCK-OSTEN 1951, S. 29; Z. Y. HERSHLAG 1958, S. 223). Bisweilen kam es zum Sortenausgleich von Hart- und Weich-Weizen durch Ex- und Importe von Weizen.

Der türkische Staat hat sich in der Phase von 1920 bis 1950 im Sinne seines etatistischen Prinzips nicht nur um die Schaffung eines industriell-sekundären Sektors in der Türkei, sondern - in vielfältiger Weise - auch um die Förderung der Agrarwirtschaft bemüht und verdient gemacht. Dazu gehört die Einführung zweier Innovationskulturen, der Zuckerrüben- und der Teeanbau.

1926 begann der Zuckerrübenanbau (W. MENZEL 1936; G. KORTUM 1982; G. KORTUM 1986; S. ERINÇ, N. TUNÇDILEK 1952, S. 182). Bis 1950 war er in der Türkei in Thrakien, im Übergangsgebiet von West- zu Inner-Anatolien und im mittleren Nord-Anatolien verbreitet (G. KORTUM 1982, S. 27), vor allem in Gebieten, die sich durch ihre Bodenfeuchte und die Niederschlagsmengen auszeichnen, da die Zuckerrübe hohe Ansprüche an die edaphische und klimatische Ausstattung stellt (H. OAKES 1957; H. OAKES 1958; O. E. ÇÖLAŞAN 1960); die Anbauflächen wurden und werden deshalb in nicht geringem Umfang bewässert (G. KORTUM 1982, S. 25).

Der Zuckerrübenanbau brachte zahlreiche, über den agraren Bereich hinausgehende Wirkungen mit sich. Als Hackfrucht stellte die Zuckerrübe eine Neuerung dar, so daß die Bauern erst eingewiesen und mit neuen Anbaumethoden vertraut gemacht werden mußten. Außerdem lieferte der Zuckerrübenanbau einen Beitrag zur Einführung des Rotationsanbaus in der Landwirtschaft - in den betreffenden Gebieten -, ergänzte den einseitigen Getreideanbau und trug zur Bodenverbesserung bei.

Da die Zuckerrübe eine (Industrie-)Pflanze ist, die der Weiterverbreitung bedarf, enstanden eine Reihe von Zuckerfabriken, bis 1950 vier, in Thrakien Alpullu (1926), im Übergangsgebiet von West- zu Inner-Anatolien zwei, Uşak (1926) und Eskişehir (1933), im mittleren Nord-Anatolien Turhal (bei Amasya) (1934). Damit wurde staatlicherseits über die - noch darzulegende - Industrialisierung in größeren städtischen Standorten hinaus eine Industrialisierung des ländlichen Raumes in kleineren Siedlungen begrenzt eingeleitet.

Nach 1950 griffen der Zuckerrübenanbau und die Schaffung von Zuckerfabriken im ländlichen Raum weiter um sich (G. KORTUM 1982; G. KORTUM 1986).

Da die Zuckerrübe ein Massentransportgut darstellt, wurden die ersten Zuckerfabriken der take-off-Phase bis 1950 - entsprechend dem damaligen Trend, beim Verkehrsausbau des Landes der Eisenbahn den Vorzug zu geben - an Eisenbahnlinien geschaffen (G. KORTUM 1982, Karte S. 27). So bildeten sich spezifische Anlieferungsgebiete der Zuckerfabriken heraus.

Da die Zuckerrübe der Weiterverarbeitung bedarf, wurden die Bauern über Anbauverträge - auch eine Neuerung in der Landwirtschaft - an jeweils eine Zuckerfabrik gebunden. Damit wurde ihnen die Möglichkeit gegeben, über den subsistenzwirtschaftlichen Getreidebau hinaus marktwirtschaftliches Produktionsniveau durch die Zuckerrübe als engl. cash crop zu erreichen.

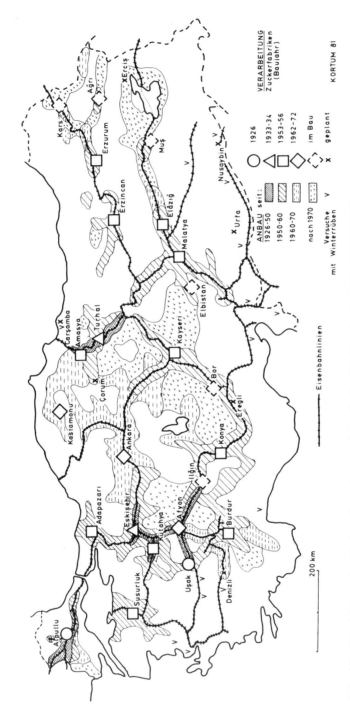

Abb. 28: Entwicklung des Zuckerrübenanbaus und der Zuckerfabriken in der Türkei, 1926–1970
(Quelle: G. KORTUM 1982, S. 27)

Außer den agrar- und raumwirtschaftlichen Wirkungen kam dem Zuckerrübenanbau und der Verarbeitung in Zuckerfabriken eine noch weitergehende volkswirtschaftliche Bedeutung zu: die Bestrebungen um wirtschaftliche Autarkie in der Phase von 1920 bis 1950 - nach den vorangegangenen Erfahrungen der osmanischen Spätzeit mit wirtschaftlicher Abhängigkeit vom Ausland - führten durch den Zuckerrübenanbau nicht nur zur Deckung des Zuckerbedarfs des eigenen Landes, - der angesichts der weiten Verbreitung und Vorliebe für Süßspeisen relativ bedeutend war -, sondern im weiteren Verlauf des Ausbaus der Zuckerfabriken nach 1950 sogar zum Export (G. KORTUM 1982, S. 30 f.), so daß - in der Außen-Handelsbilanz - Devisen nicht nur eingespart, sondern sogar erwirtschaftet werden konnten.

Da Zucker in der Türkei nicht nur durch Zuckerrübenanbau gewonnen werden kann, sondern auch Zuckerrohranbau (in der Çukurova) möglich ist - offenbar nur in geringen Mengen und zur Gewinnung von Zuckersaft und -sirup - gehört die Türkei durch ihre naturräumliche Ausstattung zu den wenigen Ländern mit beiden Rohstofflieferanten (H. BLUME 1967; M. W. THORNBURG et alii 1949, S. 126).

Die zweite Innovationskultur mit ähnlichen Wirkungen im agrarwirtschaftlichen, raumstrukturellen und volkswirtschaftlichen Zusammenhang ist der Teeanbau, der in den 40er Jahren vom Staat eingeführt wurde (E. WINKLER 1963; N. TUNÇDILEK 1961).

Da der Teestrauch genetisch besondere Ansprüche an Feuchtigkeit und Temperatur stellt, kam als Anbaugebiet nur die östliche Schwarz-Meer-Küste der Türkei mit ganzjährigen Niederschlägen und milden Temperaturen in begrenzter Höhenlage (bis 15 km landeinwärts, bis 600 m Höhe) in Frage (E. WINKLER 1963, Karten; S. ERINÇ, N. TUNÇDILEK 1952, S. 182). Dort wurde und wird der Teestrauch - wie in den alten Teeländern China und Indien - in kleinbäuerlichem Rahmen angebaut und hat gerade in der dichtbesiedelten Küstenregion Arbeitsplätze geschaffen, zumal auch die anschließende Verarbeitung in Teefabriken erfolgte und erfolgt. Auch die Ernte - das Teepflücken - beschäftigt viele Arbeitskräfte.

Nach Schwierigkeiten bei der Einführung des Teeanbaus wurde auch dort das Subsistenzniveau der ländlichen Bevölkerung zur marktwirtschaftlichen Ebene angehoben.

Volkswirtschaftlich besteht die Bedeutung der Einführung des Teeanbaus in der Türkei darin, daß wiederum Devisen eingespart wurden und werden. Die Entwicklung steht im Zusammenhang mit der Umstellung des nationalen Getränks von Kaffee, der nach der Abspaltung des ursprünglich osmanischen Herkunftsgebietes Mocha (in Arabien) am Ende des Ersten Weltkrieges eingeführt werden mußte, auf Tee, der heute in den typischen kleinen Gläsern landesweit ausgeschenkt wird. Um 1950 waren etwa 50% der Eigenbedarfsdeckung an Tee erreicht (E. WINKLER 1963, S. 439).

Für weitere Produktionsausrichtungen wie Tabak, Baumwolle (als Industriepflanze), Haselnüsse, Zitrusfrüchte, Wein (als Trauben zum Verzehr im frischen Zustand oder getrocknet als Rosinen bzw. Sultaninen), Feigen, Oliven (zum Verzehr oder für die Olivenölherstellung) ergaben sich im Zusammenspiel von naturräumlicher, edaphischer und klimatischer Ausstattung (H. OAKES 1957; H. OAKES 1958; U. E. ÇÖLASAN 1960) und genetischen Ansprüchen der Pflanzen spezialisierte Anbaugebiete in Anatolien, die überwiegend in der Spätzeit des Osmanischen Reiches entstanden waren, als ausländische Wirtschaftsinteressen von den Küsten her die Landwirtschaft in quasi-kolonialwirtschaftlicher Manier erschlossen, dabei allerdings das Wirtschaftsniveau in den Herkunftsgebieten der Produkte über die Subsistenzwirtschaft hinaus auf die Markt- und sogar die Exportmarktebene anhoben.

In diesem Zusammenhang hatte der Tabakanbau (S. GÜNYÜZ 1948; W. IMHOFF 1934; H. S. KAHYAOĞLU 1937; V. von ARNIM 1958; E. WINKLER 1959) im Ägäis-Küstengebiet, im Marmara-Küstengebiet und im nord-anatolischen Küstengebiet um Samsun seine Hauptverbreitungsgebiete (S. ERINÇ, N. TUNÇDILEK 1952, S. 182), die gleichzeitig die Hauptprovenienzen der türkischen Tabake darstellten (F. von BISMARCK-OSTEN 1951, S. 35).

Die Migration muslimischer Tabakbauern vom Balkan in die Türkei führte in der Phase von 1920 bis 1950 - zusammen mit der gestiegenen Nachfrage nach Orient-Tabaken - zue Ausweitung der Anbauflächen und Produktionssteigerung (F. von BISMARCK-OSTEN 1951, Tabelle S. 35; Z. Y. HERSHLAG 1958, Tabelle S. 228).

Da ein großer Teil der türkischen Tabakproduktion in den Export ging, leistete der Tabakanbau einen wertvollen Beitrag zur Devisenbeschaffung (M. W. THORNBURG et alii 1949, Tabellen 31 und 33, S. 278 und S. 280), nachdem die ausländische, französische Tabakregie abgelöst und zu einer staatlichen türkischen Monopolgesellschaft geworden war (M. W. THORNBURG et alii 1949, S. 124 f.).

Der Tabak kann auch als Industriepflanze angesehen werden, da bis 1950 die türkische Tabakmonopolgesellschaft über sechs Zigarettenfabriken - alle in den Anbaugebieten und im Hauptabsatzgebiet in Istanbul - verfügte (M. W. THORNBURG et alii 1949, S. 124 f.).

Die Baumwolle (W. F. BRUCH 1919; F. D. BARLOW 1957; E. SCHMIDT 1957; R. P. DUNN 1952; M. PETONKE 1933/34), in Anatolien ebenfalls in räumlich spezialisierten Anbaugebieten - in der bewässerbaren Çukurova in Süd-Anatolien, in den bewässerbaren großen Flußebenen West-Anatoliens (S. ERINÇ, N. TUNÇFILEK 1952, S. 182) und als Folge des Zusammenspiels von naturräumlicher Ausstattung und den Ansprüchen der (einjährigen) Baumwollpflanze an Feuchtigkeit an den Wurzeln und Trockenheit beim Pflücken -, hat sich in der Türkei seit spät-osmanischer Zeit, als sie Rohstofflieferant der englischen Baumwollindustrie um Manchester war (R. STEWIG 1995), zu einer Industriepflanze der türkischen Baumwollindustrie entwickelt, nachdem vom türkischen Staat - wie noch darzulegen - eine forcierte Textilindustrialisierung in den 30er Jahren eingeleitet worden war, die als importsubstituierende Industrialisierung (G. MELINZ 1995) auch die Verbesserung der Außenhandelsbilanz mit sich brachte.

Tee, Tabak und Baumwolle lösten mit steigendem Anbau durch die Notwendigkeit der Beschäftigung vieler Arbeitskräfte bei der Ernte saisonale Arbeiterwanderungen in die Anbaugebiete innerhalb der Türkei aus und verhalfen besonders landlosen Landarbeitern zur Verbesserung ihrer meist ungünstigen Einkommenssituation; doch gibt es wenig Untersuchungen früher Arbeitermigrationen, die noch nicht sehr umfangreich waren, und der sozio-ökonomischen Verhältnise der Wanderarbeiter in der Türkei (X. de PLANHOL 1952).

Andere - naturräumlich mediterran orientierte - agrare Produktionsausrichtungen hatten und haben ihre räumlich spezialisierten Anbaugebiete, so die Produktion von Wein, als Trauben zum frischen Verzehr und getrocknet als Rosinen bzw. Sultaninen für den Export (G. K. SKINAS 1912), von Oliven, zum Verzehr in konservierter Form oder für die Olivenölherstellung (E. FICKENDEY 1922), von Zitrusfrüchten (G. WOJTKOWIAK 1971), von Haselnüssen (S. SÖZERI 1955, S. 33 ff.) - Anbaugebiete, die - bis auf Wein, der auch in Inner-Anatolien auftritt - an küstennahe Verbreitung gebunden sind, Zitrusfrüchte auch im Gebiet der Feuchtlandwirtschaft an der nord-anatolischen Küste (S. ERINÇ, N. TUNÇDILEK 1952, S. 182).

Was die Viehwirtschaft in der Türkei in der Phase von 1920 bis 1950 angeht, so sind von A. TANOĞLU, S. ERINÇ, E. TÜMERTEKIN (im Türkiye Atlası. Atlas of Turkey 1961, Karten 77, 78, 79) für etwa 1950 in ähnlicher Darstellung (Punkt-Manier) Verbreitungskarten für Schafe, Ziegen, Angora-Ziegen, Esel, Pferde, Maultiere, Kamele, Rinder und Büffel erstellt worden (vgl. H. WENZEL 1937, S. 406 ff.) wie von S. ERINÇ, N. TUNÇDILEK (1952) für die 14 ackerbaulichen Produkte. Schweine wurden und werden nicht gehalten, da die Religion, der Islam, den Verzehr von Schweinefleisch verbietet.

Grundsätzlich gilt, daß es bis 1950 noch so gut wie völlig an der Verknüpfung von Ackerbau und Viehhaltung innerhalb der landwirtschaftlichen Betriebe mangelte (H. WENZEL 1937, S. 393). Das Vieh - bei Schafen ubiquitäre Verbreitung wie bei Weizen- und Gerstenanbau, bei anderen Tieren räumlich spezialisierte Verbreitung - wurde entweder in einem von der Ackerwirtschaft getrennten Betriebszweig (vor allem Schafe und Ziegen, in Inner-Anatolien auch Angora-Ziegen) oder in selbständiger, spezialisierter Betriebsausrichtung gehalten - so bei den Nomaden, vor allem in

Süd- und Südost-Anatolien, mit Wanderungen zwischen Sommerweidegebieten im Gebirge und Winterweidegebieten im Gebirgsvorland (V. HORN 1965; W.-D. HÜTTEROTH 1959; X. de PLANHOL 1959). Für die seßhafte ländliche Bevölkerung war (Schaf-)Fleisch eine seltene Zugabe bei der Ernährung (U. PLANCK 1972, S. 90).

Die Tiere dienten den Nomaden der Eigenversorgung (auch mit Milch bzw. Joghurt) und dem Tausch mit der seßhaften Bevölkerung. Kamele wurden - von den Nomaden - in abgelegenen Gebirgsgegenden als Transportmittel benutzt (H. WENZEL 1937, S. 407). Ochsen und Büffel, zum Teil auch Pferde, dienten als Zugtiere bei den ackerbaulichen Pflug- und Erntearbeiten (Dreschen). Schafe (K. HÜSSEIN 1927) lieferten - außer dem seltenen Fleisch - Wolle zur Eigenverarbeitung durch die ländliche Bevölkerung, aber auch für die Teppich-Knüpferei als Zusatzerwerb der Nomaden; Angora-Ziegen (H. WENZEL 1937, S. 407) erbrachten Mohair-Wolle für den Export. Rinderhaltung zur Fleisch- und Milcherzeugung war, bedingt durch höhere Ansprüche an die Weiden, auf Bereiche der Feuchtlandwirtschaft, d. h. vor allem Nord-Anatolien, beschränkt.

Um 1950 stellte die Agrarwirtschaft der Türkei noch die volkswirtschaftliche Grundlage des Staates dar (S. RAŞIT 1932). 1950 lebten rund 75 % der türkischen Bevölkerung im ländlichen Raum (E. FRANZ 1994, S. 30), rund 80 % der Erwerbspersonen waren 1945 noch in der Landwirtschaft, Forstwirtschaft und Fischerei tätig (S. SÖZERI 1955, S. 16), rund 50 % des Volkseinkommens wurde 1949 von der Landwirtschaft erwirtschaftet (F. von BISMARCK-OSTEN 1951, S. 13; W. F. WEIKER 1981, S. 187). Auf der steuerlichen Grundlage der Agrarwirtschaft finanzierte der neue Staat Türkei seine Industrialisierungspolitik.

Die Rolle der Landwirtschaft schlug sich auch im Export nieder. 1949 rangierten landwirtschaftliche Produkte als erstrangige Deviseneinbringer, allen voran der (Roh-) Tabak, dann Baumwolle, Haselnüsse, Rosinen/Sultaninen, Wolle, Getreide, Feigen, Opium, Lebendvieh, außerdem bergbauliche Produkte (T. G. A. MUNTZ 1951, Tabelle S. 140; M. W. THORNBURG et alii 1949, Tabellen 31, S. 278, Tabelle 33, S. 280), während beim Import Maschinen im weitesten Sinne und andere industrielle Fertigprodukte voranstanden, dies obwohl - noch darzulegende - intensive Bemühungen zur Schaffung eines eigenen industriell-sekundären Sektors seit den 30er Jahren stattgefunden hatten: die neue Türkei erwies sich in der Phase von 1920 bis 1950 noch als Agrarstaat mit quasi-kolonialen Außenhandelsbeziehungen (Fertigwaren gegen Agrarprodukte), trotz politischer Selbständigkeit.

Zu den Eingriffen des neuen türkischen Staates in die Agrarwirtschaft zwischen 1920 und 1950 gehörten auch andere Regelungen als die Schaffung von Innovationskulturen des Zuckerrüben- und Teeanbaus (M. DJABRI 1929; A. E. MAHOUTDJI 1937; ANONYMUS 1942).

Eine Maßnahme war - bereits 1925 - die Abschaffung der aus osmanischer Zeit stammenden Zehnt-Steuer (türk.öşür; engl. tithe), die unabhängig vom Umfang der landwirtschaftlichen Produktion erhoben wurde, und die Einführung einer neuen, produktionsbezogenen Steuer, die insgesamt zu einer Entlastung der Landwirtschaft führte (St. J. SHAW, E. K. SHAW 1977, S. 388; B. LEWIS 1961, S. 46; Z. Y. HERSHLAG 1958, S. 53; C. B. RAVNDAL 1926, S. 90 f.: der Gesetzestext in englischer Übersetzung).

Eine andere Maßnahme bestand in der Aufhebung der traditionellen, aus osmanischer Zeit stammenden Gundbesitzkategorien - Staatsbesitz (türk. mir), Privatbesitz (türk. mülk), Besitz religiöser Stiftungen (türk. vakıf) - bzw. ihre Angleichung an die Gegebenheiten des europäischen, nach Schweizer Vorbild eingeführten Zivilrechts (Z. Y. HERSHLAG 1958, S. 54).

Weitere Bemühungen des neuen türkischen Staates - im Rahmen von Gesetzen - galten der Förderung des landwirtschaftlichen Kreditwesens (J. SAIM 1934).

Seit spät-osmanischer Zeit bestand die Landwirtschaftsbank (türk. Ziraat Bankası) (St. J. SHAW, E. K. SHAW 1977, S. 231), die 1888 gegründet worden war und die in erweitertem Umfang die Regelung des Kreditwesens für den ländlichen Raum übernahm (Z. Y. HERSHLAG 1958, S. 55; M. SINGER 1977, S. 85 ff.).

Gleichzeitig wurde das Genossenschaftswesen ausgebaut, für das es ebenfalls Vorläufer im Osmanischen Reich gegeben hatte (St. J. SHAW, E. K. SHAW 1977, S. 231), um die (klein-)bäuerliche Bevölkerung aus den Abhängigkeiten privater Kreditgeber, die überhöhte Zinsen nahmen, zu befreien.

Sowohl Absatz- als auch Kreditgenossenschaften entstanden in großer Zahl; die Absatzgenossenschaften vermehrten sich von 1938, als es nur 30 gab, bis 1950 auf 148, die Kreditgenossenschaften von 543 im Jahr 1940 auf 900 im Jahre 1950 (M. SINGER 1977, S. 91).

Die Eingriffe des Staates nahmen gerade in einer Zeit zu, in der im ländlichen Raum eine über das Subsistenzwirtschaftsniveau hinausgehende Marktorientierung entstand: 1938 wurde das staatliche An- und Verkaufsamt für Agrarprodukte (türk. Toprak Mahsulleri Ofisi) gegründet (M. SINGER 1977, S. 85), das - weitgehend unabhängig von Weltmarktpreisen - die An- und Verkaufspreise für die türkischen landwirtschaftlichen Produkte festsetzte. Damit war die Preisregulierung - soweit es sich in der Landwirtschaft um Marktproduktion handelte - in den Händen des Staates (M. SINGER 1977, Preistabelle für Weizen, Gerste, Mais von 1938 bis 1950, S. 87).

Dieses Amt - in der Türkei unter der Abkürzung TMO bekannt - betätigte sich auch in der Schaffung von Speicherkapazität für landwirtschaftliche Produkte, insbesondere von Silos für Getreide. So entstanden in den 30er und 40er Jahren zehn große Silos an den damals die Verkehrsstruktur des Landes dominierenden Bahnlinien in Konya, Eskişehir, Sivas und Ankara mit sehr großen Kapazitäten (K. F. KIENITZ 1959, S. 76).

Landreform/Bodenreform/Agrarreform war ebenfalls eine Angelegenheit des Staates (R. AKTAN 1966; M. SAGLAN 1972; P.-G. SCHMIDT, Ü. DERICIOĞLU 1988; K.-F. KIENITZ 1959, S. 85 f.; Z. Y. HERSHLAG 1958, S. 100 f., S. 216 f.).

Bis 1950 - und darüber hinaus - führten gesetzliche Bestimmungen, besonders 1929 und 1945 (R. AKTAN 1966, S. 319; M. SINGER 1977, S. 95), nicht sehr viel weiter, zumal es an der Umsetzung der Bodenverteilungsgesetze gebrach, da auch die neue Demokratische Partei (türk. Democrat Parti) von (Groß-) Grundbesitzern beeinflußt war, die nach 1950, nachdem sie die Macht übernommen hatte, im Parlament Einbußen zu verhindern wußten.

1934-1938 wurde an muslimische Rückkehrer und Flüchtlinge, an landlose Landarbeiter und Kleinbauern, an umgesiedelte Bevölkerung und an Nomaden, um sie - im Interesse des Staates - seßhaft zu machen, in begrenztem Umfang Land verteilt, das überwiegend aus Staatsbesitz und religiösem Stiftungsbesitz stammte (Z. Y. HERSHLAG 1958, Tabelle S. 100). Der Privatbesitz wurde nur begrenzt - landwirtschaftliche Betriebe über 500 ha - herangezogen (M. SINGER 197, S. 95); es fehlte das Geld, um Land-Enteignungen bezahlen zu können.

Zu den Bemühungen des neuen türkischen Staates, die Verhältnisse im ländlichen Raum zu verbessern, müssen auch die Anstrengungen zur Schaffung eines Primarschulwesens gerechnet werden.

Von 1936/37 bis 1949/50 stieg die Zahl der Elementarschulen im ländlichen Raum der Türkei von 4.854 auf 15.505 (M. SINGER 1977, S. 81). Damit besaß 1950 zwar weniger als die Hälfte aller Dörfer in der Türkei eine Grundschule, aber es war eine außerordentliche Leistung vollbracht worden, die zum Abbau des Analphabetismus und zur Neuorientierung der Mentalität der ländlichen Bevölkerung beitrug und nicht hoch genug eingeschätzt werden kann und die - durch die Tätigkeit der Lehrer - die traditionelle Koalition von türk. ağa und imam, die die Dörfer beherrschte (M. SINGER 1977, S. 79), zu erschüttern begann. Entsprechend schwirig war die Stellung des Dorf-Lehrers, worüber M. MAKAL (1950, 1954) auf eigenen Erfahrungen basierende Erlebnisschilderungen zu schreiben wußte (M. SINGER 1977, S. 82).

Die staatliche Bewegung der Einrichtung von Volkshäusern (türk. Halk Evleri) im ländlichen Raum seit 1940 sollte nicht nur politischer Indokrination, sondern auch der Multiplikation der Ausbilder dienen, doch wurde 1950, nachdem die Demokratische Partei von Adnan Menderes die Macht erlangt hatte, diesen Einrichtungen ein Ende bereitet (M. SINGER 1977, S. 84).

Im Rahmen der von der Landwirtschaftsbank und den Genossenschaften gewährten Kredite kam es in der Phase zwischen 1920 und 1950 zu einer Reihe zivilisatorisch-technischer Verbesserungen in der türkischen Landwirtschaft, wenn auch in räumlich und sachlich begrenztem Umfang.

Dazu gehörte der Einsatz von künstlichem Dünger. Allerdings dürfte auf subsistenzwirtschaftlicher Ebene weiter - wie althergebracht - der Dung der Tiere, getrocknet, als Brennmaterial und nicht als Dünger auf den Feldern verwendet worden sein (R. D. ROBINSON 1963, S. 45). Dort, wo die Herden der Nomaden bäuerliche Ländereien als Winterweiden benutzten, erfolgte eine gewisse Düngung. Überwiegend in größeren Betrieben wurde die Verwendung von künstlichem Dünger - durch Kredite - möglich.

Immerhin erhöhte sich der Gebrauch von Stickstoff in der türkischen Landwirtschaft von 1938 976 Tonnen auf 1950 28.900 Tonnen; beim Einsatz von Phosphaten waren es 1947 4.706 Tonnen, 1950 bereits 13.133 Tonnen (M. SINGER 1977, Tabelle S. 99). Um den Import von künstlichen Düngemitteln möglichst gering zu halten, bestand ein Anreiz zur Schaffung einer türkischen Düngemittelindustrie (S. SÖZERI 1955, S. 62), die nach 1950 entstand.

Zu den neuen technischen Verbesserungen gehörte auch die Mechanisierung der Landwirtschaft (F. von BISMARCK-OSTEN 1951, S. 39 ff.; S. SÖZERI 1955, S. 53 ff.; F. A. HEYERSBERG 1934). Jedoch muß festgehalten werden, daß die Mechanisierung in größerem Umfang erst nach 1950 stattfand, in den letzten Jahren vor 1950 aber der Anfang gemacht wurde. Diese Mechanisierung, d. h. der Gebrauch von modernen, eisernen (Mehrfach-)Pflügen statt Holzpflügen („Pflughaken" - S. SÖZERI 1955, S. 53), von Traktoren statt Zugtieren, von Mähdreschern statt Dreschschlitten, begann Ende der 40er Jahre nach der politischen Öffnung des Landes gegenüber den U.S.A. - unter dem Eindruck der sowjetischen Bedrohung - mit U.S.-amerikanischen Hilfslieferungen und Geldern aus dem Marshall-Plan (S. SÖZERI 1955, S. 55).

Allerdings standen dem Einsatz von Maschinen in der türkischen Landwirtschaft bei der ländlichen Bevölkerung nicht nur die fehlende Erfahrung im Umgang mit technischen Geräten, das bis 1950 noch weit verbreitete Analphabetentum und das dominierende Subsistenzwirtschaftsniveau entgegen, sondern auch die geringen Größen der Felder und die Flurzersplitterung. Zwar gab es in Inner- und Südost-Anatolien im Rahmen des engl. dry farming-Getreidebaus große einheitliche Flächen zu bewirtschaften, aber im allgemeinen waren die Felder eines landwirtschaftlichen Betriebes auf zahlreiche Flurstücke verteilt. 1950 besaßen 11,5 % der landwirtschaftlichen Betriebsfamilien 13 und mehr, 37 % 5 bis 12, 45 % 2 bis 5 Felder bzw. Flurstücke (V. TAYŞI 1965, Tabelle S. 9).

So waren es vor 1950 die großen staatlichen Güter und Mustergüter, die sich durch ihre Kapitalausstattung und Kreditwürdigkeit den Einsatz eines umfangreichen Maschinenparks leisten konnten. M. W. THORNBURG (et alii 1949, S. 67) will bereits Ende der 40er Jahre einen staatlichen Getreidebaubetrieb mit Mehrfach-Scheibenpflügen, Traktoren und Mähdreschern in Inner-Anatolien gesehen haben, wie er ihn aus den Getreidebau-Prärien der U.S.A. kannte, mit Zeltlagern der Beschäftigten und einer Betriebsorganisation, die O. Schmieder mit dem Begriff des engl. suitcase farmers gekennzeichnet hat.

Dennoch stieg Ende der 40er Jahre auch allgemein in der türkischen Landwirtschaft der Einsatz von Traktoren schon an; waren es 1945 erst 1.156, 1948 1.756, kletterte 1949 ihre Zahl auf 9.170, 1950 sogar auf 16.585 (M. SINGER 1977, Tabelle S. 98), während die Zahl der eingesetzten Zugtiere von 1938 bis 1950 etwa konstant blieb (M. SINGER 1977, Tabelle S. 98). Zur Benutzung von Traktoren als Zugmaschinen gesellte sich die Verwendung einer ganzen Reihe weiterer landwirtschaftlicher Geräte, vor allem seit Ende der 40er Jahre, nach dem Ende des Zweiten Weltkrieges, hinzu (S. SÖZERI 1955, Tabelle S. 54).

Zu den Grundgegebenheiten jeden ländlichen Raumes - nicht nur der Türkei in Vergangenheit und Gegenwart - zählen die Besitzverhältnisse und die Betriebsgrößenstrukturen, die man als Teil der Agrarverfassung im engeren Sinne bezeichnen kann.

Für die Türkei ergibt sich dabei - nicht nur für die Phase zwischen 1920 und 1950 - ein nicht sicher einzuschätzendes Bild. Was die Betriebsgrößenstrukturen angeht, so sollen - nach der türkischen Agrarstatistik - 1950 68,8 % aller landwirtschaftlichen Betriebe der Größenklasse 1 bis 5 ha angehört haben, 32,1 % der Größenklasse 5 bis 20 ha und 5,8 % der Größenklasse über 20 ha (überwiegend Staatsgüter) (U. PLANCK 1972, Tabelle S. 217).

Angesichts der regional deutlich unterschiedlichen naturräumlichen Ausstattung der Türkei bedarf es der räumlichen Differenzierung der Landesdurchschnittswerte. Danach überwogen die Kleinbetriebe mit weniger als 2,5 ha Kulturland im Bereich der Feuchtlandwirtschaft im nord-anatolischen Küstengebiet, während die größeren Betriebe mit über 20 ha im Bereich der Trockenlandwirtschaft mit den umfangreichen Brachflächen im engl. dry farming-System in Inner-Anatolien und Südost-Anatolien dominierten (U. PLANCK 1972, S. 218, S. 218a; vgl. W.-D. HÜTTEROTH 1982, S. 322 Fig. 86, S. 324 Fig. 87).

Von V. TAYŞI (1965, Tabelle S. 8) wurde angegeben, daß 1952 bei den Betriebsfamilien rund 75 % auf die Größenklasse 0,1 bis 7,5 ha entfielen, die über nur rund 30 % der landwirtschaftlichen Nutzfläche verfügten; auf die Größenklassen 7,5 bis 50 ha kamen rund 23 % der Betriebsfamilien und 45 % der landwirtschaftlichen Nutzfläche; nur Größenklasse 50 ha und mehr gehörten 1,5 % der Betriebsfamilien und 24,8 % der landwirtschaftlichen Nutzfläche. Wenn man diesen Angaben Glauben schenken darf, dann waren um 1950 $^2/_3$ bis $^3/_4$ aller landwirtschaftlichen Betriebe in der Türkei kleine Betriebe. Diese Betriebsstruktur erwies sich nicht nur im Zusammenhang mit der Flurzersplitterung als Hindernis für die Mechanisierung, sondern bereitete auch bei der Überwindung des Subsistenzwirtschaftsniveaus Schwierigkeiten.

Unsicherer noch als Angaben über die Betriebsgrößenstruktur in der Landwirtschaft Anatoliens sind solche über die Besitzverhältnisse, die - bis 1950 fehlten Kataster - als „undurchsichtig" bezeichnet worden sind (F. von BISMARCK-OSTEN 1951, S. 24 Anmerkung 1).

Dennoch gibt es für 1950 eine Statistik (U. PLANCK 1972, S. 213; vgl. R. D. ROBINSON 1963, S. 275). Danach bestanden $^3/_4$ aller Betriebe aus Eigenland. Im Schwarz-Meer-Gebiet war der entsprechende Anteil mit 82 % am höchsten, im Mittelmeer-Gebiet mit 66 % und in Südost-Anatolien mit 68 % am niedrigsten. 22 % aller Betriebe bewirtschafteten sowohl eigenes als auch zugepachtetes Land, relativ häufig (30 %) im Marmara-Gebiet, weniger häufig (17 %) in Südost-Anatolien.

Für die Stellung in der Hierarchie des ländlichen Raumes, den sozialen Status, war und ist nicht nur der Umfang des Landeigentums ausschlaggebend: 31 % der Familien im ländlichen Raum waren landlose Landarbeiter (U. PLANCK 1972, S. 213 f.; M. I. TOLUN 1940, S. 38 ff.). Zwischen die Ebenen der selbständigen Bauern mit größerem oder geringerem Landbesitz einerseits und den landlosen Landarbeitern andererseits schob sich die Gruppe der Teilpächter, engl. share-croppers.

Auf den größeren privaten landwirtschaftlichen Betrieben und den staatlichen (Groß-) Gütern waren landlose Landarbeiter eingesetzt, die größeren privaten landwirtschaftlichen Betriebe wurden im Rahmen rentenkapitalistischer Organisation (H. BOBEK) von Teilpächtern bewirtschaftet (R. STEWIG 1977, S. 116 f.).

In diesem, besonders in Iran, in der Bewässerungslandwirtschaft, verbreiteten System (R. STEWIG 1977, S. 122 f.) stellt der (Groß-)Grundbesitzer die Betriebsfläche, das Saatgut, das Bewässerungswasser, eventuell die Zugtiere, der Teilpächter unter Umständen nur seine Arbeitskraft und die seiner Familie und erhält einen entsprechend geringen Teil der Ernte (H. WENZEL 1937, S. 398).

Der Anteil der Teilpächter wurde bei den Betriebsfamilien bzw. den Betriebsverhältnissen (U. PLANCK 1972, S. 212 f.) in der Türkei für 1950 auf 1 bis 3 % eingeschätzt. Die verhältnismäßig geringe Verbreitung des Teilpachtwesens in der Türkei - verglichen mit Iran - dürfte nicht nur mit der geringen Verbreitung der Bewässerungslandwirtschaft zusammenhängen - in den Steppenlandwirtschaften Inner- und Südost-Anatoliens ist, wenn auch mit Schwierigkeiten, Trockenlandwirtschaft, auf natürlichem Niederschlag basierend, möglich - , sondern auch mit den aus der hochosmanischen Zeit stammenden und selbst die Degeneration der spät-osmanischen Zeit überdauernden landwirtschaftlichen Verhältnissen, die die eigenbetriebliche Bewirtschaftung favorisierten (R. STEWIG 1977, S. 120 f.).

Um 1950 zeichnete sich der in der türkischen Landwirtschaft dominierende Kleinbetrieb im Rahmen der Subsistenzwirtschaft durch folgende Merkmale aus (nach H. WILBRANDT in S. SÖZERI 1955, S. 59 ff.):
- 5 bis 8 ha eigenes oder zugepachtetes Land
- Getreidebau, Viehhaltung (in unverbundenen Betriebszweigen)
- Familienarbeitskräfte, wenige Zugtiere
- einfachste Ackertechnik
- 80 bis 85 % der Getreideerzeugung für die Bedarfsdeckung der eigenen Familie, der Rest für den Verkauf
- geringer Barumsatz; zusätzliche Einnahmen aus dem Verkauf von Wolle, Milch, Eiern, Vieh, Obst
- weitgehend autarke Selstversorgung und Selbstgenügsamkeit
- „durch keine Krise oder Mißernte zerstörbar" (S. SÖZERI 1955, S. 61).

Was die Verbreitung dieses Betriebstyps in Anatolien angeht, so stand und steht sie im Zusammenhang mit der Verkehrserschließung des Raumes: wo - wie in durchgängigen Ebenen - über neue Verkehrswege eine Marktanbindung möglich war, ergab sich der Trend zur Überwindung des Subsistenzwirtschaftsniveaus, während in abgelegenen und schwer zugänglichen Bergländern und Gebirgen der traditionelle Zustand des Wirtschaftsniveaus persistierte (R. STEWIG 1977, S. 114 Abb. 28).

Was die ländlichen Siedlungen in der Türkei angeht - überwiegend Dörfer, wenige Einzelhöfe (W.-D. HÜTTEROTH 1982, S. 293) wegen des relativ geringen Befriedungsgrades des ländlichen Raumes -, spiegelten sie - nicht nur in der Phase von 1920 bis 1950, sondern bis heute - nach Hausformen und Baumaterial die naturräumliche Ausstattung ihrer Umgebung wider (W.-D. HÜTTEROTH 1982, S. 302 f.). Dies ist angesichts des weit verbreiteten Subsistenzwirtschaftsniveaus, das dazu zwingt, die örtlichen Materialien zu verwenden, keine Überraschung.

So findet man in den noch oder ehemals bewaldeten Gebieten, besonders in Nord-Anatolien, das meist zweigeschossige ländliche Fachwerkhaus mit flachem Walmdach

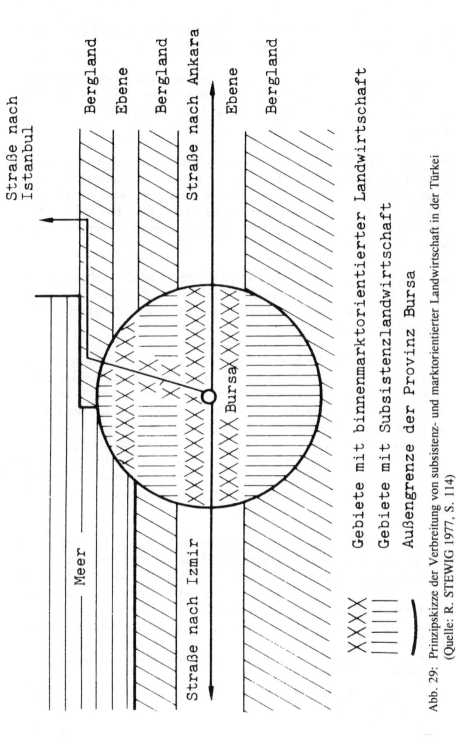

Abb. 29: Prinzipskizze der Verbreitung von subsistenz- und marktorientierter Landwirtschaft in der Türkei
(Quelle: R. STEWIG 1977, S. 114)

- eine Bauform, die vielfach in städtische Siedlungen übertragen worden ist (E. A. KÖMÜRCÜOĞLU 1966; O. KÜÇÜKERMAN 1992).

In den Trockengebieten, vor allem in den trockenen Teilen Inner- und Südost-Anatoliens, herrschte und herrscht das meist eingeschossige Haus aus Lehmziegeln, bisweilen aus Lesesteinen, mit Flachdach vor (W.-D. HÜTTEROTH 1982, S. 304 Fig. 82).

Schon in den 30er Jahren ist mit der wissenschaftlichen Untersuchung von einzelnen Dörfern, der Erstellung von Dorf-Monographien und Dorf-Untersuchungen, auch von türkischer Seite (S. ARAN 1938), begonnen worden, denen weitere folgten (J. F. KOLARS 1962; J. F. KOLARS 1963; A. P. STIRLING 1965; E. FRANZ 1969; R. D. ROBINSON 1963), so daß sich skizzenhaft ein differenziertes Bild der türkischen Dorf-Siedlung herauszubilden begann.

Dabei stellten sich - bei aller Einheitlichkeit des Dorf-Charakters in größeren Teilräumen der Türkei, so in Inner-Anatolien (N. HELBURN 1955) - doch Unterschiede der sozio-ökonomischen Verhältnisse, nicht zuletzt durch die differenzierende naturräumliche Ausstattung bedingt, heraus.

So hat H. LOUIS (1948) für Inner-Anatolien mehrere sozio-ökonomische Typen unterschieden, und zwar das Getreidebaudorf mit Viehhaltung als untergeordnetem (unverbundenem) Betriebszweig, das Viehzuchtdorf (H. LOUIS 1948, S. 148 f.), bei dem der Getreidebau eine untergeordnete Rolle spielt, das Steppendorf mit Dauerkulturen wie Wein- und Obstbau (Pfirsiche, Aprikosen, Birnen, Mandeln, Nüsse) und - am Binnensaum der Inner-Anatolien begrenzenden Gebirge - das Oasendorf auf der Grundlage künstlicher Bewässerung mit gartenbaulicher Bewirtschaftung und einer großen Vielfalt des Anbaus (Reis, Gemüse, Sesam, Mohn, Baumwolle), während in der Gebirgsumrahmung Inner-Anatoliens die Mischkulturdörfer verbreitet waren und sind.

In noch umfassenderer Weise - systematisch und landesweit auf der Grundlage von über 6.000 Interviews in 458 Dörfern - ist von F. W. FREY (1966) im Jahre 1962 - mit Gültigkeit auch für die Zeit vor 1950 - die Variation der ländlichen Siedlungen, ihre materielle und kulturelle Ausstattung und die Einstellung ihrer Bewohner in vielfacher Hinsicht (F. W. FREY 1966, Appendix B), derart ermittelt worden, daß die regionalen Disparitäten im ländlichen Raum der Türkei auch quantitativ - allerdings mit wenig anschaulichen Indexwerten - erfaßt wurden und der unterschiedliche Entwicklungsstand innerhalb des ländlichen Raumes in der Türkei zum Ausdruck kam.

Danach unterschied F. W. FREY (1966, S. 61) drei Niveaus des Entwicklungsstandes (in neun Regionen):

- den höchsten Entwicklungsstand wiesen die Dörfer im Marmara- und Ägäis-Gebiet auf; 60 % der Dörfer im Ägäis-Gebiet erreichten hohe Index-Werte;

- einen mittleren Entwicklungsstand zeigten Dörfer im südlichen Inner-Anatolien (Region South Central), in Süd-Anatolien (Region Mediterranean), im nördlichen Inner-Anatolien (Region North Central) und am Schwarzen Meer (Region Black Sea);

- den niedrigsten Entwicklungsstand hatten Dörfer in Nordost-Anatolien (Region Northeastern), im östlichen Inner-Anatolien (Region East Central) und in Südost-Anatolien (Region Southeastern); dort kamen nur bis 4 % der Dörfer auf hohe Indexwerte (F. W. FREY 1966, S. 60 f.).

Diese Differenzierung ergibt ein verfeinertes Bild der oft als West-Ost-Gegensatz pauschalierten regionalen Disparitäten im ländlichen Raum der Türkei.

Was die ländlichen Siedlungen der Türkei unter sozialem Aspekt angeht (A. P. STIRLING 1965; U. PLANCK 1972; A. P. STIRLING 1993), gleichzeitig unter der Frage nach dem Prozeßhaften, nach Beharrung oder Veränderung, so lassen sich mit A. P. STIRLING (1965) zwei Typen unterscheiden (U. PLANCK 1972, S. 219) (vgl. J. F. KOLARS 1967; F. CHRISTIANSEN-WENIGER 1964).

Der eine Typ ist der durch Beharrung gekennzeichnete und überwiegend für die ländlichen Siedlungen bis etwa 1950 gültige. Er ist dadurch geprägt, daß - in vieler Hinsicht - nur geringe Veränderungen eingetreten sind, demographisch, ökonomisch, sozialstrukturell und was die traditionellen Einstellungen, die Bewußtseinslage der Dorfbevölkerung, kurz deren Mentalität, betrifft (U. PLANCK 1972, S. 156 ff.).

Demographisch erfolgte zwischen 1920 und 1950 nur eine bescheidene Bevölkerungszunahme in der Türkei. Trotz der herrschenden Realteilungserbsitte (U. PLANCK 1972, S. 215 f.) - infolge traditioneller Einstellung -, bei der nach dem islamischen Religionsgesetz (türk. şeriat) das Erbteil einer Tochter die Hälfte des Erbteiles eines Sohnes beträgt, aber praktisch der Landbesitz nur unter den Söhnen - real - aufgeteilt wird, trat noch keine bedeutende Besitzzersplitterung und Betriebsgrößenverkleinerung im ländlichen Raum der Türkei ein. Im Rahmen des Haushaltszyklus (nach A. P. STIRLING 1965), bei ausreichenden Landreserven und der Möglichkeit zur Flächenausdehnung des kultivierbaren Ackerlandes, wurde die geringe Bevölkerungszunahme ohne tiefgreifende Wandlungen der sozio-ökonomischen Strukturen im ländlichen Raum der Türkei absorbiert.

Der zweite Typ (U. PLANCK 1972, S. 219) ist geprägt durch die bedeutende Bevölkerungszunahme in der Türkei, die nach dem Zweiten Weltkrieg und in den letzten

Jahren vor 1950 einsetzte und im ländlichen Raum grundlegende Veränderungen auslöste.

In Verbindung mit der Erschöpfung der Landreserven, der weiter praktizierten islamischen Realteilungserbsitte und der Arbeitskräfte freisetzenden Mechanisierung kam es in der Landwirtschaft zu Betriebsgrößenverkleinerungen in einem Ausmaß, daß nach 1950 zunehmend Abwanderung aus dem ländlichen Raum, die Land-Stadt-Wanderung, notwendig wurde.

Die beginnende Dynamik der gesellschaftlichen Entwicklung erfaßte nach 1950 den ländlichen Raum der Türkei.

e) Industrie, Handwerk, Handel, städtische Siedlungen

Das erstrangige Phänomen gesellschaftlicher Entwicklung in der Türkei in der Phase von 1920 bis 1950, aus dem sich die Berechtigung ableitet, von einem Beginn des take-off zu sprechen, ist die Schaffung eines modernen industriell-sekundären Sektors, die Entstehung der Industriewirtschaft.

Wie die Agrarwirtschaft stellt auch die Industriewirtschaft - in jedem Land - ein System dar, d. h. das Zusammenspiel einer Fülle verschiedener, materieller und immaterieller Sachverhalte auf betriebs- und volkswirtschaftlicher Ebene, allerdings mit anderen Inhalten.

Die Industrie als nur von Material-, Transport- und Arbeitskosten bestimmt zu sehen und ihre Standorte geometrisch-mechanisch nach Gewichtung dieser Kosten zu ermitteln - wie dies die frühe, klassische Industriestandorttheorie von A. Weber tat (A. A. ÖZEKEN 1941/42) -, ist ein zu simples Vorgehen, um die Industriewirtschaft als System zu erfassen.

An bedingenden Sachverhalten sind mindestens zu unterscheiden:

- montan-, agrar-, forst- und fischereiwirtschaftliche Ressourcen eines Landes als Rohstoffbasis der industriellen Fertigung (E. TÜMERTEKIN 1960),

- (Primär- und Sekundär-)Energie-(Träger) zum Antrieb der für die Produktion notwendigen Maschinen (E. TÜMERTEKIN 1960),

- Technologie, und zwar Produkt- und Produktionstechnologie,

- Kapital für die Errichtung der Industriebetriebe, die Produktionsanlagen und die

Organisation der Produktion von der Beschaffung der Rohstoffe und der Energie bis zum Absatz der Produkte,

- unternehmerische, private und/oder staatliche Initiative,

- geschultes Personal zur Produktentwicklung, für die Beschäftigung in der Produktion und im kaufmännischen Bereich (R. STEWIG 1972).

Bei der statistischen Erfassung der Industrie in der Türkei bestanden und bestehen, wie schon im Zusammenhang mit der Ermittlung des Umfanges der Industriearbeiterschaft dargelegt, Schwierigkeiten, da in der Phase zwischen 1920 und 1950 die Definition des Begriffes Industrie - mit fließenden Übergängen zum Handwerk und zu den Dienstleistungen - mehrfach geändert worden ist (H. CILLOV 1951/52; H. CILLOV 1953/55).

In dem Streben nach einer ersten, umfassenden Bestandsaufnahme wurden beim Industriecensus von 1927 auch alle Handwerksbetriebe in den Basaren der Städte erfaßt; bei der sich über längere Zeit erstreckenden Industriezählung von 1932-1941 wurde der Begriff Industrie zwar enger gefaßt, der Census war jedoch inkonsequent; die Industriezählung von 1950 ließ eine angemessene Abgrenzung zu den Dienstleistungen vermissen.

Insgesamt bestand die Tendenz, Betriebe mit maschineller Antriebskraft und mindestens zehn Beschäftigten und Betriebe ohne maschinelle Antriebskraft, aber mit mindestens 20 Beschäftigten als Industriebetriebe anzusehen (H. CILLOV 1951/52; H. CILLOV 1953/55).

Von den rund 65.000 „Industrie"-Betrieben der Zählung von 1927 wiesen nur etwa 2.000 - entsprechend etwa 3 % - mehr als 10 Beschäftigte auf; 95 % aller „Industrie"-Betriebe arbeiteten ohne motorische Antriebskraft (F. K. KIENITZ 1959, S. 104).

1950 gab es rund 800 Industriebetriebe mit mehr als 20 Beschäftigten, 1.590 Industriebetriebe mit mehr als 10 Beschäftigten, entsprechend rund 2 % der insgesamt - nach der zu weiten Definition von 1950 - gezählten 82.300 Betriebe; 216 Betriebe hatten zwischen 50 und 200 Beschäftigte, nur 137 kamen auf mehr als 200 Beschäftigte (E. WINKLER 1960, S. 104; E. TÜMERTEKIN 1960, S. 61; vgl. H. CILLOV 1953/55, S. 85).

Von den 10.889 Betrieben (= 13,2 %) mit motorischer Antriebskraft besaßen nur 1.911 Betriebe mehr als 10 PS (E. WINKLER 1960, S. 104; H. CILLOV 1953/55, S. 85).

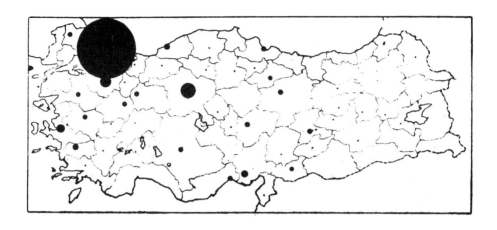

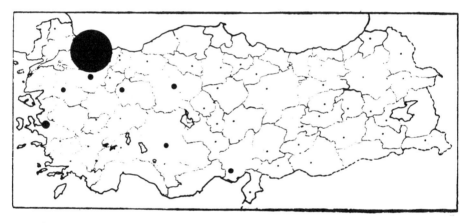

Abb. 30: Industriebeschäftigte und Industriebetriebe mit motorischer Antriebskraft in der Türkei 1950
   a) Industriebeschäftigte (oben)
   b) Industriebetriebe mit motorischer Antriebskraft (unten)
   (Quelle: E. TÜMERTEKIN 1960, S. 63 f.)

Von E. TÜMERTEKIN (1960, S. 63 f.) wurde der Versuch unternommen, die Verbreitung der Industriebeschäftigten und der Industriebetriebe mit motorischer Antriebskraft in der Türkei nach der Industriezählung von 1950 unter Verwendung eines engen Industriebegriffes darzustellen. Daraus ergab sich am Ende der ersten Phase des take-off in der Türkei ein ganz unproportionales Übergewicht von Istanbul, während selbst Städte wie Ankara, Izmir, Bursa, Adana gegenüber Istanbul - vielleicht zu stark - abfielen. Außerdem scheinen Standorte großer staatlicher Industriebetriebe wie Karabük, Kayseri, Nazilli, Malatya, Bursa als nicht angemessen präsentiert.

Nach den Definitionen der türkischen Industriestatistik unterschied sich das, was in der Türkei in der take-off-Phase als Industriebetrieb bezeichnet wurde - besonders wenn keine Maschinen eingesetzt waren - deutlich von dem, was in fortgeschrittenen Industrieländern zur gleichen Zeit als Industriebetrieb aufgefaßt wurde (R. STEWIG 1970, S. 83 ff.; R. STEWIG 1972, S. 22).

Was die montanen Ressourcen, die bergbaulichen Bodenschätze, angeht (N. SÜKÜN 1943; C. W. RYAN 1957/1960; R. BRINKMANN 1976), so hatte Anatolien in der Antike den Ruf des vielfältigen und schier unerschöpflichen Mineralienreichtums (S. SÖZERI 1955, S. 89; K. KANNENBERG 1897, S. 189; F. K. KIENITZ 1959, S. 89 f.). Krösus, letzter König von Lydien (560-545 vor Chr.) - der Inbegriff von Reichtum an Gold und Silber - war in West-Anatolien (Sardes, heute Ruinenstätte) zu Hause.

Für die Entwicklungsstufe der traditional society, die nur geringe Mengen von Erzen benötigte und verarbeiten konnte, mag dieser Ruf zutreffend gewesen sein.

Im Rahmen einer modernen Industriewirtschaft, in der große Mengen Rohstoffe und Energieträger verfügbar sein müssen und in der es auch auf kostengünstigen Abbau ankommt, ist die Situation der Türkei anders zu beurteilen: für industriellen Einsatz sind die mineralischen Vorkommen der Türkei, die montanen Rohstoffe und Energieträger, nach Vielfalt und Anzahl begrenzt (vgl. dagegen W. LAUERSEN et alii 1959, S. 17; W. UHRENBACHER 1957, S. 72 ff.).

Das Vorhandensein von Eisenerz und - verkokbarer - Steinkohle ist zwar keine unabdingbare, aber in wenig entwickelten Ländern eine ökonomisch notwendige Voraussetzung für die Entstehung einer Eisen- und Stahlindustrie.

In Anatolien waren und sind beide Ressourcen vorhanden, so daß die Türkei unter den in dieser Hinsicht schlecht ausgestatteten Mittelmeerländern und auch unter den benachbarten Staaten des Orients eine herausragende Position einnimmt.

In Anatolien soll es - nach C. W. RYAN (1957/60, S. 76) - über 600 Vorkommen von Eisenerz geben (Verbreitungskarten: C. W. RYAN 1957/60; A. GÜMÜS 1963). Wahrscheinlich wurde Eisenerz schon in frühgeschichtlicher, hethitischer Zeit, im 2. Jahrtausend vor Christi Geburt, in Anatolien abgebaut (C. W. RYAN 1957/60, S. 74).

Für einen im industriellen Rahmen verwertbaren Abbau kommen aber nur wenige Fundorte in Frage, hauptsächlich die Lagerstätte Divriği, im Übergangsgebiet von Inner- zu Ost-Anatolien (W. LAUERSEN et alii 1959, S. 44 ff.), die zur Eisenerzbasis der 1940 in Karabük entstandenen, staatlichen türkischen Eisen- und Stahlindustrie geworden ist.

Die Lagerstätte wurde 1937 bei Bauarbeiten der Bahnlinie Sivas-Erzincan entdeckt und von dem 1935 gegründeten, staatlichen Lagerstättenforschungs- und Explorationsinstitut (türk. Maden Tetkik ve Arama Enstitüsü, MTA) erschlossen. Es handelt sich um - was den Eisen-Gehalt angeht (65 %) - hochwertige Hämatit-Erze, die im Tagebau abgebaut werden können. In tieferen Lagen nimmt der Eisen-Gehalt ab und der Schwefel-Gehalt zu.

Bis 1950 war Divriği die einzige Eisenerz-Lagerstätte mit umfangreichem Abbau. Die Ausbeutung anderer Eisenerz-Lagerstätten im privatwirtschaftlichen Rahmen wurde erst nach 1950 in einigem Umfang aufgenommen, so im Hinterland des Küstengebietes von Edremit-Ayvalık in West-Anatolien (C. W. RYAN 197/60, S. 83), in den Räumen Kayseri und Kütahya, während andere Eisenerz-Fundstätten (Ankara, Muğla, Izmir, Eskişehir, Niğde, Iskenderun, Yozgat) einen geringeren Abbau aufzuweisen hatten (W. LAUERSEN et alii 1959, Tabelle S. 47). Die privatwirtschaftlich ausgebeuteten Eisenerz-Lagerstätten bedienten überwiegend den Export, besonders das Küstengebiet an der Ägäis mit Versandplatz Akçay bei Edremit, nur geringe Teile gelangten nach Karabük (W. LAUERSEN et alii 1959, S. 48; F. von BISMARCK-OSTEN 1951, S. 44; C. W. RYAN 1957/60, S. 76).

Auch Kupfererz weist innerhalb Anatoliens eine weite Verbreitung auf; nach C. W. RYAN (1957/60, S. 25) gibt es 415 Fundstellen. Kupfererz ist ebenfalls in Anatolien seit der Antike abgebaut worden.

Die größten Lagerstätten sind offenbar Ergani-Maden im Taurus-Gebirge, nordwestlich von Diyarbakır - mit einem Kupfergehalt bis 17 % (F. von BISMARCK-OSTEN 1951, S. 45) -, Murgul im nord-anatolischen Gebirge, südlich der Hafenstadt Hopa, unweit der Grenze zur ehemaligen Sowjet-Union, und Küre, ebenfalls im nord-anatolischen Gebirge, aber weiter westlich, südlich des Küstenortes Inebolu (C. W. RYAN 1957/60, S. 25).

Die Kupfererz-Gruben von Ergani-Maden, wo in spät-osmanischer Zeit das Erz am Ort selbst nur gereinigt und zum Schmelzen über große Entfernung durch Kamele nach Tokat gebracht wurde (K. F. KIENITZ 1959, S. 91), wie auch die Kupfergruben von Murgul, gingen in republikanischer Zeit in Staatsbesitz über.

Doch wurden die bedeutenden Kupfererz-Lagerstätten Anatoliens nicht zur Grundlage einer entsprechenden Industrie, sondern lieferten so gut wie vollständig für den Export (F. von BISMARCK-OSTEN 1951, S. 44).

Dies trifft auch auf die zahlreichen Chromerz-Lagerstätten in Anatolien zu; nach C. W. RYAN (1957/60, S. 131) soll es 349 geben, von denen aber um 1950 nur 22 - weitgehend im Tagebau und zum Teil privatwirtschaftlich - ausgebeutet wurden.

Die bedeutendste Lagerstätte war und ist die von Güleman, östlich von Ergani-Maden im Taurus-Gebirge - Förderung im Tagebau (F. von BISMARCK-OSTEN 1951, S. 45) -, danach folgen der Raum Fethiye an der südwest-anatolischen Ägäisküste - mit bis zu 44 % $Cr_2 O_3$-Gehalt - (W. LAUERSEN et alii 1959, S. 50) - Abbau unter Tage - und das Gebiet von Eskişehir (C. W. RYAN 1957/60, S. 132). Bei C. W. RYAN wurden auf mehreren Seiten (S. 132-138) die übrigen Chromerz-Lagerstätten beschrieben (vgl. W. LAUERSEN et alii 1959, S. 49 ff.).

Nachdem man seit spät-osmanischer Zeit Chromerz-Bergbau in Anatolien betrieben hat, erlebte der Export in der Zeit des Zweiten Weltkrieges - die bedeutende Lagerstätte von Güleman wurde in den 30er Jahren durch staatliche Exploration entdeckt und staatlicherseits ausgebeutet - einen bedeutenden Aufschwung, weil Chromerz zur Stahlveredelung für die Rüstungsproduktion nachgefragt wurde (F. von BISMARCK-OSTEN 1951, S. 44).

Doch ist die Chromerz-Förderung in der Türkei bis 1950 nicht zur Grundlage industrieller Verwertung geworden; die gesamte Förderung ging in den Export (W. LAUERSEN et alii 1959, S. 53).

Zwar gab und gibt es zahlreiche weitere Lagerstätten metallischer und nicht-metallischer Mineralien in der Türkei (C. W. RYAN 1957/60), aber auch sie führten nicht zu industrieller Verarbeitung im Lande; doch wurden einige schon seit osmanischer Zeit einer handwerklichen Verwertung zugeführt - so Meerschaum zum Schnitzen von Figuren oder Pfeifenköpfen aus Fundstätten im Raum Eskişehir.

Manganerz, das der Stahlveredelung dient, setzte man in der türkischen Eisen- und Stahlindustrie kaum ein, es ging jedoch in den Export; die Fundstätten lagen im Raume Ereğli-Devrek in der Provinz Zonguldak (W. LAUERSEN et alii 1959, S. 57); beim Wolframerz, in über 2.000 m Höhe am Uludağ bei Bursa entdeckt, wurde noch nicht einmal die Förderung aufgenommen (W. LAUERSEN et alii 1959, S. 58 f.).

Bleierz, auch in Kombination mit Silber, gibt es zwar an zahlreichen Fundstellen Anatoliens - so im Gebiet von Gümüşane (dt. Silberhaus) südlich von Trabzon, bei Merzifon östlich von Ankara, bei Keban am Euphrat nordöstlich von Sivas; es wurde in spät-osmanischer Zeit abgebaut (F. K. KIENITZ 1959, S. 91) - aber selbst bei den bedeutenden Bleierz-Gruben von Balya-Maden westlich von Balıkesir in Nordwest-Anatolien trat Erschöpfung ein, so daß sie 1938 geschlossen wurden (C. W. RYAN 1957/60, S. 3).

Der Abbau von Borax/Pandermit (nach dem Ausfuhrhafen Bandırma am Marmara-Meer) kam durch die große Entwicklung der Borax-Förderung in U.S.A. (in Kalifornien) in den 30er Jahren zum Erliegen (M. W. THORNBURG et alii 1949, S. 104).

Nur die Gewinnung von Schwefel in Keçiborlu im Raum Isparta-Burdur in der südwest-anatolischen Seen-Region hat zu einer kleinen industriellen Anlage (Schwefelsäurefabrik) 1935 Anlaß gegeben (M. W. THORNBURG et alii 1949, S. 103; F. W. KIENITZ 1959, S. 112).

Ein günstigeres Bild - im Hinblick auf industrielle Nutzung - boten die agraren Ressourcen der Türkei.

Der Baumwollanbau in den bewässerbaren Flußebenen West- und Süd-Anatoliens (Çukurova), der in spät-osmanischer Zeit in bedeutendem Umfang dem Export zur Verarbeitung der Rohbaumwolle in der englischen Baumwollindustrie im Raum Manchester gedient hatte, konnte - bei weitergehender Export- und Produktionssteigerung - zur Grundlage einer eigenen türkischen Baumwollindustrie werden, mit staatlichen, großen Baumwollfabriken in West-Anatolien und anderen Teilen Anatoliens, und privatwirtschaftlichen, kleinen Baumwollfabriken, besonders in der Çukurova (V. HÖHFELD 1987, S. 37 ff.).

Auch die umfangreiche Schafhaltung in Anatolien stellte die potentielle Basis einer türkischen Wollindustrie dar. Jedoch war die kurzfaserige Rohwolle der anatolischen Schafrassen im Rahmen industrieller Verarbeitung mehr für Teppichherstellung als für Wollstoffe geeignet. Auf einem staatlichen Mustergut bei Bursa (Karacabey) versuchte man deshalb durch Einkreuzung von Merino-Schaf-Rassen die Qualität zu steigern (R. STEWIG 1970, S. 97; R. STEWIG 1972, S. 37).

Dagegen war durch die Kriegseinwirkungen im türkischen Unabhängigkeitskrieg von 1919 bis 1922, durch die Zerstörung der Maulbeerpflanzungen in Nordwest-Anatolien - die Maulbeerblätter dienten der Fütterung der Seidenraupen - die Rohstoffgrundlage der in spät-osmanischer Zeit blühenden Seidenspinnereien in Bursa stark geschmälert, so daß - im privatwirtschaftlichen, türkischen Rahmen - nur ein bescheidener industrieller Neuaufbau einsetzen konnte (R. STEWIG 1970, S. 137 f., S. 100 ff.).

Drei weitere agrare Produktionsausrichtungen, Zuckerrüben, Tee, Tabak, wurden in der Phase von 1920 bis 1950 zur Rohstoffbasis von industrieller Produktion in der Türkei, eine davon, Tabak, mit Vorläufern in spät-osmanischer Zeit.

Auf den Zuckerrübenanbau als staatlich gelenkte und geförderte Innovationskultur in verschiedenen Teilräumen des Landes, in Thrakien, im Übergangsgebiet von West- zu Inner-Anatolien und im mittleren Nord-Anatolien, mit der Schaffung der Zuckerrübenfabriken in Alpullu in Thrakien, 1926, in Uşak, 1926, in Eskişehir, 1932, und in Turhal bei Tokat, 1933 - alle an Bahnlinien -, ist bereits eingegangen worden (G. KORTUM 1982, S. 27).

Auch die Gründung einiger Teefabriken im Produktionsgebiet der Innovationskultur Tee im östlichen Schwarz-Meer-Gebiet (E. WINKLER 1963) wurde schon erwähnt.

Dagegen war der umfangreiche Tabakanbau in Anatolien, im (westlichen) Schwarz-Meer-Gebiet, im Marmara-Gebiet und im Ägäis-Gebiet (F. von BISMARCK-OSTEN 1951, S. 35) keine Innovationskultur und hatte schon in osmanischer Zeit durch die damals französische „Tabakregie" zur Errichtung von Zigarettenfabriken im Produktionsgebiet und im Absatzgebiet Istanbul Anlaß gegeben.

Der Übergang der in osmanischer Zeit ausländlich dominierten Tabakwirtschaft in staatlichen türkischen Besitz und die nach dem Ersten Weltkrieg steigende Nachfrage nach türkischen Orienttabaken führte zwar zu einer Tabak-Produktionserhöhung im ländlichen Raum der Türkei, verbunden mit zunehmendem Export von Roh-Tabak (F. von BISMARCK-OSTEN 1951, S. 35 f:), aber zu keinem bedeutenden Ausbau der türkischen Tabakindustrie, für die der türkische Staat das Monopol besaß (T. G. A. MUNTZ 1950, S. 177).

Die Anfänge einer vom Staat geregelten Forstwirtschaft in der Türkei nach Gründung der türkischen Republik, das in Nord-Anatolien vorhandene Feuchtwald-Potential und der Holzeinschlag - vor 1950 - zu 50 % in einer einzigen Provinz in Nord-Anatolien (Bolu) (R. STEWIG 1972, S. 28) -, erbrachten Möglichkeiten zur Schaffung einer staatlichen türkischen Papierindustrie, mit Standort Izmit, zwischen den Hauptabsatzgebieten Istanbul und Ankara und benachbart zu dem Holz-Liefergebiet Bolu (R. STEWIG 1969, S. 275 f.).

Dagegen blieb das fischereiwirtschaftliche Potential im Küstenraum Nordwest-Anatoliens, bedingt durch die jahreszeitliche Wanderung der Fischschwärme durch die Meerengen Dardanellen und Bosporus zu den Laichplätzen an der anatolischen Küste des Schwarzen Meeres, zum Aufbau einer Fischkonserven-Industrie vor 1950 ungenutzt (R. STEWIG 1972, S. 29).

Überblickt man die montan-, agrar-, forst- und fischereiwirtschaftlichen Ressourcen der Türkei insgesamt, so kann behauptet werden, daß vielfältige Grundlagen für eine autarke, industriewirtschaftliche Inwertsetzung in der Türkei vorhanden waren, wenn nur die notwendigen sozialstrukturellen und wirtschaftspolitischen Rahmenbedingungen geschaffen werden konnten.

Die Entstehung einer modernen Industriewirtschaft setzt die Bereitstellung von Energie zum Antrieb der für die Produktion erforderlichen Maschinen voraus.

Was den Verbrauch von Primär-Energieträgern angeht, zeigte sich - selbst 1950 noch - die Struktur einer traditional society in der Türkei.

So erreichte die Verwendung von getrocknetem Dung (türk. tezek) als Heizmaterial im ländlichen Raum (N. TUNÇDILEK 1955) 1950 einen (etwas) höheren Wert (gleichbedeutend mit 2,4 Mio. Tonnen Steinkohle) als die Steinkohle selbst (2,3 Mio. Tonnen), während auf Braunkohle der Gegenwert von 540.000 Tonnen Steinkohle, auf Wasserkraft der Gegenwert von 15.000 Tonnen Steinkohle, auf Erdöl (Petroleum) der Gegenwert von 730.000 Tonnen Steinkohle und auf Holz der Gegenwert von 1,6 Mio. Tonnen Steinkohle entfielen (F. I. KARAYAZICI 1961). Dung und Holz waren also in der wirtschaftlich dominierenden Agrarwirtschaft im ländlichen Raum um 1950 noch immer das wichtigste Heizmaterial; zur Beleuchtung gab es im ländlichen Raum Petroleum-Lampen (Verbreitungskarte des türk. tezek bei W.-D. HÜTTEROTH 1982, S. 398; vgl. S. 400).

Mit einer derartigen Struktur des Energieverbrauchs befand sich das Land in dieser Hinsicht noch sehr auf der Stufe der traditional society.

Dennoch waren und sind auch bei den Primär-Energieträgern günstige Voraussetzungen für industriewirtschaftliche Nutzung in der Türkei gegeben, vor allem durch das Vorhandensein von Steinkohle (E. WINKLER 1961; R. J. H. PATIJN 1954; H. Y. YIGITGÜDEN 1984; Ü. IPEKOĞLU, M. KEMAL 1985; H. KÖSE 1988; Th. NICHOLS, E. KAHVECI 1995; F. I. KARAYAZICI 1961; C. W. RYAN 1957/60, S. 50 ff.; N. SÜKÜN 1943, S. 21 ff.; M. D. RIVKIN 1965, S. 144 ff.) und Braunkohle.

Das Haupt-Steinkohlenrevier der Türkei befindet sich in einer extrem peripheren Lage zum Gesamtraum des Landes, in der Provinz Zonguldak, im stark zertalten Bergland des nord-anatolischen Randgebirges am Schwarzen Meer und gliedert sich in mehrere Unterbezirke (Armutçuk-Kandilli, Kozlu, Üzülmüz, Gedik; E. WINKLER 1961, S.

40 ff.); auch außerhalb, aber in der Nähe, treten Steinkohlevorkommen auf (Verbreitungskarten bei E. WINKLER 1961, S. 36; R. J. H. PATIJN 1954, S. 1659, dort auch zur geologischen Einordnung).

Die türkische Steinkohle im Gebiet von Ereğli-Zonguldak weist, was den Heizwert angeht (6.800 - 8.000 Cal), eine gute Qualität auf und ist mit der Saarkohle verglichen worden (E. WINKLER 1961, S. 39). Diese Steinkohle wird zwischen Gaskohle und Flammkohle (W. LAUERSEN et alii 1959, S. 60) eingeordnet und ist gut verkokbar, d. h. für den Einsatz in Hochöfen - in Form von Koks - geeignet und bringt mit dieser Qualität eine günstige Voraussetzung für die Verwendung in der Eisen- und Stahlindustrie mit sich.

Allerdings ist der Asche-Anteil mit 14 % relativ hoch, so daß die Roh-Kohle vor ihrer Weiterverwendung gewaschen werden muß (E. WINKLER 1961, S. 39).

Die Lagerungsverhältnisse der türkischen Steinkohle sind kompliziert, was sich in einer Erschwerung des Abbaus auswirkt. Die Flöze - ihre Zahl soll um 50 betragen - sind lagerungsmäßig durch Faltungen und Verwerfungen des umgebenden Gesteins stark gestört, bisweilen sogar senkrecht gestellt (E. WINKLER 1961, S. 38).

Es gibt in dem stark zertalten nord-anatolischen Bergland im Raum Ereğli-Zonguldak zwar einige oberflächliche Ausbisse der Steinkohle, die früh, wahrscheinlich schon vor dem 19. Jahrhundert in begrenztem Umfang zum Abbau der „brennbaren Steine" geführt haben, die Masse der Steinkohle aber lagert in der Tiefe, so daß Unter-Tage-Abbau notwendig ist. Horizontale Stollen von der Talsohle aus und auch die Kombination von Schächten und Stollen mußten geschaffen werden. Das machte Ausbauten notwendig. Dazu konnte Grubenholz (E. TÜMERTEKIN 1954) aus den (Feucht)-Wäldern der näheren Umgebung angeliefert werden (E. WINKLER 1961, S. 45), ein Teil wurde jedoch importiert.

Die Gewinnung der Steinkohle im Raum Ereğli-Zonguldak spielte schon in spät-osmanischer Zeit eine bedeutende Rolle im Wirtschaftsleben (E. WINKLER 1961, S. 29 ff.; Tabelle der Förderung 1865-1961 bei E. WINKLER 1961, S. 60), wurde damals von ausländischen Gesellschaften, zuletzt einer französischen Gesellschaft, bewerkstelligt, die nach 1923 im Laufe mehrerer Jahre, von 1937 bis 1940, verstaatlicht wurde, wobei die Entschädigung für die Enteignung durch Kohlelieferungen erfolgte; seitdem besitzt der türkische Staat das Monopol der Steinkohleförderung (E. WINKLER 1961, S. 33 f.).

Ein besonderes Problem stellten und stellen die Arbeitskräfte dar, ein Problem, das sich mit der zunehmenden Zahl der Beschäftigten - von 1934 13.600 auf 1950 27.000 (E. WINKLER 1961, S. 49 f.) - noch vergrößerte. Es ist das Problem der Wechselgruppenarbeiter, weil es nicht gelang, einen ständig beschäftigten Stamm von Bergarbeitern - geschweige denn von Bergmännern mit einem entsprechenden Ethos - heranzubilden (E. WINKLER 1961, S. 51 ff.). Vielmehr ist es die Bevölkerung des ländlichen Raumes - in erster Linie der Umgebung, aber saisonale Fern-Arbeiter-Wanderungen kamen hinzu -, die im turnusmäßigen Austausch alle 20 bis 40 Tage in mehreren Gruppen die Arbeitskräfte stellte (E. WINKLER 1961, S. 53). Praktisch blieben die Wechselarbeiter (land-)wirtschaftlich und mental im ländlichen Raum verankert, suchten nur eine zusätzliche Einkommensquelle durch Tätigkeit im Bergbau.

Daraus - und durch die hohe Fluktuation der Beschäftigten (Z. Y. HERSHLAG 1958, S. 296) - ergab sich der Zwang zu immer neuem Einweisen und Anlernen der Beschäftigten. Da der Abbau in der Phase bis 1950 noch ohne maschinelle Hilfen vorgenommen wurde, praktisch mit Schlägel und Eisen, lag die Arbeitsleistung pro Mann und Schicht sehr niedrig, 1938 bei 470 kg (Z. Y. HERSHLAG 1958, S. 129), 1946 bei 510 kg (M. W. THORNBURG et alii 1949, S. 97), während im Jahr 1938 in Großbritannien 1.150 kg und in U.S.A. 4.370 kg pro Mann und Schicht erzielt wurden (Z. Y. HERSHLAG 1958, S. 129).

Infolge des Systems der Wechselgruppenarbeit stand die staatliche türkische Steinkohlen-Bergbaugesellschaft unter dem Zwang, Unterkünfte und weitere Einrichtungen zur sozialen Betreuung (Sicherheitswesen, Gesundheitsdienst, Nahrungsmittelversorgung, Freizeitmöglichkeiten) zu unterhalten (E. WINKLER 1961, S. 57 ff.), die naturgemäß die Produktion verteuerten.

In dem Maße, wie es in der Phase zwischen 1920 und 1950 zum Aufbau einer Industriewirtschaft und zum Ausbau des damals noch eisenbahn-orientierten Verkehrswesens kam, verminderte sich - trotz steigender Förderung - der Export von Steinkohle (E. WINKLER 1961, S. 66) - wozu die auf dem Weltmarkt nicht konkurrenzfähigen, hohen Kosten beigetragen haben dürften.

Anfang der 50er Jahre ging die Steinkohlen-Förderung der Türkei zu 26 % an die Staatseisenbahn, zu 20 % an die Eisen- und Stahlindustrie in Karabük, zu 22 % an - überwiegend kommunale - Elektrizitäts- und Gaswerke, zu 8 % an Industriebetriebe (außer der Eisen- und Stahlindustrie), zu 6 % an die Schiffahrt und zu etwa 10 % in den Hausbrand (E. WINKLER 1961, S. 65).

Die Steinkohle stellte in der ersten Phase des take-off in der Türkei die Grundlage der Energieversorgung - außerhalb der Landwirtschaft - dar.

Während die Steinkohlevorkommen in der Türkei - bis auf einige wenige, unbedeutende Lagerstätten (W. LAUERSEN et alii 1959, S. 61 f.) - auf einen kleinen Teilraum der Peripherie Anatoliens konzentriert sind, lassen die Braunkohle-Lagerstätten in der Türkei eine außerordentliche räumliche Streuung, fast über das ganze Land, erkennen.

Für das Marmara- und Ägäis-Gebiet allein hat C. W. RYAN (1957/60, S. 152-172) 355 Fundstellen aufgelistet (vgl. W. LAUERSEN et alii 1959, S. 63).

Diese weite Verbreitung und die vielfachen oberflächlichen Ausbisse der Braunkohle lassen zwar einen begrenzten, privaten Abbau zur Stärkung der Hausbrand-Versorgung im ländlichen Raum zu, aber für einen Abbau in großem, industriellem Stil kamen, zum Teil im Tagebau, zum Teil unter Tage (W. LAUERSEN et alii 1959, S. 64), nur wenige Stellen in Frage, und zwar bei Tunçbilek, westlich von Kütahya, und bei Soma, nördlich von Manisa, an der Bahnlinie Izmir-Bandırma - beide in West-Anatolien (W. LAUERSEN et alii 1959, S. 64 f.; vgl. F. W. KIENITZ 1959, S. 98). Auch im südlichen West-Anatolien, bei Söke, ist eine ergiebige Fundstelle vorhanden (W. C. RYAN 1957/60, S. 157 ff.).

Die Braunkohle, mit zwar geringerem Heizwert, stellt - auch durch ihre räumliche Verbreitung - eine weitere bedeutende Energiegrundlage der Türkei dar, die sich Ende der 40er Jahre für den Abbau im großen Stil zur Nutzung in thermischen Kraftwerken anbot (M. W. THORNBURG et alii 1949, S. 99 f.).

Beim Erdöl - als Primär-Energieträger - befindet sich die Türkei, verglichen mit den Nachbarländern Iran und Irak, in einer ungünstigen Situation.

Der erdölhöffige persisch-arabische Trog - die Fortsetzung des persisch-arabischen Golfes nach Nordwesten, der Kuwait, Iran und Irak zu reichen Ölquellen verholfen hat -, erreicht das Territorium der Türkei als Ausläufer nur im äußersten Südosten, in extrem peripherer Lage zum Staatsgebiet.

Durch die vom Staat vorangetriebene Prospektion hat man Ende der 40er Jahre das türkische Ölfeld von Ramandağ entdeckt (C. W. RYAN 1957/60, S. 173 ff.; F. von BISMARCK-OSTEN 1951, S. 47; S. SÖZERI 1955, S. 92 ff.), aus dem man Anfang der 50er Jahre, als man daran ging, im benachbarten Batman eine Raffinerie zu bauen, etwa 4.000 t Rohöl im Jahr förderte und damit etwa 10 % des Inlandbedarfs deckte (S. SÖZERI 1955, S. 94; F. von BISMARCK-OSTEN 1951, S. 46).

Der Bestand an Kraftfahrzeugen war damals in der Türkei noch relativ niedrig, aber zunehmend; er stieg von 10.200 (Lastwagen, Autobusse und Personenkraftwagen) 1946 auf 26.400 1950 (S. SÖZERI 1955, S. 100). So erhöhte sich der Import von flüssigen Treibstoffen, für die Devisen aufgebracht werden mußten, von 1949 477.000 t auf 1953 1.060.000 t (S. SÖZERI 1955, S. 93 - Anmerkung). Die Verkehrserschließung des Landes über Straßen und durch Kraftfahrzeuge bahnte sich an.

Ende der 40er Jahre tat sich in der Türkei eine einschneidende Energieknappheit auf. M. W. THORNBURG (et alii 1949, S. 133) berichtete, daß in Istanbul, Ankara und Izmir die elektrisch betriebenen Omnibusse zum Stillstand kamen, wenn abends die Haushalte das Licht anschalteten. So ging man Ende der 40er Jahre daran, die Gewinnung von Wasserkraft auszubauen, verbunden mit der Regulierung der Abfluß-Regime (H. INANDIK 1960), mit Talsperrenbau und Bewässerungswirtschaft (A. TANOĞLU 1959; F. SENTÜRK 1959; F. K. KIENITZ, S. 79). Es bestand und besteht eine Gunstsituation der orographischen und hydrographischen Ausstattung des Landes.

Der Kranz der Randgebirge in Nord-, West-, Süd- und der besonders hoch aufragenden Gebirge in Ost-Anatolien funktioniert als Regenfänger. Von den nach außen gerichteten türkischen Flüssen, Sakarya, Kızılırmak, Yeşilırmak, Çoruh im Norden, Büyük Menderes, Küçük Menderes, Gediz, Bakır im Westen, Seyhan, Ceyhan (in der Çukurova), Euphrat (türk. Fırat) und Tigris (türk. Dicle) im Südosten, durchbrechen mehrere in engen Tälern, die sich für Talsperrenbauten anbieten, mit starkem Gefälle die Gebirge (vgl. F. K. KIENITZ 1959, S. 98).

So begann man nach dem Zweiten Weltkrieg - verstärkt nach 1950 - mit dem Staudamm- und Talsperrenbau zur Gewinnung von elektrischer Energie (W. LAUERSEN et alii 1959, S. 25).

Der Sekundär-Energieträger E-Strom wurde 1952 in der Türkei zu 65 % aus Steinkohle, zu 16 % aus Braunkohle, zu 8 % aus Erdöl und zu 5 % aus Wasserkraft erzeugt (S. SÖZERI 1959, S. 96). Für 1945 gaben M. W. THORNBURG et alii (1949, S. 274, Tab. 26) noch Steinkohle mit 78 %, Braunkohle mit 10 %, Wasserkaft mit 4 %, Erdöl mit 4 % und Holz mit 2 % an.

Zur Verwendung von Steinkohle bei der Elektrizitätsgewinnung wurde 1948/50 das große thermische Kraftwerk Çatalağzı im Steinkohlenrevier von Ereğli-Zonguldak errichtet und in Betrieb genommen (E. WINKLER 1961, S. 47).

Anfang der 50er Jahre wurde - zur Gewinnung von elektrischer Energie durch Wasserkraft - der Bau der Staudämme Sariyar am Sakarya und Demirköprü am Gediz vollendet (C. GARBRECHT 1962), außerdem eine Reihe kleinerer Kraftwerksanlagen an Flüssen (S. SÖZERI 1959, S. 96; H. KLEINSORGE 1961).

Überwiegend hat man elektrische Energie - bis 1950 - noch lokal erzeugt und verbraucht. Die Karte (3) bei W. LAUERSEN et alii 1959, die den Zustand um 1950 und die damals bestehende Planung der Elektrizitätswirtschaft in der Türkei aufzeigt, läßt die lokale Standortorientierung der Elektrizitätswerke in der Türkei - ohne Ansatz zur Netzbildung - klar erkennen, während im Verkehrswesen in der Phase zwischen

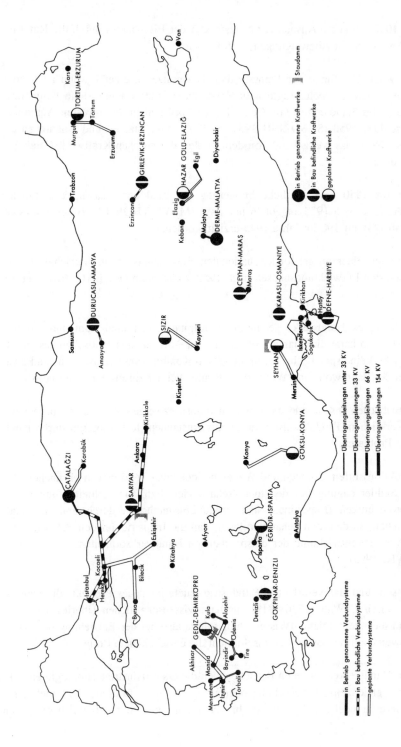

Abb. 31: Elektrizitätswirtschaft in der Türkei, Stand und Planung 1950
Quelle: W. LAUERSEN et alii 1959, Karte 1)

1920 und 1950 schon ein Ausbau zur Netzstruktur der Eisenbahn - durch die Ringlinie in Inner-Anatolien mit Abzweigungen - erfolgt war.

Immerhin zeigte der Stand der Planung damals Ansätze zu einer - wenn auch noch nicht landesweiten, so doch - regionalen Netzbildung, und zwar im Raum Izmir unter Einschaltung des Staudammes von Gediz-Demirköprü und im Nordwesten Anatoliens durch Anschluß, 1952 (S. SÖZERI 1959, S. 97) , von Istanbul und Ankara an ein (regionales) Netz, das weitgehend von dem großen thermischen Kraftwerk Çatalağzı gespeist wurde.

Auch war bis 1950 eine deutliche Steigerung der Zahl der lokalen, kommunalen Elektrizitätswerke von 1923 angeblich nur zwei (M. W. THORNBURG et alii 1949, S. 272, Tab. 23) auf 190 im Jahre 1945 erzielt worden.

Die Entstehung einer ausgreifenden nationalen Elektrizitätsverbundwirtschaft in der Türkei blieb den Entwicklungsphasen nach 1950 vorbehalten (W. LAUERSEN et alii 1959, Karte 2).

Was den Komplex Handwerk, Technologie, Kapital, Unternehmertum und Arbeitskräfte betrifft, so hatte die - lange - Phase des take-off auf den Britischen Inseln (R. STEWIG 1995) eine spezifische Ausprägung und Kombination aufzuweisen, und zwar sowohl bei der Baumwoll- und Wolltextil- als auch bei der Eisen- und Stahlindustrie.

Auf den Britischen Inseln sind diese beiden Industriezweige - die ersten überhaupt - aus handwerklichem Produktionsniveau heraus entstanden, technologisch durch handwerkliches Probieren.

Alle Produktionsstufen, Spinnen und Weben bei den zwei Textilindustriebranchen, Eisen- und Stahlerzeugung bei der metallschaffenden Industrie, erhielten innovative Produktionstechniken (Maschinen) und Produktionsmethoden durch und in Handwerksbetrieben, so daß man behaupten kann, daß die Industrie auf den Britischen Inseln durch Weiterentwicklung der entsprechenden Handwerksbranchen entstanden ist (R. STEWIG 1995).

Erst die eisen- und stahlverarbeitende Industrie leitete ihr neues Produkt, die Dampfmaschine, durch J. Watt (1736-1819) aus naturwissenschaftlichen Überlegungen ab. Anwendungsbezogene (Natur-)Wissenschaft spielte also bei der Entstehung der ersten Industriezweige auf den Britischen Inseln nicht die entscheidende Rolle.

Die frühen Handwerker, in deren Betrieben sich die erste Industrietechnologie entwickelte, waren gleichzeitig Unternehmer oder arbeiteten im Auftrag von Unternehmern, die der Sparte Handel angehörten. Sie brauchen angesichts der anfänglich einfachen

Produktionsmaschinen noch nicht über besonders viel Kapital zu verfügen, um einen Industriebetrieb zu finanzieren.

Auch gab es anfänglich auf den Britischen Inseln keine geschulten Arbeitskräfte in den ersten Industriebetrieben; die notwendige Ausbildung der Beschäftigten zur Bedienung und Überwachung der Maschinen und Produktionsmethoden erfolgte in den frühen Industriebetrieben selbst.

Eine vergleichbare Situation bzw. Kombination von Handwerk, Technologie, Kapital und Unternehmertum bestand in der ersten Phase des take-off in der Türkei nicht; dennoch führte die Entwicklung zu vergleichbaren Ergebnissen: der Entstehung einer Baumwoll- und Wolltextilindustrie und einer Eisen- und Stahlindustrie in der ersten Phase des take-off in der Türkei - ein deutlicher Hinweis auf die Möglichkeit konvergenztheoretischer Erklärung von Industrialisierungsprozessen in Industrie- und Entwicklungsländern.

Die sozio-ökonomisch-gesellschaftliche Ausgangssituation des Industrialisierungsprozesses in der Türkei nach 1920 war eine völlig andere als die auf den Britischen Inseln in der ersten take-off-Phase.

Von den zahlreichen kleinen Handwerksbetrieben in den Basaren der türkischen Städte, die mental und organisatorisch - in Branchen - traditionell verhaftet, außerdem mit wenig Kapital ausgestattet waren, konnte man nicht erwarten, daß Impulse zu technischen Neuerungen und neuen Produktionsmethoden ausgingen (S. SÖZERI 1955, S. 79 f.).

Handwerker im ländlichen Raum, die - wie auf den Britischen Inseln - in den Schürfgebieten der Erze neue Verhüttungsmethoden entwickelten, gab es in Anatolien nicht.

Der nicht-muslimischen Bevölkerungsgruppen der Armenier, Griechen und Juden, die über unternehmerische Initiative und ein gewisses Kapital verfügten, war die Republik Türkei - bis auf geringe Reste, hauptsächlich in Istanbul - vor, während und nach dem Ersten Weltkrieg verlustig gegangen.

Angesichts der wenig umfangreichen industriellen Entwicklung in der Spätzeit des Osmanischen Reiches gab es auch so gut wie kein technisch und kaufmännisch geschultes Personal, das bei Neuansätzen der Industrialisierung hätte zur Verfügung stehen können.

So stellt sich die Frage, wo die technischen und menschlichen Ressourcen für den industriewirtschaftlichen Anfang herkommen sollten.

Was die Technologie der ersten wirklichen Industriebranchen in der Republik Türkei betrifft, die Baumwoll- und Wolltextilindustrie und die Eisen- und Stahlindustrie, so brauchte - bildlich gesprochen - das Rad nicht noch einmal erfunden zu werden: die notwendige Technologie war in den in der industriegesellschaftlichen Entwicklung fortgeschrittenen Industrieländern vorhanden.

So zeichnete sich die Industriewirtschaft der Türkei in der ersten Phase des take-off nicht durch technische Neuentwicklungen aus, sondern durch Übernahme der Technologie der Industrieländer.

Dabei erwies es sich als notwendig, ausländische Experten zu beschäftigen. Für das Eisen- und Stahlwerk in Karabük stammten die ersten Entwürfe von der deutschen Firma Krupp, die englische Firma Brassert führte den Bau, die Einrichtung und die In-Betrieb-Nahme durch (W. LAUERSEN et alii 1959, S. 33; S. SÖZERI 1955, S. 86 ff.; M. W. THORNBURG et alii 1949, S. 109).

Türkisches Personal wurde im Laufe der Zeit im Betrieb selbst ausgebildet. Trotz gesetzgeberischer Maßnahmen der Republik Türkei gegen die Beschäftigung von Ausländern, 1927 und 1932, (Z. Y. HERSHLAG 1958, S. 292) - infolge der Erfahrungen durch personale Überfremdung in der Spätzeit des Osmanischen Reiches - wurde die Beschäftigung von Ausländern in begrenztem Umfang - nicht nur im industriellen Bereich - zwingend.

Die Finanzierung der neuen - staatlichen - Industriebetriebe in der Türkei wickelte man, als Folge der Devisenknappheit, meist durch Kompensationsgeschäfte - Ware gegen Ware - ab, also praktisch durch Tauschhandel, so die Einrichtung des großen staatlichen Textilkombinats in Kayseri, 1935, mit sowjetischen Krediten, die mit Warenlieferungen abgedeckt wurden (Z. Y. HERSHLAG 1958, S. 27, S. 122).

Privates ausländisches Kapital war - nach den Erfahrungen mit der finanziellen Überfremdung durch die Kapitulationen im Osmanischen Reich, die in der Spätzeit des Reiches überhand genommen hatten, und aufgrund der Bemühungen um Autarkie in der Wirtschaft - beim Aufbau der Türkei kaum zugelassen (M. HIÇ, 1980).

Soweit es zur Entstehung eines türkischen Unternehmertums nach 1923 kam, rekrutierten sich - nach der Untersuchung von A. P. ALEXANDER (1960, S. 351 f.) - deren Angehörige in erster Linie aus dem Bereich des Handels, erst in zweiter und dritter Linie aus den Bereichen der Landwirtschaft und des Handwerks (auch M. SINGER 1977, S. 65).

Die 1942 eingeführte Vermögenssondersteuer (türk. Varlık Vergisi), die nicht nur von den verbliebenen nicht-muslimischen Minderheiten erhoben wurde, sondern auch von der muslimisch-türkischen Bevölkerung (F. ADANIR 1995, S. 77), verkleinerte die einheimische Kapitaldecke und damit die Finanzierungsmöglichkeiten von Industriebetrieben durch einheimisches privates Kapital (R. W. KERVIN 1951).

Soweit nicht die nach 1923 entstandenen Industriebetriebe selbst durch Ausbildung ihr Personal qualifizierten, hat der türkische Staat durch Ausbau sowohl des allgemeinen Schulwesens auf verschiedenen Ebenen als auch durch Schaffung spezieller Einrichtungen, Gewerbe- und Handelsschulen (F. K. KIENITZ 1959, S. 69 ff.), zur Herausbildung technisch und kaufmännisch geschulten Personals beigetragen.

Was die räumliche Verbreitung der menschlichen Ressourcen in der Türkei nach 1923 angeht, so ballten sie sich - infolge der politischen, ökonomischen und raumstrukturellen Vorentwicklungen im Osmanischen Reich - so gut wie vollständig im Raum Istanbul zusammen (E. TÜMERTEKIN 1960, Karten S. 63 f.).

Wie konnte bei dieser desolaten Ausgangslage der Industrialisierungsprozeß in der Türkei in Gang gebracht werden?

Von M. W. THORNBURG (et alii 1949, S. 33) ist behauptet worden, daß der privatwirtschaftlichen Industrialisierung kein engl. fair trial gegeben worden sei; die etatistische, staats- und planwirtschaftliche Industrialisierungspolitik habe 1933 voll eingesetzt, ehe die Privatwirtschaft an den Start gegangen sei.

Diese Auffassung ist sachlich nicht gerechtfertigt. Abgesehen davon, daß sie die schwierige Ausgangslage nicht genügend in Rechnung stellt (so auch F. K. KIENITZ 1959, S. 114, Anmerkung), ist nach 1923 durchaus versucht worden, die privatwirtschaftliche Entstehung von Industrie zu fördern. Im Wirtschaftskongreß von Izmir 1923 - nur ein Jahr nach der Rückeroberung der Stadt im Freiheitskrieg - war festgelegt worden, daß der Staat das Privatunternehmertum fördern und durch Gründung einer Bank die Bereitstellung von Krediten für die Industrie bewerkstelligen sollte.

So kam es schon 1924 zur Gründung der Arbeitsbank (türk. Iş Bankası, bei F. ADANIR 1995, S. 47 übersetzt mit Geschäftsbank; so auch St. J. SHAW, E. K. SHAW 1977, S. 390), die entsprechende Aufgaben auf landesweiter Ebene zu übernehmen hatte (F. K. KIENITZ 1959, S. 102 f.).

Mit der Gründung einer weiteren Bank, 1925, der Industrie- und Bergbaubank (türk. Türk Sanayi ve Maadin Bankası) deutete sich die Organisationsform der - staatlichen - Industrieförderung an, die nach 1933 noch weiter ausgebaut werden sollte (F. K. KIENITZ 1959, S. 103).

Diese Bank übernahm die aus osmanischer Zeit bestehenden Industriebetriebe, die

Gerberei und Schuhfabrik in Beykoz am Bosporus, die Weberei und Tuchfabrik in Defterdar am Goldenen Horn, die Baumwollspinnerei und -weberei in Bakırköy (alle in Istanbul) und die Baumwollspinnerei und -weberei in Hereke am Golf von Izmit, außerdem kleinere Spinnereien in Bünyan bei Kayseri und in Isparta (F. K. KIENITZ 1959, S. 103).

Damit war ein Grundstock von staatlichen Industriebetrieben der neuen türkischen Republik entstanden, auch wenn die Arbeitsbank privatrechtlich die Form einer Aktiengesellschaft angenommen hatte. Hinzu kamen 1926 die Zuckerfabriken von Alpullu und Uşak, 1933 von Eskişehir, 1939 von Turhal bei Tokat.

Aber noch 1927 wurde mit dem Gesetz zur Förderung der Industrie (türk. Teşvik-i Sanayi Kanunu) auf die Entstehung privatwirtschaftlicher Industriebetriebe gesetzt, und zwar durch Bereitstellung von Grund und Boden, Befreiung von Steuern, Einfuhrerleichterungen, Tarifvergünstigungen und Prämienzahlungen (F. K. KIENITZ 1959, S. 105; St. J. SHAW, E. K. SHAW 1977, S. 390).

Es war eine Zeit, in der - bis 1929 - die Vereinbarungen des (Friedens-)Vertrages von Lausanne von 1923 galten, wonach der neue türkische Staat noch keine vollständige Finanzhoheit erlangt hatte, d. h. vor 1929 noch keine protektionistische Schutz-Zollpolitik für seine junge Industrie betreiben, nur Subventionen gewähren konnte (F. K. KIENITZ 1959, S. 105, S. 107).

Offenbar sind damals auch einige privatwirtschaftliche Industriebetriebe entstanden, so die Zementfabriken von Zeytinburnu (Istanbul) 1928, von Ankara 1929 - dort vollzog sich ein umfassender Stadtaufbau (A. CUDA 1939) - und Kartal am Golf von Izmit 1930 (F. K. KIENITZ 1959, S. 106).

Einige Fehlschläge bei Industriebetriebsgründungen - wegen zu hochgesteckter Ziele - fielen auch in die damalige Zeit, so der Versuch einer Automontagefabrik (Ford) in Istanbul, einer Flugzeugfabrik in Kayseri und einer Fabrik für elektrische Apparate in Eskişehir (F. K. KIENITZ 1959, S. 108).

Der wirtschaftliche Umschwung auf eine streng etatistische Wirtschaftspolitik (V. SALTY 1934; O. CONKER, E. WITMEUR 1937; N. M. RESCHAT 1937; M. I. TOLUN 1940; E. TÜMERTEKIN 1960, S. 22 ff.; S. PAKLAR 1961; E. WINKLER 1961; H. G. MIGEOD 1968; O. OKYAR 1953, 1958, 1967, 1973, 1979; F. CEYHUN 1988; C. MELINZ 1995) kam erst, nachdem man von 1932 auf 1933 einen Rückgang in der Zahl der Industriebetriebe, die von dem Gesetz von 1927 profitieren sollten, hatte feststellen müssen (F. K. KIENITZ 1959, S. 108).

Ganz offensichtlich reichten die privatwirtschaftlichen Kräfte der Türkei (H. KRAUS

1939) für eine tiefgreifende und umfassende Industrialisierung nicht aus.

Es ist daher verständlich, daß der türkische Staat, organisatorisch-technisch über zwei neugegründete Banken, die Sumerer-Bank (türk. Sümerbank), 1933, und die Hethiter-Bank (türk. Etibank), 1935, die sich einerseits um die Industrie (Sümerbank), andererseits um den Bergbau (Etibank) kümmerten und die Aufgabe der früheren Industrie- und Bergbaubank (türk. Türk Sanayi ve Maadin Bankası) spezialisiert fortführten, die Einleitung des Industrialisierungsprozesses in der Türkei in die Hand nahm und einen ersten Fünf-Jahresplan (1934-1939) aufstellte (F. K. KIENITZ 1959, S. 109 f.).

Allerdings wurde die Fortführung des ersten Fünf-Jahresplanes in einem zweiten, über 1939 hinaus, durch den Ausbruch des Zweiten Weltkrieges zunichte gemacht; die wirtschaftliche Absicherung des bis dahin Erreichten erhielt Vorrang vor weiterem Ausbau (C. MELINZ 1995, S. 71).

Kontemporäre Vorbilder in der Sowjetunion, in Deutschland und Italien mögen bei der Schaffung einer planwirtschaftlichen Ordnung eine Rolle gespielt haben. Die Erschütterungen der Weltwirtschaftskrise Ende der 20er, Anfang der 30er Jahre dürften auch nicht ohne Einfluß gewesen sein.

Getragen wurde das etatistische Vorgehen von der Idee und Zielvorstellung der Autarkie - verständlich nach den ungünstigen Erfahrungen im Zusammenhang mit den Kapitulationen, den Wirtschaftskonzessionen des Osmanischen Reiches, gegenüber ausländischen Wirtschaftsmächten.

Die damals notwendige Zusammenarbeit mit ausländischen Experten und die Einfuhr eines modernen Maschinenparks für die Staatsbetriebe wurden durch Kompensationsgeschäfte, praktisch Tauschhandel, Ware gegen Ware, abgegolten (F. K. KIENITZ 1959, S. 110 f.).

Bei den Industriebranchen standen die Förderung der Baumwoll- und Wolltextilindustrie und die Schaffung einer Eisen- und Stahlindustrie voran (F. K. KIENITZ 1959, S. 111) - jene Industriegruppen, die auch auf den Britischen Inseln, wenn auch unter anderen Bedingungen, die ersten des Landes gewesen waren. So ergab sich etwa bis 1939/45, als ein Stillstand des Ausbaus eingetreten war, obwohl sich die Türkei an den Kampfhandlungen des Zweiten Weltkrieges nicht beteiligte, folgendes Bild der Industriebranchen und -betriebe (F. K. KIENITZ 1959, S. 112; vgl. Z. Y. HERSHLAG 1958, S. 104 ff.):

— Baumwoll- und Wolltextilindustrie (ANONYMUS 1938; ANONYMUS 1941; R. DAĞLAROĞLU 1941):

- Ausbau der Baumwolltextilfabrik von Bakırköy (Istanbul), 1934, auf 12.500 Spindeln, 400 Webstühle; Erhöhung der Zahl der Beschäftigten von 1935 860 auf 1938 1.030 (R. DAĞLAROĞLU 1941, S. 147; vgl. dagegen ANONYMUS 1938, S. 8),
- Ausbau der Textilfabriken von Defterdar (Fezhane) (Istanbul) auf um 1940 1.100 Beschäftigte (R. DAĞLAROĞLU 1941, S. 150),
- Ausbau der kleinen Wollfabrik von Bünyan bei Kayseri (R. DAĞLAROĞLU 1941, S. 150 f.),
- Gründung einer großen Baumwolltextilfabrik (Textilkombinat) in Kayseri, 1935, mit 32.000 Spindeln, 1.000 Webstühlen und 2.500 Beschäftigten (F. K. KIENITZ 1959, S. 112), 1938 mit 4.500 Beschäftigten (ANONYMUS 1938, S. 8),
- Gründung einer Baumwolltextilfabrik in Ereğli bei Konya, 1937, mit 16.000 Spindeln, 300 Webstühlen und 1930 1.360 Beschäftigten (R. DAĞLAROĞLU 1941, S. 141; ANONYMUS 1931, S. 8),
- Gründung einer Baumwolltextilfabrik in Nazilli, 1937, mit 29.500 Spindeln, 760 Webstühlen und, um 1940, 2.400 Beschäftigten (R. DAĞLAROĞLU 1941, S. 142),
- Gründung einer Baumwolltextilfabrik in Malatya, 1939, mit 26.000 Spindeln, 430 Webstühlen und, 1940, 3.200 Beschäftigten (R. DAĞLAROĞLU 1941, S. 143; vgl. dagegen ANONYMUS 1938, S. 8),
- Gründung einer großen Wolltextilfabrik in Bursa, das Merinos-Werk, 1938, mit ursprünglich 23.000 Spindeln und 800 Beschäftigten, deren Anzahl 1940 auf 2.200 angestiegen war (R. DAĞLAROĞLU 1941, S. 144); 1943/44 wurde die Produktionsstufe Wollweberei aufgenommen (R. STEWIG 1970, S. 97) zur Herstellung von Streich- und Kammgarnstoffen, darunter auch Uniformtuchen,
- Gründung einer Kunstseidenfabrik in Gemlik, 1938, mit 400 Beschäftigten (R. DAĞLAROĞLU 1941, S. 156), deren Standort im Zusammenhang mit der Anlieferung von Zellulose als Rohmaterial aus der neugegründeten Zellulose- und Papierfabrik Izmit zu sehen ist (R. STEWIG 1969, S. 275 f.).

Deutlich ist die Standortorientierung der neuen, großen, staatlichen Textilfabriken in den Produktionsgebieten der Roh-Baumwolle zu erkennen, verknüpft mit einer differenzierten Verbreitung der Hauptsorten der Baumwolle (Jerli, Akala, Cleveland) in der Türkei (ANONYMUS 1941, S. 3).

Der Anbau der Baumwolle in Anatolien, zwar hauptsächlich in den großen, bewässerbaren Flußebenen West- und Süd-Anatoliens (Çukurova), aber auch in anderen Trockengebieten des Landes, wo zum Teil künstliche Bewässerung möglich ist, so im südlichen Inner-Anatolien und in Südost-Anatolien, brachte eine Standortstreuung der neuen Textilindustrie über Teilgebiete des Landes mit sich, damit verbunden industrielle Ansätze in kleinen Städten und Milderung räumlicher Disparitäten.

— Eisen- und Stahlindustrie (E. TÜMERTEKIN 1955; H. WEIGELT 1952; G. KRONER 1961; H. GRÖGER 1961; W. ARNOLD 1971; W. LAUERSEN et alii 1959, S. 2 ff.; M. W. THORNBURG et alii 1949, S. 107 ff.; E. WINKLER 1961, S. 76 ff.; M. D. RIVKIN 1965, S. 170 ff.).

Wenn man von dem staatlichen kleinen (Edel-)Stahlwerk in Kırıkkale, östlich von Ankara absieht, das anfangs mit zwei Siemens-Martin- und einem Elektro-Ofen (zur Verwendung von Schrott) eingerichtet war und nur für militärische Zwecke Waffen und Munition produzierte (W. LAUERSEN et alii 1959, S. 35 f.), entstand der Hauptstandort der türkischen Eisen- und Stahlindustrie in Karabük, 1940, mit etwa 4.100 Beschäftigten im stark zertalten Gebirgsland im westlichen Nord-Anatolien.

Das Werk, das nach Entwürfen der deutschen Firma Krupp von der englischen Firma Brassert gebaut worden ist und 1940 in Betrieb ging, hat durch seinen Standort in der wirtschaftswissenschaftlichen Literatur Diskussionen ausgelöst, nachdem es von M. W. THORNBURG et alii (1949, S. 108) als engl. economic monstrocity bezeichnet worden ist (vgl. M. D. RIVKIN 1965, S. 170).

1941 wurde mit einer Kokerei, zwei Hochöfen, vier Siemens-Martin-Öfen, drei Walzstraßen unterschiedlicher Größe und einer Rohrgießerei die Produktion von Eisen und Stahl aufgenommen (W. LAUERSEN et alii 1959, S. 34); Anfang der 50er Jahre setzten Erweiterungen ein.

Der Standort wurde vor allem deshalb kritisiert, weil er nicht im Steinkohlengebiet von Zonguldak - und seiner gut verkokbaren Steinkohle - unmittelbar an der Küste gewählt wurde. Dies geschah aus militärisch-strategischen Überlegungen: es wurde - nach der Erfahrung der Beschießung der Kohlengruben von Zonguldak im Ersten Weltkrieg durch die russische Marine - ein Standort weiter im Landesinneren gewählt - zu einer Zeit, als man jedoch eine Bedrohung durch Luftangriffe nicht mehr ausschließen konnte.

Das Werk erhielt und erhält seine Koksbasis durch die Anlieferung der nicht allzu weit entfernt geförderten Steinkohle von Zonguldak, wofür eine Eisenbahnlinie, 1937, angelegt wurde (E. WINKLER 1951, S. 77).

Die engl. monstrocity besteht darin, daß das Werk das Eisenerz über 1.000 Bahnkilometer - auf eingleisigen Strecken - aus der Hauptlagerstätte des türkischen Eisenerzbergbaus in Divriği erhält (W. LAUERSEN et alii 1959, S. 34), wobei man allerdings berücksichtigen muß, daß diese Lagerstätte erst Ende der 30er Jahre entdeckt wurde und ausgebeutet wird, bei der ersten Planung des Werkes noch nicht bekannt war. So

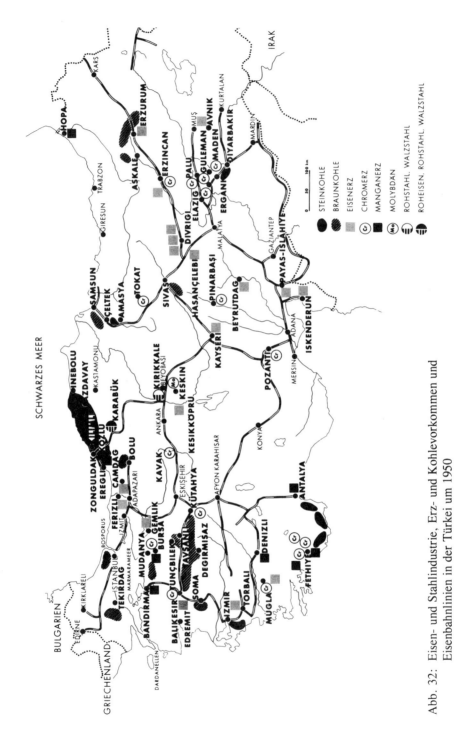

Abb. 32: Eisen- und Stahlindustrie, Erz- und Kohlevorkommen und Eisenbahnlinien in der Türkei um 1950
(Quelle: W. LAUERSEN et alii 1959, Karte 3)

bestand immerhin eine autarke Eisenerzversorgung; man brauchte kein Eisenerz über See einzuführen, wofür ein Küstenstandort des Eisen- und Stahlwerks günstiger gewesen wäre.

Von M. W. THORNBURG (et alii 1949, S. 108) wurde auch kritisiert, daß das Eisen- und Stahlwerk noch nicht ausreichend auf die landestypischen Bedürfnisse, besonders Baustahl, in der Eisen- und Stahlproduktion ausgerichtet worden sei.

Zu den hohen Produktionskosten haben sicherlich auch die vorbildlichen sozialen Einrichtungen und Werksiedlungen des Eisen- und Stahlwerks beigetragen (F. K. KIENITZ 1959, S. 119), die die Anwerbung von Arbeitskräften erleichterten.

Die isolierte Lage des Werkes im stark zertalten und dünn besiedelten Bergland hat bedingt zur Verknüpfung des Betriebes mit seiner unmittelbaren Umgebung geführt. Von den 4.100 Arbeitern, die 1949 beschäftigt wurden, sollen etwa 60 % aus dem nordwestlichen und nordöstlichen Schwarzmeergebiet gekommen sein (E. WINKLER 1964, S. 83).

An weiteren staatlichen Industriebetriebsgründungen kamen im Rahmen des ersten Fünf-Jahresplans (F. K. KIENITZ 1959, S. 111 f.; Z. Y. HERSHLAG 1958, S. 104 f.) hinzu:

- eine Glas- und Flaschenfabrik in Paşabahce am Bosporus (Istanbul) mit 500 Beschäftigten, 1935 (wieder)eröffnet,
- Papier- und Zellulosefabriken in Izmit, 1936, mit etwa 650 Beschäftigten und Erweiterungen in den 40er Jahren, einem Kaolin-Werk 1941, einer Chlor-Akali-Fabrik 1945, wodurch auch die Entstehung einer Chemie-Industrie in der Türkei eingeleitet wurde (R. STEWIG 1969, S. 276),
- eine große Zementfabrik in Sivas, die in den 40er Jahren die Produktion aufnahm (F. K. KIENITZ 1959, S. 112; C. BORÇBAKAN 1967),
- zwei kleinere Fabriken in Südwest-Anatolien, die Schwefelsäurefabrik von 1933 mit 260 Arbeitern in Keçiborlu, basierend auf örtlichen Schwefellagerstätten, und eine Rosenölfabrik, 1935, mit 20 Arbeitern in Isparta (F. K. KIENITZ 1959, S. 112).

Auflistungen der neugegründeten staatlichen Industriebetriebe, auch mit Standortdiskussion, finden sich bei M. ETE (1951) und A. A. ÖZEKEN (1941/42); in den 50er Jahren (1958) brachte die Vereinigung der Handels- und Industriekammern der Türkei eine Serie von 17 Publikationen mit umfassender Bestandsaufnahme der Industriebranchen heraus.

Der vorangegangene Überblick über die staatlichen Industriebetriebsgründungen läßt -

an der Zahl der Beschäftigten - erkennen, daß es überwiegend Großbetriebe waren, die der Staat schuf; der industrielle Großbetrieb hielt dadurch erstmals Einzug in Anatolien.

Was sich auf den Britischen Inseln im Verlauf des Industrialisierungsprozesses erst herausbildete, nämlich die verstärkte Produktionsstufenintegration, d. h. die Standortidentität von Spinnen und Weben, auch Einfärben und Appreturanbringung in der Baumwoll- und Wolltextilindustrie und von (Roh-)Eisen- und Stahlerzeugung an einem Standort, das war in der Türkei durch Übernahme der ausländischen Produktionstechnologie und -organisation von vornherein gegeben.

Nach den obigen Aufzählungen könnte man den Eindruck gewinnen, daß der Industrialisierungsprozeß in der Türkei nach 1923 allein von staatlicher Seite initiiert und getragen wurde (M. D. RIVKIN 1965, S. 71). Dies war jedoch nicht der Fall.

Nach einer Tabelle von S. SÖZERI (1955, S. 76) teilte sich 1950 die Industrie in der Türkei zwischen Staat und Privatwirtschaft wie folgt auf (in %, allerdings ohne Angabe der Kriterien, nach denen differenziert wurde) und mit zu weitem Industrie-Begriff:

	Privatindustrie	Staatsindustrie
Zellulose und Papier	5,2	94,8
Erzverarbeitung	17,8	82,2
Getränke	47,0	53,0
Maschinen	48,6	51,4
Textil	49,9	50,1
Metallverarbeitung	61,7	38,3
Chemie	66,7	33,3
Tabak	70,5	29,5
Nahrungsmittel	88,9	11,1
Kautschuk	90,3	9,7
Steine, Erden	91,4	8,6
Bekleidung	92,2	7,8
Holzverarbeitung	96,5	3,5
Druckerei, Verlage	97,5	2,5
Möbel	100,0	-
Leder	100,0	-

Aus der Aufstellung von S. SÖZERI wird deutlich, daß bis 1950 neben der staatlichen auch eine privatwirtschaftliche Industrie entstanden war, in der wichtigen Textilbranche sich staatliche und privatwirtschaftliche Industriebetriebe sogar die Waage hielten, wenn auch in allen Branchen die privatwirtschaftlichen Industriebetriebe meist sehr viel kleiner waren, mit Übergängen zum Handwerk.

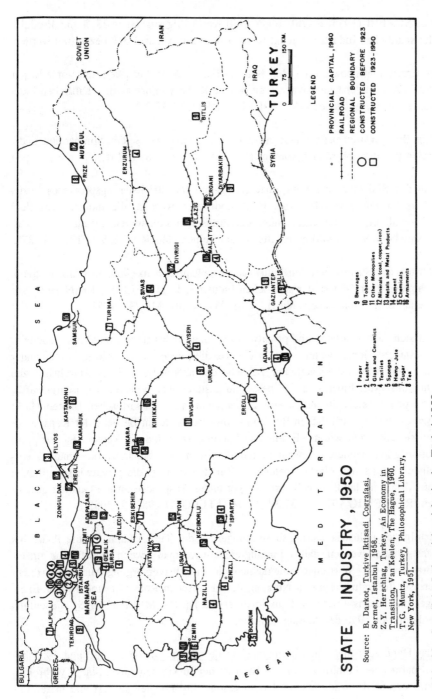

Abb. 33: Staatliche Industriebetriebe in der Türkei 1950
(Quelle: M. D. RIVKIN 1965, S. 71)

Nach S. SÖZERI (1955, S. 78) sollen 1950 wertmäßig sogar nur 28 % der Produkte von der staatlichen Industrie erzeugt worden sein; die Angabe muß bezweifelt werden.

In den Erzeugungsgebieten der Roh-Baumwolle, in West-Anatolien und vor allem in Süd-Anatolien, in der Çukurova, waren es eine Reihe von privatwirtschaftlichen Industriebetrieben, die entstanden (V. HÖHFELD 1987, S. 37 ff.).

Auch in Bursa waren privatwirtschaftliche Baumwoll- und Seiden-Spinnereien und -webereien (wieder) gegründet worden (R. STEWIG 1970, S. 137 ff.).

So muß das Bild eines nur vom Staat getragenen Industrialisierungsprozesses in der Türkei in der Phase von 1920 bis 1950 modifiziert werden: die Industriewirtschaft war es vor allem, die die Bezeichnung der türkischen Volkswirtschaft als frz. économie mixte (H. ÜNAL 1948) gerechtfertigt erscheinen läßt (R. STEWIG 1972, S. 37).

Der Anstoß des Staates, um den Industrialisierungsprozeß in Gang zu bringen, bleibt ungeschmälert (zur Genese der staatlichen Industrie: I. TEKELI, S. ILKIN 1993; zur Argumentation für staatliche Eingriffe in die Wirtschaft: M. ETE 1951).

Es fragt sich, wie staatliche und privatwirtschafliche industrielle Produktion nebeneinander bestehen konnte, wenn - wie in der Textilbranche - beide Zweige miteinander konkurrierten, zumal die staatlichen Betriebe qualitätsmäßig und mit Einfuhrlizenzen für (Qualitäts-)Maschinen sehr viel besser ausgestattet waren als die privatwirtschaftlichen. So begann sich allmählich eine Differenzierung beim türkischen Binnen-Markt herauszuschälen: die staatlichen Betriebe - soweit es sich um Betriebe der Konsumgüterindustrie und nicht wie die Eisen- und Stahlindustrie und die Zement-Industrie um Investitionsgüter handelte -, produzierten für einen sich, auch kaufkraftmäßig, entwickelnden städtischen Markt, später auch für den Export, die privatwirtschaftlichen für den Absatz im ländlichen Raum, wo geringere Ansprüche an die Qualität gestellt wurden (R. STEWIG 1972, S. 37; W.-D. HÜTTEROTH 1982, S. 395).

Als Erfolg der Industrialisierungsbestrebungen in der Türkei kann für die Phase bis 1950 festgehalten werden, daß in umfangreichem Ausmaß - wenn auch für die einzelnen Branchen der Wirtschaft unterschiedlich - Selbstversorgung/Autarkie erreicht worden ist, die Industrie durch Nutzung der heimischen Rohstoffe und Primär-Energieträger importsubstituierende Funktionen erfüllt hat (G. MELINZ 1995) - jedenfalls wurde damit vor 1950 der Anfang gemacht.

Was das Handwerk und den Einzelhandel in der Phase zwischen 1920 und 1950 betrifft, separat oder kombiniert in den Basaren der türkischen Innen-Städte verbreitet, so dürfte sich an der traditionellen Organisation - in Branchen sortiert und in zentralperipherer Standortanordnung nach Wertigkeit der Branchen, vom zentralen überdachten und verschließbaren türk. bedesten nach außen - wenig geändert haben. Allerdings entstanden - wie in der Landwirtschaft - eine Reihe von genossenschaftlichen Vereinigungen für das Handwerk, die die Abhängigkeit - auch der kleinen Industriebetriebe - vom Großhandel milderten, der damals noch in den ehemaligen Karawanenquartieren (türk. kervansaray, han) in den Innenstädten im Basargebiet ansässig war (S. SÖZERI 1955, S. 79; H. ÜLKEN 1964, S. 51).

Was den Einzelhandel in den besonders großen Städten angeht, dürfte es vor 1950, vor allem in Istanbul, und zwar nicht nur in der quasi-europäischen Neustadt nördlich des Goldenen Horns, sondern auch in der Altstadt südlich davon und sogar auf der sog. asiatischen Seite östlich des Bosporus in Ansätzen zur Bildung von engl. central business districts mit modernen Geschäften gekommen sein (E. TÜMERTEKIN 1965/68).

Im Dienstleistungsbereich ist für die erste Phase des take-off in der Türkei eine Innovation - mit Vorläufern im Osmanischen Reich - die Ausbreitung von Banken (A. H. KÖSE 1989; K. A. BAHŞI 1990) festzustellen.

Traditionell wurden (und werden zum Teil noch heute) Geldgeschäfte von Angesicht zu Angesicht abgewickelt. Es war gegen die Mentalität - vor allem der Bevölkerung des ländlichen Raumes -, Geld einer so anonymen Institution wie einer Bank anzuvertrauen. Daran dürfte sich auch zwischen 1920 und 1950 noch nicht viel geändert haben, doch wurde nach 1923 mit einer neuen Einstellung ein sich ausbreitender Anfang gemacht.

Als wichtige türkische Banken waren im Osmanischen Reich in Istanbul 1856 die Osmanische Bank (türk. Osmanlı Bankası) und 1888 die Landwirtschaftsbank (türk. Ziraat Bankası) gegründet worden (St. J. SHAW, E. K. SHAW 1977, S. 97, S. 230 f.). Außerdem war in Istanbul seit 1847 eine ganze Reihe ausländischer Banken vertreten (Liste bei A. H. KÖSE 1989, S. 14).

Nach 1923 wurde das Bankwesen in der Türkei - ohne ausländische Beteiligung - neu geschaffen (M. SINGER 1977, S. 121 ff.; T. G. A. MUNTZ 1950, S. 134 f.).

Als erste entstand die alte Landwirtschaftsbank aus osmanischer Zeit neu, dann 1924 die Arbeitsbank (türk. Iş Bankası - von F. ADANIR 1995, S. 78 mit Geschäftsbank übersetzt; vgl. St. J. SHAW, E. K. SHAW , S. 390), 1930 die Zentrale Staatliche Notenbank (türk. Türkiye Cumhuriyeti Merkez Bankası) (St. J. SHAW, E. K. SHAW 1977, S. 390 f.), 1933 die Sumerer-Bank (türk. Sümerbank) - weil man glaubte, die Sumerer seien die ersten Handwerker und Industriellen gewesen - zur Finanzierung der Industrialisierungspolitik, 1935 die Hethiter-Bank (türk. Etibank) -

299

weil man glaubte, die Hethiter Anatoliens seien die ersten Verwerter von Lagerstätten gewesen - zur Finanzierung der Lagerstätten-Exploration und -Ausbeutung - beide Banken als Fortführung einer früheren Bankgründung entsprechender Ausrichtung, 1938 die Volksbank (türk. Halk Bankası), 1944 die Bau- und Kreditbank (türk. Yapı ve Kredi Bankası), 1945 die Kommunalbank (türk. Iller Bankası) - zur Finanzierung von Projekten der Gemeinden -, 1946 die Handelsbank (türk. Ticaret Bankası) und die Garantie-Bank (türk. Garanti Bankası), 1948 die Weißbank (türk. Akbank), die sich im Bereich der Vermarktung und des Anbaus der Baumwolle betätigte (St. J. SHAW, E. K. SHAW 1977, S. 390 f.; M. SINGER 1977, S. 121 ff.; T. G. A. MUNTZ 1950, S. 134 f.; W. UHRENBACHER 1957, S. 30 ff., S. 185 ff.).

Die Grenze zwischen staatlicher und privater Bank war nicht immer leicht zu ziehen. In den Banken, die bei W. UHRENBACHER (1957, S. 187) als Privatbanken aufgeführt wurden, die Arbeitsbank, die Bau- und Kreditbank, die Volksbank und die Weiß-Bank, hatte auch der Staat Kapitalanteile im Besitz.

Nach 1950 ging die Neugründung von Banken in der Türkei, auch von Privatbanken, weiter, und ausländische Banken und Kreditinstitute eröffneten - nach der begrenzten, liberalistischen Öffnung der türkischen Wirtschaftspolitik, nachdem die Demokratische Partei unter Adnan Menderes 1950 an die Macht gekommen war - ihre Filialbetriebe im Lande.

Obwohl Ankara - als neue Hauptstadt des etatistischen Staates - bei Neugründungen von staatlichen Banken als Standort vor Istanbul bevorzugt wurde, war Istanbuls führende Stellung im Wirtschaftsleben der Türkei, auch beim Bankwesen, unerschüttert; aber auch in den größeren Städten der Provinzen wurde eine Reihe von Bank-Filial-Betrieben eingerichtet.

Mit dieser Entwicklung - hinzu kam der Ausbau des Verkehrswesens, in dieser Phase besonders der Eisenbahn - begann auch der tertiäre Sektor in der Türkei, nach 1923, einen Aufschwung zu nehmen.

1949 wurde das türkische Volkseinkommen zu 44,8 % von der Landwirtschaft, 17,6 % von der Industrie und schon zu 35,9 % von Handel und Dienstleistungen, also vom tertiären Sektor, erwirtschaftet (F. von BISMARCK-OSTEN 1951, S. 13). Von W. F. WEIKER (1981, S. 187) ist für 1948 46,3 % für die Landwirtschaft, 13,3 % für die Industrie und nur 21,2 % für Handel, Verkehr und administrative Dienstleistungen angegeben worden - die schwierige Abgrenzung der Wirtschafts-Sektoren dürfte für die Unterschiede verantwortlich sein.

Die Schwierigkeiten, die bei der Definition des Begriffes und Sachverhaltes Industrie in der Türkei bestanden (H. CILLOV 1951/52; H. CILLOV 1953/54) - der mehrfache Wechsel zwischen weiten und engen Auslegungen bei den Industriezählungen von 1927, 1932 - 1941 und 1950 - gab es nicht in gleichem Ausmaß bei der Definition des Begriffes Stadt in der türkischen Statistik. Obwohl unterschiedliche Definitionen verwendet werden, stellt doch die ausführliche zahlenmäßige Erfassung der Einwohner der kleinen und großen Siedlungen in der Türkei in den allgemeinen Volkszählungen 1927, 1935, 1940, 1945 und 1950 - häufiger als die Industriezählungen - eine quantitative Grundlage dar.

Wie in der mitteleuropäischen Statistik besteht auch in der Türkei die Tendenz, die Grenze zwischen Dörfern und Städten bei 2.000 Einwohnern zu ziehen (H. H. KARABORAN 1976), doch wurden bei den allgemeinen Volkszählungen seit 1927 in der Statistik auch jene Siedlungen mit weniger als 2.000 Einwohnern als Städte bezeichnet, die Verwaltungsfunktionen ausübten.

Allgemein üblich ist es in der Türkei, nach der Einwohnerzahl der Siedlungen außer Dörfern (türk. sing. köy) zwischen kleinen und größeren Städten zu unterscheiden, wobei kleinere Städte mit 2.000 bis 20.000 Einwohnern als türk. kasaba (dt. Landstadt) und solche mit einer größeren Einwohnerzahl als türk. şehir bezeichnet werden (H. H. KARABORAN 1976).

Sinnvoller ist es, Städte nach ihren Funktionen im sekundären und tertären Sektor gegenüber Dörfern abzugrenzen, bei denen der primäre Sektor überwiegt (R. STEWIG 1983). Dazu bedarf es jedoch einer nach Tätigkeitsbereichen der Einwohner aufgegliederten Statistik.

Die Untersuchung von E. TÜMERTEKIN (1965), die auf der türkischen Volkszählung von 1960 basiert, aber überwiegende Gültigkeit auch für die Entwicklungsphase vor 1950 haben dürfte, erfaßte 151 Städte, davon 146 mit mehr als 10.000 Einwohnern plus fünf Städte mit einer Einwohnerzahl zwischen 3.800 und 8.500, weil sie Provinzhauptstädte waren (E. TÜMERTEKIN 1965, S. 23).

Von diesen 151 türkischen Städten klassifizierte E. TÜMERTEKIN 51 (= 33,8 %) als Agrarstädte, d. h. Städte, von denen aus in bedeutendem Umfang Landwirtschaft betrieben wurde. Dazu gehörte z. B. Karacabey, dessen Einwohner - 1960 15.900 - zu 60 % in der Landwirtschaft tätig waren (E. TÜMERTEKIN 1965, S. 31); selbst Akhisar mit einer Einwohnerzahl von 39.800 im Jahre 1960 wies 41 % landwirtschaftliche Bevölkerung auf.

Deutlich wird mit diesem Ergebnis, in welchem ungefähren Ausmaß - bis in den mittleren Größenbereich hinein - selbst städtische Siedlungen in dem - über 1950 hinaus - von der Agrarwirtschaft bestimmten Land vom primären Sektor geprägt wurden.

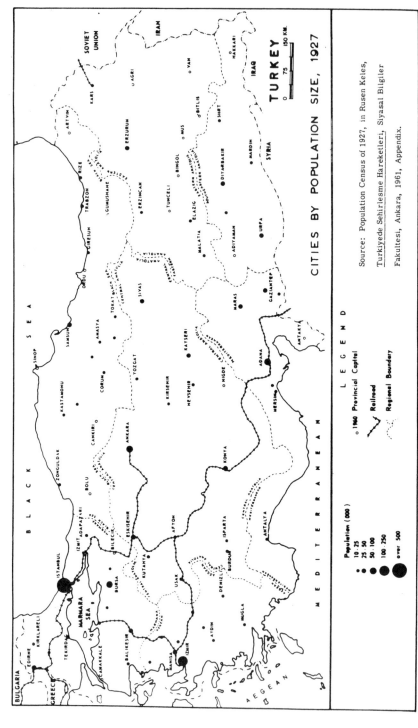

Abb. 34: Städte und Eisenbahnlinien in der Türkei 1927
(Quelle: M. D. RIVKIN 1965, S. 39; teilweise - Grenzen, Bahnlinien - inkorrekt)

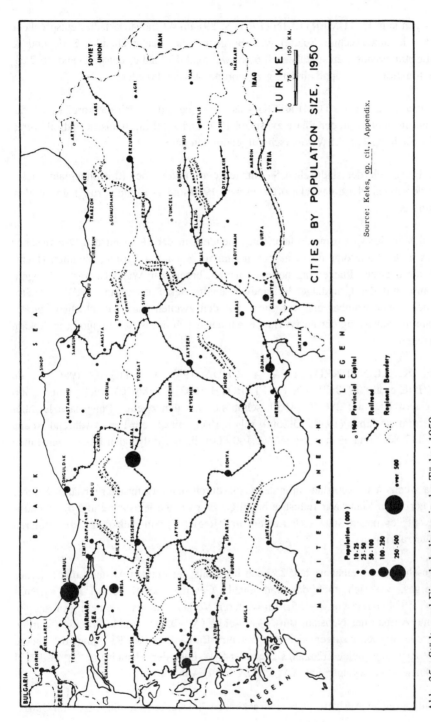

Abb. 35: Städte und Eisenbahnlinien in der Türkei 1950
(Quelle: M. D. RIVKIN 1965, S. 86)

Im übrigen kam E. TÜMERTEKIN (1965, S. 29) auf 42 Industriestädte, entsprechend 27,8 % (der untersuchten Städte), vier Bergbaustädte, entsprechend 2,6 %, und 13 Dienstleistungsstädte, entsprechend 8,6 %, während 40 Städte, entsprechend 26,7 %, keiner funktionalen Gruppe eindeutig zugeordnet werden konnten.

Die Aufstellung von E. TÜMERTEKIN läßt erkennen, daß nach der forcierten Industrialisierungspolitik in der Phase zwischen 1920 und 1950 die Industriestadt als funktionaler Siedlungstyp den Vormarsch aufgenommen hatte.

In der Hierarchie der städtischen Siedlungen der Türkei - der Einwohnerzahl nach - trat in der ersten Phase des take-off zwischen 1920 und 1950 eine grundlegende Veränderung ein.

Hatte sich in der spät-osmanischen Zeit, nachdem in der Hochzeit des Osmanischen Reiches in der Rangfolge der Städte nach Istanbul Bursa und Edirne, die alten Hauptstädte, die nächsten Plätze eingenommen hatten, bereits ein Wandel derart vollzogen, daß Izmir, auf der Grundlage der landwirtschaftlichen Entwicklung in West-Anatolien, sich hinter Istanbul und vor Bursa auf den zweiten Rang vorschieben konnte, kam nun die Schaffung der neuen Hauptstadt der neuen türkischen Republik in Ankara zum Tragen.

Ankara (K. KLINGHARDT 1924; A. CUDA 1939; R. STEWIG 1966; X. de PLANHOL et alii 1973; W.-D. HÜTTEROTH 1982, S. 486 ff.) wuchs von 74.500 Einwohnern 1927 auf 286.700 1950, schob sich auf den zweiten Rang nach Istanbul vor, verdrängte Izmir (1950: 230.500) schon 1945 von diesem Platz, während Adana (1950: 117.800) und auch Bursa (1950: 100.000) die nachfolgenden Ränge einnehmen mußten.

Ankara wuchs als Hauptstadt in erster Linie durch den ausufernden tertiären Sektor, nur in geringem Maße war Industrie beteiligt. Es galt, die legislative und die exekutive Gewalt des neuen Staates (Parlament und Regierung) in Ankara zu konstituieren und unterzubringen.

Dies geschah unmittelbar nach 1923 noch innerhalb der kleinen Altstadt unterhalb des Burgberges, wo sich auch das traditionelle Geschäftsviertel befand (K. KLINGHARDT 1924, Karte vor S. 155). Im weiteren Verlauf kam es zu einem großzügigen Aus- und Aufbau der Neustadt (türk. Yenişehir) (A. CUDA 1939). Praktisch wurden zwei große Straßen gezogen, der türk. Atatürk-Bulvarı in N-S-Richtung, die andere in O-W-Richtung, beide kreuzten sich an der S-W-Ecke der Altstadt, die im nordöstlichen Quadranten zu liegen kam (A. CUDA 1939, Abb. 36).

Der umfangreiche Ausbau mit beeindruckenden Bauwerken für die Sitze von Staatspräsident, Parlament und Regierung, auch der höchstrangigen zentralen Einrichtungen des Staates auf verschiedenen Sachgebieten und der wissenschaftlichen Institute, Universitäten und weiteren Ausbildungsstätten, vollzog sich westlich und südlich der Altstadt.

Auf einem Hügel gegenüber der Altstadt, von ihr durch eine Niederung getrennt, entstand nach dem Tode Atatürks, 1938, das weithin sichtbare Mausoleum des Staatsgründers (türk. Anıt Kabır), wo er 1953 seine letzte Ruhestätte erhielt (St. J. SHAW, E. K. SHAW 1977, S. 396).

Durch die Gestaltung der neuen Straßen und Bauwerke in Ankara im europäischen Stil entstand die (Neu-)Stadt im nordwestlichen und den südlichen Quadranten im extremen Gegensatz zur traditionellen Altstadt unterhalb des Burgberges - ein Gegensatz, der die Kontraste des Landes zwischen Alt und Neu widerspiegelte.

Mit der für die allgemeine Entwicklung der Städte in der Türkei zwischen 1920 und 1950 untypischen, außerordentlichen Bevölkerungszunahme Ankaras von 1927 74.000 auf 1950 285.000 Einwohner muß auch eine - für diese Phase ebenfalls untypische, auf Ankara ausgerichtete - Land-Stadt-Wanderung einhergegangen sein.

Die Wahl Ankaras zur Hauptstadt - als Gegengewicht zu Istanbul, dessen wirtschaftlich führende Stellung nicht erschüttert werden konnte - setzte einen Entwicklungspol, der für große Teile Inner-Anatoliens - in einigen Regionen auch darüber hinaus - den Abbau der traditionellen räumlichen Disparitäten der spät-osmanischen Zeit zwischen Istanbul und seinem Hinterland bedeutete.

Durch die Industrialisierungspolitik des neuen Staates Türkei und die Entstehung einer Reihe neuer, dezentraler Industriestandorte in verschiedenen Teilräumen Anatoliens (M. D. RIVKIN 1965, S. 71) erhielten auch andere Städe, größere und kleinere, zum Teil sogar Dörfer (Karabük) Entwicklungsimpulse.

In Orten, in denen große (staatliche) Baumwolltextilfabriken errichtet wurden, stieg die Einwohnerzahl beträchtlich, so in Kayseri von 1927 39.000 auf 1950 65.000, in Malatya von 1927 20.000 auf 1950 49.000, in Nazilli von 1927 9.000 auf 1950 25.000, in Ereğli (bei Konya) von 1927 7.000 auf 1950 18.000.

In Bursa, wo eine große (staatliche) Wolltextilfabrik entstand und auch die privatwirtschaftliche Industrialisierung vorankam, stieg die Einwohnerzahl von 1927 61.000 auf 1950 100.000 (R. STEWIG 1970, S. 33, S. 180). In Adana, wo offenbar der privatwirtschaftliche Industrialisierungsprozeß um sich griff (L. ROTHER 1971, S. 136), erhöhte sich die Einwohnerzahl von 1927 72.000 auf 1950 117.000, so daß sogar Bursa in der Rangfolge verdrängt wurde.

Auch in anderen Städten, in denen Industriebetriebe geschaffen wurden, wie in Eskişehir, stieg die Einwohnerzahl von 1927 32.000 auf 1950 88.000 beträchtlich, in Sivas - durch eine große (staatliche) Zementfabrik - von 1927 28.000 auf 1950 53.000. Die Entwicklung des Steinkohlenbergbaus im Gebiet von Zonguldak führte zu einer deutlichen Zunahme der Einwohnerzahl in Zonguldak von 1927 11.000 auf 1950 55.000.

Extreme Werte wurden in Karabük, dem Standort der neuen türkischen Eisen- und Stahlindustrie, erreicht; dort gab es noch 1936 nur ein Dorf mit 16 Häusern (E. WINKLER 1961, S. 98); 1955 betrug die Einwohnerzahl 15.000.

Die kleineren Städte im Lande dienten der Organisation des ländlichen Raumes der Türkei auf verschiedenen Ebenen.

Eine solche Ebene war die staatliche Verwaltung, hierarchisch gestuft nach Provinz (türk. vilayet, später il), Landkreis (türk. kaza, später ilçe) und Distrikt (türk. nahiye, später bucak). In dünn besiedelten Gebieten, wie in Ost- und Südost-Anatolien, konnten auch größere Dörfer die Funktion als Sitz von Einrichtungen der staatlichen Verwaltung übernehmen.

In der neuen Türkei kamen halbstaatliche Einrichtungen, wie Ankaufbüros für landwirtschaftliche Produkte, Stützpunkte des Genossenschaftswesens, kleinere Bank-Filialen, Verkaufsbüros für landwirtschaftliche Geräte, Wiegestationen, eventuell Verladestationen an Eisenbahnlinien, hinzu.

Von altersher waren die Landstädte Standorte von offenen Märkten (türk.sing. pazar), auf denen landwirtschaftliche Produkte der Umgebung, aber auch Fertigwaren für die ländliche Bevölkerung feilgeboten wurden (W. EBERHARD 1953, S. 59; W. G. EGGELING 1976). Solche offenen Märkte konnten auch außerhalb von kleinen Städten in größeren Dörfern stattfinden.

Vielfach waren die Markttage auf den Freitag gelegt, um Moscheenbesuch - in der städtischen Gemeinschaft gläubiger Muslime wertvoller als an anderen Wochentagen - mit Marktbesuch zu koppeln. Mit zunehmender Kaufkraft der ländlichen Bevölkerung, aus Konkurrenzgründen und damit mehr Märkte von ambulanten Anbietern besucht werden konnten, wurden auch an anderen Wochentagen als nur am Freitag offene Märkte abgehalten (P. BENEDICT 1974, S. 216; R. STEWIG 1974, S. 51).

Nimmt man die Einrichtungen der Klein- und Landstädte auf verschiedenen Ebenen zusammen, so scheint sich eine typische Standortausstattung herausgebildet zu haben (V. HÖHFELD 1977, S. 120 ff.): sie funktionierten als niedrigrangige zentrale Orte.

Dabei scheint - jedenfalls im landwirtschaftlich entwickelten Nordwest-Anatolien, in der Provinz Bursa - eine Zweistufigkeit der Zentralität entstanden zu sein: niedrigrangige zentrale Orte - auch Dörfer mit türk. pazar, die an Markttagen aufgesucht wurden, deren Ausstattung das sozioökonomische Niveau der Umgebung widerspiegelte -, und höherrangige zentrale Orte, meist mittelgroße bis größere Städte, die für die - seltene - höherrangige Bedarfsdeckung besucht wurden (R. STEWIG 1974).

Die Klein- und Landstädte in der Türkei konnten auf vielerlei Art entstanden sein, nicht zuletzt - in spät-osmanischer Zeit - durch Ansiedlung von Nomaden- und (Glaubens-)Flüchtlingen (V. HÖHFELD 1971, S. 33 ff.), wie Osmaniye und Ceyhan in der Çukurova (W. EBERHARD 1953).

Nachdem in den 30er Jahren bereits die ersten Dorf-Monographien geschrieben wurden, dauerte es noch einige Zeit, bis in den 70er Jahren umfassende, auch den soziologisch-anthropologischen Aspekt berücksichtende Kleinstadt-Monographien über Bodrum (F. MANSUR 1972), Ula (P. BENEDICT 1974), Susurluk (P. J. MAGNARELLA 1974) und größere Zusammenfassungen (V. HÖHFELD 1977) - mit Rückblicken in die Vergangenheit vor 1950 - erschienen.

Was die Grundriß- und Aufriß-Gestalt und -Gestaltung und die Quartiersstruktur der städtischen Siedlungen in der Türkei zwischen 1920 und 1950 angeht, so dürften keine grundlegenden Änderungen zu verzeichnen gewesen sein, zumal die Bevölkerungszunahme - außer bei den industriell geprägten städtischen Siedlungen - sehr allmählich erfolgte.

Die Standorte der Industriebetriebe klammerten sich zwischen 1920 und 1950, in jener Phase, in der man beim Verkehrsaufbau ganz auf die Eisenbahn setzte, noch sehr an Bahnlinien, die jedoch - trotz Ausbau - dünn gesät waren, wie noch darzulegen ist.

So entstanden neue Industriebetriebe meist am Stadtrand, an Leitlinien, die sich später - wie in Adana - zu Industrieachsen entwickelten (V. HÖHFELD 1987).

In Istanbul (W.-D. HÜTTEROTH 1982, S. 478 ff.; H. STANDL 1994) gab es - aus spät-osmanischer Zeit - die alten Standorte am Rande der Altstadt zu beiden Seiten des Goldenen Hornes und am Marmara-Meer (Bakırköy, Zeytinburnu) jenseits der Landmauer; früh - in spät-osmanischer Zeit - waren auch die Industriestandorte Beykoz und Istinye am Bosporus hinzugekommen (H. STANDL 1994, S. 10 ff.). Außerhalb Istanbuls, an der sog. asiatischen Küste des Marmara-Meeres, entstand 1930 in Kartal eine Zementfabrik; weiter östlich, in Hereke, bestand aus spät-osmanischer Zeit eine Textilfabrik.

Damit deuteten sich Leitlinien der künftig verstärkten Industrialisierung an, Ansätze, die bereits vor 1950 - und sogar vor 1920 - das Phänomen der Industrie-Suburbanisierung (E. TÜMERTEKIN 1970/71; W. LEITNER o. J.) in Umrissen erkennen ließen. Auch bei kleinen Städten, wie Izmit, die von dem vor 1950 einsetzenden Industrialisierungsprozeß geprägt wurden, entstanden linienhafte Strukturen an Eisenbahn, Straße und Küste im Rahmen der stadträumlichen Industriestandort-Orientierung (R. STEWIG 1969).

Die bauliche Erneuerung und Grundriß-Neu- und Umgestaltung beschränkte sich in der neuen Türkei nicht nur auf den Ausbau der Neustadt von Ankara. Moderne, architektonisch-stadtplanerische Überlegungen und Zielvorstellungen kamen auch in einigen anderen Städten zum Tragen, so in den kleinen Städten Ceyhan, Tarsus, Mersin, Izmit und in Städten mittlerer Größe, wie Adana und Gaziantep (A. CUDA 1939, S. 28 ff.).

Die nachfolgend genannten Entwicklungsprozesse in der Türkei:
- die außerordentliche Bevölkerungszunahme in Stadt und Land,
- die Mechanisierung der Landwirtschaft,
- die Freisetzung landwirtschaftlicher Arbeitskräfte,
- die Verkleinerung der Besitzgrößen im ländlichen Raum durch Real-Erbteilung,
- die Land-Stadt-Wanderungsbewegung,
- die Umstrukturierung der Städte, die Wanderungsziele wurden, durch die Niederlassung der Zuwanderer in nicht üppig ausgestatteten Wohngebieten (türk. gecekondu evler),
- die Verstädterung und Urbanisierung als massenhafte Erscheinungen,
sind Phänomene der nachfolgenden Entwicklungsphase, der zweiten take-off-Phase in der Türkei.

Von 1927 bis 1950 nahm sowohl die Bevölkerung im ländlichen Raum als auch in den Städten zu, aber allmählich und gemäßigt (E. FRANZ 1994, S. 30). Die gleichmäßige Zunahme deutet auf natürlich-biologische Grundlagen der Bevölkerungsvermehrung in Stadt und Land.

Die Relation der Anteile städtischer und ländlicher Bevölkerng - wie immer man Stadt und Land abgrenzen mag - blieben von 1927 bis 1950 weitgehend unverändert erhalten. Der Anteil der städtischen Bevölkerung betrug 1927 nach R. DOH (1983, S. 487) 24,2 %, nach E. FRANZ (1994, S. 30) 24,22 %, der der ländlichen Bevölkerung 75,8 % bzw. 75,78 %.

Bis 1950 hatte sich der Anteil der städtischen Bevölkerung nach R. DOH auf 25,0 %, nach E. FRANZ auf 25,4 % kaum verändert; entsprechend betrug der Anteil der ländlichen Bevölkerung 1950 75 % bzw. 74,96 %. Mit diesen Prozentsätzen der in Städten bzw. im ländlichen Raum lebenden Bevölkerung bestanden um 1950 in der Türkei noch immer typische Werte der traditional society.

Verstädterung und Urbanisierung waren in der ersten Phase des take-off in der Türkei zwischen 1920 und 1950 kein Thema.

Tab.5: Entwicklung der Einwohnerzahlen der städtischen Siedlungen in der Türkei von 1927-1950 (Siedlungen mit mindestens 10.000 Einwohnern 1950)

10.000 - 15.000 Einwohner: 44

	1927	1935	1940	1945	1950
Karaköse (Ağrı)	4.200	6.200	7.900	8.600	10.000
Bayburt (Gümüşane)	7.300	10.300	10.800	9.400	10.000
Düzce (Bolu)	5.900	6.400	7.100	8.700	10.100
Polatlı (Ankara)	1.500	3.000	3.900	7.300	10.300
Urla (Izmir)	8.900	9.900	10.300	10.200	10.300
Muğla (Muğla)	10.100	10.900	13.300	12.300	10.400
Besni (Malatya)	7.000	8.100	8.800	9.100	10.400
Bayındır (Izmir)	9.500	9.600	9.500	9.900	10.600
Iskilip (Çorum)	10.300	10.600	10.000	10.300	10.600
Alaşehir (Manisa)	7.100	8.300	8.100	8.800	10.700
Aksaray (Niğde)	7.300	8.300	9.100	9.500	10.900
Çorlu (Tekirdağ)	7.900	11.700	16.900	12.300	10.900
Develi (Kayseri)	9.500	10.100	10.800	11.300	11.000
Bolvadin (Afyon)	7.900	9.100	9.400	9.800	11.000
Bitlis (Bitlis)	9.000	9.900	12.000	10.700	11.100
Birecik (Urfa)	9.100	9.600	10.400	10.700	11.200
Menemen (Izmir)	9.500	13.300	12.600	10.500	11.200
Bor (Niğde)	8.700	9.300	10.500	10.600	11.300
Tosya (Kastamonu)	9.600	10.000	9.800	10.600	11.300
Çanakkale (Çanakkale)	8.500	11.400	24.600	22.800	11.600
Nizip (Gaziantep)	7.000	7.600	9.000	10.000	11.600
Adıyaman (Malatya)	8.600	10.200	11.500	10.100	11.600
Ordu (Ordu)	8.200	10.100	10.100	10.300	11.900
Karacabey (Bursa)	7.000	9.000	10.300	11.100	11.900
Yozgat (Yozgat)	10.900	13.600	14.900	11.500	12.000
Uzunköprü (Edirne)	8.300	9.400	13.500	9.600	12.000
Giresun (Giresun)	11.800	13.900	16.200	12.400	12.300
Niğde (Niğde)	9.400	12.300	13.800	11.800	12.400
Edremit (Balıkesir)	12.100	12.500	10.500	12.800	12.700
Lüleburgas (Kırklareli)	5.300	11.400	14.100	12.300	12.800
Osmaniye (Seyhan)	4.900	8.500	8.900	10.400	13.000
Ayvalık (Balıkesir)	15.500	13.000	12.200	13.600	13.100
Salihli (Manisa)	7.100	9.100	9.900	10.600	13.200

Fortsetzung Tab. 5:

	1927	1935	1940	1945	1950
Akşehir (Konya)	9.200	10.300	12.500	12.600	13.300
Van (Van)	6.900	9.300	11.700	14.200	13.400
Karaman (Konya)	8.100	9.000	12.400	12.400	13.500
Kastamonu (Kastamonu)	14.500	13.700	13.600	13.800	13.600
Söke (Aydın)	10.300	10.900	11.400	11.800	13.700
Bafra (Samsun)	8.100	10.200	10.900	11.300	14.100
Çankırı (Çankırı)	8.800	9.700	10.200	14.600	14.100
Kırşehir (Kırşehir)	12.700	14.000	13.300	13.700	14.100
Amasya (Amasya)	12.800	11.900	13.600	13.300	14.400
Kırklareli (Kırklareli)	12.800	20.800	32.200	14.400	14.400
Burdur (Burdur)	12.800	13.500	14.600	14.300	14.900

15.000 - 25.000 Einwohner: 28

	1927	1935	1940	1945	1950
Rize (Rize)	13.800	14.700	15.000	14.100	15.000
Nevşehir (Niğde)	13.400	14.100	14.100	15.500	15.000
M.Kemalpaşa (Bursa)	13.000	14.700	13.900	14.900	15.200
Merzifon (Amasya)	11.300	13.000	13.300	16.000	15.300
Siirt (Siirt)	15.000	16.000	17.000	16.200	16.500
Tekirdağ (Tekirdağ)	14.500	20.300	17.000	14.700	15.600
Kırıkkale (Ankara)	-	4.500	11.400	14.400	15.600
Inegöl (Bursa)	11.800	13.000	13.700	15.100	16.400
Bergama (Izmir)	13.200	14.600	14.500	16.300	16.500
Zile (Tokat)	15.300	15.100	14.800	16.200	17.100
Ceyhan (Seyhan)	7.300	10.100	10.000	13.100	17.800
Siverek (Urfa)	14.900	15.100	16.700	17.200	18.000
Erzincan (Erzincan)	16.000	16.100	12.000	12.500	18.200
Isparta (Isparta)	15.900	18.400	18.300	17.200	18.300
Ereğli (Konya)	7.400	9.400	12.500	15.700	18.400
Bandırma (Balıkesir)	11.100	13.200	15.700	17.300	18.000
Kütahya (Kütahya)	17.200	17.700	18.200	19.800	19.500
Uşak (Kütahya)	16.900	17.500	18.100	18.700	19.900
Mardin (Mardin)	3.200	22.500	23.200	18.500	20.000
Aydın (Aydın)	11.900	15.000	17.700	18.500	20.400
Kars (Kars)	13.900	18.000	24.700	22.300	20.500
Tokat (Tokat)	22.300	21.200	21.400	20.000	21.700
Denizli (Denizli)	15.700	17.300	19.400	20.100	22.000
Tire (Izmir)	18.700	20.400	21.400	21.900	22.100
Ödemiş (Izmir)	16.700	20.700	20.400	20.000	22.600
Çorum (Çorum)	19.600	20.100	22.700	20.300	22.800
Iskenderun (Hatay)	-	-	11.800	18.600	22.900
Akhisar (Manisa)	18 000	21.100	22.700	23.700	23.500

Fortsetzung Tab. 5:

25.000-50.000 Einwohner: 21

	1927	1935	1940	1945	1950
Turgutlu (Manisa)	16.800	21.600	22.900	22.700	25.100
Nazilli (Aydın)	9.000	12.000	16.400	18.900	25.300
Antalya (Antalya)	17.300	22.900	24.900	25.000	27.400
Kilis (Ganziantep)	22.600	24.600	26.500	27.000	27.600
Elaziğ (Elaziğ)	20.000	23.100	25.400	23.600	29.000
Afyon (Afyon)	23.400	24.100	25.800	29.000	29.800
Edirne (Edirne)	34.500	36.100	45.600	29.400	30.200
Hatay (Hatay)	-	-	26.900	27.400	30.300
Tarsus (Içel)	21.800	24.300	27.600	28.800	33.800
Trabzon (Trabzon)	24.500	29.600	32.700	2.800	33.900
Manisa (Manisa)	28.600	30.800	37.600	32.000	35.000
Maraş (Maraş)	25.900	29.400	27.700	33.100	35.000
Izmit (Kocaeli)	15.200	18.600	29.100	28.300	35.500
Zonguldak (Zonguldak)	11.900	20.600	27.900	32.900	35.600
Balıkesir (Balıkesir)	25.700	26.600	30.110	33.800	36.000
Adapazarı (Kocaeli)	22.500	24.800	25.700	29.300	36.200
Urfa (Urfa)	29.000	31.700	35.200	36.300	37.400
Mersin (Içel)	21.100	27.600	30.000	33.100	37.500
Samsun (Samsun)	30.300	32.400	37.200	38.700	43.900
Diyarbakır (Diyarbakır)	30.700	34.600	42.500	41.000	45.400
Malatya (Malatya)	20.700	27.200	36.200	41.500	49.000

50.000-100.000 Einwohner: 6

	1927	1935	1940	1945	1950
Sivas (Sivas)	28.400	33.800	41.700	44.800	52.200
Erzurum (Erzurum)	31.400	33.100	47.600	50.800	54.300
Konya (Konya)	47.400	52.000	56.400	58.400	64.500
Kayseri (Kayseri)	39.100	46.100	52.400	57.800	65.400
Gaziantep (Gaziantep)	39.900	50.900	57.100	62.800	72.700
Eskişehir (Eskişehir)	32.300	47.000	60.700	80.000	88.400

100.000 und mehr Einwohner: 5

	1927	1935	1940	1945	1950
Bursa (Bursa)	61.600	72.100	77.500	85.900	100.000
Adana (Seyhan)	72.500	76.400	88.100	100.700	117.700
Izmir (Izmir)	153.900	170.900	183.700	198.300	230.500
Ankara (Ankara)	74.500	22.700	157.200	226.700	286.700
Istanbul (Istanbul)	690.857	1.183.400	1.300.600	1.472.000	1.735.100

(Quelle: GENEL NÜFUS SAYIMI - Recensement Géneral de la Population, Ankara 1950, S. 30-32)

f) Verkehr und Verkehrswege, Infrastruktur

Wenn man die - lange - Phase des take-off auf den Britischen Inseln mit der ersten Phase des take-off in der Türkei hinsichtlich der Entstehung einer grundlegenden Verkehrsstruktur miteinander vergleicht, dann könnte man - bei oberflächlicher Betrachtung - glauben, eine Übereinstimmung bei den Eisenbahnen zu beobachten. Jedoch: bei dieser Feststellung endet der Vergleich - die sehr unterschiedlichen Rahmenbedingungen sind bei näherer Betrachtung nicht zu übersehen.

Auf den Britischen Inseln (R. STEWIG 1995) wurden die Dampfmaschine erfunden, im (loko-)mobilen Einsatz angewendet, die Geleise aus Holzbohlen - zur Führung der Wagen in schwerem Gelände - entwickelt, die Strecken von privaten Unternehmen gebaut, die privatwirtschaftlichen Verbindungen in Konkurrenz der betreibenden, einheimischen Gesellschaften hergestellt, oft mit parallelen Linien und unterschiedlichen Spurweiten, die Rohstoffproduktions-, die Industriegebiete und die Städte und Häfen von Anfang an systematisch miteinander verknüpft.

Diese Situation war in Anatolien nicht gegeben. Die Technik und Organisation des Eisenbahnwesens wurde vom Ausland übernommen; bis zum Ende der ersten Phase des take-off, 1950, setzte man noch Dampflokomotiven ein; alle Bahnlinien wurden einspurig angelegt; ausschließlich die Regelspurweite von 1,435 m kam zur Anwendung (W. J. EGGELING, G. RITTER 1979, S. 8).

Der Eisenbahnbau hatte in der Spätzeit des Osmanischen Reiches durch ausländische Unternehmem, englische, französische, deutsche , begonnen, die in (quasi-)kolonialwirtschaftlicher Manier an der Erschließung und landwirtschaftlichen In-Wert-Setzung West- und Süd-Anatoliens, teilweise auch Inner-Anatoliens, interessiert waren. Entsprechend wurden die ersten Eisenbahnlinien von den Küsten her, von Izmir aus eine englische und eine französische, von Istanbul aus eine deutsche Linie, als Stichbahnen angelegt (F. K. KIENITZ 1959, S. 45). Bis zum Ersten Weltkrieg war nur **eine** verknüpfende Eisenbahnverbindung, von Afyonkarahisar in Inner-Anatolien zur westanatolischen Bahn nach Izmir, hergestellt worden. (Listen über die Bahnbauten im Osmanischen Reich auf dem Gebiet der Türkei bis 1926 bei H. SADI 1932, Tabelle X; bis 1936 bei N. M. RESCHAT 1937, S. 25; bis 1938/39 im Istatistik Yıllığı - Annuaire Statistique 1938/39, S. 503; bis 1955 im Istatistik Yıllığı - Annuaire Statistique 1959, S. 480).

Die Entstehung einer Eisenbahnnetzstruktur in Anatolien (W. J. EGGELING, G. RITTER 1979) sollte der ersten Phase des take-off in der Türkei zwischen 1920 und 1950 vorbehalten bleiben.

So galt es zunächst für den jungen Staat Türkei, die ausländischen Bahngesellschaften zu verstaatlichen bzw. ihre Bahnlinien käuflich zu erwerben.

Nach der Gesetzgebung von 1924 begann die Enteignung mit dem Rückkauf der deutschen Anatolischen Eisenbahn 1928, dann folgten 1931 die französische Eisenbahn Mudanya-Bursa, die später abgebaut wurde, 1935 die französischen Eisenbahnen von Izmir nach Afyonkarahisar und nach Bandırma, ebenfalls 1935 die englische Eisenbahn von Izmir nach Dinar, 1937 die Orientalische Bahngesellschaft von Istanbul nach Edirne; die Verstaatlichung endete 1948 mit der Übernahme der Bagdadbahnstrecke entlang der syrischen Grenze (F. K. KIENITZ 1959, S. 48; Z. Y. HERSHLAG 1958, S. 300).

Der nächste große Schritt war der Ausbau des Eisenbahnwesens in der Türkei unter nationalstaatlichem Gesichtspunkt (L. SCHEIDL 1930; O. CONKER 1935; T. MANAVOĞLU 1938; P. DIECKMANN 1938; A. Ritter von KRAL 1942); dies wurde bis zum Beginn des Zweiten Weltkrieges weitgehend geschafft.

Zunächst entstand eine Ringbahn, am Gebirgsrand Inner-Anatoliens entlangführend, die von L. SCHEIDL (1930, S. 42) als inneranatolischer Verkehrskreis, von W. J. EGGELING und G. RITTER (1979, S. 8) als Rundlinie bezeichnet worden ist.

Die aus osmanischer Zeit stammende Strecke Eskişehir-Ankara - ein Teil der Anatolischen Eisenbahn - wurde 1927 über Ankara hinaus nach Kayseri verlängert; 1933 wurde die Verbindungsstrecke von Kayseri nach Ulukışla, an (der höchsten Stelle) der Anatolischen und Bagdadbahn, fertiggestellt - damit war der inner-anatolische Eisenbahn-Verkehrskreis geschlossen (F. K. KIENITZ 1959, S. 48 ff.).

Das System des weiteren Bahnausbaus bestand darin, daß - quasi als Stichbahnen - Eisenbahnlinien nach Ost-Anatolien und Südost-Anatolien vorangetrieben und einige Querbahnen, auch in West-Anatolien, hergestellt wurden:

1930	die Strecke Ankara-Sivas,
1931	die Strecke Kütahya-Balıkesir, eine Querverbindung, die die Chromerz-Lagerstätten und Braunkohlenvorkommen in Nordwest-Anatolien erschloß
1932	die Strecke Sivas-Samsun,
1931/38	die Strecke Fevzipaşa-Malatya-Diyarbakır, die Kupfererzbahn, die die Erzvorkommen von Ergani-Maden erschloß,
1935/37	die Strecke (Ankara-) Karabük-Zonguldak-Ereğli, die Steinkohlen-, Eisen- und Stahlindustrie-Bahn,
1936	kleinere Strecken in Südwest-Anatolien: Afyonkarahisar-Dinar; Anschlüsse für Isparta, Burdur, Eğredir,

1937	die Strecke Malatya-Çetinkaya(-Sivas), eine Querverbindung am Westrande Ost-Anatoliens, die die beiden nach Ost-Anatolien vorangetriebenen Eisenbahnstränge verband,
1937/39	die Strecke Sivas-Erzincan-Erzurum, die - über Sivas, Kayseri, Ankara - die Eisenerzlagerstätte von Diviğri mit dem Eisen- und Stahlwerk Karabük verknüpfte,
1940/44	die Strecke Diyarbakır-Kurtalan,
1946/55	die Strecke Elaziğ-Muş,
1948/53	Anschluß-Strecken im Gebiet von Maraş, Gaziantep (F. K. KIENITZ 1959, S. 52).

Praktisch war durch diese Bahnbauten ein weitmaschiges, zentrales Netz - immerhin ein Netz - entstanden mit Stichbahnen in die peripheren Räume in Nord-, Ost- und Südost-Anatolien (Übersichtskarten bei J. W. EGGELING, G. RITTER 1979; vgl. M. D. RIVKIN 1965, S. 39, S. 86).

Der Bau wurde teilweise ausländischen (Bau-)Gesellschaften - auch deutschen - übertragen, teilweise von einheimischen türkischen Unternehmen und Militärpersonal durchgeführt, das schon im Ersten Weltkrieg bei Bahnbauten im Osmanischen Reich eingesetzt war (F. K. KIENITZ 1959, S. 50).

Eine Verknüpfung des neuen türkischen Bahnnetzes über die Landesgrenzen hinaus war durch die alte Verbindung über Edirne nach Südost- und Mittel-Europa, durch die erneuerte nordost-anatolische Verbindung von Erzurum über Kars in die Sowjetunion und über die alte Strecke der Anatolischen und Bagdad-Bahn in den Irak gegeben. Die Verbindung nach Iran - mit Fährverkehr über den Van-See - blieb einer späteren Entwicklungsphase vorbehalten (W. J. EGGELING, G. RITTER 1979, S. 5).

Die Bezeichnungen Eisenerzbahn, Kupfererzbahn, Chromerzbahn, Kohlenbahn (F. K. KIENITZ 1959, S. 92; vgl. Z. Y. HERSHLAG 1958, S. 302) machen deutlich, welch wichtige Funktionen die Eisenbahn in der Türkei zu übernehmen hatte, vor allem den Gütertransport; dabei kamen landwirtschaftliche Produkte, besonders Getreide und Zuckerrüben, noch hinzu.

Die Bahnbauten nach Ost- und Südost-Anatolien hinein schufen die Voraussetzungen für die Anhebung der dortigen (land-)wirtschaftlichen Produktion auf ein marktorientiertes Niveau.

Für die Eisenbahn wurden in Eskişehir und Sivas Anfang der 50er Jahre, 1953, Reparaturwerkstätten eingerichtet; in Adapazarı entstand eine Waggonfabrik (F. K. KIENITZ 1959, S. 50).

Durch die umfangreichen Bahnbauten - bis in der Entwicklungsphase nach 1950 die Vernachlässigung der Eisenbahn einsetzte, das Schwergewicht auf den Ausbau der (Fern-)Straßen gelegt wurde - verlängerten sich die Bahnstrecken in der Türkei von

1923 4.086 km (davon damals noch 2.352 km in ausländischem Besitz, erst 1.734 km staatlich) auf
1950 7.757 km - d. h. es wurde annähernd eine Verdoppelung der Streckenlänge erreicht (Z. Y. HERSHLAG 1958, S. 300, S. 308).

Der Umschwung in der Verkehrspolitik der Türkei kam nach dem Ende des Zweiten Weltkrieges, als - unter dem Eindruck sowjetischer Bedrohung - die politische und zum Teil wirtschaftliche Öffnung des Landes gegenüber den U.S.A. erfolgte, technische, organisatorische und militärische Unterstützung aus den U.S.A. und Hilfsgelder aus dem Marshall-Plan angenommen wurden (R. W. GÖKDOĞAN 1938; R. W. KERWIN 1950; R. S. LEHMAN 1955; F. von BISMARCK-OSTEN 1950, S. 58; T. G. A. MUNTZ 1951, S. 83 ff.).

In den letzten Jahren vor 1950 rückte der Ausbau des bis dahin vernachlässigten Straßen- und Fernstraßennetzes in den Vordergrund (K. KLINGHARDT 1941), der mit U.S.-amerikanischen Maschinen und U.S.-amerikanischen Beratern eingeleitet wurde. Nach längeren Reisen durch Anatolien beklagte M. W. THORNBURG (et alii 1949, S. 82), daß - zunächst - nur wenige der neuen Straßenbau-Maschinen rationell eingesetzt wurden.

Es deutete sich in den Jahren nach dem Zweiten Weltkrieg und vor 1950 in der Türkei durch die zunehmende Zahl der Kraftfahrzeuge eine Entwicklung an, die in der nachfolgenden Phase zur Entfaltung kommen sollte.

Gab es 1938 erst 3.800 Lastkraftwagen, 1.000 Omnibusse und 4.500 Personenkraftwagen (S. SÖZERI 1955, S. 54), die überwiegend in den großen Städten und deren Umgebung eingesetzt wurden, so steigerte sich die Zahl der Kraftfahrzeuge in der Türkei bis 1950 auf 13.200 Lastkraftwagen, 3.100 Omnibusse und 10.000 Personenwagen (S. SÖZERI 1955, S. 100). Es war eine Zeit, in der der Import gebrauchter, großer U.S.-amerikanischer Straßenkreuzer begann.

Für die nachfolgende Entwicklungsphase deutete sich nicht nur an, daß ein Personen- und Güterfernverkehr über die türkischen Straßen zur Verbindung der Städte entstehen würde (W. J. EGGELING, G. RITTER 1979, Abb. 16, 17), sondern auch die Notwendigkeit - zunächst durch Importe der Fertigprodukte -, den entsprechenden Treibstoff - Dieselkraftstoff und Benzin - bereitstellen und ein Tankstellen-Netz aufbauen zu müssen (F. von RUMMEL 1953).

Die Türkei ist ein Land mit einer langen Küstenlinie, über 8.300 km (mit Inseln), am Schwarzen Meer, am Marmara-Meer, an der Ägäis und am östlichen Mittelmeer. Seit antiker Zeit siedelten an den Küsten Anatoliens Griechen, die die Verbindung zwischen ihren Siedlungsplätzen und darüber hinaus durch die Küstenschiffahrt herstellten (F. K. KIENITZ 1959, S. 54).

Von altersher lag die Küstenschiffahrt um Anatolien in den Händen der griechischen Bevölkerung. Durch den Ausgang des Ersten Weltkrieges, die kämpferischen Auseinandersetzungen zwischen Türken und Griechen im türkischen Unabhängigkeitskrieg im Anschluß an den Ersten Weltrieg sowie den im Vertrag von Lausanne 1923 vereinbarten griechisch-türkischen Bevölkerungsaustausch, verlor die Türkei die in der Küstenschiffahrt tätige Bevölkerungsgruppe.

So mußte der Aufbau einer türkischen Küstenschiffahrt in die Wege geleitet werden. Auch dabei ergriff der Staat die Initiative, und zwar durch Verstaatlichung der verbliebenen Reste der Küstenschiffahrt, um durch staatliches Monopol Schutz vor einer wirtschaftlich übermächtigen ausländischen Konkurrenz zu gewähren. Organisatorisch erfolgte der staatliche Eingriff - wie bei der Entwicklung der einheimischen Industrie und des Bergbaus auch - 1938 durch Gründung einer Schiffahrts-Bank (türk. Denizcilik Bankası) (St. J. SHAW, E. K. SHAW 1977, S. 392; vgl. dagegen W. J. EGGELING, G. RITTER 1979, S. 18, die 1952 angaben).

Natürlich machte der Wiederaufbau der Küstenschiffahrt und auch der überseeischen Handelsverbindungen den Ausbau der Hafenanlagen notwendig, der seit 1929 in Istanbul-Haydarpaşa, Izmir-Alsancak, Trabzon (1946), Zonguldak (1949/54) und Ereğli (1950) am Schwarzen Meer, auch in Mersin und Iskenderun am östlichen Mittelmeer eingeleitet wurde (F. K. KIENITZ 1959, S. 57).

Von 1933 an setzte auch der Aufbau einer Zivilluftfahrt ein (F. von BISMARCK-OSTEN 1950, S. 59), zunächst - bis 1947 - zur Verbindung von (inner-)türkischen Städten mit Propeller-Maschinen (W. J. EGGELING, G. RITTER 1979, S. 19), vor allem auf der Strecke Istanbul-Ankara-Adana (F. K. KIENITZ 1959, S. 57; Z. Y. HERSHLAG 1958, S. 311).

Erst in den letzten Jahren vor 1950 wurden mit der zunehmenden Öffnung des Landes auch Flugrouten in das Ausland mit Verbindungen nach Athen, Beirut, Kairo und Zypern hergestellt (S. SÖZERI 1955, S. 105). Die Passagierzahlen im türkischen Luftverkehr sollen von 33 im Monatsdurchschnitt des Jahres 1938 auf 7.200 im Jahre 1950 angestiegen sein (Z. Y. HERSHLAG 1958, S. 311).

Der Nachrichtenverkehr mittels Telegraphie war im Osmanischen Reich im wesentlichen - betriebsintern - auf die Eisenbahnstrecken beschränkt. Telephonverkehr gab es zunächst nur in der Stadt Istanbul. Nach der Erhebung Ankaras zur Hauptstadt wurde auch dort nach 1923 ein Telephonnetz errichtet, später auch in Izmir (F. K. KIENITZ 1959, S. 58).

Als Ausdruck technisch-kommunikativer Entwicklung in der neuen Türkei darf auch die Erweiterung des Telephonnetzes über die drei großen Städte hinaus und die Schaffung eines wirklichen Fern-Sprechverkehrs gewertet werden, eine Entwicklung, die 1932 einsetzte.

So sollen 1945 von 34.000 dörflichen Gemeinden - wohlgemerkt Gemeinden, nicht Haushalten - 10.800 über ein Telephon verfügt haben (F. K. KIENITZ 1959, S. 58).

Radiostationen gab es vor 1950 nur in den zwei führenden Städten, Istanbul und Ankara (F. K. KIENITZ 1959, S. 58).

Die verkehrstechnische Entwicklung, die 1923 in der Türkei begann, darf nicht darüber hinwegtäuschen, daß in der ersten Phase des take-off in großen Teilen des ländlichen Raumes weiterhin der zweirädrige Karren (türk. kağnı) aus Flechtwerk und mit Scheibenrädern, von Ochsen gezogen, auch der vierrädrige Wagen (türk. araba), mit Ochsen oder Pferden bespannt, die Ernte ins Dorf und die geringen Überschüsse der Subsistenzwirtschaft zum Markt brachten, daß Tragtier-Karawanen, bestehend aus Kamelen, Maultieren und/oder Eseln, im Ferntransport landwirtschaftliche und handwerkliche Produkte, sogar Erze, zu den Bahnstationen und Aufbereitungsanlagen schleppten, vor allem in abgelegenen und gebirgigen Regionen der Türkei, in Nord-, Ost- und Südost-Anatolien, selbst noch in West-Anatolien (F. K. KIENITZ 1959, S. 45).

In der ersten Phase des take-off der Türkei waren - was die Verkehrserschließung angeht - große Teile des Landes unverändert auf dem Niveau der traditional society.

g) Wertung des gesellschaftlichen Entwicklungsstandes: Entstehung des industriell-sekundären Sektors trotz gesellschaftlich ungünstiger Ausgangslage

Zunächst ist es notwendig, sich nicht nur die ungünstige, sondern außerordentlich ungünstige Ausgangslage der gesellschaftlichen Entwicklung in der Türkei nach 1923 zu vergegenwärtigen. Diese unvorteilhafte Situation bestand auf einer Reihe von Sachgebieten.

Demographisch hatte die muslimische Bevölkerung Anatoliens im Ersten Weltkrieg und im daran anschließenden Unabhängigkeitskrieg große Verluste erlitten. Während des Zweiten Weltkriegs war die Türkei zwar an keinen Kampfhandlungen beteiligt, hielt aber ihre Armee über Jahre an den Grenzen in Bereitschaft, so daß die Geburtenrate von absenkenden Auswirkungen betroffen war. Der griechisch-türkische Bevölkerungsaustausch nach dem Ersten Weltkrieg hatte der Türkei in der Bilanz ein Minus von rund 1 Mio. Menschen beschert. Arbeitskräfte waren - im extremen Gegensatz zu den heutigen Verhältnissen in der Türkei - knapp geworden.

Ökonomisch war die Masse der muslimischen Bevölkerung Anatoliens bäuerlich-landwirtschaftlich auf dem Niveau der Subsistenzwirtschaft tätig, mental traditionell im Islam verhaftet. Von den agraren (Groß-)Grundbesitzern, die es in einigen Regionen der Türkei im ländlichen Raum gab, konnten keine Impulse in Richtung auf eine Industrialisierung ausgehen, da sie - traditionell - hohen Kapitaleinsatz bei langfristig geringer Verzinsung - wie in der Industriewirtschaft üblich - scheuten und kurzfristige Gewinne vorzogen, die sie agrarwirtschaftlich, im Handel, in Geld- und Immobiliengeschäften erzielen konnten.

Von den gegen Ende des Osmanischen Reiches vorhandenen, nicht-muslimischen Ausländern und osmanischen Staatsbürgern (Armeniern, Griechen, Juden) gehörenden Industriebetrieben war kaum etwas übrig geblieben. Die Industrie - im engeren und modernen Sinn - bestand am Beginn der türkischen Republik aus den wenigen staatlichen, ehemals osmanischen (Rüstungs-)Betrieben.

Eine Industriearbeiterschicht hatte sich im Osmanischen Reich nicht herausgebildet. In hohem Maße waren die Beschäftigten in dem wichtigen Steinkohlenbergbau-Gebiet von Ereğli-Zonguldak in Rotation tätig, sahen durch die traditionelle, mentale und wirtschaftliche Verhaftung im ländlichen Raum Beschäftigung außerhalb der Landwirtschaft als - notwendige - zusätzliche Einkommensquelle an. Auch die allgemeinen schulischen Voraussetzungen für Tätigkeiten in der modernen Industrie waren in der Spätzeit des Osmanischen Reiches - was die große Masse der Bevölkerung Anatoliens betrifft - nicht gegeben.

Sozialstrukturell wirkten sich spezifische Bevölkerungsverluste vor, während und nach dem Ersten Weltkrieg verheerend auf die neue Türkei aus: die wirtschaftlich aktiven Gruppen, die Armenier, Griechen und Juden, die die Mittelschicht in der Spätzeit des Osmanischen Reiches gestellt und nicht nur über Kapital, sondern auch unternehmerische Initiative verfügt hatten, waren der neuen Türkei verloren gegangen - zu einem Preis, für den Homogenität im Religiösen bei der Bevölkerung Anatoliens erreicht worden war.

Als Ergebnis kann festgehalten werden, daß die positiven pre-conditions for take-off, die - neben negativen - sich in der Spätzeit des Osmanischen Reiches herausgebildet hatten, wieder eingebüßt worden waren. Man darf behaupten, daß am Beginn der Republik Türkei das Land auf die Stufe der traditional society zurückgeworfen wurde.

In dieser Situation war es für die zukünftige gesellschaftliche Entwicklung in der Türkei von unschätzbarem Wert, daß der Staat - personifiziert durch Kemal Atatürk - die Initiative ergriff.

Angesichts der Kritik, die von U.S.-amerikanischer Seite (M. W. THORNBURG, G. SPRY, G. SOULE 1949) an dem die neue Türkei besonders auf wirtschaftlichem Gebiet durchdringenden etatistischen Prinzip geäußert worden ist, muß gefragt werden, wo denn die Initiative hätte herkommen sollen, wenn nicht von seiten des Staates.

In allen Bereichen, mit denen sich eine Ungunstsituation verband, wurde vom Staat gegengesteuert oder Neues geschaffen.

Ein wesentlicher Aspekt war dabei die Setzung neuer geistig-kultureller Normen und Werte, kurz die Verwestlichung als Zielvorstellung auf vielen Gebieten, die zwar Vorläufer im Osmanischen Reich besaß, in der neuen Türkei aber systematisch angelegt und durchgeführt wurde.

Die große Masse der ländlichen Bevölkerung der Türkei blieb im Geistig-Religiösen dem Islam verbunden, lernte aber die neuen, westlichen Vorbilder und Ideen durch die Schulbildung kennen und nahm sie zum Teil auf. Mit dieser Entwicklung deutete sich - zunächst, d. h. bis 1950 unterschwellig -, durch die politisch beherrschende Stellung des Staates eine Polarisierung innerhalb der Bevölkerung der Türkei an, die sich - später, in den nachfolgenden Phasen - im ausgeprägten Gegensatz von Traditionalisten und Modernisten, Rechten und Linken, Islamisten und Kemalisten niederschlagen sollte.

Zur Verbesserung der demographischen Verhältnisse wurden vom Staat Kampagnen zur Malaria- und Seuchenbekämpfung und zur Senkung der Kindersterblichkeit im ländlichen Raum eingeleitet und mit Erfolg durchgeführt. Dadurch kam es im Laufe der Zeit zu einer Senkung der allgemeinen Sterberate. Dennoch hielt sich bis zum Ende der ersten Phase des take-off in der Türkei die Bevölkerungszunahme in Grenzen; die vorangegangenen Bevölkerungsverluste wurden etwas mehr als ausgeglichen. Die große Bevölkerungsvermehrung in der Türkei geschah nicht in der ersten Phase des take-off.

Zur Verbesserung der agrarwirtschaftlichen Verhältnisse wurden ebenfalls vom Staat Maßnahmen ergriffen. Dazu gehörte - durch die Schaffung eines ländlichen Genossenschaftswesens und staatliche Marktregelung - die Lösung der kleinbäuerlichen Bevölkerung aus der Abhängigkeit von übervorteilenden privaten Kreditgebern und Ernte-

Aufkäufern. Dazu gehörte die Einführung so absatzorientierter Innovationskulturen wie Zuckerrüben und Tee und der infrastrukturelle Verkehrsausbau - Silos und Eisenbahnlinien -, damit der Markt vom ländlichen Raum aus überhaupt erreicht werden konnte. So wurden Voraussetzungen - wenn auch bis 1950 nicht in allen Regionen der Türkei - geschaffen, um die Subsistenzwirtschaft vieler ländlicher Gebiete auf marktorientiertes Produktionsniveau anzuheben.

Durch die Gründung einer staatlichen Baumwoll- und Wolltextilindustrie erhielt die heimische landwirtschaftliche (Industrie-)Rohstoffproduktion Absatzmöglichkeiten im eigenen Land, die gleichzeitig den Autarkiebestrebungen des Staates entgegenkamen.

Auch die Verbesserung der schulischen Verhältnisse im ländlichen Raum, die allein vom Staat ausging, kann als Voraussetzung für Wandel und Entwicklung auf breiter Ebene nicht hoch genug bewertet werden (D. LERNER 1958).

Entscheidend war, daß vom neuen türkischen Staat eine moderne Industrie geschaffen wurde - erst dieser Prozeß berechtigt, die Entwicklung der Türkei zwischen 1920 und 1950 als erste Phase des take-off zu klassifizieren. Als Hauptbranchen entstanden die Baumwoll- und Wolltextilindustrie und die Eisen- und Stahlindustrie.

Daß es sich dabei um zwei Industriebranchen handelte, die sich im klassischen Fall des ersten Industrialisierungsprozesses überhaupt, auf den Britischen Inseln, entwickelt hatten, bedeutet nicht, daß der englische Industrialisierungsprozeß in der Türkei zum Vorbild genommen wurde, sondern hat mit den Rahmenbedingungen in Anatolien, dem Vorhandensein entsprechender Rohstoff- und Energie-Ressourcen, zu tun.

Nur der Staat konnte in der damaligen Zeit, zwischen 1920 und 1950, in der Türkei die fehlenden Mittel zum Anschieben des Industrialisierungsprozesses bereitstellen: das Investitions-Kapital und die Organisation der Industrie über Banken und Holding-Gesellschaften; die Technologie wurde im Ausland eingekauft, das kaufmännische und technische Personal in den Industriebetrieben selbst herangebildet.

Durch die Dispersität der Standorte der neuen staatlichen Industriebetriebe in der Türkei, die zum guten Teil in den ländlichen Rohstoffproduktionsgebieten errichtet wurden, schuf der Staat ein Gegengewicht zur althergebrachten Ballung der wirtschaftlichen Macht im Raum Istanbul und milderte die Disparitäten innerhalb der neuen Türkei. Auf lange Sicht - und mit zunehmender privatwirtschaftlicher Industrialisierung in der Türkei in den nachfolgenden Phasen des take-off - wurde jedoch die Stärkung des industrie- und tertiärwirtschaftlichen Schwergewichts im Nordwesten des Landes - im Großraum Istanbul - nicht verhindert.

Indem der Staat in seinen neuen Industriebetrieben, vor allem wenn es sich - wie meist der Fall - um Großbetriebe handelte, - notwendigerweise - für die Unterbringung, Ausbildung, medizinische und vielfältige soziale Betreuung des Personals sorgte, konnte zwar nicht die gewünschte - von ausländischer Seite kritisierte - Rentabilität seiner Wirtschaftseinrichtungen erzielt werden, doch wurde den aus anderen Ländern bekannten, typischen sozialen Mißständen der Frühindustrialisierung entgegengewirkt - um so mehr als die umfangreiche Land-Stadt-Wanderung, verbunden mit Verstädterung und Niederlassungsproblemen der in die (großen) Städte zugewanderten Bevölkerung, vor 1950 noch nicht eingesetzt hatte.

Den politischen Veränderungen in der neuen Türkei - gegenüber dem Osmanischen Reich in seiner Spätzeit - kam ein eigentümlicher Stellenwert zu.

Demokratie wurde formalistisch praktiziert. Zwar hatte das parlamentarische System Einzug gehalten - es gab die Große Natonalversammlung in Ankara -, in das die Abgeordneten - in klientelistischer Manier - gewählt wurden, aber es gab nur eine Partei, die Republikanische Volkspartei (türk. Cumhuriyet Halk Partisi), im Parlament. Erst 1946 erfolgte - mit der neuen Möglichkeit weiterer Parteigründungen - der Übergang zum Mehrparteiensystem (K. H. KARPAT 1959). Eine zweite Kammer - der Senat - wurde erst durch die Verfassung von 1961 eingeführt.

Entscheidend war, daß das Parlament Kemal Atatürk, dem Staatsgründer, der sich außerordentliche Verdienste im Unabhängigkeits- und Freiheitskrieg der Türkei erworben hatte, hörig war. Nur durch ihn und das von ihm abhängige Parlament konnte die gesellschaftliche Umstrukturierung und Weiterentwicklung des Landes durchgesetzt, die erste Phase des take-off in der Türkei geschaffen werden.

Eine Wertung des Entwicklungsstandes der Türkei zwischen 1920 und 1950 ist noch auf andere Weise möglich, nämlich durch den Vergleich mit den Verhältnissen im take-off auf den Britischen Inseln, dem klassischen Fall industriegesellschaftlicher Entstehung (R. STEWIG 1995).

Mit diesem Vorgehen ist nicht gemeint, daß sich die Türkei in ihrer ersten Phase des take-off wie auf den Britischen Inseln hätte entwickeln müssen, vielmehr geht es darum, durch faktische Gegenüberstellung die Wertung um einen lohnenden Aspekt zu erweitern.

Es muß zuvor bemerkt werden, daß der - langen - Phase des take-off auf den Britischen Inseln, 1750 - 1850, nur die erste Phase des take-off in der Türkei, 1920-1950, gegenübergestellt wird, der take-off in der Türkei aber nach 1950 weiterging, so daß, streng genommen, nur die Anfangsphasen der take-offs verglichen werden können.

Auf den Britischen Inseln scheint - bei allmählich einsetzender Bevölkerungszunahme am Anfang - die Bevölkerungsvermehrung ausgeprägter verlaufen zu sein, als das in der Türkei in der ersten Phase des take-off der Fall war, so daß auf den Britischen Inseln die demographische Entwicklung mit zu den Voraussetzungen des Industrialisierungsprozesses gerechnet werden kann, während in der Türkei eine vergleichbare Bevölkerungszunahme erst im weiteren Verlauf industriegesellschaftlicher Entwicklung, in der zweiten Phase des take-off, erfolgte.

Diese Zusammenhänge spielten auch bei den - unterschiedlichen - agraren Entwicklungen eine Rolle. Die mäßige Bevölkerungszunahme in der ersten Phase des take-off in der Türkei - bei gleichzeitigen Fortschritten in der Agrarwirtschaft, der Steigerung der Getreide-Produktion, ließ kein Ernährungsproblem entstehen, während sich auf den Britischen Inseln in der vorangeschrittenen take-off-Phase die sich öffnende Schere zwischen Bevölkerungszunahme und nachhinkender Getreide-Produktion die Frage der Brotgetreideversorgung der Bevölkerung als R. Th. Malthus-Problem präsentierte.

Auf den Britischen Inseln spielte die eigenständige technologische Entwicklung aus handwerklichen Anfängen heraus - sowohl bei der Textiltechnologie auf den Produktionsstufen Spinnen und Weben als auch bei der Eisen- und Stahltechnologie auf den Produktionsstufen Eisen- und Stahlerzeugung - eine wichtige Rolle, die wesentlich zur frühen Entstehung der Industriegesellschaft beitrug.

Anders präsentierte sich die Situation in der ersten Phase des take-off in der Türkei: die Technologie der Baumwoll- und Wolltextilindustrie und der Eisen- und Stahlindustrie wurde von den im Industrialisierungsprozeß weiter fortgeschrittenen Ländern, denen gegenüber die Türkei einen technologischen Rückstand aufzuweisen hatte, übernommen.

Auf den Britischen Inseln war dem Einsetzen des Industrialisierungsprozesses - schon auf der Stufe der traditional society - die Entstehung einer städtischen, aus Kaufleuten, Händlern, teilweise auch Handwerkern bestehenden Mittelschicht vorausgegangen. Die ebenfalls dem Einsetzen des Industrialisierungsprozesses auf den Britischen Inseln vorausgegangene überseeische koloniale Expansion hatte Reeder und Kaufleute, besonders in den zahlreichen Seehäfen, Kapital akkumulieren lassen, das zum Transfer und Einsatz in dem entstehenden industriell-sekundären Sektor bereitstand.

Diese flexiblen Mitglieder der Mittelschicht waren die Träger unternehmerischer Initiative. Selbst ein so wichtiger Rohstoff wie die Baumwolle, die es auf den Britischen Inseln nicht gab, konnte durch unternehmerische Initiative herangeführt werden, so daß trotz fehlender heimischer Rohstoffbasis die erste Baumwolltextilindustrie auf den Britischen Inseln entstanden ist.

In der Türkei jedoch waren Vernichtung, Abwanderung und Zwangsaussiedlung der kapitalkräftigen, unternehmerischen, nicht-muslimischen Mittelschicht dem Neubeginn gesellschaftlicher Entwicklung in der Republik vorausgegangen.

Auf den Britischen Inseln hatte die schulische Ausbildung, das Nicht-Vorhandensein einer ausgebildeten Arbeiterschicht, für das Einsetzen des Industrialisierungsprozesses keine große Bedeutung; doch gab es - entsprechend dem langsamen Voranschreiten der technologischen Entwicklung - tatkräftige Förderung durch das vielfältige, einheimische Handwerk.

In der Türkei wäre in der ersten Phase des take-off die Existenz einer ausgebildeten Industriearbeiterschaft von Nutzen gewesen, wurde doch hochentwickelte Produktionstechnologie aus den Industrieländern importiert; eine solche Industriearbeiterschaft fehlte aber, mußte erst allmählich, in den eigenen Betrieben, aus- und herangebildet werden.

Noch frappierender als bei den bisher skizzierten Aspekten waren die Unterschiede bei der Rolle des Staates.

Auf den Britischen Inseln hatte sich nach der merkantilistischen Entwicklungsphase der Wirtschaft, die im Sinne positiver pre-conditions for take-off zu verstehen ist, ein zunehmender Rückzug des die Wirtschaft reglementierenden Staates vollzogen, der als Veranschaulichung der Theorie der Freisetzung der wirtschaftlichen Kräfte des Individuums von A. Smith (1723-1790) gedeutet werden kann. Die unsichtbar werdende Hand des Staates führte auf den Britischen Inseln im take-off zu einem zügellosen Wirtschaftsgeist, dem Manchestertum, der die ökonomische Entwicklung, den Industrialisierungsprozeß, beschleunigte, aber auch tiefgreifende soziale Mißstände verursachte.

Angesichts der in den Industrieländern - nicht nur auf den Britischen Inseln - im 20. Jahrhundert fortgeschrittenen gesellschaftlichen, besonders technologischen und wirtschaftlichen Entwicklung, angesichts des Rückstandes und der desolaten Ausgangslage der Republik Türkei nach dem Ersten Weltkrieg und angesichts der Erfahrungen mit wirtschafts-imperialistischer Penetration in der Spätzeit des Osmanischen Reiches gab es in der Türkei keine andere Möglichkeit, als daß der Staat die Initiative ergriff, in eigener Regie - über Banken als ausführende Organe - die Industrie aufbaute und nach der Errigung der vollständigen staats- und finanzpolitischen Souveränität nach dem Ersten Weltkrieg durch protektionistische Maßnahmen vor der übermächtigen ausländischen Konkurrenz schützte.

Ein letzter Aspekt ist nicht weniger interessant.

Der Aufwertung der Rolle des Individuums in der Gesellschaft im ökonomischen Zusammenhang waren Aufwertungen im künstlerischen, politischen und im geistig-religiösen Bereich durch Martin Luther, Johann Calvin und andere Reformatoren nicht nur auf den Britischen Inseln, sondern in weiten Teilen Europas vorausgegangen, die ein neues Arbeitsethos mit sich brachten. Eine vergleichbare Reformation im Geistig-Religiösen, im Islam, hat sich im Osmanischen Reich und in der Republik Türkei nicht vollzogen.

Literatur

ABADAN-UNAT, N.: Die Familie in der Türkei - Aspekte aus struktureller und juristischer Sicht. In: Orient. 28. Jahrgang, Opladen 1987, S. 66-82.

ADANIR, F.: Geschichte der Republik Türkei. Mannheim, Leipzig, Wien, Zürich 1995.

ADATEPE, G.: Settlement Measures Taken in Turkey and Improvements Made in that Field. In: Integration. 6. Jahrgang, Vaduz 1959, S. 190-197.

AHMAD, F.: The Making of Modern Turkey. London, New York 1993.

AKGÜN, A.: Landschaft und Standort als bestimmende Einflüsse auf die Gestalt der Stadt Istanbul. Diss. Zürich 1959.

AKGÜN, H.: Türkische Häfen und ihre Hinterlandsbeziehungen am Beispiel der Mittelmeerhäfen. Institut für Entwicklungsforschung und Entwicklungspolitik der Ruhruniversität Bochum, Materialien und kleine Schriften, 117, Bochum 1988.

AKTAN, R.: Mechanization of Agricultue in Turkey. In: Land Economics, Bd. 33, Madison Wis. 1957, S. 273-285.

AKTAN, R.: Problems of Land Reform in Turkey. In: The Middle East Journal, Bd. 20, Washington 1966, S. 317-334.

AKTAR, O. C.: L'Occidentalisation de la Turquie. Essai critique. Paris 1985.

ALBAUM, M., DAVIES, Ch. S.: The Spatial Structure of Socio-Economic Attributes of Turkish Provinces. In: International Journal of Middle East Studies, Bd. 4, Cambridge 1973, S. 288-310.

ALEXANDER, A. P.: Industrial Entrepreneurship in Turkey: Origins and Growth. In: Economic Development and Cultural Change, Bd. 8, Chicago 1960, S. 349-365.

ALTUG, S.: Le Problème des Immigrations Turques des Balkan. In: Integration, 6. Jahrgang, Vaduz 1959, S. 182-189.

ANDREWS, P. A., BENNINGHAUS, R.: Ethnic Groups in the Republic of Turkey. Beihefte zum Tübinger Atlas des Vorderen Orients, Reihe B, Nr. 60, Wiesbaden 1989.

ANONYMUS: Die Textilindustrialisierung in der Türkei. Institut für Weltwirtschaft an der Universität Kiel, Kiel 1938.

ANONYMUS: Die türkische Textilwirtschaft. Institut für Weltwirtschaft an der Universität Kiel, Kiel 1941.

ANONYMUS: Die Eisenbahnen der Türkei. In: Monatsberichte des Wiener Instituts für Wirtschaftsforschung, 15. Jahrgang, Wien 1941, S. 60-67.

ANONYMUS (Dr. P.): Die wirtschaftliche Bedeutung des türkischen Eisenbahnnetzes. In: Der Nahe Osten, 3. Jahrgang, Berlin 1942, S. 27-30.

ANONYMUS: Hauptprobleme der türkischen Agrarpolitik. In: Monatsberichte des Wiener Instituts für Wirtschaftsforschung, 15. Jahrgang, Wien 1942, S. 181-212.

ARAN, S.: Evedik Köyü. Bir Köy Monografisi (Das Dorf Evedik. Eine Dorfmonographie). Yüksek Ziraat Enstitüsü Çalısmalarındın, Nr. 66, Ankara 1938.

ARI, O.: The Assimilation to Conditions of Work in Turkey of the Turkish-Bulgarian Immigrants Expelled from Bulgaria between 1950-1951. In: Integration, 6. Jahrgang, Vaduz 1959, S. 198-203.

ARNIM, V. von: Die Welttabakwirtschft. Kieler Studien, 45, Kiel 1958.

ARNOLD, W.: Der mittlere Osten entwickelt die Eisen- und Stahlindustrie. In: Zeitschrift für Wirtschaftsgeographie, Jahrgang 15, Hagen 1971, S. 212-215.

ATANASIU, N.: Wandlungen und Wandlungsmöglichkeiten der türkischen Agrarstruktur. Geographische Rundschau, 22. Jahrgang, Braunschweig 1970, S. 19-22.

BAHŞI, K. A.: Struktur des Bankwesens in der Türkei. Struktur ausländischer Bankensysteme, Heft 23, Frankfurt am Main 1990.

BARKEY, H. J.: The State and the Industrialization Crisis in Turkey. Boulder, San Francisco, Oxford 1990.

BARLOW, F. D.: Turkish Cotton. Production, Exports, Domestic Needs. Washington 1957 (U.S.Department of Agriculture).

BARTSCH, G.: Das Gebiet des Erciyes Dağı und die Stadt Kayseri in Mittel-Anatolien. In: Jahrbuch der Geographischen Gesellschaft zu Hannover für 1934 und 1935, Hannover 1935, S. 87-202.

BARTSCH, G.: Die mittelanatolische Tufflandschaft um Ürgüp und Nevschehir. In: KAYSER, K. (Hrsg.): Landschaft und Land der Forschungsgegenstand der Geographie, Remagen 1951, S. 38-49.

BARTSCH, G.: Ankara im Wandel der Zeiten und Kulturen. In: Petermanns Geographische Mitteilungen, 98. Jahrgang, Gotha 1954, S. 256-266.

BARTSCH, G.: Siedlungsgang und Siedlungsraum im südöstlichen anatolischen-Hochland. In: Bericht der Oberhessischen Gesellschaft für Natur- und Heilkunde zu Gießen, Neue Folge, Naturwissenschaftliche Abteilung, Bd. 28, Gießen 1957, S. 58-81.

BATES, D. G.: Nomads and Farmers: A Study of the Yörük of Southeastern Turkey. Ann Arbor 1973.

BATES, F. L., PEACOCK, W. G.: Living Conditions, Disasters, and Development. Athen, London 1993.

BAZIN, M.: Erzurum: Un Centre Régional en Turquie. In: Revue Géographique de l'Est, Bd. 9, Nancy 1969, S. 269-314.

BEDIZ, D.: Izmir (Smyrna) und sein wirtschaftsgeographisches Einzugsgebiet. Diss. München 1935.

BEELY, B. W.: The Turkish Village Coffeehouse as a Social Institution. In: Geographical Review, Bd. 60, New York 1970, S. 475-494.
BENEDICT, P.: Ula. An Anatolian Town. Leiden 1974.
BENEDICT, P., TÜMERTEKIN, E., MANSUR, F. (Hrsg.): Turkey. Geographic and Social Perspectives. Leiden 1974.
BENOIST-MÉCHIN, J.: Mustapha Kémal (Le Loup et le Léopard. La Mort d'un Empire). Paris 1954.
BERKES, N.: The Development of Secularism in Turkey. Montreal 1964.
BISMARCK-OSTEN, F. von: Strukturwandlungen und Nachkriegsprobleme der türkischen Volkswirtschaft. Kieler Studien, 16, Kiel 1951.
BLANCHARD, R.: The Exchange of Populations between Greece and Turkey. In: Geographical Review, Bd. 15, New York 1925, S. 449-45.
BLUME, H.: Zuckerrohr und Zuckerrübe im subtropischen Trockengürtel der Alten Welt. In: Erdkunde, Bd. 21, Bonn 1967, S. 111-132.
BOGUSLAWSKI, A.: Hinten weit in der Türkei. Zur politischen Kultur der türkischen Landbevölkerung. In: Orient, 24. Jahrgang, Opladen 1983, S. 501-517.
BORATOW, K.: Die türkische Wirtschaft im 20. Jahrhundert (1908-1980). Frankfurt am Main 1987.
BORÇBAKAN, C.: Turkish Cement Industry Extending. In: Orient, 8. Jahrgang, Opladen 1967, S. 55-56.
BOZKURT, A.: Das Kurdenproblem in der Türkei. Die Manifestation und Konsolidierung des ethnischen Konflikts und die Frage seiner Lösung. Europäische Hochschulschriften, Reihe 31, Politikwissenschaft, Bd. 250, Frankfurt am Main, Berlin, Bern, New York, Paris, Wien 1994.
BRINKMANN, R.: Geology of Turkey. Stuttgart 1976.
BRUCH, W. F.: Türkische Baumwollwirtschaft. Eine kolonialwirtschaftliche und -politische Untersuchung. Probleme der Weltwirtschaft, 29, Jena 1919.
BUREAU INTERNATONAL DU TRAVAIL: Report sur l'Education Ouvrière du Turquie. Genf 1962.
ÇALGÜNER, C.: Die landwirtschaftlichen Arbeiter in der Türkei. Diss. Ankara 1943 (Arbeiten aus dem Yüksek Ziraat Enstitüsü Ankara, Heft 132).
CAN, H.: The Effects of Culture and Personality on Modernization. Turkey as a Case Study. Diss. New York 1973.
CEYHUN, F.: The Politics of Industrialization in Turkey. In: Journal of Contemporary Asia, Bd. 18, Manila 1988, S. 333-357.
CEYLAN, S.: Die geschichtliche Umwandlung der ökonomischen Gesellschaftsformation der Türkei. Berlin 1985.
CILLOV, H.: Les Recensements Industriels en Turquie. In: Revue de la Faculté des Sciences Économiques de l'Université d'Istanbul, 13. Jahrgang, Istanbul 1952, S. 162-177.

CILLOV, H.: Les Statistiques Industrielles en Turquie. In: Revue de la Faculté des Sciences Économiques de l'Université d'Istanbul, 15./16. Jahrgang, Istanbul 1955, S. 76-89.

CHRISTIANSEN-WENIGER, F.: Die Grundlagen des türkischen Ackerbaus. Leipzig 1934.

CHRISTIANSEN-WENIGER, F.: Soziale Strömungen in der zweiten Türkischen Republik. In: Orient, 4. Jahrgang, Opladen 1963, S. 18-22, S. 62-64.

CHRISTANSEN-WENIGER, F.: Die soziale Lage des türkischen Bauern von 1923-1963. In: Sociologus, Neue Folge, Jahrgang 14, Berlin 1964, S. 62-81.

CHRISTIANSEN-WENIGER, F.: Die Bevölkerungsentwicklung in der Türkei seit 1923 und ihre Folgen. In: Orient, 6. Jahrgang, Opladen 1965, S. 144-148.

CHRISTIANSEN-WENIGER, F.: Ackerbauformen im Mittelmeerraum und Nahen Osten, dargestellt am Beispiel der Türkei - Bewässerungs-, Trocken-, Feuchtlandwirtschaft. Frankfurt am Main 1970.

CHRISTIANSEN-WENIGER, F.: Saatmethoden im Zweistromland und Anatolien. In: Orient, Jahrgang 11, Opladen 1970, S. 95-98.

CHRISTIANSEN-WENIGER, F., TOSUN, O.: Die Trockenlandwirtschaft im Sprichwort des anatolischen Bauern. Ankara 1939.

ÇÖLAŞAN, U. E.: Türkiye Iklimi. Ankara 1960.

CONKER, O.: Les Chemins de Fer en Turquie et la Politique Ferroviaire Turque. Paris 1935.

CONKER, O., WITMEUR, E.: Redressement Économique et Industrialisation de la Nouvelle Turquie. Paris 1937.

CUDA, A.: Stadtaufbau in der Türkei. Diss. Berlin 1939. In: Die Welt des Islams, Bd. 21, Berlin 1939, S. 1-84.

DAĞLAROĞLU, R.: L'Industrie Textile Turque. Thèse Fribourg 1941.

DENKER, B.: Flurformen und Besitzverhältnisse in zwei Dörfern (Armut und Izvat) der Bursa-Ebene (Türkei). In: Review of the Geographical Institute of the Universty of Istanbul, Nr. 8, Istanbul 1962, S. 71-81.

DENKER, B.: Die heutige Agrarwirtschaft der Bursa-Ebene. In: Review of the Geographical Institute of the University of Istanbul, Nr. 9/10, Istanbul 1963/64, S. 116-134.

DIECKMANN, P.: Die türkischen Staatsbahnen. In: Archiv für Eisenbahnwesen, 61. Jahrgang, Berlin 1938, S. 739-752.

DITTMANN, A.: Kurden - Flüchtlinge im eigenen Land. In: Geographische Rundschau, Jahrgang 45, Braunschweig 1993, S. 58-63.

DJABRI, M.: Die türkische Volkswirtschaft unter besonderer Berücksichtigung der landwirtschaftlichen Verhältnisse. Diss. Zürich 1929.

DOH, R.: Urbanisierung und Bevölkerungsentwicklung in den türkischen Regionen. In: Orient, 24. Jahrgang, Opladen 1983, S. 486-500.

DUBETSKY, A.: Kinship, Primordeal Ties, and Factory Organization in Turkey: An Anthropological View. In: International Journal of Middle East Studies, Bd. 7, Cambridge 1976, S. 433-451.

DUNN, R. P. J.: Cotton in the Middle East. National Cotton Council. Memphis Ten. 1952.

EBERHARD, W.: Types of Settlement in South-East Turkey. In: Sociologus, Neue Folge, Jahrgang 3, Berlin 1953, S. 49-64.

EGGELING, W. J.: Beiträge zur Kulturgeographie des Küçük-Menderes-Gebietes. Diss. Bochum 1973.

EGGELING, W. J.: Bevölkerungsverschiebungen in der Westtürkei seit 1920. In: Geographische Rundschau, Jahrgang 27, Braunschweig 1975, S. 345-349.

EGGELING, W. J.: Das westanatolische Dorf Kireli. In: Materialia Turcica, Bd. 1, Bochum 1975, S. 15-22.

EGGELING, W. J.: Der Wochenmarkt als eine wichtige Einrichtung im türkischen Wirtschaftsleben, dargestellt am Beispiel des Wochenmarktes von Selçuk, Provinz Izmir. In: Petermanns Geographische Mitteilungen, 120. Jahrgang, Gotha, Leipzig 1976, S. 216-219.

EGGELING, W. J.: Untersuchungen zur Verkehrsstruktur der Westtürkei. In: Zeitschrift für Wirtschaftsgeographie, 21. Jahrgang, Hagen 1977, S. 243-249.

EGGELING, W. J., RITTER, G.: Türkische Binnenverkehrsnetze. Materialia Turcica, Beiheft 3, Bochum 1970.

ERALP, A., RÜNAY, M., YEŞILADA, B. (Hrsg.): The Political and Socioeconomic Transformation of Turkey. Westport Con., London 1993.

ERDENTUĞ, N.: A Study of the Social Structure of a Turkish Village. Publications of the Faculty of Languages, History and Geography, University of Ankara, Nr. 13, Ankara 1959.

ERDER, L. T.: The Making of Industrial Bursa: Economic Activity and Population in a Turkish City 1835-1975. Princeton N. J. 1976.

EREN, A. C.: Die Bedeutung des Flüchtlingsproblems in der Türkei. In: Integration, 6. Jahrgang, Vaduz 1959, S. 167-177.

ERINÇ, S.: Climatic Types in Turkey. In: Geographical Review, New York 1950, S. 224-235.

ERINÇ, S., TUNÇDILEK, N.: The Agricultural Regions of Turkey. In: Geographical Review, Bd. 42, New York 1952, S. 179-203.

ETE, M.: State Exploitation in Turkey. Ankara 1951.

ETHEM, M.: Der Hafen von Stambul und seine Organisation. Diss. Leipzig 1929.

FERNAU, F.-W.: Soziale Strömungen in der zweiten Türkischen Republik. In: Orient, 4. Jahrgang, Opladen 1963, S. 18-22, S. 62-64.

FICKENDEY, E.: Der Ölbaum in Kleinasien. Auslandswirtschaft in Einzeldarstellungen, Bd. 4, Leipzig 1922.

FRANZ, E.: Das Dorf Icadiye. Ethnographische Untersuchung einer anatolischen ländlichen Gemeinde. Diss. Berlin 1969.

FRANZ, E.: Zur türkischen Boden- und Landwirtschaftsreform. In: Orient, 15. Jahrgang, Opladen 1974, S. 73-79.
FRANZ, E.: Kurden und Kurdentum. Zeitgeschichte eines Volkes und seiner Nationalbewegungen. Deutsches Orient-Institut, Mitteilungen, 30, Hamburg 1986.
FRANZ, E.: Population Policy in Turkey. Family Planning and Migration between 1960 and 1992. Deutsches Orient-Institut, Mitteilungen, 48, Hamburg 1994.
FREY, F. W.: Regional Variations in Rural Turkey. Rural Development Research Project, Report Nr. 4, Cambridge Mas. 1966.
FREY, F. W.: Landownership and Peasant Orientations in Rural Turkey. Rural Development Research Project, Report Nr. 6, Cambridge Mas. 1967.
GARBRECHT, G.: Die wasserwirtschaftliche Entwicklung des Gediz-Tales (West-Türkei). In: Die Wasserwirtschaft, Jahrgang 52, Stuttgart 1962, S. 41-47, S. 74-78.
GASPARETTO, M. M.: La Turchia. Evoluzione, Struttura Economica, Tendenze. Mailand 1959.
GENISSEL, A. le: L'Ouvrier d'Industrie en Turquie. Beirut 1948.
GERBER, Ch.: The Social Origin of the Modern Middle East. Boulder Col., London 1987.
GÖKDOĞAN, M.: Straßenbau und Verkehrspolitik in der Türkei. Schriftenreihe des Seminars für Städtebau und Raumplanung, Technische Hochschule Stuttgart, Heft 1, Stuttgart 1938.
GREIF, F.: Der Wandel der Stadt in der Türkei unter dem Einfluß von Industrialisierung und Landflucht. In: 38. Deutscher Geographentag Erlangen-Nürnberg 1971, Tagungsbericht und wissenschaftliche Abhandlungen, Wiesbaden 1972, S. 407-419.
GRÖGER, H.: Die Standortentwicklung der eisenschaffenden Industrie in der Türkei. In: Orient, 12. Jahrgang, Opladen 1971, S. 160-168.
GRONAU, D.: Mustafa Kemal Atatürk oder die Geburt der Republik. Frankfurt am Main 1994.
GROTHUSEN, K.-D. (Hrsg.): Türkei. Südosteuropa-Handbuch, Bd. 4, Göttingen 1985.
GROTHUSEN, K.-D.: Der Weg der Türkei in die Moderne - 65 Jahre politisch-historische Entwicklung. In: Aus Politik und Zeitgeschichte, Beiträge zur Wochenzeitung Das Parlament, 38. Jahrgang, Bonn 1988, S. 3-24.
GÜMRÜKÇÜ, H.: Die Gewerkschaftsbewegung in der Türkei. Ein historischer Abriß. In: Orient, 22. Jahrgang, Opladen 1981, S. 450-469.
GÜMÜS, A.: Iron Ore Deposits in Turkey. In: CENTO (Central Treaty Organization), Symposium on Iron Ore, Ankara 1963, S. 61-80.
GÜNYÜZ, S.: Entwicklung und Bedeutung der Tabakproduktion in der Türkei. Diss. Bern 1951 (1948).
GUMPEL, W.: Der Etatismus in der Tükei, seine Alternativen und seine Zukunft. In: Orient, 25. Jahrgang, Opladen 1984, S. 239-256.

HAACK, W.: Der Tabakanbau in den Staaten des Mittelmeerraumes. Köln 1934.

HALE, W. M. (Hrsg.): Aspects of Modern Turkey. London, New York 1976.

HAMBURGER KREDITBANK: Wirtschaftlicher Lagebericht Türkei. 2.Auflage, Hamburg 1951.

HANSEN, B.: Egypt and Turkey. The Political Economy of Poverty, Equity, and Growth. Oxford, New York, Toronto, Delhi 1991.

HARTMANN, R.: Im neuen Anatolien. Leipzig 1928.

HEIMANN, H.: Konya. Geographie einer Oasenstadt. Diss. Berlin 1934, Hamburg 1935.

HELBURN, N.: A Stereotype of Agriculture in Semiarid Turkey. In: Geographical Review, Bd. 45, New York 1955, S. 375-384.

HEPER, M.: The State Tradition in Turkey. Beverley, North Humberside 1985.

HEPER, M., LANDAU, J. M. (Hrsg.): Poltical Parties and Democracy in Turkey. London, New York 1991.

HERSHLAG, Z. Y.: Turkey, an Economy in Transition. Den Haag 1958.

HEYERSBERG, F. A.: Maschinenverwendung im Wirtschaftsleben der Türkei. Diss. Berlin 1934.

HIÇ, M.: The Question of Private Capital in Turkey. In: Orient, 21. Jahrgang, Opladen 1980, S. 371-384.

HINDERINK, J., KIRAY, M. B.: Social Stratification as an Obstacle to Development. A Study of Four Turkish Villages. New York, Washington, London 1970.

HIRSCH, E.: Changes in Agricultural Output per Capita of Rural Population in Turkey, 1927-60. In: Economic Development and Cultural Change, Bd. 11, Chicago 1963, S. 372-394.

HÖGG, H.: Istanbul, Ausschnitte aus der Stadterneuerung. In: Baumeister, 58. Jahrgang, München 1961, S. 33-52.

HÖHFELD, V.: Anatolische Kleinstädte. Anlage, Verlegung und Wachstumsrichtung seit dem 19. Jahrhundert. Erlanger Geographische Arbeiten, Sonderband 6, Erlangen 1977.

HÖHFELD, V.: Die Industrieachsen von Adana. Formung, Wandel und Gefüge rohstofforientierter Industrie im Wirtschaftsgunstraum der Çukurova (Südtürkei). Beihefte zum Tübinger Atlas des Vorderen Orients, Reihe B, Nr. 79, Wiesbaden 1987.

HÖHL, G.: Die physisch-geographischen Belange der Agrarwirtschaft der Türkei. In: 38. Deutscher Geographentag Erlangen-Nürnberg 1971, Tagungsbericht und wissenschaftliche Abhandlungen, Wiesbaden 1972, S. 420-430.

HORN, V.: Weideverhätnisse in den Gebieten Vorderasiens. In: KNAPP, R. (Hrsg.): Weide-Wirtschaft in Trockengebieten. Gießener Beiträge zur Entwicklungsforschung, Reihe I, Bd. 1, Stuttgart 1965, S. 99-113.

HOUSEPIAN, M.: Smyrna 1922. The Destruction of a City. London 1972.

HÜSSEIN, K.: Studien über Wolle und Körperproportionen in der Schäferei der Landwirtschaftlichen Hochschule zu Halkalı bei Konstantinopel nebst Bemerkungen über die Schafrasse in der Türkei. Diss. Halle-Wittenberg 1929.
HÜTTEROTH, W.-D.: Bergnomaden und Yaylabauern im mittleren kurdischen Taurus. Marburger Geographische Schriften, Heft 11, Marburg 1959.
HÜTTEROTH, W.-D.: Beobachtungen zur Sozialstruktur kurdischer Stämme im östlichen Taurus. In: Zeitschrift für Ethnologie, Bd. 86, Braunschweig 1961, S. 23-42.
HÜTTEROTH, W.-D.: Getreidekonjunktur und jüngerer Siedlungsanbau im südlichen Inneranatolien. In: Erdkunde, Bd. 26, Bonn 1962, S. 249-271.
HÜTTEROTH, W.-D.: Ländliche Siedlungen im südlichen Inneranatolien in den letzten 400 Jahren. Göttinger Geographische Abhandlungen, Heft 46, Göttingen 1968.
HÜTTEROTH, W.-D.: Das Wüstungsproblem im Orient - dargestellt am Beispiel des Inneren Anatolien. In: Geographische Rundschau, Jahrgang 21, Braunschweig 1969, S. 60-63.
HÜTTEROTH, W.-D.: Türkei. Darmstadt 1982.
IMHOFF, W.: Der Handel in orientalischem Rohtabak. Diss.Hamburg 1934.
INANDIK, H.: Les Coefficients d'Irrégularité de Cours d'Eau Anatoliens. In: Review of the Geographical Institute of the University of Istanbul, Nr. 6, Istanbul 1960, S. 15-21.
INTERNATIONAL LABOUR OFFICE: Labour Problems in Turkey. Genf 1950.
INTERNATIONAL LABOUR OFFICE: Report to the Government of Turkey on the Development of Forest Villages.Genf 1969.
IPEKOĞLU, Ü., KEMAL, M.: Der Kohlenbergbau in der Türkei. In: Glückauf, 121. Jahrgang, Essen 1985, S. 455-458.
IZBIRAK, R.: Geography of Turkey. Ankara o. J.
JAHN, G.: Die Beydağları. Studien zur Höhengliederung einer südwestanatolischen Gebirgslandschaft. Gießener Geographische Schriften, Heft 18, Gießen 1970.
JÄSCHKE, G.: Vom Osmanischen Reich zur Türkischen Republik. Zur Geschichte des Namenswechsels. In: Die Welt des Islams, Bd. 21, Berlin 1939, S. 85-93.
KADIOĞLU, K.: Regionalplanung in der Türkei am Beispiel der Provinz Kastamonu. Mitteilungen des Deutschen Orient-Instituts, Nr. 7, Hamburg 1975.
KAĞİTÇIBAŞI, Ç.: Cultural Values and Population Action Programs: Turkey. Istanbul 1977 (Bogaziçi Universität).
KAHANE, A.: Raumplanung in der Türkei. In: Raumforschung und Raumordnung, 23. Jahrgang, Köln, Berlin, Bonn, München 1965, S. 73-82.
KAHYAOĞLU, H. S.: Le Tabac Turc et son Importance Économique. Thèse Fribourg 1937.
KAMURAN, A. B. K.: Die Kurden. Überblick über die Geschichte, Soziologie, Kultur und Politik eines Volkes. In: Bustan, 4. Jahrgang, Wien 1963, S. 20-25.

KANNENBERG, K.: Kleinasiens Naturschätze: Berlin 1897.
KARABORAN, H. H.: Die Modifikation des Stadtbegriffes in der Türkei und in der modernen Geographie. In: Zeitschrift für Wirtschaftsgeographie, 20. Jahrgang, Hagen 1976, S. 5-7.
KARADAYI, F., TIMUR, S., MACURA, M., YENER, S., CILLOV, H., TEZMEZ, H., ÜNER, S., KIŞNIŞÇI, H. A.: The Population of Turkey: Ankara 1974 (Hacetepe University).
KARAYAZICI, F. I.: Coal Mining in the Turkish Economy. In: CENTO (Central Treaty Organization), Symposium on Coal, Ankara 1962, S. 47-60.
KARPAT, K. H.: Turkey's Politics. The Transition to a Multi-Party System. Princeton N. J. 1959.
KARPAT, K. H.: Social Effects of Farm Mechanization on Turkish Villages. In: Social Research, Bd. 27, New York 1960, S. 83-103.
KARPAT, K. H.: The People's Houses in Turkey. Establishment and Growth. In: The Middle East Journal, Bd. 17, Washington D. C. 1963, S. 55-67.
KARPAT, K. H. et alii: Social Change and Politics in Turkey. A Structural-Historical Analysis. Leiden 1973.
KAZGAN, G.: Income Distribution in Turkey: Yesterday and Today. Istanbul 1990 (Friedrich-Ebert-Stiftung).
KEMAL, Y.: Teneke. Anatolischer Reis. Istanbul 1954/Frankfurt am Main 1962.
KERWIN, R. W.: The Turkish Roads Program. In: The Middle East Journal, Bd. 4, Washington 1950, S. 196-208.
KERWIN, R. W.: Private Enterprise in Turkish Industrial Development. In: The Middle East Journal, Bd. 5, Washington 1951, S. 21-38.
KESKIN, H.: Die Türkei. Vom Osmanischen Reich zum Nationalstaat - Werdegang einer Unterentwicklung. (Diss.) Berlin 1976.
KEYDER, Ç: State and Class in Turkey.A Study in Capitalist Development. London, NewYork 1987.
KEYDER, Ç.: Social Structure and the Labour Market in Turkish Agriculture. In: International Labour Review, Bd. 128, Genf 1989, S. 731-744.
KEYDER, Ç.: Manufacturing in the Ottoman Empire and in Republican Turkey, ca. 1900-1950. In: QUATAERT, D. (Hrsg.): Manufacturing in the Ottoman Empire and Turkey, 1500-1950. Albany N. Y. 1994, S. 127-163.
KIENITZ, F. K.: Türkei. Anschluß an die moderne Wirtschaft unter Kemal Atatürk. Schriften des Hamburger Weltwirtschafts-Archivs, Nr. 10, Hamburg 1959.
KLEINSORGE, H.: Die Standortplanung der Talsperren auf der anatolischen Halbinsel und ihre geologischen Grundlagen. In: Die Wasserwirtschaft, 51. Jahrgang, Stuttgart 1961, S. 233-241.
KLINGHARDT, K.: Türkische Straßen einst und jetzt. In: Der Nahe Osten, 2. Jahrgang, Berlin 1941, S. 141-144.
KÖMÜRCÜOĞLU, E. A.: Das alttürkische Wohnhaus. Wiesbaden 1966.

KÖSE, H.: Der Steinkohlenbergbau der Türkei. In: Glückauf, Jahrgang 124, Essen 1988, S. 719-725.

KÖSE, H.: Evolution of Banking System in Turkey. Diss. Ankara 1989 (Middle East Technical University).

KOLARS, J. F.: Community Studies in Rural Turkey. In: Annals of the Association of American Geographers, Bd. 52, Washington 1962, S. 476-489.

KOLARS, J. F.: Tradition, Season and Change in a Turkish Village. University of Chicago, Department of Geography, Research Paper Nr. 82, Chicago 1963.

KOLARS, J. F.: Types of Rural Development. In: SHORTER, F. C. (Hrsg.): Four Studies on the Economic Development of Turkey, London 1967, S. 63-83.

KOLARS, H., MALIN, H. J.: Population and Accessibility: An Analysis of Turkish Railroads. In: Geographical Review, Bd. 60, New York 1970, S. 229-245.

KORTUM, G.: Zuckerrübenanbau und regionale Agrarentwicklung in der Türkei. In: Die Erde, 113. Jahrgang, Berlin 1982, S. 21-42.

KORTUM, G.: Zuckerrübenanbau und Entwicklung ländlicher Wirtschaftsräume in der Türkei. Ausbreitung und Auswirkung einer Industriepflanze unter besonderer Berücksichtigung des Bezirks Beypazarı (Provinz Ankara). Kieler Geographische Schriften, Bd. 63, Kiel 1986.

KOSTANICK, H. L.: Turkish Resettlement of Bulgarian Turks 1950-1953. University of California, Publications in Geography, Bd. 8, Heft 2, Berkeley, Los Angeles 1957.

KRAL, A. Ritter von: Das Land Kamal Atatürks. Der Werdegang der modernen Türkei. Wien, Leipzig 1935.

KRAL, A. Ritter von: Entwicklung und Stand des türkischen Eisenbahnbaues. In: Mitteilungen der Geographischen Gesellschaft in Wien, Bd. 85, Wien 1942, S. 142-160.

KRAUS, H.: Die wirtschaftlichen Kräfte der Türkei. Institut für Weltwirtschaft an der Universität Kiel, Kiel 1939.

KRÜGER, K.: Die Türkei. Berlin 1955.

KRONER, G.: Die türkischen Eisen- und Stahlwerke in Karabük. In: Geographische Rundschau, 13. Jahrgang, Braunschweig 1961, S. 241-249.

KÜÇÜKERMAN, Ö.: Das alttürkische Wohnhaus. 5. Auflage, Istanbul 1992.

KÜNDIG-STEINER, W. (Hrsg.): Die Türkei. Raum und Mensch, Kultur und Wirtschaft in Gegenwart und Vergangenheit. Tübingen, Basel 1974.

KUNT, G., BALAMIR, A., ÖGEÇ, M.: Population in Turkey. Ankara 1975 (Hacetepe University).

LADAS, St. P.: The Exchange of Minorities. Bulgaria, Greece and Turkey. New York 1932.

LAUERSEN, W., BAADE, F., FRANK, K.-H., GUSKI, H.-G., SÖZERI, S.: Stahlwirtschaftliche Länderberichte, Heft 8: Türkei. Institut für Weltwirtschaft an der Universität Kiel, Kiel 1959.

LEFEBVRE, Th.: La Densité de la Population en Turquie en 1914 et en 1927. In: Annales de Géographie, Bd. 37, Paris 1928, S. 520-526.

LEHMAN, R. S.: Building Roads and a Highway Administration in Turkey. In: TEAF, H. M., FRANCKE, P. G. (Hrsg.): Hands Across Frontiers. Case Studies in Technical Cooperation, Ithaca N. Y. 1955, S. 363-409.

LEITNER, W.: Die innerurbane Verkehrsstruktur Istanbuls. In: Mitteilungen der Österreichischen Geographischen Gesellschaft, Bd. 107, Wien 1965, S. 45-70.

LEITNER, W.: Der Hafen von Istanbul. In: Leopold Scheidl-Festschrift, 2. Bd., Wien 1967, S. 93-107.

LEITNER, W.: Die Basare in Istanbul. In: Bustan, 9. Jahrgang, Wien 1968, S. 93-107.

LEITNER, W.: Die Industriefunktion der Halbinsel Stambul. In: Geographischer Jahresbericht aus Österreich, 33. Bd., Wien 1971, S. 141-156.

LEITNER, W.: Die Bosporus-Landschaft als Beispiel für den Strukturwandel der Istanbuler Außenbezirke. In: Mitteilungen des Naturwissenschaftlichen Vereins Steiermark, Bd. 101, Graz 1971, S. 55-72.

LEITNER, W.: Das Vanseegebiet (Ostanatolien) in wirtschafts- und sozialgeographischer Hinsicht. In: Mitteilungen der Österreichischen Geographischen Gesellschaft, Bd. 121 (II. Halbband), Wien 1979, S. 207-227.

LEITNER, W.: Die Standort- bzw. Lokalisationsfaktoren der Istanbuler Industrie. Ein Beitrag zur Industriegeographie der Türkei. Graz o. J.

LERNER, D.: The Passing of Traditional Society. Modernizing the Middle East. Glencoe Ill. 1958.

LEWIS, B.: History-Writing and National Revival in Turkey. In: Middle Eastern Affairs, Bd. 4, Leiden 1953, S. 218-227.

LEWIS, B.: The Emergence of Modern Turkey. London, New York, Toronto 1961.

LOUIS, H.: Das natürliche Pflanzenkleid Anatoliens, geographisch gesehen. Geographische Abhandlungen, 3. Reihe, Heft 12, Stuttgart 1939.

LOUIS, H.: Die Bevölkerungskarte der Türkei. Berliner Geographische Arbeiten, Heft 20, Berlin 1940.

LOUIS, H.: Der Erste Türkische Geographie-Kongreß in Ankara, 6.-21. Juni 1941. In: Petermanns Mitteilungen, 87. Jahrgang, Gotha 1941, S. 311-314.

LOUIS, H.: Probleme der Kulturlandschaftsentwicklung in Inneranatolien. In: Erdkunde, Bd. 2, Bonn 1948, S. 146-151.

LOUIS, H.: Städtische und ländliche Bevölkerungszunahme in der Türkei zwischen 1935 und 1965. In: WILHELMY, H. (Hrsg.): Deutsche Geographische Forschung in der Welt von heute, Kiel 1970, S. 155-166.

LOUIS, H.: Die Bevölkerungsverteilung in der Türkei 1965 und ihre Entwicklung seit 1935. In: Erdkunde, Bd. 24, Bonn 1972, S. 161-177.

LOUIS, H.: Zur Geomorphologie der Umgebung von Ankara. In: Ankara Üniversitesi Dil ve Tarih-Coğrafya Fakültesi Dergisi, Bd. 28, Nr. 1/2, Ankara 1974, S. 1-29.

LOUIS, H,: Landeskunde der Türkei. Vornehmlich aufgrund eigener Reisen. Geographische Zeitschrift, Beihefte, Stuttgart 1985.

LUBIG, E.: Wie die Welt in das Dorf und das Dorf in die Welt kam. Transformation ökonomischer und sozialer Strukturen in einem türkischen Dorf. Saarbrücken, Fort Lauderdale 1988.

MAGNARELLA, P. J.: Tradition and Change in a Turkish Town. New York, London, Sydney, Toronto 1974.

MAHOUTDJI, A. E.: Die türkische Agrar- und Industriepolitik nach dem Kriege. Dresden 1937.

MAKAL, M.: Bizim Köy. Köyümden. A Village in Anatolia. Istanbul 1950/Istanbul 1952/London 1965.

MANAVOĞLU, K.: Die Aufgaben und Entwicklungen der Wirtschaftspolitik des türkischen Eisenbahnwesens nach 1918. Volkskundschaftliche Studien, Heft 60, Berlin 1938.

MANSUR, F.: Bodrum. A Town on the Aegean. Leiden 1972.

MATUZ, J.: Das Osmanische Reich. Grundlinien seiner Geschichte. 2. Auflage Darmstadt 1990.

MAYER, R.: Byzantion - Konstantinupolis - Istanbul. Eine genetische Stadtgeographie. Akademie der Wissenschaften in Wien, Philosophisch-historische Klasse, 71. Bd., 3. Abhandlung, Wien, Leipzig 1943.

MEEKER, M. E.: The Black Sea Turks: Some Aspects of their Ethnic and Cultural Background. In: International Journal of Middle East Studies, Bd. 2, Cambridge 1971, S. 318-345.

MEINARDUS, R.: Die griechisch-türkische Minderheitenfrage. In: Orient, 26. Jahrgang, Opladen 1985, S. 48-61.

MELINZ, G.: Erfahrungen mit importsubstituierender und exportorientierter Industrialisierungsstrategie. Die Fallstudie Türkei (1838-1990). In: FELDBAUER, P., GÄCHTER, A., HARDACH, G., NOVY, A. (Hrsg.): Industrialisierungsprozesse in Afrika, Asien und Lateinamerika, Historische Sozialkunde, 6, Frankfurt am Main 1995, S. 65-81.

MELZIG, H:: Kamal Atatürk. Frankfurt am Main 1937.

MENDEL, W.: Untersuchungen über den türkischen Zuckerrübenanbau in Thrazien, seine natürlichen, wirtschaftlichen und betriebswirtschaftlichen Voraussetzungen. Diss. Berlin 1936.

MIGEOD, H. G.: Bedeutung und Entwicklungstendenzen der türkischen Industrie. In: Orient, 9. Jahrgang, Opladen 1968, S. 43-47.

MIKUSCH, D.: Gazi Mustafa Kemal. Leipzig 1929.

MÜLLER-WIENER, W.: Der Bazar von Izmir. Studien zur Geschichte und Gestalt des Wirtschaftszentrums einer ägäischen Handelsmetropole. In: Mitteilungen der Fränkischen Geographischen Gesellschaft, Bd. 27/28 für 1980 und 1981, Erlangen 1982, S. 420-456.

MUNTZ, T. G. A.: Turkey. Economic and Commercial Conditions in Turkey. London 1951 (Overseas Economic Series).
NALBANDOĞLU, M. R.: Die Industrialisierung der Türkei. Diss. München 1937.
NEYZI, N.: The Middle Classes in Turkey. In: KARPAT, K. H. (Hrsg.): Social Change and Politics in Turkey. A Structural-Historical Analysis. Leiden 1973, S. 123-150.
NICHOLS, Th., KAHVECI, E.: The Conditions of Mine Labour in Turkey. Injuries to Miners in Zonguldak, 1942-90. In: Middle Eastern Studies, Bd. 31, London 1995, S. 197-228.
NIENHAUS, V.: Deutsch-türkische Wirtschaftsbeziehungen: Entwicklungen und Perspektiven. In: Südosteuropa-Mitteilungen, Jahrgang 33, München 1993, S. 264-271.
OAKES, H.: The Soils of Turkey. Ankara 1954.
OBST, E.: Wirtschaftsgeographische Studien in der Europäischen Türkei (Thrakien). I. Das Klima als Grundlage der Wirtschaft. Leipzig 1920.
ÖKTE, F.: The Tragedy of the Turkish Capital Tax. London, Sydney 1987.
ÖKTEM, A. N. H.: Die Stellung (Izmir-)Smyrnas im Weltverkehr und Welthandel. Diss. Berlin 1935.
OKYAR, O.: Industrialization in Turkey. In: Middle Eastern Affairs, Bd. 4, New York 1953, S. 209-217.
OKYAR, O.: Economic Framework for Industrialization. Turkish Experiences in Retrospect. In: Middle Eastern Affairs, Bd. 9, New York 1958, S. 261-267.
OKYAR, O.: Stages in the Development of Turkey's Industry and Future Problems. In: Turkish Economic Review, Bd. 8, Ankara 1967, S. 41-44.
OKYAR, O.: L'Industrialisation en Turquie. In: Economies et Sociétés, Bd. 7, Paris 1973, S. 1077-1127.
OKYAR, O.: Development Background of the Turkish Economy, 1923-1973. In: International Journal of Middle East Studies, Bd. 10, London, New York 1979, S. 325-344.
OKYAR, O.: The Role of the State in the Economic Life of the Ninetenth-Century Ottoman Empire. In: Asian and African Studies, Bd. 14, Haifa 1980, S. 143-164.
ORGANISATION FOR ECONOMIC CO-OPERATION AND DEVELOPMENT (OECD): Regional Problems and Policies in Turkey. Paris 1988.
ÖZBUDUN, E., ULUSAN, A. (Hrsg.): The Political Economy of Income Distribution in Turkey. New York, London 1980.
ÖZEKEN, A. A.: Le Lieu d'Emplacement Industriel et le Redressement Industriel dans la Turquie Moderne. In: Revue de la Faculté des Sciences Économiques de l'Université d'Istanbul, 3. Jahrgang, Istanbul 1941/42, S. 310-336.
ÖZKARA, S.: Gegenwärtige soziale Struktur der türkischen Gesellschaft. Duisburg 1981.
PADEL, W.: Der Vertrag von Sèvres. Berlin 1921.

PAKLAR, S.: Die Sümerbank und ihr Einfluß auf die Entwicklung der türkischen Industrie. Diss. Tübingen 1961.

PALECZEK, G.: Der Wandel der traditionellen Wirtschaft in einem anatolischen Dorf. Wiener Beiträge zur Ethnologie und Anthropologie, Bd. 4, Wien 1987.

PASCHINGER, H.: Die Türkei als Entwicklungsland. In: Mitteilungen der Österreichischen Geographischen Gesellschaft, Bd. 104, Wien 1962, S. 25-42.

PATIJN, R. J. H.: Das Steinkohlebecken von Zonguldak-Kozlu am Schwarzen Meer (Türkei). In: Glückauf, 90. Jahrgang, Essen 1954, S. 1659-1667.

PEETERS, Y. J. D.: The Rights of Minorities in Present-Day Turkey. In: Europa Ethnica, 44. Jahrgang, Wien 1987, S. 131-138.

PETONKE, M.: Die Entwicklung der Baumwollkultur im Mittelmeergebiet außerhalb Ägyptens. Diss. Berlin 1933, 1934.

PETRASCHEK, W.: Die Bodenschätze der Türkei. In: Bustan, 4. Jahrgang, Wien 1963, S. 27-28.

PFEIFER, W.: Die Paßlandschaft von Niğde. Ein Beitrag zur Siedlungs- und Wirtschaftsgeographie von Inneranatolien. Gießener Geographische Schriften, Heft 1, Gießen 1957.

PHILIPS, E. B.: Der türkische Tabak. Kultur, Einkauf und Manipulation. München 1926.

PLANCK, U.: Dorfinventur in der Türkei. In: Orient, 11. Jahrgang, Opladen 1971, S. 191-193.

PLANCK, U.: Die ländliche Türkei. Soziologie und Entwicklungstendenzen. Zeitschrift für ausländische Landwirtschaft, Materialsammlung, Heft 19, Frankfurt am Main 1972.

PLANCK, U.: Zur Frage der Verdörflichung orientalischer Städte am Beispiel der Türkei. In: Orient, 15. Jahrgang, Opladen 1974, S. 43-46.

PLANHOL, X. de: Les Migrations de Travail en Turquie. In: Revue de Géographie Alpine, Bd. 12, Grenoble 1952, S. 583-600.

PLANHOL, X. de: Les Industries en Turquie. In: Annales de Géographie, Bd. 67, Paris 1958, S. 569.

PLANHOL, X. de: Geography, Politics and Nomadism in Anatolia. In: International Social Science Journal, Bd. XI, Paris 1959, S. 525-531.

PLANHOL, X. de: Les Nations du Prophète. Manuel Géographique de Politique Musulmane. Paris 1993.

PLANHOL, X. de, HEBRARD, A.-M., BRILLION, B.: Ankara: Aspects de la Croissance d'une Métropole. In: Revue de Géographie de l'Est, Bd. XIII, Nancy 1973, S. 155-191.

QUATAERT, D. (Hrsg.): Manufacturing in the Ottoman Empire and Turkey, 1500-1950. Albany N. Y. 1994.

RAMAZANOĞLU, H. (Hrsg.): Turkey in the World Capitalist System. A Study of Industrialization, Power and Class. Aldershot 1985.

RAŞIT, S.: Die türkische Landwirtschaft als Grundlage der türkischen Volkswirtschaft. Berlin, Leipzig 1932.
RAVNDAL, G. B.: Turkey. A Commercial and Industrial Handbook. Washington 1926 (Trade Promotion Series, Nr. 28).
RESCHAT, N. M.: Die Industrialisierung der Türkei. Diss. München 1937.
RICHARDS, A.: Food, States and Peasants. Analyses of the Agrarian Question in the Middle East. Boulder, London 1986.
RILL, B.: Kemal Atatürk. Reinbek 1985.
RITTER, G.: Türkische Städte. Struktur- und Funktionswandel türkischer Städte. Geo-Studien, 5, Köln 1980.
RIVKIN, M. D.: Area Development for National Growth. The Turkish Precedent. New York, Washington, London 1965.
ROBINSON, R. D.: The First Turkish Republic. A Case Study in National Development. Cambridge Mas. 1963.
RODINSON, M.: Islam et Capitalisme. Paris 1966.
RODINSON, M.: Islam und Kapitalismus. Frankfurt am Main 1971.
ROTH, J. u. a.: Geographie der Unterdrückten: die Kurden. Hamburg 1978.
ROTHER, L.: Die Städte der Çukurova. Adana-Mersin-Tarsus. Ein Beitrag zum Gestalt-, Struktur- und Funktionswandel türkischer Städte. Tübinger Geographische Arbeiten, Heft 42, Tübingen 1971.
ROTHER, L.: Tradition und Wandel in Antakya (Antiochia). Eine türkische Mittelstadt zwischen 1930 und heute. In: SCHWEIZER, G. (Hrsg.): Beiträge zur Geographie orientalischer Städte und Märkte, Beihefte zum Tübinger Atlas des Vorderen Orients, Reihe B, Nr. 24, Wiesbaden 1977, S. 13-105.
RUMMEL, F. von: Das Gesicht der türkischen Hauptstadt Ankara. In: Die Erde, Bd. 2, Berlin 1950/51, S. 281-288.
RUMMEL, F. von: Türkische Verkehrsprobleme. In: Geographische Rundschau, 5. Jahrgang, Braunschweig 1953, S. 152-155.
RYAN, C. W.: A Guide to the Known Minerals of Turkey. Ankara 1957/1960.
SADI, H.: Iktisadi Türkiye (Wirtschaft der Türkei). Istanbul 1932.
SAGLAN, M.: Political and Administrative Problems of Land Reform in Turkey. Diss. New York 1972.
SAIM, J.: Das landwirtschaftliche Kreditwesen in der Türkei. Diss. Berlin 1934.
SALTY, V.: Industriewirtschaft der modernenTürkei. Diss. Hamburg, Würzburg 1934.
SCHEIDL, L.: Die Verkehrsgeographie Kleinasiens. In: Mitteilungen der Geographischen Gesellschaft in Wien, Bd. 73, Wien 1930, S. 21-52.
SCHICK, I. C., TONAK, E. A. (Hrsg.): Turkey in Transition. New Perspectives. New York, Oxford 1987.
SCHIMITSCHEK, E.: Die Waldkarten der Türkei und die Gliederung in ökologische Großräume. In: Bustan, 5. Jahrgang, Wien 1964, S. 32-34 (mit Karten).

SCHMIDT, E,: Der Baumwollanbau in der Türkei und seine wirtschaftsgeographischen Grundlagen. Diss. München 1957.

SCHMIDT, P.-G., DERICIOĞLU, Ü.: Anspruch und Wirklichkeit der türkischen Agrarreformpolitik. Forschungsinstitut für Wirtschaftspolitik, Aufsätze zur Wirtschaftspolitik, Nr. 21, Mainz 1988.

SCHÖDL, G.: Zur Entstehung des türkischen Nationalismus. In: Österreichische Osthefte, Jahrgang 27, Wien 1987, S. 40-56.

ŞEN, F.: Die Türkei als Ordnungsmacht. In: Südosteuropa-Mitteilungen, Jahrgang 33, München 1993, S. 252-263.

SENTÜRK, F.: Die Bewässerungsanlagen in Anatolien. In: Wasser und Nahrung, 3. Vierteljahrsheft, Düsseldorf 1959, S. 170-179.

SEROZAN, R.: Die Rolle des Militärs in der Entwicklung der Türkei. Frankfurt am Main 1986.

SHAW, St. J., SHAW, E. K.: History of the Ottoman Empire and Modern Turkey, Bd. II., Reform, Revolution and Republic. The Rise of Modern Turkey 1808-1975. Cambridge 1977.

SHORTER, F. C.: The Population of Turkey after the War of Independence. In: International Journal of Middle East Studies, Bd. 17, Cambridge 1985, S. 417-441.

SHORTER, F. C., KOLARS, J. F., RUSTOW, D. A., YENAL, O.: Four Studies on the Economic Development of Turkey. London 1967.

SINGER, M.: The Economic Advance of Turkey, 1938-1960. Ankara 1977.

SKINAS, G. K.: Die kleinasiatischen Rosinen. Diss. Bonn 1912.

SÖNMEZ, F.: La Classe Ouvrière Turque: Situation Économique et Sociale. Thèse Caen 1965.

SÖZERI, S.: Der Wirtschaftsaufbau der Türkei nach dem Zweiten Weltkrieg. Kieler Studien, 34, Kiel 1955.

SOYSAL, M.: Die Siedlungs- und Landschaftsentwicklung der Çukurova. Mit besonderer Berücksichtigung der Yüregir-Ebene. Erlanger Geographische Arbeiten, Sonderband 4, Erlangen 1976.

SPÄTH, H.-J.: Das Konya-Çumra-Projekt. Ein Beitrag zur Problematik des Bewässerungsfeldbaus in winterkalten Trockensteppen. In: Geographische Zeitschrift, 62. Jahrgang, Wiesbaden 1974, S. 81-105.

SRIKANTAN, K. S.: Regional and Rural-Urban Socio-Demographic Differences in Turkey. In: The Middle East Journal, Bd. 27, Washington D. C. 1973, S. 275-300.

STANDL, H.: Der Industrieraum Istanbul. Genese der Standortstrukturen und aktuelle Standortprobleme des verarbeitenden Gewerbes in der türkischen Wirtschaftsmetropole. Bamberger Geographische Schriften, Heft 14, Bamberg 1994.

STEWIG, R.: Byzanz-Konstantinopel-Istanbul. Ein Beitrag zum Weltstadtproblem. Schriften des Geographischen Instituts der Universität Kiel, Bd. XXII, Heft 2, Kiel 1964.
STEWIG, R.: The Evolution of the Street-Pattern of the City of Istanbul since the 19th Century. In: The Indian Geographer, Bd. 9, Neu Delhi 1964, S. 63-82.
STEWIG, R.: Der Grundriß von Stambul. Vom orientalisch-osmanischen zum europäisch-kosmopolitischen Grundriß. In: SANDNER, G. (Hrsg.): Kulturraumprobleme aus Ostmitteleuropa und Asien, Schriften des Geographischen Instituts der Universität Kiel, Bd. XXIII, Kiel 1964, S. 195-225.
STEWIG, R.: Ankara. Standortaspekte einer Hauptstadtverlagerung. In: Zeitschrift für Wirtschaftsgeographie, 10. Jahrgang, Hagen 1966, S. 180-185.
STEWIG, R.: Izmit, Nordwestanatolien. In: Geographische Zeitschrift, 57. Jahrgang, Wiesbaden 1969, S. 268-285.
STEWIG, R.: Bursa, Nordwestanatolien. Strukturwandel einer orientalischen Stadt unter dem Einfluß der Industrialisierung. Schriften des Geographischen Instituts der Universität Kiel, Bd. 32, Kiel 1970.
STEWIG, R.: Die Industrialisierung in der Türkei. In: Die Erde, 103. Jahrgang, Berlin 1972, S. 21-47.
STEWIG, R.: The Patterns of Centrality in the Province of Bursa (Turkey). In: Geoforum, Heft 18, Oxford 1974, S. 47-53.
STEWIG, R.: Industrialisierung. In: Lexikon der islamischen Welt, 2. Bd. Stuttgart 1974, S. 47-52.
STEWIG, R.: Der Orient als Geosystem. Schriften des Deutschen Orient-Instituts, Opladen 1977.
STEWIG, R.: Die Stadt in Industrie- und Entwicklungsländern. Universitätstaschenbuch 1247, Paderborn, München, Wien, Zürich 1983.
STEWIG, R.: Entstehung und Entwicklung der Industriegesellschaft auf den Britischen Inseln. Kieler Geographische Schriften, Bd. 90, Kiel 1995.
STIRLING, P.: Turkish Village. London 1965.
STIRLING, P. (Hrsg.): Culture and Economy. Changes in Turkish Villages. Huntingdon 1993.
STOTZ, C. L.: The Bursa Region of Turkey. In: Geographical Review, Bd. 29, New York 1939, S. 81-110.
STRATIL-SAUER, G.: Der östliche Pontus. In: Geographische Zeitschrift, 33. Jahrgang, Leipzig, Berlin 1927, S. 497-519.
STRATIL-SAUER, G.: Cereal Production in Turkey. In: Economic Geography, Bd. 9, Worcester Mas. 1933, S. 325-336.
ŞÜKÜN, N.: L'Industrie Minière Turque. Thèse Montreux 1943.
SZYLIOWICZ, G.-S.: Das politische Leben in den ländlichen Gebieten der Türkei. In: Bustan, 8. Jahrgang, Wien 197, S. 21-27.

TANOĞLU, A.: The Recent Emigration of the Bulgarian Turks. In: Review of the Geographical Institute of the University of Istanbul, Nr. 2, Istanbul 1955, S. 3-35.

TANOĞLU, A.: Developments of Water Power in Turkey. In: Review of the Geographical Institute of the University of Istanbul, Nr. 5, Istanbul 1959, S. 1-22.

TANYOL, C.: Die Ansiedlung der Barak-Turkmenen-Stämme und deren heutiges Ansiedlungsgebiet. In: Integration, 6. Jahrgang, Vaduz 1959, S. 215-219.

TAPPER, R. (Hrsg.): Islam in Modern Turkey. Religion, Politics and Literature in a Secular State. London, New York 1991.

TAYŞI, V.: Entwicklungsfragen der türkischen Landwirtschaft. In: Orient, Jahrgang 7, Opladen 1965, S. 7-13.

TEKELI, I., ILKIN, S.: Max von der Porten und die Entstehung der staatlichen Wirtschaftsunternehmen in der Türkei. Istanbul 1993 (Friedrich-Ebert-Stiftung).

THORNBURG, M. W., SPRY, G., SOULE, G.: Turkey. An Economic Appraisal. New York 1949.

TOLUN, M. I.: Beiträge zur Problematik der Industrialisierung der neuen Türkei. Diss. Frankfurt am Main 1940.

TRAK, S. T.: Rice in Turkey. In: Il Riso, Bd. XXI, Guigno 1972, S. 183-187.

TÜMERTEKIN, E.: Mine Prop in Turkey. In: Review of the Geographical Institute of the University of Istanbul, Nr. 1, Istanbul 1954, S. 145-148.

TÜMERTEKIN, E.: The Iron and Steel Industry of Turkey. In: Economic Geography, Bd. 31, Worcester Mas. 1955, S. 179-184.

TÜMERTEKIN, E.: Time Relationship between the Wheat Growing Season and Dry Months in Turkey. In: Review of the Geographical Institute of the University of Istanbul, Nr. 2, Istanbul 1955, S. 73-84.

TÜMERTEKIN, E.: Indices of Aridity in Turkey during the Period 1930-1951. In: Review of the Geographical Institute of the University of Istanbul, Nr. 2, Istanbul 1955, S. 97-111.

TÜMERTEKIN, E.: Some Observations Concerning Dry Farming in Arid Regions of Turkey. In: Review of the Geographical Institute of the University of Istanbul, Nr. 3, Istanbul 1956, S. 19-30.

TÜMERTEKIN, E.: Dry Months and Dry Seasons in Turkey (According to De Martonne's and Thornthwaite's Formula). In: Review of the Geographical Institute of the University of Istanbul, Nr. 3, Istanbul 1956, S. 74-79.

TÜMERTEKIN, E: Turkey's Industrialization. In: Review of the Geographical Institute of the University of Istanbul, Nr. 6, Istanbul 1960, S. 22-31.

TÜMERTEKIN, E.: Arbeits- und Antriebskraft der türkischen Industrie. In: Review of the Geographical Institute of the University of Istanbul, Nr. 6, Istanbul 1960, S. 61-64.

TÜMERTEKIN, E.: A Functional Classification of Cities in Turkey. Publication of the Geographical Institute of the University of Istanbul, Nr. 43, Istanbul 1965.

TÜMERTEKIN, E.: Central Business Districts of Istanbul. In: Review of the Geographical Institute of the University of Istanbul, Nr. 11, Istanbul 1965-1968, S. 21-36.

TÜMERTEKIN, E.: The Growth and Change in the Central Business Districts of Istanbul. In: Review of the Geographical Institute of the University of Istanbul, Nr. 12, Istanbul 1968/69, S. 27-37.

TÜMERTEKIN, E.: Manufacturing and Suburbanization in Istanbul. In: Review of the University of Istanbul, Nr. 13, Istanbul 1970/71, S. 1-40.

TÜMERTEKIN, E.: Urbanization and Urban Functions in Turkey. Publication of Istanbul University Nr. 1840, Publication of the Geographical Institute Nr. 72, Istanbul 1973.

TÜMERTEKIN, E.: Industry as a Factor in the Modification of Geographical Landscape of the Bosphorus. In: Review of the Geographical Institute of the University of Istanbul, Nr. 15, Istanbul 1974, S. 1-28.

TÜRKISCHE NATIONALE KOMMISSION FÜR UNESCO: Atatürk. Istanbul 1963.

TUNÇDILEK, N.: On the Fuel Problem of the Rural Population in Turkey. In: Review of the Geographical Institute of the University of Istanbul, Nr. 2, Istanbul 1955, S. 159-165.

TUNÇDILEK, N.: Eine Übersicht über die Geschichte der Siedlungsgeographie im Gebiet von Eskişehir. In: Review of the Geographical Institute of the University of Istanbul, Nr. 5, Istanbul 1959, S. 123-137.

TUNÇDILEK; N.: Tea Growing in Turkey. In: Review of the Geographical Institute of the University of Istanbul, Nr. 7, Istanbul 1961, S. 89-108.

TUNÇDILEK; N., TÜMERTEKIN, E.: Türkiye Nüfusu. The Population of Turkey. Publication of Geographical Institute, Nr. 25, Istanbul 1959.

ÜÇÜNCÜ: Die Gewerkschaftsbewegung in der Türkei. Von den Anfängen im Osmanischen Reich bis zum Ende der 70er Jahre. Frankfurt am Main 1980.

ÜLGER, S. E.: Mustafa Kemal Atatürk. 2 Bde, Hüchelhoven 1994.

ÜLKEN, H. Z.: Aperçu Général de l'Évolution des Immigrations en Turquie. In: Integration, 6. Jahrgang, Vaduz 1959, S. 220-240.

ÜLKEN, Z.: Einige Ergebnisse der Mittelstandsforschung in der Türkei. In: Probleme der Mittelschichten in Entwicklungsländern, Abhandlungen der Mittelstandsforschung, Nr. 12, Köln, Opladen 1964, S. 41-54.

ÜNAL, H.: L'Economie Mixte en Turquie. Thèse Genf 1948.

UHRENBACHER, W.: Türkei. Ein wirtschaftliches Handbuch. Berlin 1957.

UNITED NATIONS: The Development of Manufacturing Industry in Egypt, Israel and Turkey. New York 1958.

VIDINLIOĞLU, E.: Abhängige wirtschaftliche Entwicklung und strukturelle Deformation in Entwicklungsländern am Beispiel der Türkei. Diss. Konstanz 1986.

WARD, R. E., RUSTOW, D. A. (Hrsg.): Political Modernization in Japan and Turkey. Princeton N. J. 1964/1970.

WEIGELT, H.: Die Bodenschätze der Türkei und ihre Nutzbarmachung für die in- und ausländische Eisenindustrie. In: Stahl und Eisen, 72. Jahrgang, Düsseldorf 1952, S. 1353-1364.
WEIHER, G.: Militär und Entwicklung in der Türkei 1945-1973. Schriften des Deutschen Orient-Instituts, Opladen 1978.
WEIKER, W. F.: The Modernization of Turkey. From Atatürk to the Present Day. New York, London 1981.
WENZEL, H.: Sultan-Dagh und Akschehir-Ova. Eine landeskundliche Untersuchung in Inneranatolien. Schriften des Geographischen Instituts der Universität Kiel, Bd. I, Heft, Kiel 1932.
WENZEL, H.: Forschungen in Inneranatolien. I. Aufbau und Formen der Lykaonischen Steppe; Schriften des Geographischen Instituts der Universität Kiel, Bd. V, Heft 1, Kiel 1935.
WENZEL, H.: Forschungen in Inneranatolien. II. Die Steppe als Lebensraum. Schriften des Geographischen Instituts der Universität Kiel, Bd. VII, Heft 3, Kiel 1937.
WENZEL, H.: Agrargeographische Wandlungen in der Türkei. In: Geographische Zeitschrift, 43. Jahrgang, Leipzig, Berlin 1937, S. 393-409.
WENZEL, H.: Die Türkei. Ein landeskundlicher Überblick. In: Zeitschrift für Erdkunde, 10. Jahrgang, Frankfurt am Main 1942, S. 408-423.
WINKLER, E.: Die Tabakwirtschaft von Samsun. In: Mitteilungen der Österreichischen Geographischen Gesellschaft, Bd. 101, Wien 1959, S. 361-375.
WINKLER, E.: Industrialisierung in der Türkei und ihre Probleme. In: Der österreichische Betriebswirt, 10. Jahrgang, Wien 1960, S. 101-110.
WINKLER, E.: Die Wirtschaft von Zonguldak, Türkei. Eine geographische Untersuchung. Wiener Geographische Schriften, 12/13, Wien 1961.
WINKLER, E.: Grundlagen und Entwicklung der Teewirtschaft im türkischen Schwarzmeergebiet. In: Mitteilungen der Österreichischen Geographischen Gesellschaft, Bd. 105, Wien 1963, S. 426-440.
WINZ, H.: Zur Kulturgeographie des Vanseegebietes (Osttürkei). In: Zeitschrift der Gesellschaft für Erdkunde zu Berlin, 1939, S. 184-201.
WOJTKOWIAK, G.: Die Zitruskulturen in der küstennahen Agrarlandschaft der Türkei. Wirtschaftsgeographische Betrachtung eines Produktionszweiges. In: Mitteilungen der Geographischen Gesellschaft in Hamburg, Bd. 58, Hamburg 1971.
WOLF, G.: Türkei. Entwicklungsländer zwischen Inflation und Stagnation. Schriften des Hamburger Weltwirtschafts-Archivs, Nr. 16, Hamburg 1962.
WORLD BANK (International Bank of Reconstruction and Development): The Economy of Turkey. Washington D. C. 1951.
WORLD BANK: Turkey. Prospects and Problems of an Expanding Economy. Washington D. . 1975.
WORLD BANK: Turkey. Women in Development. Washington D.C. 1993.

YAPI VE KREDI BANKASI (Bau- und Kreditbank): Turkish Olives and Olive Oil. Market Studies, Nr. 5, Istanbul 1967.
YIGITGÜDEN, H. Y.: Steinkohlenrevier Zonguldak fördert 4 Mill. to Steinkohle. In: Glückauf, 120. Jahrgang, Essen 1984, S. 164-165.
YILMAZ, B.: Die wirtschaftliche Entwicklung der Türkei von 1923 bis 1980. In: Südosteuropa-Mitteilungen, Jahrgang 33, München 1993, S. 350-365.
YÜZÜNCÜ, U.: Die türkische Landwirtschaft im Entwicklungsprozeß. Eine Analyse unter besonderer Berücksichtigung des Einflusses der Industrialisierung. Institut für rurale Entwicklung an der Universität Göttingen, Aachen 1993.
ZIEMKE, K.: Die neue Türkei. Politische Entwicklung 1914-1929. Berlin, Leipzig 1930.

Atlanten, Karten

BAZI, Y.: Yeni Orta Atlas (Neuer mittlerer Atlas). Istanbul 1996 (und ältere Ausgaben).
ÇÖLAŞAN, U., E.: Türkiyenin Fenolojik Atlası. Ankara 1961.
DURAN, F. S.: Büyük Atlas (Großer Atlas). Istanbul o. J., verschiedene Ausgaben.
KLINGHARDT, K.: Angora-Konstantinopel. Ringende Gewalten. Frankfurt am Main 1924 (Stadtpläne von Istanbul, Izmir, Ankara/Angora).
LOUIS, H.: Die Bevölkerungskarte der Türkei. Berliner Geographische Arbeiten, Heft 20, Berlin 1940 (1 : 4 Mio. Stand: 1935).
OAKES, H.: The Soils of Turkey. Türkiye Topraklarɪ. Ankara 1954/57. Bodenkarte 1 : 800.000, Izmir 1958.
RYAN, .C.W.: A Guide to the Known Minerals of Turkey. Ankara 1957/1960. 1 : 2,5 Mio. Verbreitung der Mineralvorkommen in der Türkei.
TANOĞLU, A., ERINÇ, S., TÜMERTEKIN, E.: Türkiye Atlası. Atlas of Turkey. Istanbul 1961.
TÜMERTEKIN, E., TUNÇDILEK, N.: Türkiye Nüfus Haritası. Population Map of Turkey. Publication of Istanbul University Nr. 1044, Geographical Institute Nr. 37; Istanbul 1963 (1 : 1 Mio. Stand: 1955).

Karten des Tübinger Atlas des Vorderen Orient (TAVO)

A VIII 14   Republik Türkei. Ethnische Minderheiten im ländlichen Raum (Ostteil); 1 : 2 Mio., Wiesbaden 1987 (P. A. ANDREWS).

Republik Türkei. Ethnische Minderheiten im ländlichen Raum (Westteil);
1 : 2 Mio., Wiesbaden 1987 (P. A. ANDREWS).

A X 2   Türkei. Landnutzung (Ostteil);
1 : 2 Mio., Wiesbaden 1987 (V. HÖHFELD).

Türkei. Landnutzung (Westteil);
1 : 2 Mio., Wiesbaden 1987 (V. HÖHFELD).

A X 13   Vorderer Orient. Industrie und Bergbau:
13. 2. 1. Türkei. Industrie
13. 2. 2a. Türkei. Bergbau: Beschäftigte und Förderung
13. 2. 2b. Türkei. Genutzte Lagerstätten;
1 : 8 Mio. Wiesbaden 1987 (V. HÖHFELD).

B X 2/3   2: Die Türkei 1920
3: Die Türkei 1923;
1 : 4 Mio., Wiesbaden 1978 (A. BIRKEN).

Nachwort

1959 - vor 40 Jahren - fuhr ich mit meiner Frau zum ersten Mal von Kiel in die Türkei, mit einem Volkswagen, Typ „Käfer". Fast eine Woche dauerte die Reise; jeweils von Sonnenaufgang bis Sonnenuntergang waren wir unterwegs.

Nördlich und südlich von Hamburg gab es noch keine Autobahn. In Schleswig-Holstein und durch die Lüneburger Heide ging es über Dörfer, in Hamburg und Hannover durch die Innenstädte. Erst im südlichen Niedersachsen, bei Northeim, begann die Nord-Süd-Autobahn. Mit Mühe erreichten wir am Ende des ersten Tages München.

Natürlich bestand auch über und durch die Alpen noch keine Schnellstraße. In Jugoslawien verband zwar der 400 km lange Autoput Zagreb mit Belgrad, hatte aber durch die Kriegszeit gelitten: Niveauunterschiede von Zentimetern an den Stößen der Betonplatten erleichterten das Fahren nicht. Südlich von Belgrad bauten junge Pioniere einen Autoput in Richtung Nisch. Auf Feldwegen ging es weiter.

In Belgrad mußten wir uns das Visum für die Durchfahrt durch Bulgarien besorgen. Ob wir zum Adenauer- oder zum Ulbricht-Deutschland gehörten, wurden wir gefragt.

Nylonstrümpfe erleichterten das Tanken in Bulgarien. Ein in der Jackentasche steckender Kugelschreiber wurde begehrlich betrachtet und einem neuen Besitzer übereignet. Plastikschalen unserer kleinen Ausrüstung fanden großes Interesse. An einer Hotelrezeption wurden Ansprüche auf den Rock meiner Frau angemeldet.

Der Kraftfahrzeugverkehr auf der Langstrecke war sehr gering, nur ein bis zwei Autos pro Stunde querten die Grenzen. Der Gastarbeiterfernverkehr zwischen der Türkei und (West-)Deutschland hatte noch nicht begonnen. Entsprechend umfangreich und langsam spielten sich die Prozeduren an den Grenzübergängen ab. An der jugoslawisch-bulgarischen Grenze wurden uns größere Dinar-Scheine weggenommen, „deponiert", wie es hieß, auf der Rückreise wiedergegeben.

Ohne Carnet de Passage ging nichts; viele Stempel und Wertmarken mußten angebracht werden; das dauerte und dauerte ...

An der türkisch-bulgarischen Grenze öffneten bewaffnete Soldaten für jedes Fahrzeug einzeln die stacheldrahtbewehrten Grenztore.

Die weiten, leicht gewellten Ebenen Thrakiens vermittelten nach dem kleinräumig gekammerten, gebirgigen Balkan und dem ständigen Eindruck, überwacht zu werden, ein Gefühl der Freiheit.

Nach diesen nostalgischen Erinnerungen zurück in die Gegenwart, in der in verschiedenen wissenschaftlichen Bereichen in der letzten Zeit Fälschungen und Plagiaterie vorgekommen sind.

Davon war nicht nur der naturwissenschaftlich-medizinische Bereich im Zusammenhang mit der Krebsforschung betroffen (Spiegel vom 23. Juni 1997; Die Zeit vom 13. Juni 1997; Focus vom 17. Mai 1997, 30. Juni 1997), wo offenbar Ergebnisse wissenschaftlicher Untersuchungen - möglicherweise auch einer Habilitationsschrift - gefälscht wurden, sondern - schon früher - auch der Bereich der wissenschaftlichen Beschäftigung mit dem Orient. Autoren wie P. Scholl-Latour und G. Konzelmann, die sich an zusammenfassende Darstellungen größerer Teilgebiete des Orients versucht hatten, wurde mangelnde Aussagenkompetenz, Verbreitung von Unsinn und Plagiaterie vorgeworfen (Spiegel vom 23. September 1991, S. 294; Die Zeit vom 10. Januar 1992, S. 42; Stern vom 11. September 1992, S. 172).

Ohne Zweifel muß jede umfassende Darstellung, egal welcher Thematik, auf Informationen zurückgreifen, die von anderen Wissenschaftlern erarbeitet worden sind, selbst wenn es sich nur um das eigene Fach handelt - viel mehr noch, wenn es um fächerübergreifende Darstellungen geht. Die Einarbeitung der vorhandenen Literatur ist eine unabdingbare Notwendigkeit wissenschaftlichen Arbeitens. Allerdings gehört dazu die uneingeschränkte Offenlegung der Herkunft aller verarbeiteten Informationen. In diesem Sinne ist in der vorliegenden Veröffentlichung verfahren worden.

Technisch hat man bei den Angaben über die Quellen zu entscheiden, ob man sie in einen umfangreichen Fußnotenapparat oder jeweils an das Ende der Kapitel bzw. der ganzen Veröffentlichung setzt. Hier sind aus Kostengründen die Herkunftsangaben im Text enthalten, zumal es nicht darum ging, einen gut lesbaren Roman zu schreiben und die breite Öffentlichkeit nicht als Adressat gedacht ist.

Die Zahl und der Umfang der Angaben und Hinweise auf die Quellen und die verarbeitete Literatur mag übertrieben erscheinen, aber ein Beleg mehr ist - um Verdächtigungen gar nicht erst aufkommen zu lassen - besser als einer zu wenig.

Nicht nur die Türken in Deutschland, auch die Türkei selbst nimmt in der Diskussion der Medien, die ihr viel Aufmerksamkeit zukommen lassen, einen der vorderen Plätze ein. Dabei geht es um die Rolle des Islam, um die Auseinandersetzungen zwischen Islamisten und Kemalisten, um die Verwirklichung von Demokratie, um die Einhaltung der Menschenrechte, um den griechisch-türkischen Konflikt in der Ägäis und um

Zypern, um die Aufnahme in die Europäische Gemeinschaft, um die Kurdenfrage, um die Identität der Türkei und der Türken zwischen Europa und dem Orient. Über diese Aspekte scheint der Öffentlichkeit ein Phänomen entgangen zu sein, nämlich daß die Türkei - zwar nicht geradlinig, sondern in Wellen und mit Brüchen - eine beachtenswerte sozioökonomische Entwicklung durchgemacht hat, die Entstehung der Industriegesellschaft.

Es ist zu hoffen, daß dieser Aspekt den Medien und der Öffentlichkeit in Zukunft stärker ins Blickfeld und ins Bewußtsein gerät.

Band IX
*Heft 1 S c o f i e l d, Edna: Landschaften am Kurischen Haff. 1938.
*Heft 2 F r o m m e, Karl: Die nordgermanische Kolonisation im atlantisch-polaren Raum. Studien zur Frage der nördlichen Siedlungsgrenze in Norwegen und Island. 1938.
*Heft 3 S c h i l l i n g, Elisabeth: Die schwimmenden Gärten von Xochimilco. Ein einzigartiges Beispiel altindianischer Landgewinnung in Mexiko. 1939.
*Heft 4 W e n z e l, Hermann: Landschaftsentwicklung im Spiegel der Flurnamen. Arbeitsergebnisse aus der mittelschleswiger Geest. 1939.
*Heft 5 R i e g e r, Georg: Auswirkungen der Gründerzeit im Landschaftsbild der norderdithmarscher Geest. 1939.

Band X
*Heft 1 W o l f, Albert: Kolonisation der Finnen an der Nordgrenze ihres Lebensraumes. 1939.
*Heft 2 G o o ß, Irmgard: Die Moorkolonien im Eidergebiet. Kulturelle Angleichung eines Ödlandes an die umgebende Geest. 1940.
*Heft 3 M a u, Lotte: Stockholm. Planung und Gestaltung der schwedischen Hauptstadt. 1940.
*Heft 4 R i e s e, Gertrud: Märkte und Stadtentwicklung am nordfriesischen Geestrand. 1940.

Band XI
*Heft 1 W i l h e l m y, Herbert: Die deutschen Siedlungen in Mittelparaguay. 1941.
*Heft 2 K o e p p e n, Dorothea: Der Agro Pontino-Romano. Eine moderne Kulturlandschaft. 1941.
*Heft 3 P r ü g e l, Heinrich: Die Sturmflutschäden an der schleswig-holsteinischen Westküste in ihrer meteorologischen und morphologischen Abhängigkeit. 1942.
*Heft 4 I s e r n h a g e n, Catharina: Totternhoe. Das Flurbild eines angelsächsischen Dorfes in der Grafschaft Bedfordshire in Mittelengland. 1942.
*Heft 5 B u s e, Karla: Stadt und Gemarkung Debrezin. Siedlungsraum von Bürgern, Bauern und Hirten im ungarischen Tiefland. 1942.

Band XII
*B a r t z, Fritz: Fischgründe und Fischereiwirtschaft an der Westküste Nordamerikas. Werdegang, Lebens- und Siedlungsformen eines jungen Wirtschaftsraumes. 1942.

Band XIII
*Heft 1 T o a s p e r n, Paul Adolf: Die Einwirkungen des Nord-Ostsee-Kanals auf die Siedlungen und Gemarkungen seines Zerschneidungsbereiches. 1950.
*Heft 2 V o i g t, Hans: Die Veränderung der Großstadt Kiel durch den Luftkrieg. Eine siedlungs- und wirtschaftsgeographische Untersuchung. 1950. (Gleichzeitig erschienen in der Schriftenreihe der Stadt Kiel, herausgegeben von der Stadtverwaltung).
*Heft 3 M a r q u a r d t, Günther: Die Schleswig-Holsteinische Knicklandschaft. 1950.
*Heft 4 S c h o t t, Carl: Die Westküste Schleswig-Holsteins. Probleme der Küstensenkung. 1950.

Band XIV
*Heft 1 K a n n e n b e r g, Ernst-Günter: Die Steilufer der Schleswig-Holsteinischen Ostseeküste. Probleme der marinen und klimatischen Abtragung. 1951.
*Heft 2 L e i s t e r, Ingeborg: Rittersitz und adliges Gut in Holstein und Schleswig. 1952. (Gleichzeitig erschienen als Band 64 der Forschungen zur deutschen Landeskunde).
Heft 3 R e h d e r s, Lenchen: Probsteierhagen, Fiefbergen und Gut Salzau: 1945 - 1950. Wandlungen dreier ländlicher Siedlungen in Schleswig-Holstein durch den Flüchtlingszustrom. 1953. X, 96 S., 29 Fig. im Text, 4 Abb.   5,—DM
*Heft 4 B r ü g g e m a n n, Günther: Die holsteinische Baumschulenlandschaft. 1953.

Sonderband
*S c h o t t, Carl (Hrsg.): Beiträge zur Landeskunde von Schleswig-Holstein. Oskar Schmieder zum 60. Geburtstag. 1953. (Erschienen im Verlag Ferdinand Hirt, Kiel).

Band XV
*Heft 1 L a u e r, Wilhelm: Formen des Feldbaus im semiariden Spanien. Dargestellt am Beispiel der Mancha. 1954.

*Heft 2 S c h o t t, Carl: Die kanadischen Marschen. 1955.

*Heft 3 J o h a n n e s, Egon: Entwicklung, Funktionswandel und Bedeutung städtischer Kleingärten. Dargestellt am Beispiel der Städte Kiel, Hamburg und Bremen. 1955.

*Heft 4 R u s t, Gerhard: Die Teichwirtschaft Schleswig-Holsteins. 1956.

Band XVI
*Heft 1 L a u e r, Wilhelm: Vegetation, Landnutzung und Agrarpotential in El Salvador (Zentralamerika). 1956.

*Heft 2 S i d d i q i, Mohamed Ismail: The Fishermen's Settlements of the Coast of West Pakistan. 1956.

*Heft 3 B l u m e, Helmut: Die Entwicklung der Kulturlandschaft des Mississippideltas in kolonialer Zeit. 1956.

Band XVII
*Heft 1 W i n t e r b e r g, Arnold: Das Bourtanger Moor. Die Entwicklung des gegenwärtigen Landschaftsbildes und die Ursachen seiner Verschiedenheit beiderseits der deutsch-holländischen Grenze. 1957.

*Heft 2 N e r n h e i m, Klaus: Der Eckernförder Wirtschaftsraum. Wirtschaftsgeographische Strukturwandlungen einer Kleinstadt und ihres Umlandes unter besonderer Berücksichtigung der Gegenwart. 1958.

*Heft 3 H a n n e s e n, Hans: Die Agrarlandschaft der schleswig-holsteinischen Geest und ihre neuzeitliche Entwicklung. 1959.

Band XVIII
Heft 1 H i l b i g, Günter: Die Entwicklung der Wirtschafts- und Sozialstruktur der Insel Oléron und ihr Einfluß auf das Landschaftsbild. 1959. 178 S., 32 Fig. im Text und 15 S. Bildanhang. 9,20 DM

Heft 2 S t e w i g, Reinhard: Dublin. Funktionen und Entwicklung. 1959. 254 S. und 40 Abb. 10,50 DM

Heft 3 D w a r s, Friedrich W.: Beiträge zur Glazial- und Postglazialgeschichte Südostrügens. 1960. 106 S., 12 Fig. im Text und 6 S. Bildanhang. 4,80 DM

Band XIX
Heft 1 H a n e f e l d, Horst: Die glaziale Umgestaltung der Schichtstufenlandschaft am Nordstrand der Alleghenies. 1960. 183 S., 31 Abb. und 6 Tab. 8,30 DM

*Heft 2 A l a l u f, David: Problemas de la propiedad agricola en Chile. 1961.

*Heft 3 S a n d n e r, Gerhard: Agrarkolonisation in Costa Rica. Siedlung, Wirtschaft und Sozialgefüge an der Pioniergrenze. 1961. (Erschienen bei Schmidt & Klaunig, Kiel, Buchdruckerei und Verlag).

Band XX
*L a u e r, Wilhelm (Hrsg.): Beiträge zur Geographie der Neuen Welt. Oskar Schmieder zum 70. Geburtstag. 1961.

Band XXI
*Heft 1 S t e i n i g e r, Alfred: Die Stadt Rendsburg und ihr Einzugbereich. 1962.

Heft 2 B r i l l, Dieter: Baton Rouge, La. Aufstieg, Funktionen und Gestalt einer jungen Großstadt des neuen Industriegebiets am unteren Mississippi. 1963. 288 S., 39 Karten, 40 Abb. im Anhang. 12.00 DM

*Heft 3 D i e k m a n n, Sibylle: Die Ferienhaussiedlungen Schleswig-Holsteins. Eine siedlungs- und sozialgeographische Studie. 1964.

Band XXII
*Heft 1 E r i k s e n, Wolfgang: Beiträge zum Stadtklima von Kiel. Witterungsklimatische Untersuchungen im Raum Kiel und Hinweise auf eine mögliche Anwendung in der Stadtplanung. 1964.

*Heft 2 S t e w i g, Reinhard: Byzanz - Konstantinopel - Istanbul. Ein Beitrag zum Weltstadtproblem. 1964.

*Heft 3 B o n s e n, Uwe: Die Entwicklung des Siedlungsbildes und der Agrarstruktur der Landschaft Schwansen vom Mittelalter bis zur Gegenwart. 1966.

Band XXIII
*S a n d n e r, Gerhard (Hrsg.): Kulturraumprobleme aus Ostmitteleuropa und Asien. Herbert Schlenger zum 60. Geburtstag. 1964.

Band XXIII
Heft 1 W e n k, Hans-Günther: Die Geschichte der Geographischen Landesforschung an der Universität Kiel von 1665 bis 1879. 1966. 252 S., mit 7 ganzstg. Abb.
14,00 DM

Heft 2 B r o n g e r, Arnt: Lösse, ihre Verbraunungszonen und fossilen Böden, ein Beitrag zur Stratigraphie des oberen Pleistozäns in Südbaden. 1966. 98 S., 4 Abb. und 37 Tab. im Text, 8 S. Bildanhang und 3 Faltkarten.
9,00 DM

*Heft 3 K l u g, Heinz: Morphologische Studien auf den Kanarischen Inseln. Beiträge zur Küstenentwicklung und Talbildung auf einem vulkanischen Archipel. 1968. (Erschienen bei Schmidt & Klaunig, Kiel, Buchdruckerei und Verlag).

Band XXV
*W e i g a n d, Karl: I. Stadt-Umlandverflechtungen und Einzugbereiche der Grenzstadt Flensburg und anderer zentraler Orte im nördlichen Landesteil Schleswig. II. Flensburg als zentraler Ort im grenzüberschreitenden Reiseverkehr. 1966.

Band XXVI
*Heft 1 B e s c h, Hans-Werner: Geographische Aspekte bei der Einführung von Dörfergemeinschaftsschulen in Schleswig-Holstein. 1966.

*Heft 2 K a u f m a n n, Gerhard: Probleme des Strukturwandels in ländlichen Siedlungen Schleswig-Holsteins, dargestellt an ausgewählten Beispielen aus Ostholstein und dem Programm-Nord-Gebiet. 1967.

Heft 3 O l b r ü c k, Günter: Untersuchung der Schauertätigkeit im Raume Schleswig-Holstein in Abhängigkeit von der Orographie mit Hilfe des Radargeräts. 1967. 172 S., 5 Aufn., 65 Karten, 18 Fig. und 10 Tab. im Text, 10 Tab. im Anhang.
12,00 DM

Band XXVII
Heft 1 B u c h h o f e r, Ekkehard: Die Bevölkerungsentwicklung in den polnisch verwalteten deutschen Ostgebieten von 1956-1965. 1967. 282 S., 22 Abb., 63 Tab. im Text, 3 Tab., 12 Karten und 1 Klappkarte im Anhang.
16.00 DM

Heft 2 R e t z l a f f, Christine: Kulturgeographische Wandlungen in der Maremma. Unter besonderer Berücksichtigung der italienischen Bodenreform nach dem Zweiten Weltkrieg. 1967. 204 S., 35 Fig. und 25 Tab.
15.00 DM

Heft 3 B a c h m a n n, Henning: Der Fährverkehr in Nordeuropa - eine verkehrsgeographische Untersuchung. 1968. 276 S., 129 Abb. im Text, 67 Abb. im Anhang.
25.00 DM

Band XXVIII
*Heft 1 W o l c k e, Irmtraud-Dietlinde: Die Entwicklung der Bochumer Innenstadt. 1968.

*Heft 2 W e n k, Ursula: Die zentralen Orte an der Westküste Schleswig-Holsteins unter besonderer Berücksichtigung der zentralen Orte niederen Grades. Neues Material über ein wichtiges Teilgebiet des Programm Nord. 1968.

*Heft 3 W i e b e, Dietrich: Industrieansiedlungen in ländlichen Gebieten, dargestellt am Beispiel der Gemeinden Wahlstedt und Trappenkamp im Kreis Segeberg. 1968.

Band XXIX

Heft 1 V o r n d r a n, Gerhard: Untersuchungen zur Aktivität der Gletscher, dargestellt an Beispielen aus der Silvrettagruppe. 1968. 134 S., 29 Abb. im Text, 16 Tab. und 4 Bilder im Anhang. 12.00 DM

Heft 2 H o r m a n n, Klaus: Rechenprogramme zur morphometrischen Kartenauswertung. 1968. 154 S., 11 Fig. im Text und 22 Tab. im Anhang. 12.00 DM

Heft 3 V o r n d r a n, Edda: Untersuchungen über Schuttentstehung und Ablagerungsformen in der Hochregion der Silvretta (Ostalpen). 1969. 137 S., 15 Abb. und 32 Tab. im Text, 3 Tab. und 3 Klappkarten im Anhang. 12.00 DM

Band 30

*S c h l e n g e r, Herbert, Karlheinz P f a f f e n, Reinhard S t e w i g (Hrsg.): Schleswig-Holstein, ein geographisch-landeskundlicher Exkursionsführer. 1969. Festschrift zum 33. Deutschen Geographentag Kiel 1969. (Erschienen im Verlag Ferdinand Hirt, Kiel; 2. Auflage, Kiel 1970).

Band 31

M o m s e n, Ingwer Ernst: Die Bevölkerung der Stadt Husum von 1769 bis 1860. Versuch einer historischen Sozialgeographie. 1969. 420 S., 33 Abb. und 78 Tab. im Text, 15 Tab. im Anhang 24,00 DM

Band 32

S t e w i g, Reinhard: Bursa, Nordwestanatolien. Strukturwandel einer orientalischen Stadt unter dem Einfluß der Industrialisierung. 1970. 177 S., 3 Tab., 39 Karten, 23 Diagramme und 30 Bilder im Anhang. 18.00 DM

Band 33

T r e t e r, Uwe: Untersuchungen zum Jahresgang der Bodenfeuchte in Abhängigkeit von Niederschlägen, topographischer Situation und Bodenbedeckung an ausgewählten Punkten in den Hüttener Bergen/Schleswig-Holstein. 1970. 144 S., 22 Abb., 3 Karten und 26 Tab. 15.00 DM

Band 34

*K i l l i s c h, Winfried F.: Die oldenburgisch-ostfriesischen Geestrandstädte. Entwicklung, Struktur, zentralörtliche Bereichsgliederung und innere Differenzierung. 1970.

Band 35

R i e d e l, Uwe: Der Fremdenverkehr auf den Kanarischen Inseln. Eine geographische Untersuchung. 1971. 314 S., 64 Tab., 58 Abb. im Text und 8 Bilder im Anhang. 24,00 DM

Band 36

H o r m a n n, Klaus: Morphometrie der Erdoberfläche. 1971. 189 S., 42 Fig., 14 Tab. im Text. 20,00 DM

Band 37

S t e w i g, Reinhard (Hrsg.): Beiträge zur geographischen Landeskunde und Regionalforschung in Schleswig-Holstein. 1971. Oskar Schmieder zum 80. Geburtstag. 338 S., 64 Abb., 48 Tab. und Tafeln. 28,00 DM

Band 38

S t e w i g, Reinhard und Horst-Günter W a g n e r (Hrsg.): Kulturgeographische Untersuchungen im islamischen Orient. 1973. 240 S., 45 Abb., 21 Tab. und 33 Photos. 29,50 DM

Band 39

K l u g, Heinz (Hrsg.): Beiträge zur Geographie der mittelatlantischen Inseln. 1973. 208 S., 26 Abb., 27 Tab. und 11 Karten. 32,00 DM

Band 40

S c h m i e d e r, Oskar: Lebenserinnerungen und Tagebuchblätter eines Geographen. 1972. 181 S., 24 Bilder, 3 Faksimiles und 3 Karten. 42,00 DM

Band 41

K i l l i s c h, Winfried F. und Harald T h o m s: Zum Gegenstand einer interdisziplinären Sozialraumbeziehungsforschung. 1973. 56 S., 1 Abb. 7,50 DM

Band 42
N e w i g, Jürgen: Die Entwicklung von Fremdenverkehr und Freizeitwohnwesen in ihren Auswirkungen auf Bad und Stadt Westerland auf Sylt. 1974. 222 S., 30 Tab., 14 Diagramme, 20 kartographische Darstellungen und 13 Photos. 31.00 DM

Band 43
*K i l l i s c h, Winfried F.: Stadtsanierung Kiel-Gaarden. Vorbereitende Untersuchung zur Durchführung von Erneuerungsmaßnahmen. 1975.

Kieler Geographische Schriften
Band 44, 1976 ff.

Band 44
K o r t u m, Gerhard: Die Marvdasht-Ebene in Fars. Grundlagen und Entwicklung einer alten iranischen Bewässerungslandschaft. 1976. XI, 297 S., 33 Tab., 20 Abb. 38,50 DM

Band 45
B r o n g e r, Arnt: Zur quartären Klima- und Landschaftsentwicklung des Karpatenbeckens auf (paläo-) pedologischer und bodengeographischer Grundlage. 1976. XIV, 268 S., 10 Tab., 13 Abb. und 24 Bilder. 45.00 DM

Band 46
B u c h h o f e r, Ekkehard: Strukturwandel des Oberschlesischen Industrieriviers unter den Bedingungen einer sozialistischen Wirtschaftsordnung. 1976. X, 236 S., 21 Tab. und 6 Abb., 4 Tab. und 2 Karten im Anhang. 32,50 DM

Band 47
W e i g a n d, Karl: Chicano-Wanderarbeiter in Südtexas. Die gegenwärtige Situation der Spanisch sprechenden Bevölkerung dieses Raumes. 1977. IX, 100 S., 24 Tab. und 9 Abb., 4 Abb. im Anhang. 15.70 DM

Band 48
W i e b e, Dietrich: Stadtstruktur und kulturgeographischer Wandel in Kandahar und Südafghanistan. 1978. XIV, 326 S., 33 Tab., 25 Abb..und 16 Photos im Anhang. 36.50 DM

Band 49
K i l l i s c h, Winfried F.: Räumliche Mobilität - Grundlegung einer allgemeinen Theorie der räumlichen Mobilität und Analyse des Mobilitätsverhaltens der Bevölkerung in den Kieler Sanierungsgebieten. 1979. XII, 208 S., 30 Tab. und 39 Abb., 30 Tab. im Anhang. 24,60 DM

Band 50
P a f f e n, Karlheinz und Reinhard S t e w i g (Hrsg.): Die Geographie an der Christian-Albrechts-Universität 1879-1979. Festschrift aus Anlaß der Einrichtung des ersten Lehrstuhles für Geographie am 12. Juli 1879 an der Universität Kiel. 1979. VI, 510 S., 19 Tab. und 58 Abb. 38.00 DM

Band 51
S t e w i g, Reinhard, Erol T ü m e r t e k i n, Bedriye T o l u n, Ruhi T u r f a n, Dietrich W i e b e und Mitarbeiter: Bursa, Nordwestanatolien. Auswirkungen der Industrialisierung auf die Bevölkerungs- und Sozialstruktur einer Industriegroßstadt im Orient. Teil 1. 1980. XXVI, 335 S., 253 Tab. und 19 Abb. 32,00 DM

Band 52
B ä h r, Jürgen und Reinhard S t e w i g (Hrsg.): Beiträge zur Theorie und Methode der Länderkunde. Oskar Schmieder (27. Januar 1891 - 12. Februar 1980) zum Gedenken. 1981. VIII, 64 S., 4 Tab.und 3 Abb. 11,00 DM

Band 53
M ü l l e r, Heidulf E.: Vergleichende Untersuchungen zur hydrochemischen Dynamik von Seen im Schleswig-Holsteinischen Jungmoränengebiet. 1981. XI, 208 S., 16 Tab., 61 Abb. und 14 Karten im Anhang. 25,00 DM

Band 54
A c h e n b a c h, Hermann: Nationale und regionale Entwicklungsmerkmale des Bevölkerungsprozesses in Italien. 1981. IX, 114 S., 36 Fig. 16,00 DM

Band 55
D e g e, Eckart: Entwicklungsdisparitäten der Agrarregionen Südkoreas. 1982. XXVII, 332 S., 50 Tab., 44 Abb. und 8 Photos im Textband sowie 19 Kartenbeilagen in separater Mappe.
49.00 DM

Band 56
B o b r o w s k i, Ulrike: Pflanzengeographische Untersuchungen der Vegetation des Bornhöveder Seengebiets auf quantitativ-soziologischer Basis. 1982. XIV, 175 S., 65 Tab. und 19 Abb.
23,00 DM

Band 57
S t e w i g, Reinhard (Hrsg.): Untersuchungen über die Großstadt in Schleswig-Holstein. 1983. X, 194 S., 46 Tab., 38 Diagr. und 10 Abb.
24,00 DM

Band 58
B ä h r, Jürgen (Hrsg.): Kiel 1879 - 1979. Entwicklung von Stadt und Umland im Bild der Topographischen Karte. 1:25 000. Zum 32. Deutschen Kartographentag vom 11. - 14. Mai 1983. III, 192 S., 21 Tab., 38 Abb. mit 2 Kartenblättern in der Anlage. ISBN 3-923887-00-0
28.00 DM

Band 59
G a n s, Paul: Raumzeitliche Eigenschaften und Verflechtungen innerstädtischer Wanderungen in Ludwigshafen/Rhein zwischen 1971 und 1978. Eine empirische Analyse mit Hilfe des Entropiekonzeptes und der Informationsstatistik. 1983. XII, 226 S., 45 Tab., 41 Abb. ISBN 3-923887-01-9.
30,00 DM

Band 60
P a f f e n †, Karlheinz und K o r t u m, Gerhard: Die Geographie des Meeres. Disziplingeschichtliche Entwicklung seit 1650 und heutiger methodischer Stand. 1984. XIV, 293 S., 25 Abb. ISBN 3-923887-02-7.
36.00 DM

Band 61
*B a r t e l s †, Dietrich u. a.: Lebensraum Norddeutschland. 1984. IX, 139 S., 23 Tabellen und 21 Karten. ISBN 3-923887-03-5.
22.00 DM

Band 62
K l u g, Heinz (Hrsg.): Küste und Meeresboden. Neue Ergebnisse geomorphologischer Feldforschungen. 1985. V, 214 S., 66 Abb., 45 Fotos, 10 Tabellen. ISBN 3-923887-04-3
39.00 DM

Band 63
K o r t u m, Gerhard: Zückerrübenanbau und Entwicklung ländlicher Wirtschaftsräume in der Türkei. Ausbreitung und Auswirkung einer Industriepflanze unter besonderer Berücksichtigung des Bezirks Beypazari (Provinz Ankara). 1986. XVI, 392 S., 36 Tab., 47 Abb. und 8 Fotos im Anhang. ISBN 3-923887-05-1.
45.00 DM

Band 64
F r ä n z l e, Otto (Hrsg.): Geoökologische Umweltbewertung. Wissenschaftstheoretische und methodische Beiträge zur Analyse und Planung. 1986. VI, 130 S., 26 Tab., 30 Abb. ISBN 3-923887-06-X.
24,00 DM

Band 65
S t e w i g, Reinhard: Bursa, Nordwestanatolien. Auswirkungen der Industrialisierung auf die Bevölkerungs- und Sozialstruktur einer Industriegroßstadt im Orient. Teil 2. 1986. XVI, 222 S., 71 Tab., 7 Abb. und 20 Fotos. ISBN 3-923887-07-8.
37,00 DM

Band 66
S t e w i g, Reinhard (Hrsg.): Untersuchungen über die Kleinstadt in Schleswig-Holstein. 1987. VI, 370 S., 38 Tab., 11 Diagr. und 84 Karten. ISBN 3-923887-08-6.
48,00 DM

Band 67
A c h e n b a c h, Hermann: Historische Wirtschaftskarte des östlichen Schleswig-Holstein um 1850. 1988. XII, 277 S., 38 Tab., 34 Abb., Textband und Kartenmappe. ISBN 3-923887-09-4.
67,00 DM

Band 68
B ä h r, Jürgen (Hrsg.): Wohnen in lateinamerikanischen Städten - Housing in Latin American cities. 1988, IX, 299 S., 64 Tab., 71 Abb. und 21 Fotos.
ISBN 3-923887-10-8.　　　　　　　　　　　　　　　　　　　　　　44,00 DM

Band 69
B a u d i s s i n -Z i n z e n d o r f, Ute Gräfin von: Freizeitverkehr an der Lübecker Bucht. Eine gruppen- und regionsspezifische Analyse der Nachfrageseite. 1988. XII, 350 S., 50 Tab., 40 Abb. und 4 Abb. im Anhang.
ISBN 3-923887-11-6.　　　　　　　　　　　　　　　　　　　　　　32,00 DM

Band 70
H ä r t l i n g, Andrea: Regionalpolitische Maßnahmen in Schweden. Analyse und Bewertung ihrer Auswirkungen auf die strukturschwachen peripheren Landesteile. 1988. IV, 341 S., 50 Tab., 8 Abb. und 16 Karten. ISBN 3-923887-12-4.
　　　　　　　　　　　　　　　　　　　　　　　　　　　　　　　　30,60 DM

Band 71
P e z, Peter: Sonderkulturen im Umland von Hamburg. Eine standortanalytische Untersuchung. 1989. XII, 190 S., 27 Tab. und 35 Abb. ISBN 3-923887-13-2.
　　　　　　　　　　　　　　　　　　　　　　　　　　　　　　　　22,20 DM

Band 72
K r u s e, Elfriede: Die Holzveredelungsindustrie in Finnland. Struktur- und Standortmerkmale von 1850 bis zur Gegenwart. 1989. X, 123 S., 30 Tab., 26 Abb. und 9 Karten. ISBN 3-923887-14-0.
　　　　　　　　　　　　　　　　　　　　　　　　　　　　　　　　24,60 DM

Band 73
B ä h r, Jürgen, Christoph C o r v e s & Wolfram N o o d t (Hrsg.): Die Bedrohung tropischer Wälder: Ursachen, Auswirkungen, Schutzkonzepte. 1989. IV, 149 S., 9 Tab., 27 Abb. ISBN 3-923887-15-9.
　　　　　　　　　　　　　　　　　　　　　　　　　　　　　　　　25.90 DM

Band 74
B r u h n, Norbert: Substratgenese - Rumpfflächendynamik. Bodenbildung und Tiefenverwitterung in saprolitisch zersetzten granitischen Gneisen aus Südindien. 1990. IV, 191 S., 35 Tab., 31 Abb. und 28 Fotos. ISBN 3-923887-16-7.
　　　　　　　　　　　　　　　　　　　　　　　　　　　　　　　　22.70 DM

Band 75
P r i e b s, Axel: Dorfbezogene Politik und Planung in Dänemark unter sich wandelnden gesellschaftlichen Rahmenbedingungen. 1990. IX, 239 S., 5 Tab., 28 Abb.
ISBN 3-923887-17-5.　　　　　　　　　　　　　　　　　　　　　　33.90 DM

Band 76
S t e w i g, Reinhard: Über das Verhältnis der Geographie zur Wirklichkeit und zu den Nachbarwissenschaften. Eine Einführung. 1990. IX, 131 S., 15 Abb.
ISBN 3-923887-18-3.　　　　　　　　　　　　　　　　　　　　　　25.00 DM

Band 77
G a n s, Paul: Die Innenstädte von Buenos Aires und Montevideo. Dynamik der Nutzungsstruktur, Wohnbedingungen und informeller Sektor. 1990. XVIII, 252 S., 64 Tab., 36 Abb. und 30 Karten in separatem Kartenband. ISBN 3-923887-19-1.
　　　　　　　　　　　　　　　　　　　　　　　　　　　　　　　　88,00 DM

Band 78
B ä h r, Jürgen & Paul G a n s (eds): The Geographical Approach to Fertility. 1991. XII, 452 S., 84 Tab. und 167 Fig. ISBN 3-923887-20-5.
　　　　　　　　　　　　　　　　　　　　　　　　　　　　　　　　43,80 DM

Band 79
R e i c h e, Ernst-Walter: Entwicklung, Validierung und Anwendung eines Modellsystems zur Beschreibung und flächenhaften Bilanzierung der Wasser- und Stickstoffdynamik in Böden. 1991. XIII, 150 S., 27 Tab. und 57 Abb. ISBN 3-923887-21-3.
　　　　　　　　　　　　　　　　　　　　　　　　　　　　　　　　19,00 DM

Band 80
A c h e n b a c h, Hermann (Hrsg.): Beiträge zur regionalen Geographie von Schleswig-Holstein. Festschrift Reinhard Stewig. 1991. X, 386 S., 54 Tab. und 73 Abb. ISBN 3-923887-22-1. 37,40 DM

Band 81
S t e w i g, Reinhard (Hrsg.): Endogener Tourismus. 1991. V, 193 S., 53 Tab. und 44 Abb. ISBN 3-923887-23-X. 32,80 DM

Band 82
J ü r g e n s, Ulrich: Gemischtrassige Wohngebiete in südafrikanischen Städten. 1991. XVII, 299 S., 58 Tab. und 28 Abb. ISBN 3-923887-24-8. 27,00 DM

Band 83
E c k e r t, Markus: Industrialisierung und Entindustrialisierung in Schleswig-Holstein. 1992. XVII, 350 S., 31 Tab. und 42 Abb. ISBN 3-923887-25-6. 24,90 DM

Band 84
N e u m e y e r, Michael: Heimat. Zu Geschichte und Begriff eines Phänomens. 1992. V, 150 S. ISBN 3-923887-26-4. 17,60 DM

Band 85
K u h n t, Gerald und Z ö l i t z - M ö l l e r, Reinhard (Hrsg.): Beiträge zur Geoökologie aus Forschung, Praxis und Lehre. Otto Fränzle zum 60. Geburtstag. 1992. VIII, 376 S., 34 Tab. und 88 Abb. ISBN 3-923887-27-2. 37,20 DM

Band 86
R e i m e r s, Thomas: Bewirtschaftungsintensität und Extensivierung in der Landwirtschaft. Eine Untersuchung zum raum-, agrar- und betriebsstrukturellen Umfeld am Beispiel Schleswig-Holsteins. 1993. XII, 232 S., 44 Tab., 46 Abb. und 12 Klappkarten im Anhang. ISBN 3-923887-28-0. 23,80 DM

Band 87
S t e w i g, Reinhard (Hrsg.): Stadtteiluntersuchungen in Kiel. Baugeschichte, Sozialstruktur, Lebensqualität, Heimatgefühl. 1993. VIII, 337 S., 159 Tab., 10 Abb., 33 Karten und 77 Graphiken. ISBN 3-923887-29-9. 24,00 DM

Band 88
W i c h m a n n, Peter: Jungquartäre randtropische Verwitterung. Ein bodengeographischer Beitrag zur Landschaftsentwicklung von Südwest-Nepal. 1993. X, 125 S., 18 Tab. und 17 Abb. ISBN 3-923887-30-2. 19,70 DM

Band 89
W e h r h a h n, Rainer: Konflikte zwischen Naturschutz und Entwicklung im Bereich des Atlantischen Regenwaldes im Bundesstaat São Paulo, Brasilien. Untersuchungen zur Wahrnehmung von Umweltproblemen und zur Umsetzung von Schutzkonzepten. 1994. XIV, 293 S., 72 Tab., 41 Abb. und 20 Fotos. ISBN 3-923887-31-0. 34,20 DM

Band 90
S t e w i g, Reinhard: Entstehung und Entwicklung der Industriegesellschaft auf den Britischen Inseln. 1995. XII, 367 S., 20 Tab., 54 Abb. und 5 Graphiken. ISBN 3-923887-32-2. 32,50 DM

Band 91
B o c k, Steffen: Ein Ansatz zur polygonbasierten Klassifikation von Luft- und Satellitenbildern mittels künstlicher neuronaler Netze. 1995. XI, 152 S., 4 Tab. und 48 Abb. ISBN 3-923887-33-7 16,80 DM

Band 92
M a t u s c h e w s k i, Anke: Stadtentwicklung durch Public-Private-Partnership in Schweden. Kooperationsansätze der achtziger und neunziger Jahre im Vergleich. 1996. XI, 246 S., 34 Abb., 16 Tab. und 20 Fotos. ISBN 3-923887-34-5. 23,90 DM

Band 93
Ulrich, Johannes und Kortum, Gerhard: Otto Krümmel (1854 - 1912). Geograph und Wegbereiter der modernen Ozeanographie. 1997. VIII, 310 S., 84 Abb. und 8 Karten.
ISBN 3-923887-35-3. 46,90 DM

Band 94
Schenck, Freya S.: Strukturveränderungen spanisch-amerikanischer Mittelstädte untersucht am Beispiel der Stadt Cuenca, Ecuador. 1997. XVIII, 259 S., 58 Tab. und 55 Abb.
ISBN 3-923887-36-1. 25,90 DM

Band 95
Pez, Peter.: Verkehrsmittelwahl im Stadtbereich und ihre Beeinflußbarkeit. Eine verkehrsgeographische Analyse am Beispiel Kiel und Lüneburg. In Vorbereitung.

Band 96
Stewig, Reinhard.: Entstehung der Industriegesellschaft in der Türkei. Teil 1: Entwicklung bis 1950. 1998. XV, 349 S., 35 Abb., 4 Graph., 5 Tab. und 4 Listen.
ISBN 3-923887-38-8. 30,10 DM